Detlev Kran

DER MBA-GUIDE 2011

Teilzeit-, Fernstudien- und Vollzeitprogramme
zum Master of Business Administration

10. Auflage

Luchterhand
eine Marke von Wolters Kluwer Deutschland

Bibliografische Information der Deutschen Nationalbibliothek

Die Deutsche Nationalbibliothek verzeichnet diese Publikation in der Deutschen Nationalbibliografie; detaillierte bibliografische Daten sind im Internet über http://dnb.d-nb.de abrufbar.

ISBN 978-3-472-07851-7

www.wolterskluwer.de
www.mba-guide.de
www.personalwirtschaft.de

Lektorat: Renate Schmid
Produktmanagement: Erwin Stickling
Programmleitung: Jürgen Scholl
Herstellung: Michael Dullau

Umschlaggestaltung: Konzeption & Design, Köln
Cover-Illustration: Ute Helmbold, Essen
Satz: TGK Wienpahl, Köln
Druck: Wilhelm & Adam OHG, Heusenstamm

Gedruckt auf säurefreiem, alterungsbeständigem und chlorfreiem Papier.

Vorwort

Wer einen MBA absolviert, möchte Führungskraft werden. Auf Hunderten von Internetseiten werden die „besten" MBA-Programme angepriesen, die Ihnen helfen sollen, dieses Ziel zu erreichen. Und Hochschulen bieten ständig neue MBA-Ausbildungen an. Viele dieser MBA-Programme haben bis auf ihren Namen nichts mit einem klassischen MBA zu tun. Doch woran genau erkennt man ein gutes MBA-Programm? An der Akkreditierung einer Hochschule? An den höchsten Preisen? An der lautesten Werbung? Auch im Bildungsmarkt gelten Marktgesetze – Aufklärung tut daher not.

Dieses Buch soll Ihnen helfen herauszufinden, ob der Master of Business Administration (MBA) für Sie die richtige Weiterbildung als Führungskraft ist und Ihnen den erwarteten Karriereturbo bietet. Es unterstützt Sie bei der Suche nach der für Sie optimalen Hochschule und MBA-Ausbildung.

Der MBA-Guide ist zweigeteilt: Im ersten Teil erhalten Sie kurz und knapp die notwendigen Hintergrundinformationen und Hinweise zu Inhalten der MBA-Ausbildung, zum Nutzen eines MBA, zu den Auswahlkriterien der Hochschulen, zur Finanzierung und zu den Erwartungen der Unternehmen an einen MBA. Außerdem sollen auch die kritischen Fragen rund um den MBA und zu seinem Wert in den Unternehmen beantwortet werden.

Im zweiten Teil sind die Übersichten und Profile der Hochschulen und der Programme zu finden. Sie ermöglichen Ihnen, schnell die für Sie interessanten Programme herauszufiltern und zu vergleichen. Hier können Sie sich ausführlich über die MBA-Programme im deutschsprachigen Raum sowie Executive-Angebote aus dem europäischen Umfeld informieren.

Jetzt ist der richtige Zeitpunkt, um sich für einen MBA zu bewerben. In zwei Jahren werden dringend hoch qualifizierte Führungskräfte gesucht.

Mein Dank gilt meiner Familie, die an manchen Tagen auf ihren Vater und Ehemann verzichten musste.

Für Anregungen und Verbesserungswünsche stehe ich gerne zur Verfügung: info@educationconsult.de.

Detlev Kran
Brühl, im Oktober 2010

Bild: © MCI-Spiluttini

general management executive mba.

INTERNATIONAL MASTER'S PROGRAM FOR BUSINESS PROFESSIONALS

- Postgraduales Masterstudium höchster Qualität

- FIBAA akkreditiert

- Für Entscheidungsträger/-innen aller Managementebenen

- Berufsbegleitend vier Semester, Start jeweils im Herbst

- Intensivblöcke an Wochenenden

- Auslandsmodule an renommierten Partneruniversitäten in UK und USA

- Begrenzte Studienplätze

- Wirtschaftsnah und anwendungsorientiert

- International anerkannter akademischer Grad
  „Master of Business Administration (MBA)"

INTENSIVE MODULES AT

STUFE	MODUL BZW. INHALT
I	General Management | Wissenschaftliches Arbeiten & Reflexion | Entrepreneurship & Business Planning
II	Spezialisierung im Management: Auswahl aus einem der zahlreichen Management-Lehrgänge des MCI Living Case Study
III	Internationales Management Program© (in englischer Sprache)
IV	Wissenschaftlich betreute Master's Thesis mit begleitenden Lehrveranstaltungen

wir begleiten motivierte menschen.

6020 Innsbruck / Austria, Universitätsstraße 15
+43 512 2070-2122, claudia.kanetscheider@mci.edu, www.mci.edu/mba

Inhaltsverzeichnis

Einführung

Der Master of Business Administration ist in die Kritik geraten, die Absolventen **MBA der Zukunft**
gelten als geldgierig, die Lehrpläne als praxisfern. Anlässlich des 100. Jahres-
tages der Top-MBA-Programme hat ein Professorenteam, bestehend aus Srikant
M. Datar, David A. Garvin und Patrick G. Cullen, versucht zu ergründen, welche
Schwerpunkte die MBA-Ausbildung der Zukunft setzen sollte. Im April 2010
sind nun die Ergebnisse in dem Band „Rethinking the MBA: Business Education at a Crossroads" erschienen. Zentrale Aussage der Veröffentlichung ist, dass
die MBA-Ausbildung neben der Vermittlung analytischen Wissens noch zwei
weitere Komponenten im Blick behalten sollte, die bisher aus Sicht der Autoren
kaum im Mittelpunkt der (US-)Vollzeitlehre standen:

- Zum einen sollen die Fähigkeiten, die die Studenten bereits zum Studium
  mitbringen, besser genutzt werden.

- Zum anderen sollen die zukünftigen Studenten ein breiteres Verständnis
  erhalten, welche Zwecke Unternehmen erfüllen und welche Rolle Führungskräfte in einem Unternehmen spielen.

Die Autoren empfehlen weiter, noch mehr Praxisbezug einzuführen. Optimal
wäre es, wenn kleine Studentengruppen unter akademischer Anleitung Projekte
in Firmen absolvieren.

Selbstkritik der Business Schools

Selbstkritisch wird festgehalten, dass zahlreiche Business Schools möglicherweise mitschuldig an den aktuellen Wirtschaftsskandalen seien. Sie entlassen Absolventen ins Wirtschaftsleben, die auf „Shareholder Value" fixiert seien. Der Dean der Yale School of Management kritisierte 2009 die mangelnden Führungsqualitäten der MBA-Absolventen. Korruptionsskandale, Missmanagement und Gehaltsexzesse hätten Manager und damit viele MBA-Absolventen in Verruf gebracht.

Der ehemalige Chef der Harvard Business School, Jay O. Light, sieht vor allem bei den MBA-Programmen Verbesserungsbedarf. „Wie können wir das Curriculum anpassen, um sicherzustellen, dass wir die Studenten auf die Herausforderungen für das Führungsverhalten in einer sich schnell verändernden, globalen Welt vorbereiten?", so seine zentralen Frage in einem Interview. Business Schools seien ein wenig arrogant geworden. „Wir müssen uns weg von Business Schools hin zu ‚Schools for Business' bewegen", stellt De Meyer als Dekan der Judge Business School in Cambridge kritisch fest.

Der Rektor der Universität St. Gallen mahnt: „Reichen unsere Anstrengungen aus, dass aus unseren Absolventen keine unreflektierten Corporate Apparatschiks werden, perfekte Rädchen in einer schlechten Maschine?" Denn eine weitere Kritik ist, dass in vielen Programmen immer noch „Business Administration" gelehrt wird und nicht „Management". Auch führende Professoren von Hochschulen aus D-A-CH mahnen, dass der ganzheitliche Ansatz, Führungsverhalten und Unternehmertum in vielen MBA-Programmen fehlt: „Die Betriebswirtschaftslehre wurde zu lange nur aus der Sicht des Prinzips der Gewinnmaximierung gelehrt und die ganzheitliche Sicht wurde vernachlässigt".

Dennoch stellt sich die Frage, können MBA-Absolventen wirklich für die Finanzkrise und für die Krise in der Real-Wirtschaft verantwortlich gemacht werden? Keine MBA-Ausbildung in den USA und keine BWL-Ausbildung deutscher Hochschulen vermittelt das Handwerkszeug: „Wie stürze ich die Weltwirtschaft in eine Krise". Allerdings konnten die vielen BWLer, Professoren und MBA-graduierten Manager sie auch nicht verhindern oder voraussehen. Unvergessen bleibt zum Beispiel die Aussage des HSG-Bankenspezialisten Beat Bernet, der noch am 16.10.2008 dem „St. Galler Tagblatt" erklärte: „Aus heutiger Perspektive sind unsere Banken für Sparer absolut sicher. Deshalb brauchen wir kein gigantisches Rettungspaket wie andere Länder. Es gibt zurzeit keine einzige schweizerische Bank, die auch nur im Geringsten gefährdet ist." Stunden später kündigten Schweizer Bundesrat und Nationalbank das Rettungspaket von 60 Milliarden Franken für die UBS an.

Umfassende Ausbildung

Kritisch sieht deshalb auch der US-amerikanische Ökonom österreichischer Herkunft, Peter Drucker, den typischen modernen Managementprofessor, der sich durch eine zu hohe funktionale Spezialisierung auszeichne. Nur mit einer solchen Fokussierung erlange man Publikationen in den hoch spezialisierten Fachzeitschriften, die wiederum Voraussetzung für Berufung und Beförderung seien. Die Anforderungen für eine gute Managementausbildung ständen im

Kontrast dazu, sie solle eine generelleres, umfassenderes Verständnis vermitteln, Zusammenhänge aufzeigen und nicht nur funktionale Spezialisten ausbilden. Viel wichtiger sei es, zeitlose Prinzipien und Werte zu vermitteln: wahrer Kundennutzen, authentische Führung, wissen, was man will, Ehrlichkeit.

Wenn man die Ergebnisse der Managementausbildung der letzten 20 Jahre betrachtet, dann muss man die bisherige Ausbildung der Top-Business-Schools aufgrund ihrer Gewichtung mit Skepsis sehen. Die gewünschte Veränderung weg vom „Shareholder Value" würde sich allerdings erst in zehn bis 15 Jahren in den Führungsstäben bemerkbar machen.

Q: Why is MBA education at a crossroads?

Garvin: We are approaching the end of an era. Since 1959, business schools have taken a more analytical and discipline-based approach than before. For the last 50 years, then, business schools have emphasized analytics, models, and statistics. Yet MBA graduates increasingly need to be more effective: they need to have a global mindset, for example, develop leadership skills of self-awareness and self-reflection; and develop an understanding of the roles and responsibilities of business, and the limitations of models and markets.

Interview Excerpt from Rethinking the MBA: Business Education at a Crossroads
By Srikant M. Datar, David A. Garvin, and Patrick G. Cullen, http://hbswk.hbs.edu/item/6363.html

Das heißt aber nicht, dass man keine hoch qualifizierte Ausbildung und hoch qualifizierte Akademiker benötigt. Die Wirtschaft besteht nicht nur aus Unternehmern und Top-Managern, auch operativ tätige und qualifizierte Mitarbeiter sind für das Funktionieren erforderlich. Und eine MBA-Ausbildung verdirbt noch keinen, der die Fähigkeit und den Mut zum Manager und Unternehmer hat. Sie stattet ihn hoffentlich mit kritischem Denkvermögen, breitem Hintergrund- und Expertenwissen und der Fähigkeit, wirtschaftlich zu analysieren, aus.

Verantwortung und Nachhaltigkeit

Was MBA-Programme nicht tun sollten und dürfen, ist, ein falsch verstandenes Elitebewusstsein zu fördern nach dem Motto: „Wir können und dürfen alles und uns gehört alles." Ganz im Gegenteil, Akademiker sein heißt vor allem, Verantwortung zu übernehmen, und zwar nachhaltig: für sich, seine direkte Umwelt, das Unternehmen und auch die Gesellschaft. Gute MBA-Ausbildungsstätten vermitteln diese Ethik und sollten niemanden aufnehmen, der diese Einstellung als Grundbasis nicht mitbringt.

Bei aller Kritik wird oft vergessen, dass die MBA-Landschaft sehr heterogen ist und ein pauschales Urteil von vornherein kritisch zu bewerten ist. Gerade viele MBAs made in D-A-CH oder made in Continental Europe unterscheiden sich oft fundamental von den MBA-Programmen in den USA und im angelsächsischen Raum. Als General-Management-Programme beziehungsweise Programme mit breitem Branchen-, Themen- und Methoden-Spektrum haben sie eine akademische Werte-Basis, die nicht kurzfristig, sondern fundamental und strukturbildend angelegt ist.

Zusammengefasst: Keine gute und hoch qualifizierte Ausbildung ist überflüssig, sinnlos oder nicht zeitgemäß – ganz im Gegenteil, gerade in der globalisierten Welt ist sie nötiger denn je.

Mythos MBA

Wenn Sie sich mit dem MBA näher beschäftigen, werden Sie auf zahlreiche Meldungen stoßen, die auf einer Bandbreite von euphorisch bis kritisch einzustufen sind. Einige MBA-Untersuchungen, besonders von Lobbyverbänden und Messeanbietern, kommen zu fantastischen Ergebnissen und andere qualifizieren den MBA als nutzlos ab (siehe insbesondere Kapitel „Outcome", S. 100 ff.) Zumindest bei den Vollzeit- und Executivprogrammen lassen sich auf Business-School-Ebene mehrere Faktoren als entscheidend für den Erfolg eines Top-MBA-Programms herausfiltern:

■ Erstens benötigt die Hochschule eine Fakultät, die einerseits führend in der Forschung ist, ihre Erkenntnisse aber auch in die Praxis zu übertragen vermag. Hierbei wurde im Rahmen der Studie besonders deutlich, dass vor allem Forschung, die an den Notwendigkeiten der Praxis ausgerichtet ist, äußerst wichtig für den Erfolg eines MBA-Programms ist.

■ Weiter spielt ein stark selektiver Auswahlprozess eine entscheidende Rolle. Top-Schulen nehmen in einem langwierigen Auswahlprozess nur zehn bis 20 Prozent der Bewerber. Die Personaler in den Unternehmen können sicher sein, dass die Bewerber zu den ein bis zwei Prozent aller Top-Studenten gehören.

■ Genauso spielen jedoch auch die Qualität der von der Hochschule angebotenen Services und insbesondere das durch die Career-Service-Abteilung unterstützte Recruiting eine herausragende Rolle.

■ Reputation ist ein ebenso wichtiger Faktor. Der MBA lebt von seinem guten Image bei Studierenden und in der Wirtschaft. Nur Hochschulen mit einem entsprechenden „Brandname" werden langfristig als Premium-Produkt wahrgenommen. Viele Hochschulen haben deshalb über Jahrzehnte viel Geld, Zeit und Ressourcen eingesetzt, um den MBA zu einem der angesehensten Programme im Bereich Wirtschaftswissenschaften zu machen.

■ In diesem Zusammenhang wird die Bedeutung des Alumni-Netzwerks deutlich, welches zum einen die Arbeitsplatzsuche erleichtert und zum anderen aber auch durch Spenden die Finanzierung von MBA-Studiengängen für finanzschwächere Teilnehmer ermöglicht. Durch diesen Erfolgsfaktor wird insbesondere die Studierendenqualität beeinflusst, so Johannes Preis und Inga-Lena Darkow von der European Business School.

Eine Mehrheit der in vielen verschiedenen Studien befragten amerikanischen, europäischen und deutschen Manager halten den Master of Business Administration für den Ausweis einer umfassenden Wirtschaftsausbildung. In Frankreich gilt er sogar als *die* Qualifikation für Führungsaufgaben. Doch nur wenige Führungskräfte glauben, dass ein MBA-Studium auf die Herausforderungen des wirklichen Lebens genügend vorbereitet. MBAs qualifizieren durch ihren analytischen Fokus dazu, die „richtige" Antwort auf ein Unternehmensproblem

Erfolgsfaktoren für den MBA

Werkzeug für Führungskräfte

zu finden. Und Organisationen geben sich oftmals mit einem „gut genug" als Lösung zufrieden. Zukünftige Führungskräfte benötigen aber ein besseres Verständnis der Nuancen, wie Dinge in einem Unternehmen geregelt werden und was tatsächlich in organisatorischer Hinsicht möglich ist. Ein guter MBA öffnet Türen und gibt dem Manager von morgen ein Werkzeug an die Hand, welches ihm ermöglicht, als Führungskraft zu handeln.

Was bedeutet Führung?

"… after World War II, a manager was defined as ´someone who is responsible for the work of subordinates´.

But by the early 1950s, the definition had already changed to ´a manager is responsible for the performance of people´.

Now we know that this also is to narrow a definition. The right definition is ´a manager is responsible for the application and performance of knowledge´."

Quelle: Peter Drucker, Post-Capitalist Society, 2001, S. 40

Absolventenzahl stark gestiegen

Die häufige Frage, ob ein MBA früher mehr Wert darstellte als heute, ist letztlich müßig. Hochschulen passen ihre Programme ständig den sich verändernden Bedürfnissen und Business-Gegebenheiten an, insofern können die MBA-Programme nicht veralten. Im Gegenteil: Sie setzen Trends sogar oft selbst und arbeiten eng mit den profiliertesten Beratungsunternehmen zusammen. Und: Ein MBA-Abschluss symbolisiert auf jeden Fall die Motivation, sich entwickeln zu wollen, und den Willen, mehr leisten zu können als andere. Der Unterschied zu früher ist lediglich, dass damals nur wenige einen MBA-Abschluss hatten und sich als Elite verstanden. Heute sind die Zahlen der Absolventen weltweit stark angestiegen. Viele Kommentatoren, die sich auf Bildungsideale berufen beklagen eine nivellierte Massen-Uni, Massen-MBAs und mangelndes Elitedenken. Eine fatale Diskussion, da wirtschaftswissenschaftliches Wissen eine intensivere Verbreitung benötigt als bisher.

Ein MBA ist deshalb immer noch eine Karriere-Starthilfe. Ob die Investition eine sinnvolle war, zeigt sich aber erst in der anschließenden praktischen Arbeit im Unternehmen. Es gibt auch zuhauf Beispiele von Top-CEOs, die es ohne MBA-Studium an die Unternehmensspitze gebracht haben: allein durch harte Arbeit, konsequentes Durchsetzungsvermögen und eiserne Disziplin.

Karriere-Sprungbrett

Es gilt also zu überlegen, was man sich von der MBA-Ausbildung erhofft im Hinblick auf die weitere berufliche Karriere. Auch gilt es, die infrage kommenden Hochschulen zu prüfen, indem die Kursprogramme, der Ruf und die Positionierung der Schule mit den eigenen Vorstellungen und Zielen verglichen werden. Und zudem muss entschieden werden, ob man sich den Zeitbedarf (ein bis zwei Jahre) sowie den finanziellen Aufwand (20.000 bis 100.000 Euro) leisten kann. Und schließlich: Ein MBA-Titel wird per se niemals honoriert; es kommt immer auf das Individuum an, das während der Ausbildungszeit eine entsprechend große Wertschöpfung generiert hat.

Ein guter MBA-Studiengang zeichnet sich sowohl durch eine gute inhaltliche Struktur mit verschiedenen finanzbezogenen Seminaren als auch durch die Möglichkeit, in Gruppen zu arbeiten, aus. Meistens werden Projektmanagement-, Marketingmanagement- und Mathematik-/Statistikseminare angeboten, um das Programm abzurunden. Der fachliche Hintergrund der Studenten wird mit innovativem, wirtschaftswissenschaftlich fundiertem Wissen ausgebaut. Sie werden in ihren Führungs- beziehungsweise fachlichen Managementkompetenzen in einem international geprägten Umfeld weitergebildet, wobei die Persönlichkeits- und Sozialkompetenzen wie Teamwork, Leistungsbereitschaft und kritisches Denken eine ausgesprochen wichtige Position einnehmen. „Die Zusammenführung der wirtschaftlichen Zusammenhänge, vernetztes Denken und der insgesamt hohe Anspruch an das Studium zeichnen MBAs maßgeblich aus", so das Fazit der Deutschen Bank auf die Frage: „Was macht für Sie einen guten MBA aus?"

Was ist ein guter MBA?

Wer erfolgreich sein möchte, wird also lernen müssen, dass die Führung eines Unternehmens nicht nur aus dem massenhaften Lösen von US-Fallstudien besteht, sondern auch darin, zu erkennen, wo welches Problem entstehen könnte und wo gerade zwischenmenschliche Konflikte das Wachstum eines Unternehmens behindern. Wer Erfolg im Unternehmen haben möchte, sollte darauf achten und die Chance nutzen, Fachwissen mit Management zu verknüpfen. Management bedeutet: „an der Hand führen" (engl. „manage" von it. „maneggiare"). „Je mehr ein MBA versteht, wie seine oder ihre Wirkung auf andere und umgekehrt ist, desto effektiver wird er oder sie sein."

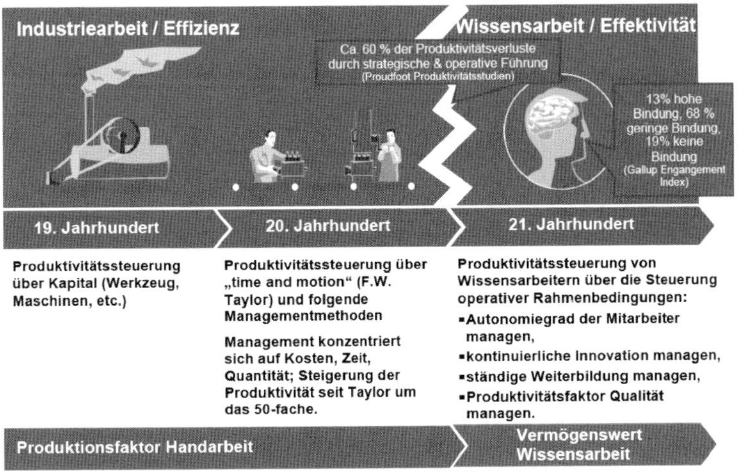

Abb. 1: Entwicklung der Produktivitätssteuerung

Warum einen MBA machen?

Viele Bewerber haben bereits einen gut bezahlten Job, sie wollen Karriere machen und müssen daher sorgfältig abwägen, ob sich ein MBA-Programm für sie auszahlen wird.

Was bietet ein MBA? Abgesehen von Lebenserfahrung sind es vier wesentliche Dinge, die Ihnen ein MBA bietet: fachliche und überfachliche Kompetenzen, ein Netzwerk von Gleichgesinnten, einen starken „Brandname" und einen selektiven Auswahlprozess.

1. Fähigkeiten

Fähigkeiten fördern Das MBA-Studium deckt zum einen eine große Bandbreite aller zentralen/fachlichen Managementfunktionen ab, beispielsweise Accounting, Finance, Marketing und Sales, Operations Management, Information Systems Management, Recht, Human Resources Management. Weiter gibt der MBA einen Einblick in die Volkswirtschaftslehre und in die quantitativen Methoden. Das Curriculum ist hoch integrativ und sollte auch Themen wie Leadership, Teambuilding, Managementstrategien umfassen. Neben der Vermittlung von reiner Theorie und Fakten ist zum anderen gerade die Umsetzung in den Unternehmensalltag ein zentraler Baustein einer MBA-Ausbildung. Fasst man verschiedene Publikationen und Forschungen zusammen, sollten in einem MBA besonders folgende überfachliche Qualifikationen gefördert und entwickelt werden:

- **Methodenkompetenz:**
  Fallstudien, Planspiel, Informationsgewinnung, Projektmanagement, Feedback-Methoden, Problemlösungstechniken, Lern- und Arbeitstechniken, IT-Kompetenz, Medienkompetenz, Unterrichtsmethodik, Präsentationsverhalten und Moderationstechniken

- **Sozialkompetenz:**
  Gruppenarbeiten, Teamreflexion, Tutorentätigkeit, Verhandlungsführung, Konfliktbewältigung, interkulturelle Kompetenz, Leadership

- **Praxisbezug:**
  Praxiselemente, Praxiserfahrung der Lehrenden, Informationen über Berufsfelder, Career Center, Einbindung der Wirtschaft in den Studiengang, Businessplan, unternehmerisches Handeln

- **Internationalität:**
  Auslandsaufenthalte, ausländische Studierende/Lehrende, Fremdsprachen

2. Netzwerke

Netzwerke einsetzen Ein MBA-Abschluss schafft ein ganzes Netzwerk von Studenten, Ehemaligen, Professoren und Unternehmensvertretern. Dieses Netzwerk ist bei richtigem Einsatz wichtig für die eigene Karriere.

Method of Finding First Job After Graduation (Class of 2009)	
Response	**Percentage**
My network of contacts	35%
On-campus interview	31%
School alumni network	21%
Company website (job openings/listings)	15%
Online job board	13%
Job fair/forum/conference	13%
Internet search	11%
Job agency/recruiter/head hunter	8%
Cold call to company	4%
Job ad in print media	2%
Online social networking	2%
List serve participation	1%
Other	7%

Responses may add to more than 100% due to multiple selections.
Quelle: GMAC 2009

Abb. 2: Auf welche Weise wurde der erste Job nach dem MBA-Abschluss gefunden?

3. Reputation/Brand

Reputation der Hochschule zählt

„Es braucht 20 Jahre, um Reputation aufzubauen, jedoch nur fünf Minuten, um sie zu ruinieren", sagte einst Warren Buffett. Der Satz des Chairmans von Berkshire Hathaway und Börsengurus bringt es auf den Punkt. Reputation der Hochschule, des Rektors, des „Chefkommunikatoren" nach außen und innen ist stark mitentscheidend für den Erfolg eines MBAs. Die Positionierung im Meinungsmarkt ist zum entscheidenden Erfolgskriterium geworden. Reputationsschäden sind sehr schwer wiedergutzumachen. Viele Hochschulen haben deshalb über Jahre viel Geld, Zeit und Ressourcen eingesetzt, um den MBA zu einem der angesehensten Programme im Bereich Wirtschaftswissenschaften zu machen. Diese Reputation kommt den Studierenden und Absolventen zugute.

4. Selektion

Rigorose Auswahlverfahren

Die Zulassung zu einem MBA-Programm wird in der Regel durch ein rigoroses Auswahlverfahren geregelt. Jede Schule betreibt die Auslese nach eigenen Kriterien und legt unterschiedliche Maßstäbe an die Bewerbung an. Kein universelles Kandidatenprofil garantiert den Zugang zu allen Business Schools – und daher gibt es auch keinen sicheren Weg zur Management-Karriere. Die Aussichten steigen aber, wenn Sie in ihrer Bewerbung folgende Punkte für sich anführen können:

■ Sie haben ein Studium an einer angesehenen Hochschule zügig mit guten Noten abgeschlossen.

- In ihrem jetzigen Beruf haben Sie mindestens zwei bis drei Jahre Berufserfahrung und Sie tragen bereits Personal- und Führungsverantwortung.

- Sie sind gewohnt, in heterogenen Teams zu arbeiten. Der Umgang mit Menschen aus unterschiedlichen Kulturen und Ländern macht ihnen Spaß. Interkulturelle Kommunikation ist Ihnen also vertraut.

- Die Bedeutung der Globalisierung haben Sie erkannt und Sie verfügen über gute Fremdsprachenkenntnisse und erste Auslandserfahrung.

Für manche Unternehmen ist die Zulassung zu einem MBA-Programm schon Ausweis überdurchschnittlicher Kompetenzen. Manche Auswahlverfahren der Business Schools sind umfangreicher und präziser als das, was Unternehmen sclbst cntwickclt haben.

Die SWOP „MBA Studie 2010" untersuchte erstmals seit zehn Jahren wieder umfassend den Markt für MBA- und Executive-Education-Studiengänge im deutschsprachigen Raum aus Nachfragesicht. Befragt wurden Interessierte, Studierende und Alumni hinsichtlich ihrer Motive und Zielsetzungen für die Aufnahme eines MBA-Studiums. Über 700 Teilnehmer haben die Fragen beantwortet. Die Studie kann gegen eine Schutzgebühr erworben werden. **SWOP MBA Studie**

Betrachtet man den deutschen MBA-Markt lässt sich Folgendes feststellen: Bei den Interessenten und Studienteilnehmern dominieren die Wirtschaftswissenschaftler (40 Prozent) und Ingenieure (25 Prozent). Die meisten haben ein Diplom und rund fünf bis zehn Jahre Berufserfahrung wenn sie in einen MBA einsteigen. In der Regel arbeiten sie in Unternehmen mit mehr als 1.000 Beschäftigten und sind in Leitungsfunktionen eingebunden. Schwerpunkte sind dabei die Beratungsbranche und IT-Unternehmen. Deutschland ist für die Befragten in der SWOP-Studie der bevorzugte Studienort. Die Hälfte der Befragten hat sich für einen General-Management-MBA entschieden. Die restlichen 50 Prozent verteilen sich zu etwa gleichen Teilen auf Executive Master und spezialisierte MBA-Programme.

Die wichtigsten Kriterien bei der Auswahl des geeigneten MBA-Programms bzw. der Hochschule sind die zeitliche Strukturierung, der Praxis- und Wirtschaftsbezug, die Akkreditierung, die Programmdauer, die passende Hochschulkultur sowie die internationale Ausrichtung und globale Perspektive des Programms. So muss der MBA gut in die persönlichen Berufsplanungen passen und mit dem Fokus auf Praxisbezug und internationale Orientierung inhaltlich eine gute Verwertbarkeit für die spätere berufliche Laufbahn bieten. Weiterhin wird auf Englisch und international erfahrene Dozenten ein hoher Wert gelegt, die im Blockunterricht ihr Wissen vermitteln. Die Homepage der Hochschule, Onlineportale, und Printmedien sowie MBA-Führer sind die häufigsten Informationsquellen.

Neben der reinen Vermittlung von Managementwissen sind für die Befragten auch Lehrinhalte von besonderer Bedeutung bei denen die Entwicklung von Führungskompetenz im Mittelpunkt steht. Für Hochschulen gilt es, ihre Curricula auf die ausreichende Berücksichtigung solcher Leadership-Module hin zu überprüfen und gegebenenfalls zu ergänzen.

Akkreditierung wichtiger als Rankings

Auch eine Akkreditierung ist unabdingbar für Hochschulen, die sich am MBA-Markt etablieren wollen. Interessant ist, dass aus Sicht der Befragten die Akkreditierung als Qualitätsmerkmal offenbar wichtiger und glaubwürdiger ist als die Ergebnisse von MBA-Rankings.

Faktoren, die abgesehen vom Praxisbezug und der internationalen Ausrichtung zur spezifischen Profilbildung von Hochschulen beitragen – etwa eine fachliche Spezialisierung des MBA-Programms – spielen im Vergleich eine weniger wichtige Rolle. Auch Empfehlungen Dritter sowie eine lange Hochschultradition oder herausragende Forschungsaktivitäten beeinflussen kaum die Hochschulwahl.

Die Höhe der Studiengebühren als Entscheidungskriterium für die Auswahl des MBA-Programms hat ebenfalls keine übergeordnete Bedeutung, trotzdem achten die Interessenten auf ihren finanziellen Rahmen. Jene, die einen MBA in Erwägung ziehen, kennen die Kosten und machen sich so auch frühzeitig über Möglichkeiten der Finanzierung Gedanken. Im Schnitt sind die Befragten bereit, 21.000 bis 30.000 Euro für ihr MBA-Programm zu zahlen. Damit liegt ihre Zahlungsbereitschaft etwas über den durchschnittlich für ein MBA-Studium erhobenen Gebühren in den deutschsprachigen Ländern. Für einen spezialisierten MBA fällt die Zahlungsbereitschaft – mit durchschnittlich 11.000 bis 20.000 Euro – niedriger aus als für ein General- oder besonders für ein Executive MBA-Programme. Rund 84 Prozent finanzieren ihren MBA überwiegend aus eigener Tasche. Rund 40 Prozent erhalten aber auch in irgendeiner Form eine Förderung durch den Arbeitgeber, 12 Prozent der Befragten haben für das Studium auch Kredite aufgenommen.

Hohe berufs-praktische Relevanz

Alumni und Studierende sind sich in ihrer Bewertung des MBA-Studiums im beruflichen Kontext weitgehend einig. Rund zwei Drittel messen den vermittelten Inhalten eine hohe berufspraktische Relevanz bei. Für ein weiteres Drittel besitzen die MBA-Inhalte im Arbeitsalltag zumindest mittlere Bedeutung. Absolventen aus Executive-MBA-Programmen sehen speziell das Ziel der verbesserten Karrierechancen nicht in dem Maße erfüllt, wie Alumni aus General und spezialisierten MBA-Programmen. Executive-MBAs bekleiden allerdings in der Regel bereits vor dem MBA-Studium Management- und Führungspositionen, sodass die Möglichkeit für weitere große Karriereschritte von vornherein begrenzt sein dürfte. Die erwarteten Einkommenssteigerungen haben sich nur für jeden Zweiten in vollem Umfang erfüllt. Konkret geben die befragten Alumni an, nach ihrem MBA-Studium im Mittel von Gehaltszuwächsen in Höhe von zehn bis 20 Prozent profitiert zu haben. Bei 44 Prozent der Befragten hat sich das Gehalt nach Abschluss des Studiums sogar um mehr als 20 Prozent erhöht.

Weiter Informationen: www.mbastudie.de

Was ist ein MBA?

European MBA-Guidelines

Der Master of Business Administration (MBA) gilt als der erste weltweit akzeptierte internationale Abschluss, aber es gibt zahlreiche unterschiedliche Interpretationen über die Inhalte des Abschlusses. Für das Verständnis, was ein MBA-Programm ist, sind die 1997 von Akkreditierungsagenturen, Unternehmen und Business Schools aus 19 europäischen Ländern und den USA erarbeiteten „European MBA-Guidelines" die mögliche Richtschnur. Interessenten sollten diese Guidelines bei der Bewertung von MBA-Programmen immer im Hinterkopf behalten.

Ein MBA-Programm sollte folgende Punkte erfüllen:

1. Der MBA ist ein Postgraduate-Abschluss auf Master-Level und muss daher den entsprechenden Qualifikationsrahmen erfüllen. Das Zulassungsverfahren setzt in der Regel einen ersten akademischen Abschluss oder eine gleichwertige Vorbildung voraus. Zulassungsbedingungen können nur niedriger angesetzt werden, wenn Kandidaten entsprechende Weiterbildungen und Praxiserfahrung nachweisen können.

2. Der MBA setzt mindestens zwei bis drei Jahren Berufserfahrung voraus; Ziel ist es, eine Karriere zu beschleunigen oder eine neue Richtung zu geben. Programme, die Absolventen den ersten Berufseinstieg ermöglichen, sollten einen anderen Abschluss vergeben.

3. Der MBA ist ein „generalistischer Abschluss". Aus diesem Grund sollte der MBA das Wissen verbreitern. Spezialisierte Master sollten nicht als MBA bezeichnet werden.

4. Inhalt eines MBA-Programms sollten alle funktionalen Managementbereiche sein. Dazu gehören Accounting, Finance, Marketing, Operations Management, Informations Management, Law und Human Resources Management. Neben dem Erwerb von Wissen sollte auch die persönliche Entwicklung (Entscheidungsfindung, Teamarbeit, Leadership Skills, unternehmerisches Potenzial, Verhandlungsfähigkeit, Kommunikation und Präsentationstechniken) der Teilnehmer gefördert werden. Das Programm sollte dem Teilnehmer Wahlfächer anbieten und es ihm so ermöglichen, einen Schwerpunkt zu wählen.

5. Ein MBA-Programm sollte eine Studienzeit von mindestens einem Jahr (Vollzeit) haben oder den entsprechenden zeitlichen Umfang bei Teilzeitprogrammen.

6. Der MBA erfordert ein Minimum von 400 Unterrichtsstunden oder strukturiertem Kontakt. Insgesamt sollte das Programm mindestens 1.200 Stunden* persönliche Arbeit beinhalten.

7. Das MBA-Programm sollte intellektuell fordernd sein und ein erhebliches persönliches Investment und persönliche Anstrengung erfordern.

8. Die Zulassung sollte durch einen strengen Auswahlprozess erfolgen, der sicherstellt, dass nur qualifizierte Bewerber Zugang zum Studium erhalten.

9. Die Teilnehmer an einem MBA-Programm sollten durch strenge Prüfungen und intensives Arbeiten beweisen, dass sie entsprechende Lernziele auf Master-Level erreichen.

* Die MBA-Guidelines wurden vor der Bologna-Erklärung 1999 entwickelt. Ein Master-Programm, das die Bologna-Vorgaben erfüllt, muss seit dem Jahr 2000 mindestens 60 Credits, maximal 120 Credits umfasst. Ein Credit umfasst 25 bis 30 Zeitstunden. In Deutschland sind 30 Zeitstunden üblich. Damit sollte ein MBA in Deutschland mindestens 60 Credits = 1.800 Zeitstunden umfassen. In der Regel sind davon rund ein Drittel Lehrveranstaltungen.

Vonseiten der britischen Qualitatssicherungsagentur QAA wird der MBA 2007 wie folgt definiert:

Type 3: MBA type degrees

The MBA is defined as a career development generalist programme for those who have significant post-graduation and relevant work experience on which the learning process should build. Normally, the experience required will be at least two years with the typical entrant having substantially more than this. The main emphasis of these programmes is on leadership through strategic management. While the academic level is positioned no differently from that of Type 2 (Generalist master's degrees) programmes, there is a strong practical and professional orientation to the curriculum and they may be linked to professional institute qualifications. Due to the maturity and work experience of the students, MBA programmes are expected to be different in their objectives, recruitment and pedagogical processes to other master's degrees in business and management.

MBA degrees should be essentially generalist in nature although a limited amount of specialisation may be included. Narrow functional specialisms should be more properly titled as Type 1 (Specialist master's degrees) or 2 (Generalist master's degrees) degrees but sectoral MBAs are permitted (eg MBA Public Sector Management). Tautological titles such as MBA Strategic Management are not recommended.

Kern-Curriculum der Top-50-MBA-Schulen

Um den Idealgedanken eines MBA ein wenig zu relativieren, lohnt sich ein Blick auf die Top-50 der US-MBA-Programme. Das Kern-MBA-Curriculum der Top-50-MBA-Schulen in den USA besteht im Wesentlichen aus fünf Themenschwerpunkten. Strategie- und Taktikfragen spielen eine ebenso große Rolle wie Kurse zu quantitativen Analysen und mikroökonomischen Grundlagen. Wichtig sind zudem Kurse zu funktionalen Spezialisierungen wie Corporate Finance, Buchhaltung oder Marketing. Weitere Themenkategorien sind Organisationslehre und Leadership sowie die politischen und rechtlichen Rahmenbedingungen von Unternehmen. Inhaltlich wird deutlich, dass strategische und organisatorische Fragen in der US-amerikanischen Ausbildung eine große Bedeutung haben, dass bei der Behandlung dieser Themen aber auch „weiche Faktoren" wie Unternehmensethik und -kultur eine zunehmend wichtige Rolle einnehmen.

Trotzdem erstaunt es, dass selbst in der Post-Enron-Ära und in der Wirtschaftskrise, in der zeitweise das gesamte Wirtschaftsleben von Managementskanda-
len nur so überflutet wird, nur weniger als die Hälfte aller geprüften 50 Top-
Schmieden das Fach Unternehmensethik verlangen. Ebenso verwunderlich
erscheint in einer zunehmend globalisierten Wirtschaft, in der Bewegungen
des Wirtschaftkreislaufs, Inflationsausschläge und Währungsschwankungen
enorme Auswirkungen auf das Geschäft haben können, dass ein ganzes Drittel
der MBA-Schulen Makroökonomie nicht zum Pflichtfach erhoben hat. Ganz zu
schweigen von International Business, welches nur 16 Prozent der Top-Business-Schools vorsehen.

Erschreckend ist, wie Studien zeigen, dass 60 Prozent aller Produktivitätsver-
luste eines Unternehmens an mangelhafter Führung liegen, das Thema aber
nur bei einem Drittel der Top-Business Schools im Curriculum vorkommt.

The MBA Core Curriculum at the Top 50 U.S. Business Schools

Categories and Courses	% Required
The Functional MBA Courses	
• Marketing	100%
• Corporate Finance	100%
• Financial Accounting	98%
• Operations & Supply Chain Management	96%
• Corporate Strategy	92%
• Managerial/Cost Accounting	66%
• Management Information Systems	50%
• Operations Research	14%
The Analytical MBA Courses	
• Managerial Economics	92%
• Quantitative Analysis (including Statistics)	88%
• Decision Analysis	42%
The Soft Skills MBA Courses	
• Management Communications	60%
• Organizational Behavior	56%
• General Management	36%
• Leadership	34%
• Human Resource Management	28%
• Organizational Architecture & Design	12%
• Negotiations	12%
• Career Planning	10%
• Entrepreneurship	8%
The Socially Responsible MBA Courses	
• Corporate Ethics/Social Responsibility	40%
• Business & Government	24%
• Business Law	4%
The Global MBA Courses	
• Macroeconomics	66%
• Global Strategic Management	18%
• International Business	16%

Quelle: Business Week, 2008, Business Schools: A Study in Failure
http://images.businessweek.com/story/08/600/0421_mba_curriculum.jpg

Abb. 3: Curriculum der Top-50-US-Business-Schools

Weltweit und besonders im deutschsprachigen Raum gibt es kein gemeinsames Verständnis drüber, was ein MBA ist. Letztlich lässt sich sagen, dass es kein MBA-Programm von der Stange gibt, sondern dass erhebliche inhaltliche Unterschiede zwischen den einzelnen Programmen und Schulen bestehen. Wenn Sie also vertieftes Interesse an bestimmten Fächern haben, oder bestimmte Kompetenzen erwerben wollen, ist es ratsam, sich genau die Schwerpunkte und die Fächer einer jeden einzelnen Business School anzusehen.

Qualifikationsrahmen für Hochschulabschlüsse

Abschluss mit klaren Vorgaben

Der MBA ist ein Master-Abschluss, an den vonseiten der Qualifikationsforschung klare Erwartungen gerichtet sind.

Auf der Bologna-Ministerkonferenz in Bergen 2005 haben sich die EU-Staaten verpflichtet, bis Ende 2010 nationale Qualifikationsrahmen zu erstellen, die mit dem Framework for Qualifications of The European Higher Education Area (QF-EHEA) kompatibel sind. In Deutschland wurde in einem ersten Schritt 2005 im Zusammenwirken von Hochschulrektorenkonferenz, Kultusministerkonferenz und Bundesministerium für Bildung und Forschung der Qualifikationsrahmen für deutsche Hochschulabschlüsse erarbeitet und von der Kultusministerkonferenz beschlossen.

> Ein Qualifikationsrahmen ist eine systematische Beschreibung, welche neben inputorientierten Angaben (Dauer der Ausbildung in Jahren) insbesondere die Lernergebnisse und Kompetenzen (outputorientiert) vorgibt, die von den Absolventen erreicht werden müssen, um einen Master-Abschluss zu erhalten.

Unerfreulich ist, dass trotz der Vorgaben des Qualifikationsrahmens der deutsche Akkreditierungsrat genehmigt, dass für weiterbildende Master (also MBA) auch Bachelor-Kurse akzeptiert werden können. Meiden Sie solche Programme!

Nationaler Qualifikationsrahmen

Im nationalen Qualifikationsrahmen sind in Deutschland ähnlich wie in Österreich und der Schweiz folgende Kriterien für die Master-Ebene als auch für den MBA definiert:

Wissen und Verstehen:

■ **Wissensverbreiterung:** Master-Absolventen haben Wissen und Verstehen nachgewiesen, das normalerweise auf der Bachelor-Ebene aufbaut und diese wesentlich vertieft oder erweitert. Sie sind in der Lage, die Besonderheiten, Grenzen, Terminologien und Lehrmeinungen ihres Lerngebiets zu definieren und zu interpretieren.

■ **Wissensvertiefung:** Ihr Wissen und Verstehen bildet die Grundlage für die Entwicklung und/oder Anwendung eigenständiger Ideen. Dies kann anwendungs- oder forschungsorientiert erfolgen. Sie verfügen über ein breites, detailliertes und kritisches Verständnis auf dem neuesten Stand des Wissens in einem oder mehreren Spezialbereichen.

Können (Wissenserschließung):

Absolventen haben folgende Kompetenzen erworben:

■ **Instrumentale Kompetenzen:** Sie können ihr Wissen und Verstehen sowie ihre Fähigkeiten zur Problemlösung auch in neuen und unvertrauten Situationen anzuwenden. Ihre Kompetenzen stehen in einem breiteren oder multidisziplinären Zusammenhang mit ihrem Studienfach.

■ **Systemische Kompetenzen:** Sie verstehen es, Wissen zu integrieren und mit Komplexität umzugehen. Sie sind fähig, auch auf der Grundlage unvollständiger oder begrenzter Informationen wissenschaftlich fundierte Entscheidungen zu fällen und dabei gesellschaftliche, wissenschaftliche und ethische Erkenntnisse zu berücksichtigen, die sich aus der Anwendung ihres Wissens und aus ihren Entscheidungen ergeben. Neues Wissen und Können eignen sie sich selbstständig an. Sie sind in der Lage, weitgehend selbstgesteuert und/oder autonom eigenständige forschungs- oder anwendungsorientierte Projekte durchzuführen.

■ **Kommunikative Kompetenzen:** Die Absolventen können auf dem aktuellen Stand von Forschung und Anwendung Fachvertretern und Laien ihre Schlussfolgerungen und die diesen zugrunde liegenden Informationen und Beweggründe in klarer und eindeutiger Weise vermitteln. Sie können sich mit Fachvertretern und mit Laien über Informationen, Ideen, Probleme und Lösungen auf wissenschaftlichem Niveau austauschen.

In der Schweiz werden zusätzlich folgende Deskriptoren für Kompetenzen von Absolventinnen und Absolventen weiterbildender Studiengänge im „Qualifikationsrahmens für den schweizerischen Hochschulbereich" verfügt:

Qualifikationsrahmen der Schweiz

Wissen und Verstehen:

Sie verfügen über Wissen und Verstehen auf Hochschulniveau in einem hoch spezialisierten, in einem vom grundständigen Studium abweichenden oder in einem multidisziplinär erweiterten Fachbereich sowie insbesondere von forschungsbezogenen Erkenntnismethoden. Ihr Wissen und Verstehen baut in der Regel auf den Kenntnissen eines ersten, bereits abgeschlossenen Hochschulstudiums und der eigenen Berufserfahrung auf. Je nach Profil des Programms reflektiert, aktualisiert und vertieft es diese Kenntnisse, ergänzt sie durch Kenntnisse in einem neuen Fachbereich oder erweitert sie multidisziplinär.

Innovation und Problemlösung:

Sie sind in der Lage, hoch spezialisiertes Wissen aus einem Fachgebiet respektive interdisziplinäres Wissen aus verschiedenen Fachgebieten zu integrieren, auf der Basis unvollständiger oder begrenzter Informationen innovative Problemlösungen auf hohem Komplexitätsniveau zu entwickeln, diese in ihren Tätigkeitsfeldern reflektiert und adäquat umzusetzen und ihre Resultate zu evaluieren.

Beurteilen und Entscheiden:

Sie sind fähig, komplexe, hoch spezialisierte respektive interdisziplinäre Sachverhalte in neuen und unvertrauten Zusammenhängen zu analysieren, zu beurteilen und theoretisch fundiert zu begründen. Sie sind in der Lage, anspruchsvolle, nachhaltige und ethisch verantwortbare Entscheide zu fällen und Führungsaufgaben bei der Analyse, Systematisierung und Lösung komplexer spezialisierter respektive interdisziplinärer Probleme zu übernehmen.

Kommunikation:

Sie sind fähig, komplexe Sachverhalte, Beurteilungen und Lösungsansätze sowie das Wissen und die Prinzipien, die ihnen zugrunde liegen, in der Wissenschaft und in der beruflichen Praxis gegenüber allen Anspruchsgruppen klar und eindeutig zu kommunizieren, auf andere Argumente einzugehen und über Lösungsmöglichkeiten zu verhandeln.

Wissensmanagement und Kompetenzentwicklung:

Sie finden sich in der Systematik, der Akteurlandschaft, den Entwicklungen und Datenquellen ihrer Wissensgebiete und der entsprechenden Berufspraxis zurecht und können sich selbstständig mit dem für sie relevanten neuen Wissen auseinandersetzen, dieses bewerten und integrieren. Sie sind sich dabei der Grenzen ihres Wissens, Verstehens und Handelns bewusst und setzen sich aktiv mit den Veränderungsprozessen und Anforderungen der Zukunft auseinander. Sie können ihre Lernziele selber definieren und ihre Kompetenzen wissenschaftlich und praxisbezogen selbstständig weiterentwickeln sowie Gelerntes in andere Kontexte übertragen.

Berufliche Identität:

Sie sind in der Lage, ihr berufliches und gesellschaftliches Handeln in seinen inneren und äußeren Zusammenhängen zu verstehen, sind mit den relevanten Kulturen in ihren Praxisfeldern vertraut und haben für Beruf und Funktion eine professionelle Haltung und Identität entwickelt, die es ihnen erlauben, ihre Aufgaben engagiert und verantwortungsbewusst anzugehen.

Formen des MBA

Viele Formen des MBA Die folgende Grafik gibt einen Überblick über die vielen Formen des MBA. Unterschieden wird dabei auf europäischer Ebene zwischen Grundmodellen, Angebotsformen, Inhalten, Prozessen und Teilnehmerstruktur. Im Weiteren soll dann nur auf die Hauptangebotsgruppen der Angebotsformen eingegangen werden.

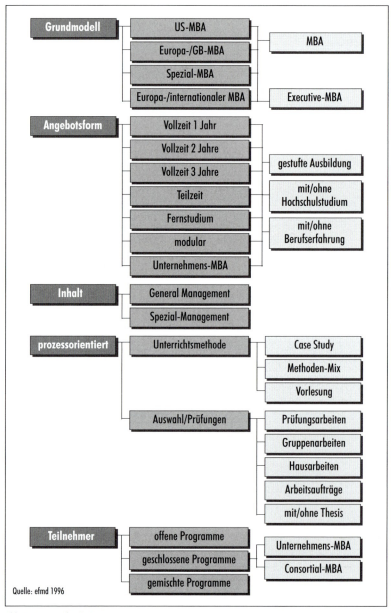

Abb. 4: Formen des MBA

Vollzeit-MBA

Vollzeit-MBA-Programme wurden im letzten Jahrhundert in den USA entwickelt, um Studenten verschiedener Fachrichtungen ein anwendungsbezogenes Postgraduiertenstudium in den Wirtschaftswissenschaften zu ermöglichen. Traditionell ist der MBA in den USA ein zweijähriger Vollzeitkurs. Einige Hochschulen bieten auch heute noch ausschließlich Vollzeitprogramme an.

Zu dieser kleinen Gruppe gehören einige der renommiertesten amerikanischen Business Schools, wie Harvard, Columbia, Dartmouth und Stanford. Vollzeit-MBA-Programme dauern in Europa in der Regel rund zwölf Monate. Ausnahmen sind zum Beispiel die London Business School, die University of Manchester und Birmingham (Studiendauer: 18 bis 24 Monate).

Studienvoraussetzungen

In den USA sind 24 Monate Studienzeit immer noch Standard. Vollzeitprogramme setzen oft wenig Berufserfahrung voraus – Hochschulabschluss und Bewerbungsunterlagen mit Referenzen, Zeugnissen und dem Eignungstest (GMAT) reichen in der Regel. So verlangt die renommierte Harvard Business School ausdrücklich keine Berufserfahrung von den Studenten. An einzelnen Hochschulen besteht für Studierende mit einem wirtschaftswissenschaftlichen Bachelor-Abschluss die Möglichkeit, sich Kurse des College-Studiums anrechnen zu lassen. In Kombination mit den vielfach angebotenen Sommerkursen kann die Studienzeit so von zwei akademischen Jahren auf nur ein Jahr reduziert werden.

Vollzeitprogramme auf dem Rückzug

Generell befinden sich die Vollzeit-MBA-Programme aber auf dem Rückzug. Waren vor zehn Jahren international noch über 50 Prozent aller MBA-Programme Vollzeitprogramme, ist deren Anteil nun auf rund 20 bis 30 Prozent gesunken. Diese Entwicklung hat verschiedene Ursachen: So hat sich der Markt der Anbieter in den letzten zehn Jahren kontinuierlich vergrößert und damit auch die Programmauswahl. Außerdem wurde die vermehrte Nachfrage nach Teilzeit- und Fernstudienprogrammen durch Entwicklungen auf dem Arbeitsmarkt bedingt.

Der Vollzeit-MBA bestätigt seinen Mehrwert für die von vielen angestrebte internationale Karriere teilweise in beeindruckender Weise. Am besten gelingt der Sprung auf internationales Terrain den Nachwuchskräften, die schon für den MBA in die Fremde gingen. Besonders bekannte MBA-Programme, wie die von IMD oder INSEAD, London Business School, Harvard, Columbia University oder der Northwestern University, besitzen hohe Anziehungskraft. Dennoch studiert nur ein Bruchteil der deutschen MBA-Studierenden im Ausland in diesen bekannten Programmen, wesentlich mehr verteilen sich auf viel weniger bekannte Hochschulen. Rankings der besten MBA-Hochschulen werden überwiegend im Bereich der Vollzeitprogramme beziehungsweise Executive Education erstellt.

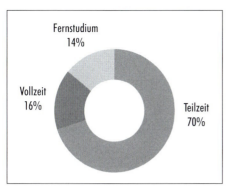

Abb. 5: MBA-Programmformen in Deutschland

Teilzeit-MBA

Die Teilzeitprogramme wenden sich hauptsächlich an berufstätige Personen mit mittlerer Berufserfahrung, die ihre Karriere im Unternehmen weiterentwickeln wollen. Zielgruppe sind die über 30-Jährigen mit fünf bis zehn Jahren Berufserfahrung. Viele dieser Studierenden haben keinen betriebswirtschaftlichen Hintergrund. Über 70 Prozent der MBA-Programme in Deutschland sind derzeit als Teilzeitangebote konzipiert. Auch im Ausland zeigen alle Studien und Untersuchungen zum MBA, dass rund zwei Drittel aller MBA-Studenten nicht in Vollzeitprogrammen eingeschrieben sind.

Zielgruppe

> **Srikant Datar:** With that prompting, we expanded our efforts. We collected comprehensive data on business schools, including the yield rates at various schools; how many applicants they accept of those who apply; of those who accept, how many actually attend; and what is happening to the total enrollments. It was a big surprise to see a hollowing out of the MBA marketplace: in full-time programs, declines in the order of 25-, 30-, even 50-percent at highly-ranked schools outside the top 15 or so schools.
>
> The schools were, by and large, unaware of how widespread the problem was. Each thought the problem of declining enrolments was unique to them. In the course of our research, we learned that prospective applicants were being discouraged by many employers from going to full-time MBA programs, that part-time MBA, executive MBA, and other masters programs were seen as attractive substitutes, and that the students who came were not as engaged with the academic curriculum.
>
> Interview Excerpt from Rethinking the MBA: Business Education at a Crossroads
> By Srikant M. Datar, David A. Garvin, and Patrick G. Cullen, http://hbswk.hbs.edu/item/6363.html

Insgesamt sind Teilzeitprogramme weiter im Kommen. Dieser Trend wird durch die Nachfrage von Wirtschaftsunternehmen gestärkt, deren Mitarbeiter einen MBA-Abschluss anstreben. Viele Personalexperten halten ein gut organisiertes

Teilzeitprogramm für gleichwertig mit einer Vollzeitausbildung: Berufsbegleitende Programme können die Berufsperspektiven verbessern, ohne dass die aktuelle Position und die damit verbundene finanzielle Sicherheit aufgegeben werden müssen. Außerdem werden die entstehenden Kosten meist auf einen längeren Zeitraum verteilt. Teilzeitstudenten können darüber hinaus häufiger mit einer finanziellen Förderung durch ihren Arbeitgeber rechnen.

Vorteil Praxisbezug

Irmgard Barosch, Partnerin und Führungskräfte-Recruiterin des Personalberatungsunternehmens Iventa aus Österreich, stellt im Industriemagazin fest: „Auf Kundenseite kann man mittlerweile ganz gut unterscheiden, welche Bildungseinrichtungen gut sind und welche eher weniger" (Industriemagazin 5, 2010, S. 44 f.). Wichtiger als das Image der Anbieter sei jedoch, welchen Nutzen der MBA-Absolvent aus seinem Studium mitgenommen hat. „Wir fragen, was die Motivation war, zu studieren und wie das Erlebte umgesetzt wurde", sagt Barosch. „Da stellt sich rasch heraus, wie brauchbar das Studium letztlich wirklich war." Wichtiges Kriterium für die Brauchbarkeit eines EMBA-Abschlusses ist auch die Tatsache, dass dieser berufsbegleitend absolviert wurde. Am besten lernt man, wenn man das Gehörte im Kontext des eigenen Firmenumfeldes erarbeitet. Zudem beeindruckt die Einbettung des Studiums in den Berufsalltag potenzielle zukünftige Arbeitgeber. „Mit einem berufsbegleitenden MBA-Studium erbringt man den Nachweis, dass man in der Lage ist, sich selbst zu organisieren", stellt Irmgard Barosch abschließend fest.

Inhaltliche Anforderungen

Die inhaltlichen Anforderungen eines Teilzeitprogramms entsprechen in der Regel denen der Vollzeitstudiengänge. Lediglich das oft eingeschränkte Angebot an Wahlfächern, Studienreisen oder Auslandsaufenthalten und die geringere Internationalität sind als Kritikpunkt zu nennen. Die meisten berufsbegleitenden Programme in Deutschland sind auf zwei Jahre ausgelegt.

Der Workload schwankt in diesen zwei Jahren zwischen 60 und 90 ECTS. Das entspricht einem Stundenumfang zwischen mindestens 1.500 bis 2.700 Stunden. Studienangebote mit über 90 Credits in zwei Jahren müssen als nicht studierbar angesehen werden. Die Studienorganisation ist oft in Form eines Blocksystems aufgebaut, dabei sind Kernbereiche wie Studieninhalte und Curricula im Wesentlichen identisch mit denen der Vollzeitprogramme.

Studienvoraussetzungen

Voraussetzungen für das Studium sind meistens ein Hochschulabschluss, Berufserfahrung und Fremdsprachenkenntnisse. Die Teilzeitprogramme lassen sich in zwei Gruppen einteilen: erstens in die Programme, die geringe Berufserfahrung voraussetzen (rund zwei Jahre), und zweitens in Executive-MBA-Programme, in denen die Teilnehmer über mehrjährige Berufserfahrung verfügen und bereits in Führungspositionen tätig sind.

Britische und amerikanische Erfahrungen zeigen, dass sich der Einzugsbereich der Teilzeitprogramme oft auf die nähere Umgebung beschränkt. 80 Prozent der Studenten rekrutieren sich aus einem Gebiet von rund 100 km um den Studienort. Erfahrungen zeigen auch, dass Teilzeit-MBA-Absolventen nach dem

Studium nicht so häufig das Unternehmen wechseln, wie dies in den Vollzeitprogrammen (Wechselquote fast 95 Prozent) üblich ist. Dass es aber Ausnahmen gibt, zeigt eine Studie der FHW Berlin. Rund zwei Drittel der Absolventen
haben dort nach dem MBA-Studium ihr Beschäftigungsverhältnis gewechselt.
Dabei waren Wirtschaftswissenschaftler genauso erfolgreich wie Absolventen
anderer Fachrichtungen.

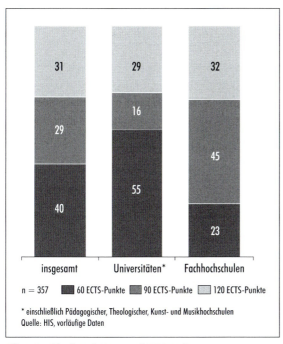

Abb. 6: Berufsbegleitende Master nach ECTS-Punkten

Executive-MBA (EMBA)

Auch bei berufsbegleitenden MBA-Programmen sind die Unterschiede groß.
Executive-MBA-Programme sind unterschiedlich lang, unterschiedlich aufgebaut und unterscheiden sich möglicherweise auch noch durch die Wahl verschiedener Veranstaltungsorte, an denen einzelne Programmblöcke stattfinden.

Aber der vielleicht entscheidende Qualitätsunterschied ist auf den ersten Blick **Teilnehmer-Mix**
in den Programmbroschüren gar nicht sichtbar. Noch mehr als bei Teilzeit-
MBA-Programmen kommt es bei Executive-Programmen auf den Teilnehmer-
Mix an:

Wer sich nach zehn bis 15 Jahren im Job entschließt, einen MBA zu machen,
möchte nicht mit Jungmanagern zusammen in einem Programm sitzen, von
denen er nichts mehr lernen kann. Und wer jobmäßig in einem internationalen
Kontext unterwegs ist (oder in Zukunft sein möchte) hat nichts davon, wenn er
bei seinem MBA beispielsweise nur auf Deutsche stößt.

So empfiehlt sich bei der Auswahl eines Executive-MBA-Programms dringend ein genauer Blick auf die Teilnehmerzusammensetzung. Die Teilnehmer sind in der Regel zwischen 35 und 45 Jahre alt (Durchschnitt 36,5 Jahre). Die durchschnittliche Berufstätigkeit liegt bei 12,8 Jahren, davon 8,2 Jahre in Führungspositionen. Der Anteil der weiblichen Studierenden liegt bei 27 Prozent Die Programmdauer schwankt zwischen 20 und 24 Monaten. In den USA wird die durchschnittliche Dauer mit 21 Monaten angegeben.

Gute Schulen weisen solche Informationen aus; die besseren geben sogar recht detaillierte Informationen über Durchschnittsalter der Teilnehmer, deren beruflichen Hintergrund (Berufserfahrung, Industrie) und natürlich auch die nationale Herkunft. Für Frauen ist möglicherweise auch der Frauenanteil in einem Programm ein Auswahlkriterium.

Als Faustregel kann man sich am Durchschnittsalter der Teilnehmer orientieren. Gleichwohl ist diese Zahl leicht irreführend, da der Berufseinstieg in den verschiedenen Ländern früher oder später stattfindet. Das heißt, ein junger Brite und ein älterer Deutscher können unter Umständen gleich lange im Job sein. Besser ist daher die Angabe der durchschnittlichen Berufserfahrung in Jahren. In den USA liegt die Berufserfahrung bei Executive-Programmen in der Regel bei über zehn Jahren, so der Akkreditierer AACSB. Noch besser ist eine Auswertung nach Jobposition. Manche Schulen erfragen auch den Umsatz, den ein Manager verantwortet.

Höhere Kosten Executive-MBA-Programme sind oft deutlich teurer als „normale" MBA-Programme. Hierfür gibt es mehrere Gründe: Zum einen gibt es in der Regel kleine Teilnehmergruppen, was auch heißt, dass fast so viele Dozenten wie Teilnehmer zur Verfügung stehen und somit entsprechend hohe Fixkosten für den Anbieter entstehen. Zum anderen werden viele Bausteine des Programms wirklich individuell auf die einzelnen Teilnehmer zugeschnitten, sodass die Kosten pro Teilnehmergruppe deutlich höher sind. „Die Programmkosten werden aber auch im Verhältnis zu den erwarteten Absolventengehältern definiert, spiegeln also für den Teilnehmer den Return on Investment wider", so INSEAD-Programmdirektor Dominique Héau im Handelsblatt vom 15. Juli 2004. „Und da die Gehaltserwartungen von Top-Managern deutlich höher sind, sind es auch unsere Programmgebühren (…)." Die durchschnittlichen Kosten eines Executive-MBA liegen übrigens bei 57.954 US-Dollar, so der Executive-MBA-Council.

Weniger finanzielle Unterstützung Auffällig ist, dass die Zahl der Studierenden, die den Executive-MBA aus eigener Tasche bezahlen, von 25 Prozent in 2003 auf 33 Prozent in 2007 angestiegen ist, eine weitere Steigerung der Selbstzahler wird erwartet. In 2008 erhielten 43 Prozent der Studierenden eine Unterstützung. Auch die Zahl der Unternehmen, die ihren Mitarbeitern das Studium voll bezahlen, hat sich verändert. Waren es 2003 noch 40 Prozent, sind es 2007 nur noch 34 Prozent. Eine Auswertung des Executive-MBA-Council ergab Überraschendes auch bei den Gehältern der Executive-MBA-Programme, so liegt das Durchschnittsgehalt vor dem MBA bei rund 117.000 US-Dollar, nach dem MBA bei 144.000 US-Dollar.

Bedenklich ist die Tendenz einiger Hochschulen, ehemalige Zertifikats- und Weiterbildungskurse in Executive-MBAs umzubenennen. Viele dieser Programme entsprechen von ihrer Zielsetzung her nur bedingt der eines generalistischen MBA. Andere Programme sind vom Umfang und Niveau teilweise derart gering einzustufen, dass sie ein Programm-Akkreditierungsverfahren eigentlich nicht bestehen dürften. Bedenklich ist auch, dass viele dieser sogenannten Executive-MBA-Programme keine oder nur geringe Berufserfahrung verlangen. Hier ist ein klarer Qualitätsmangel in der europäischen MBA-Landschaft zu erkennen.

Ausbildungsqualität genau prüfen

Einige der Probleme sind jedoch hausgemacht. In der Schweiz müssen sich zum Beispiel weiterbildende, wirtschaftswissenschaftliche Programme immer als Executive-MBA oder als Master of Advanced Science (MAS) bezeichnet, so eine staatliche Vorgabe. Damit gibt es auch Executive-MBAs, die keinerlei oder nur geringfügige Berufserfahrung verlangen.

Hier ist der Kunde gefordert, sich die Zulassungsbedingungen sehr genau anzusehen. Aus diesem Grund sollte bei Executive-Programmen gelten: Bewerber für ein Executive-MBA-Programm sollten grundsätzlich mindestens fünf Jahre Berufspraxis vorweisen und Managementerfahrung besitzen. Nachzuweisen sind Arbeitsbereiche und Tätigkeiten in leitenden Funktionen oder erfolgreiche unternehmerische Betätigung.

Fernstudium

Sind Fernstudienprogramme genauso gut wie Vollzeit- oder Teilzeitprogramme?

Berechtigte Kritik?

Eine spannende Frage, die immer wieder kontrovers diskutiert wird. Neben fachlichen Argumenten wird auch mit weniger Sachlichem argumentiert. „Sie sind die Schmuddelkinder des internationalen MBA-Marktes, die Distance-Learning-Programme, die einen Master of Business Administration im Fernstudium ermöglichen", so der ehemalige Handelsblatt-Autor Christoph Mohr. Eines stimmt aber: Die Zeiten, in denen von den Anbietern pauschal erklärt wurde, dass aller Wissensstoff im MBA mit moderner Kommunikationstechnologie, durch das Internet, durch E-Learning und durch Multimedia, und ohne Präsenz vermittelt werden kann, sind überholt. Denn den reinen Fernstudienprogrammen ohne Präsenzphasen fehlt die menschliche Erfahrung des Lernens und Arbeitens mit Kommilitonen ganz verschiedener kultureller Herkunft – und natürlich das Beziehungsnetz der Ehemaligen (Alumni), so die Kritikpunkte am Fernstudien-MBA.

Ist der Fernstudien-MBA deshalb schlechter? „Schaut man sich die Fernstudienprogramme genauer an, stellt man fest, dass es keine signifikanten Unterschiede zwischen Vollzeit- und Fernstudium gibt", so Dr. Thomas Russell von der University of North Carolina, der 355 Studien zu den Learning Outcomes von Fernstudienprogrammen ausgewertet hat. Einige Studien fanden sogar heraus, dass die Studierenden zumindest in den Bereichen „Nutzung der IT-Technologie",

Besser als ihr Ruf

„Theoriekenntnisse" und „Quantitative Methoden" besser sind als die Teilnehmer der entsprechenden Vollzeitangebote.

Willenstest der Fernuni Hagen

Allerdings ist nicht jeder für ein Fernstudium gemacht. Wenn Sie wissen wollen, ob Sie das Zeug dazu haben, können Sie unter http://willenstest.fernuni-hagen.de einen zwanzigminütigen Willenstest der Fernuniversität Hagen absolvieren. Es ist schwer zu sagen, welche Studiengänge und -formen die Besten sind und in welcher Lebenssituation sich ein Fernstudium für Sie lohnt. Denn neben den unterschiedlichsten Anbietern, existieren auch die verschiedensten Unterrichtsmethoden. Es gibt keine allgemeingültige Empfehlung. Aber mit dem kleinen Selbsttest können Sie zumindest herauszufinden, ob ein Fernstudium überhaupt für Sie infrage kommt.

Zukunftsmarkt

Der Markt der Fernstudienprogramme wird allgemein als der Zukunftsmarkt angesehen. So wurden die ersten Fernstudien-MBAs Anfang der 80er-Jahre entwickelt. Der Marktanteil hat danach sprunghaft zugenommen. Je nach Studie macht der Anteil der Fernstudienteilnehmer zwischen 20 und 50 Prozent aller MBA-Studenten aus. Die Fernstudienprogramme wenden sich wie die Teilzeitprogramme hauptsächlich an berufstätige Personen mit mittlerer Berufserfahrung, die ihre Karriere im Unternehmen weiterentwickeln wollen. Zielgruppe sind die über 35-Jährigen mit ungefähr zehn Jahren Berufserfahrung.

Struktur des Studiums

Der Inhalt und die Struktur der Fernstudiengänge entsprechen denen anderer Programme, aber die Art der Lehre ist natürlich nicht vergleichbar. Zur Aufnahme eines Fernstudiums benötigen die Studierenden die gleichen Voraussetzungen wie bei anderen MBA-Programmen. Wichtig ist auch hierbei die Unterstützung durch den Arbeitgeber und die Familie, damit die Doppelbelastung nicht den Erfolg des Programms gefährdet. Der Abschluss eines MBA-Programms über ein Fernstudium dauert meistens drei Jahre. Das Durchschnittsalter bei der Graduierung beträgt rund 40 Jahre, so eine Studie der britischen Association of MBAs (AMBA). Rund ein Drittel aller MBA-Studierenden in Großbritannien besucht Fernstudienprogramme, so 2009 veröffentlichte Daten.

In den Übersichten zu den MBA-Angeboten in D-A-CH finden Sie auch eine Auflistung von Hochschulen aus dem Ausland, die Fernstudien-MBA-Programme auch in Deutschland anbieten (S. 135 ff.). Es werden bewusst nur europäische Anbieter in den Datenblättern aufgeführt, da es hier mit der Titelführung kaum Probleme gibt.

Für US-Fernstudienprogramme sei als Quelle Business Week, www.businessweek.com/bschools/06/distance.htm oder www.allbusinessschools.com/featured/on-linemba/ empfohlen. Dort werden rund 100 Online-MBA-Angebote beschrieben.

Vorteile

Die Vorteile des Fernstudiums lassen sich wie folgt zusammenfassen:

■ **Berufsbegleitendes Lernen:** Durch ein Fernstudium können Sie Weiterbildung und berufliche Praxis perfekt miteinander kombinieren.

- **Kein Verdienstausfall:** Durch das berufsbegleitende Studieren haben Sie keinen Verdienstausfall und müssen sich so keine Sorgen um die Finanzierung des Fernstudiums machen.

- **Flexibles Lernen:** Bei einem Fernstudium sind Sie nicht an einen Ort gebunden und können bequem von zu Hause aus lernen. Auch der Beginn ist bei den meisten Fernstudiengängen flexibel wählbar.

- **Gute Betreuung:** Obwohl Sie von zu Hause aus studieren, erhalten Sie in einem Fernstudium umfangreiche Betreuung seitens der Studienanbieter, zum Beispiel können Sie sich auftretende Fragen zum Lernstoff schnell und einfach vom Lehrenden selbst per Lernplattform, Chat oder E-Mail beantworten lassen.

- **Modernes Lernen:** Fernhochschulen arbeiten in Sachen Lernmethoden nach den neuesten Erkenntnissen. Darüber hinaus beziehen Sie das Medium Internet verstärkt in die Lehre ein. Stichworte sind hier: E-Learning, Lehrmaterialien online, Webcasts, Podcasts, Streamings, Studierenden-Communities und Foren.

- **Qualifizierte Abschlüsse:** Der größte Teil aller Fernstudien-Abschlüsse ist mittlerweile staatlich anerkannt! Bitte auf akkreditierte Programme achten. Die Abschlüsse bieten dieselben weiterführenden Berechtigungen wie die Vollzeitprogramme. Auch Studien aus den USA und Großbritannien zeigen, dass es keine signifikanten Unterschiede gibt.

- **Ansehen bei Arbeitgebern:** Absolventen von Fernuniversitäten, die ihren Abschluss neben dem Beruf erreicht haben, werden von Personalverantwortlichen sehr geschätzt. Sie machen bei den Bewerbern eine überdurchschnittliche Motivation, eine hohe Belastbarkeit sowie ein starkes Durchhaltevermögen aus.

Aber es sollen auch nicht die Nachteile verschwiegen werden:

- **Relativ hohe Quote von Studienabbrechern:** Von zu Hause aus zu studieren, erfordert viel Eigeninitiative und Disziplin, und natürlich muss man aufgrund der Mehrbelastung im privaten Leben stark zurückstecken. Viele können dies nicht miteinander vereinbaren und brechen ihre berufsbegleitende Weiterbildung frühzeitig wieder ab.

- **Geringe Studentenkultur:** Studentenvereine, Studentenverbindungen oder im Umfeld einer Universität angebotene (außeruniversitäre) Veranstaltungen sind für Fernstudenten rar. Trotz Präsenzphasen ist der Aufbau persönlicher Freundschaften und Kontakte zwischen den Studierenden im Vergleich zu Präsenzuniversitäten erheblich stärker von der Eigeninitiative des Einzelnen abhängig.

- **Technik-Probleme:** Bis alle Systeme und Chats laufen, kann schon eine Weile vergehen. Auch die Kommunikation über SKYPE und Lernplattformen ist nicht immer einfach.

- **Zu viel Flexibilität:** Die flexible Studienzeit berufstätiger Studenten kann auch schnell zum Nachteil werden. Die Studiendauer verlängert sich, kann sich sogar verdoppeln.

Spezialisierte MBA-Programme

Eigentlich soll ein MBA-Studium diejenigen fit für Führungsaufgaben machen, die bisher mit Betriebswirtschaftslehre gar nichts am Hut hatten. Ingenieure beispielsweise, Geistes- oder Naturwissenschaftler. Aber es bieten immer mehr Hochschulen und vor allem Fachhochschulen Studiengänge an, die mit einer General-Management-Ausbildung nichts zu tun haben und im Gegenteil sehr spezialisiert sind. Trotzdem fahren sie unter der imageträchtigen Fahne des MBA-Titels. US-Fachleute bezeichnen es als Free-Rider-Problem.

Die spezialisierten Programme sind in der Presse die umstrittensten Programme. Spezialisierte Programme stehen oft im Widerspruch zur generalistischen Philosophie, besonders wenn sie sich ausschließlich an Absolventen mit betriebswirtschaftlicher Vorbildung richten.

In der Presse oft umstritten

Spezialisierte Programme gibt es in zwei Formen:

Formen

- Erstens als Managementausbildung (MBA) mit Wahlfächern, die ein gewisses Maß an Spezialisierung ermöglichen. Die Spezialisierung macht bis zu 25 Prozent des gesamten Unterrichtsstoffes aus. In Deutschland ist ein Pionier in diesem Bereich die Fachhochschule für Wirtschaft in Berlin. Dazu gehören die beiden einjährigen Vollzeitprogramme zum MBA „European Management" und „European Asian Management" sowie die drei zweijährigen berufsbegleitenden Programme „Dual Award", „Entrepreneurial Management" und „Health Care Management". So richtet sich der MBA „Health Care Management" an Mitarbeiter aus dem Gesundheitsbereich wie Ärzte oder leitende Pflegekräfte.

- Zweitens gibt es Programme, bei denen die Spezialisierung recht hoch ist und nur noch ein kleiner Teil des Programms eine generalistische Ausrichtung hat. Einige Programme haben zwar den populären Titel „MBA", wenn man sich das Curriculum aber genau ansieht, wird man kaum Elemente finden, die einen echten MBA ausmachen. Hier wäre es sicherlich sinnvoller gewesen, gleich einen spezialisierten Master wie einen Master in Health Care Mangement oder einen Master of Arts anzubieten.

Diese oft kritisierten Entwicklungen sind auch im Ausland anzutreffen. So bieten etwa die Warwick Business School einen „Global Energy MBA", die Cranfield School of Management einen „Public Sector MBA", Henley einen „Project Management MBA", Nyenrode einen „MBA in Financial" und

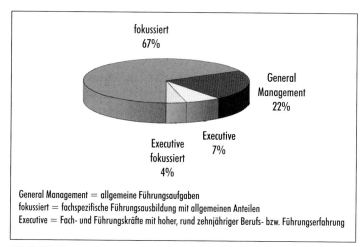

fokussiert
67%

General
Management
22%

Executive
7%

Executive
fokussiert
4%

General Management = allgemeine Führungsaufgaben
fokussiert = fachspezifische Führungsausbildung mit allgemeinen Anteilen
Executive = Fach- und Führungskräfte mit hoher, rund zehnjähriger Berufs- bzw. Führungserfahrung

Abb. 7: MBA-Programmarten in Deutschland

Chapel Hill einen „Regional Planing MBA" an. Zusammenfassend lässt sich sagen, dass rund ein Viertel der angesehensten MBA-Anbieter mittlerweile solche „Special MBAs" anbieten: In Großbritannien bieten 42 von rund 120 Anbietern laut TOP MBA solche Programme an, darunter auch einige EQUIS-akkreditierte Hochschulen.

Großbritannien Mittlerweile geht man davon aus, dass rund 2.000 Studierende in Großbritannien in spezialisierten MBA-Programmen eingeschrieben sind. „Damit hat sich in den letzten Jahren die Zahl der Studierenden in diesen Programmen verzehnfacht", so Nunzio Quacquarelli von TOP MBA. Die Anbieter richten sich nach dem Markt und suchen Nischen, die sie besetzen können, um die 20 bis 25 Kunden zu finden, die sie für eine erfolgreiche Durchführung des Programms benötigen.

Deutschland, Österreich und Schweiz In der auf Seite 135 ff. eingefügten Übersicht können Sie ersehen, dass in D-A-CH zunehmend spezialisierte MBA-Programme angeboten werden. Damit folgen die Hochschulen zwar der Empfehlung der Bildungsminister, ihr Profil zu schärfen. Insgesamt ist diese Entwicklung aber nur bedingt zielführend. Allein in Deutschland haben rund zwei Drittel aller MBA-Programme mittlerweile einen Fokus auf eine Branche oder einen Bereich.

Firmen- und Konsortial-MBAs Eine besondere Form der spezialisierten MBAs sind die Firmen-/Konsortial-MBAs. Manche Unternehmen bieten einen MBA eigens für ihre Mitarbeiter an. Sind mehrere Unternehmen beteiligt, spricht man von einem Konsortial-MBA. Die Vorteile: Die beteiligten Unternehmen übernehmen häufig Teile der Studiengebühren oder stellen ihre Mitarbeiter für Lernphasen frei. Und die Programminhalte stehen in direktem Bezug zum Unternehmen.

Management Know-how für Ihre Karriere

Berufsbegleitende, praxisorientierte Programme

MBA-Programme

- Engineering Management
- Gesundheitsmanagement und -controlling
- Information and Performance Management
- Innovation Management
- IT Management
- Life Science Management

Bewerben Sie sich jetzt und vereinbaren Ihr persönliches
Beratungsgespräch: Tel. **0621 150 207 0**
Email: **info@gsrn.de**

www.gsrn.de

Alternativen zum MBA

Es muss nicht unbedingt ein MBA sein, auch andere Zusatzausbildungen können ein fundiertes wirtschaftswissenschaftliches Know-how vermitteln. Damit sind nicht nur Qualifikationen für Tätigkeiten in privatwirtschaftlichen Unternehmen gemeint, sondern allgemein Möglichkeiten für administrativ oder betriebswirtschaftlich ausgerichtete berufliche Funktionen, also auch im öffentlichen und im privaten Non-Profit-Sektor. Dabei wird wie beim MBA in erster Linie an Personen mit nicht ökonomischem Studienabschluss gedacht, auch an Betriebswirtschaftler auf der Suche nach Alternativen. Anbieter sind Universitäten und Fachhochschulen, Privatuniversitäten (zum Beispiel in Österreich), spezielle Führungskräfteschulen und andere meist private Träger. Die Lehrgänge sind in der Mehrzahl berufsbegleitend, darunter auch die Angebote mit Fernunterricht und/oder Onlinestudium.

Angeboten für spezielle Funktionen und Branchen Gemeinsam ist den Studienprogrammen die Ausrichtung auf Fragen der Organisation und Führung eines Betriebes, einer Organisation, einer Verwaltung. Neben generellen Ausbildungen (in Management, Führung) gibt es eine zunehmende Zahl von Angeboten, die auf spezielle Funktionen (Personal-, Pro-

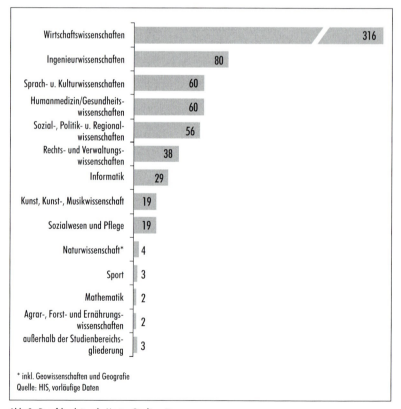

Abb. 8: Berufsbegleitende Master-Studiengänge

jekt-, Qualitätsmanagement) oder spezielle Branchen (Public-, Kultur-, Sport-, Gesundheitsmanagement) vorbereiten. Speziell können auch die Zielgruppen sein: Fachleute aus dem technischen, dem gesundheitlichen, dem geistes- oder sozialwissenschaftlichen sowie dem kulturellen Bereich.

Diese Zusatzausbildungen laufen unter recht unterschiedlichen Bezeichnungen: Zertifikatsstudium, Managementweiterbildung, MBA, MAS, Weiterbildungs-Master beziehungsweise Master in oder Master of Arts, Kaderausbildung (Schweiz) sowie Führungskräfteentwicklung. Dabei ist auf den ersten Blick die Verwirrung groß und dem Nichtfachmann ist oftmals nicht klar, was denn nun ein konsekutiver, nicht konsekutiver oder weiterbildender Master of Science oder Arts ist und wie er sich von einem MBA oder einem „Master in ..." unterscheidet.

Unterschiedliche Bezeichnungen

Weiterbildende Master-Programme, die einen direkten fachspezifischen Bezug bieten, können beispielsweise als „Master in Accounting and Finance" oder „Master in Banking and Finance, Communications, Engineering, Human Resources, Hospital Management, Marketing" bis hin zum „Water Management" firmieren. Viele Universitäten nennen ihre weiterbildenden Master auch „Master of Science", da sie meinen, dies würde einen wissenschaftlichen Anspruch repräsentieren. Die Regelungen in der „Strukturvorgabe der Kultusministerkonferenz" und des Akkreditierungsrates in Deutschland zeugen von einem ministerialen Versuch, Regeln in das Wirrwarr der Abschlussbezeichnungen zu bringen. Ziel ist es, ein kleines Set von Abschlüssen zu schaffen und im Diploma Supplement zu erklären, was denn da studiert wurde.

Weiterbildende Master-Programme

Nach Daten des Hochschulinformationssystems (HIS) gibt es derzeit rund 700 weiterbildende Master in Deutschland, davon rund 50 Prozent im Bereich Wirtschaftswissenschaften. Rund 350 weiterbildende Studiengänge und MBA-Programme sind im Hochschulkompass der Hochschulrektorenkonferenz gelistet. In Österreich finden Sie unter www.bmbwk.gv.at/universitaeten/studieren/wb_univ/ind_wirtschaft.xml die Einzelheiten zu weiterbildenden Studiengängen.

Deutschland

In Großbritannien ist die Homepage „FindaMaster" eine umfangreiche Datenbank: Rund 2.000 wirtschaftswissenschaftliche Master und rund 400 MBA-Programme aus Großbritannien werden dort gelistet.

Großbritannien

Welcher Fort- oder Weiterbildungsträger ist der richtige? Welche Kriterien ziehe ich zur Auswahl heran? Die Wahl des geeigneten Weiterbildungsträgers erfordert unter Umständen eine ganze Menge Arbeit. Um Ihnen dabei ein wenig Hilfestellung zu geben, haben wir den nachfolgenden Fragenkatalog entwickelt. Je mehr der aufgeführten Fragen angemessen Beantwortung findet, desto sicherer können Sie vor dem Start Ihrer Fort- oder Weiterbildung sein, die richtige Auswahl getroffen zu haben.

Die schwierige Frage, welche Ausbildung für welche beruflichen Perspektiven unter welchen Begleitumständen die beste sei, kann hier nicht beantwortet wer-

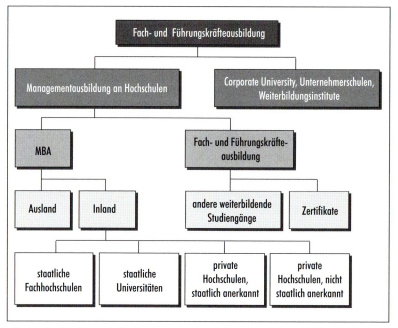

Abb. 9: Fach- und Führungskräfteausbildung

den, weil sich jede persönliche Situation wieder anders präsentiert. Folgende allgemeinen Hinweise könnten aber nützlich sein:

- Prüfen Sie das ganze Angebot (vgl. unten die Hinweise auf Informationsmöglichkeiten) und steigen Sie nicht auf die erstbeste Ausschreibung oder die lauteste Werbung ein.

- Informieren Sie sich über das Angebot der infrage kommenden Anbieter:
  - über Informationsmaterial, das Sie sich auf Anforderung schicken lassen
  - über Internet (98 Prozent aller Hochschulen oder Business Schools verfügen inzwischen über Webseiten)
  - über einen Besuch bei der Hochschule
  - über Gespräche mit ehemaligen oder aktuellen Teilnehmern
  - über Gespräche mit Branchenkennern
  - über Blogs im Internet

Checkliste für Recherche Das Ergebnis Ihrer Recherche sollte möglichst viele der nachfolgend aufgeführten Fragen beantworten:

1. Sind Sie ausreichend informiert über die Unterrichtsinhalte und Lernziele?

2. Entsprechen die angebotenen Inhalte beispielsweise den aktuellen Richtlinien, Prüfungsordnungen oder Rahmenstoffplänen?

3. Welche Dozenten werden im Unterricht eingesetzt (fachliche und didaktische Qualifikation)?

4. Gibt es ausreichende Informationen zum Zeitrahmen (Stundenpläne, Termin- oder Ablaufpläne)?

5. Welche Unterrichtsmaterialien werden benötigt (aktuelles schuleigenes Material, zusätzlich anzuschaffende Literatur, Hilfsmittel)?

6. Welche Vorkenntnisse werden von Ihnen erwartet?

7. Besteht die Möglichkeit, an einem Lehrgang probeweise teilzunehmen?

8. Wie sind Unterrichts- und Pausenräume gestaltet? Welche Möglichkeiten der Verpflegung sind gegeben?

9. Falls Sie einen Abschluss vor einer öffentlichen oder staatlichen Prüfungskommission ablegen müssen, sind Sie ausreichend über Zulassungsbedingungen und -fristen informiert?

10. Kennen Sie die Anmeldemodalitäten, die Rücktritts- und Kündigungsbedingungen? Welche Kosten entstehen zum Beispiel, wenn Sie – aus welchen Gründen auch immer – ab- oder unterbrechen müssen oder aber gar nicht antreten können?

11. Welche Kosten kommen auf Sie zu (Lehrgangsgebühren, Prüfungsgebühren, Zusatzkosten)?

12. Erscheinen die Gebühren im Vergleich angemessen? Ein hoher Preis ist nicht unbedingt ein Garant für gute Qualität.

13. Wann und wie müssen Gebühren bezahlt werden (zum Beispiel Ratenzahlung, gegebenenfalls Rückerstattung von anteiligen Gebühren bei Kündigung)?

14. Erhalten Sie Informationen zu Förder- oder Finanzierungsmöglichkeiten?

15. Gibt es Hilfestellungen bei Lernproblemen oder einen Ansprechpartner bei Kritik (beispielsweise Beratungsstelle, Tutoren, Vertrauenslehrer)?

16. Wie wird die Qualität der Lehrgänge gesichert? Gibt es Informationen zu Erfolgsquoten, Teilnehmerbefragungen, Akkreditierung etc.?

17. Welche Anerkennung findet der Abschluss oder die Teilnahmebescheinigungen in der Wirtschaft?

Antworten zu diesen Fragen finden Sie hoffentlich möglichst viele in den zur Verfügung gestellten Informationsunterlagen. Alle Fragen, die dann noch offen sind, sollten Sie bei den Anbietern, die in Ihre engere Wahl kommen, vor Ort klären. Denn nur im persönlichen Gespräch können Sie sich einen Eindruck davon verschaffen, welche Behandlung Sie als zukünftiger Lehrgangsteilnehmer erfahren werden und ob Sie sich ausreichend ernst genommen und gut aufgehoben fühlen können.

Spezialisten sind gefragt Die Unternehmen stehen den spezialisierten Programmen oft positiv gegenüber, denn neben Generalisten werden auch viele Spezialisten benötigt. Auch bei den Studierenden sind diese spezialisierten Master zunehmend beliebter, sind sie doch oft um einiges preiswerter als die gefragten MBA-Programme. Bei der Entscheidung MSc, Master of … oder MBA ist dies natürlich auch eine Frage des persönlichen Timings und der Zukunftsplanung, welche der Alternativen einen größeren Wert für Sie hat.

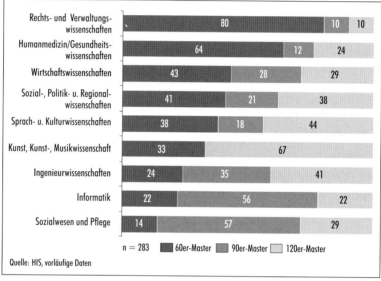

Abb. 10: ECTS in berufsbegleitenden Master-Studiengängen

20 Schritte zum MBA – Checkliste zur Selbstprüfung

Um später unangenehme Überraschungen zu vermeiden, sollte man sich frühzeitig und intensiv informieren. Wenn Sie sich gründlich auf einen MBA vorbereiten wollen, müssen Sie mit einem Jahr Vorlauf rechnen. Es bestehen verschiedene Möglichkeiten, sich Informationen über ein MBA-Studium zu beschaffen. So bieten sich beispielsweise die Hochschulzentren der Arbeitsämter, die Akademischen Auslandsämter der Universitäten und Fachhochschulen, der DAAD, Ihre Personalabteilung, Weiterbildungsberater, Bücher oder das Internet an. Diese werden ausführlich im Kapitel „Internetseiten und Bücher zum MBA", S. 123 ff. beschrieben.

Gründliche Vorbereitung

Deutschsprachige Quellen sind der „MBA-Guide" und der Band „MBA-Studium", für Großbritannien ist das Buch „Which MBA?" des Economist zu empfehlen. Wichtig für die USA sind das Buch der Princten Revier „Best 301 Business Schools" und der „Guide to Graduate Schools" des Wall Street Journal oder der MBA-Guide der Business Week. Eine Gesamtübersicht überwiegend für die USA bietet der Petersons „Guide to Graduate Schools" mit rund 3.000 Angeboten.

1. Warum möchte ich ein MBA-Programm absolvieren?

Beim einen ist es der Wille zur Weiterbildung und zur persönlichen Weiterentwicklung, beim anderen das Ziel, in möglichst wenig Zeit viel Geld zu verdienen, und beim Nächsten sind es Eitelkeit und Titelsucht. Der MBA, in der Langform „Master of Business Administration", ist vor allem erst einmal ein akademischer Titel. Er soll (angehenden) Führungskräften Wirtschafts- und Managementwissen beibringen. Daher ist er meistens besonders geeignet für Führungskräfte, die keinen wirtschaftswissenschaftlichen Background besitzen.

Für die „Titelsüchtigen" gibt es sicherlich viele Programme, bei denen sie für wenig Geld den Titel „erwerben" können (siehe Kapitel „Schwarze Scharfe" S. 118 ff.).

Für diejenigen, die den MBA als das Karriere-Sprungbrett sehen und die in die Top-Unternehmen der Welt möchten, sind eine Marktanalyse und die genaue Auswahl der Hochschule dringend erforderlich. Analysen vieler Daten zeigen insbesondere zwei Dinge: Für Nichtökonomen ebenso wie für die älteren und führungserfahreneren Absolventen der Executive-Programme ist die karriereunterstützende Wirkung des MBA einer Top-Schule sicherer. Auch wenn ihre absoluten finanziellen Zuwächse geringer ausfallen, oft ist es der entscheidende letzte Schritt hin zum Karrieregipfel. Demgegenüber gelingen jungen Nachwuchskräften mit einem Vollzeit-MBA zwar größere Sprünge, ungewiss aber bleibt, ob ihr Weg sie tatsächlich einmal bis in den Vorstand führt (siehe Kapitel „Outcome" S. 100 ff.). Denn klar ist, der MBA kann einen Diamanten zum Brillanten, aber nicht zum Kronjuwel machen.

Karriere-Sprungbrett

Für diejenigen, sich weiterentwickeln und weiterbilden wollen, ist der MBA sicherlich auch eine gute Möglichkeit. Neben den Fachinhalten aus Vorlesungen und Seminaren sind besonders die Kontakte mit anderen Programmteilnehmern aus den unterschiedlichsten Branchen und deren Erfahrungen gewinnbringend. Daher setzen gute MBA-Programme viel Berufserfahrung voraus. Wenn das Renommee, Inhalte und Ziele stimmen, ist der Nutzen erheblich.

Genaue Selbstanalyse Wer also mit dem Gedanken spielt, ein MBA-Studium zu beginnen, sollte sich zunächst einer genauen Selbstanalyse unterziehen. Dabei sollte man sich im Vorfeld die Frage stellen, was die eigenen Gründe für die Aufnahme eines MBA-Studiums sind und welche Ziele damit verfolgt werden. Die Überlegung, ob der MBA für die eigenen Karriereabsichten tatsächlich auch das richtige Instrument darstellt, steht dabei sicherlich im Vordergrund.

Das Studium bedeutet vom zeitlichen und persönlichen Aufwand her eine echte Investition, ganz abgesehen von der finanziellen Belastung. Aber auch in der vergleichsweise kostengünstigen Teilzeitvariante bedarf die Finanzierung im Vorfeld sorgsamer Klärung. Weiterhin sollte man klären, ob Partner, Familie und Freunde bereit sind, eine Beeinträchtigung des Privatlebens für ungefähr zwei Jahre zu akzeptieren. Wer zu dem Schluss kommt, dass er ein MBA-Studium absolvieren möchte, muss sich allerdings erst einmal durch eine Vielzahl der verschiedensten Angebote kämpfen.

2. Wo sind möglicherweise meine Kompetenz-/Qualifikationsdefizite?

Persönliche Analyse Im Rahmen der Vorbereitung sollte man in einer persönlichen Analyse herausfinden, wo in der eigenen Karrierestrategie spezifische Stärken und Schwächen liegen und ob deren Behebung ausreichend und relevant ist, um auf die Veränderungen in der Unternehmensumwelt zu reagieren. Hilfreich für die Analyse ist oft eine vorherige Identifikation der entscheidenden Erfolgsfaktoren. In Relation zu diesen Faktoren können dann alle Stärken und Schwächen abgeprüft werden (siehe auch S. 18 ff.).

Sie sollten bedenken, dass alle identifizierten Stärken und Schwächen relativ sind. Sie gewinnen erst durch ein Benchmarking gegen Mitbewerber oder Unternehmenserwartungen echte Vergleichswerte. Die SWOT-Analyse ist eines der gebräuchlichsten Analyseinstrumente.

3. Welche Kompetenzen/Qualifikationen erwartet mein Arbeitgeber?

Der Arbeitgeber als „Kunde" hat ganz spezifische Erwartungen an seine Mitarbeiter und an einen Job. Erfüllen sie diese nicht oder sind sie „überqualifiziert", ist die Chance, einen passenden Job zu erhalten, schlecht. Detaillierte Informationen finden sie dazu im Kapitel „Was erwarten Unternehmen vom MBA?", S. 96 ff.

Deutsche Unternehmen verlangen von ihren Nachwuchsführungskräften neben Fachwissen soziale Kompetenz, interdisziplinäres Denken, eine überdurch-

schnittliche Problemlösekompetenz und ein erkennbares Führungspotenzial. Die am häufigsten vermissten Eigenschaften sind ausgeprägte Führungsqualitäten sowie die Fähigkeit zur Selbstkritik, so das zusammenfassende Ergebnis vieler High-Potential-Studien.

Der Einzelkämpfer alter Prägung hat ausgedient, Teamfähigkeit gekoppelt mit Engagement und Eigeninitiative sind gefragt. Bringt der Interessent auch noch Berufserfahrung und Englischkenntnisse mit, hat er – das notwendige Fachwissen vorausgesetzt – beste berufliche Chancen.

Viele Studien zeigen, dass Persönlichkeitsmerkmale – vor allem Flexibilität, Verantwortungsbewusstsein und Aufgeschlossenheit – sowie Fremdsprachenkenntnisse die Chancen für Bewerberinnen und Bewerber steigern.

Zahlreiche zukünftige Führungskräfte, aber auch Unternehmen interessieren sich deshalb für den MBA-Abschluss. Ziel ist es, unternehmerische Schlüsselqualifikationen zu erwerben, um im Unternehmen das betriebswirtschaftliche Know-how zu erhöhen. Die zum Teil sehr durchstrukturierten MBA-Programme geben den teilnehmenden Führungskräften oft nur begrenzt die Chance, die dem Unternehmen wichtigen Fähigkeiten zu erlernen oder umzusetzen.

4. Welche Schule und welches Programm passen zu meiner Karriere?

Unterschiede in den Programmen Gerade viele MBAs Made in Austria/Germany/Switzerland beziehungsweise Made in Continental Europe unterscheiden sich fundamental von dem in den USA und im angelsächsischen Raum (siehe auch Abschnitt „Was ist ein MBA?" S. 24 ff.).

Amerikanische Programme der Top-Schulen bestechen vor allem durch ihre ausgeprägte Selektivität bei dennoch großen Jahrgängen, welche sich sowohl in den hohen GMAT-Durchschnitten als auch in der Quote der zugelassenen Bewerber widerspiegelt. Durch die großen Jahrgänge bieten amerikanische Programme den Studenten viele Wahlmöglichkeiten, wobei die Programme insgesamt deutlich länger dauern als vergleichbare Studiengänge in Europa.

Insgesamt geht es bei den Lerninhalten dieser Programme nicht um Vorträge auf hohem wissenschaftlichen Niveau, sondern um interaktives Lernen, bei dem die Erfahrungen der Teilnehmer genauso wichtig sind wie der Input der Dozenten, was wiederum erklärt, warum der richtige Teilnehmer- und Dozenten-Mix bei diesen Programmen die halbe Miete ist. Der MBA-Markt in den USA ist sehr breit, rund 3.500 Programme buhlen um die Gunst der 270.000 MBA-Studierenden und ungefähr 300 der Programme zählen nach US-Angaben maximal zu den Top-Angeboten.

Europa In Europa und besonders Deutschland werden die MBA-Programme von kleinen Jahrgangsgrößen geprägt, was für eine besonders gute Betreuung spricht und exzellente Kontakte zwischen den MBA-Studierenden ermöglicht. „Auch methodisch gehen europäische und insbesondere deutsche Hochschulen einen anderen Weg als ihre amerikanischen Wettbewerber", so eine Analyse von HHL-Lehrenden im Handelsblatt. „So werden beispielsweise Fallstudien auch in Europa bzw. Deutschland als didaktisches Mittel genutzt. Sie sind jedoch nicht die Basis für die Vermittlung von Inhalten, wie dies in den USA fast ausnahmslos der Fall ist." Dies bedeutet, dass nach deutscher Philosophie zuerst ein fundiertes Grundwissen vermittelt wird und dieses anschließend am praxisrelevanten Fall angewendet wird. Die Vermittlung von Inhalten geht eher von der Theorie hin zum speziellen Fall.

Besonders in Deutschland wird die Wissenschaftlichkeit eines Programms als hohes Gut angesehen. Für Wissenschaftlichkeit sollen das eingesetzte Lehrpersonal (Professoren), die Prüfungsbedingungen (viele Klausuren) und die Inhalte (Theorie) garantieren. **Deutschland**

Fachlich orientieren sich die deutschen Programme häufig an den wissenschaftlichen Schwerpunkten der jeweiligen Hochschule. Eine Besonderheit des deutschen Marktes ist deshalb der hohe Anteil an spezialisierten Programmen. Nur rund ein Viertel der MBA-Programme sind General-Management-Programme, ein im Vergleich zu den USA und Rest-Europa umgekehrtes Verhältnis.

Mittlerweile kristallisiert sich heraus, dass es in Deutschland eine eigene MBA-Szene gibt und sich eine eigene Philosophie entwickelt, die nicht Mode-Erscheinungen hinterherläuft, sondern fundamental und strukturbildend angelegt ist. Es gibt relevante Unterschiede hinsichtlich Struktur, Inhalt, Methodik und Internationalität. Deutsche, europäische und amerikanische Programme bieten damit auf ganz unterschiedliche Art und Weise einen Mehrwert für den Studierenden. Lernen kann man von den USA sicherlich viel im Bereich Kundenorientierung, Qualitätssicherung, Öffentlichkeitsarbeit.

Der MBA-Markt in Europa umfasst ungefähr 750 bis 1.000 Programme, rund 50 Prozent davon sind Teilzeitangebote. Circa 50 bis 75 MBA-Programme zählen nach den Rankinglisten maximal zu den Top-Angeboten.

5. In welcher Form möchte ich das MBA-Studium absolvieren (Vollzeit-, Teilzeit-, Fernstudium)?

Die Vollzeit-MBA-Programme weltweit stehen in einer akademischen Tradition der Universitätsabschlüsse für US-Postgraduierte. Die Programme wenden sich hauptsächlich an berufstätige Personen mit geringer Berufserfahrung, die ihrer Karriere eine neue Richtung geben wollen. Zielgruppe sind die unter 30-Jährigen. **Vollzeit-MBA**

Die Teilzeitprogramme wenden sich hauptsächlich an berufstätige Personen mit mittlerer Berufserfahrung, die ihre Karriere im Unternehmen weiterentwickeln wollen. Zielgruppe sind die über 30-Jährigen mit fünf bis zehn Jahren Berufserfahrung. Viele dieser Studierenden haben keinen betriebswirtschaftlichen Hintergrund. Der Einzugsbereich der Programme liegt in der Regel 100 Kilometer um den Wohnort. **Teilzeit-MBA**

Executive-MBA Beim Executive-MBA (EMBA) handelt es sich um eine besondere Form der Teilzeitprogramme. Die meisten der derzeit angebotenen Programme werden vorwiegend an Freitagen und Samstagen durchgeführt. Die Executive-Programme wenden sich hauptsächlich an berufstätige Personen mit hoher Berufserfahrung, die über Personal- und Budgetverantwortung verfügen. Zielgruppe sind die über 35- bis 40-Jährigen mit oft über zehn Jahren Berufserfahrung, die im mittleren oder oberen Management arbeiten.

Spezialisierte Programme Die Anzahl der spezialisierten MBA-Programme nimmt weltweit stark zu. Viele Hochschulen versuchen, mit Nischenprogrammen Studierende zu gewinnen und sich so einen „Brandname" in einer Fachrichtung aufzubauen. Hintergrund ist der scharfe Wettbewerb um Studierende. Weiterhin sehen viele Hochschulen in der Nutzung von Nischen eine willkommene Möglichkeit, sich an einem weitestgehend gefestigten Markt zu etablieren.

Fernstudienprogramme Der Markt der Fernstudienprogramme wird allgemein als der Zukunftsmarkt angesehen. So wurden die ersten Fernstudien-MBAs Anfang der 80er-Jahre entwickelt. Der Marktanteil hat danach sprunghaft zugenommen. Je nach Studie wird der Anteil der Fernstudienteilnehmer zwischen 20 Prozent und 50 Prozent der MBA-Studenten angegeben. Die Fernstudienprogramme wenden sich wie die Teilzeitprogramme hauptsächlich an berufstätige Personen mit mittlerer Berufserfahrung, die ihre Karriere im Unternehmen weiterentwickeln wollen. Zielgruppe sind die über 35-Jährigen mit circa zehn Jahren Berufserfahrung.

Vertragsabschluss

Eine professionelle und verlässliche Vertragsgestaltung ist für Sie als Teilnehmerin oder Teilnehmer unverzichtbar. Die Vertragsgestaltung gibt Aufschluss über Seriosität und Geschäftsgebaren des Anbieters. Ein Vertrag sollte folgende Angaben enthalten:

– Dauer, Ziel, Inhalte und Durchführungsbedingungen der Weiterbildungsmaßnahme,

– Zulassungsbedingungen,

– Bestimmungen der Prüfungsordnungen bzw. -regelungen,

– Gesamtkosten der Maßnahme inklusive Mehrwertsteuer,

– Zahlungsweise,

– Kündigungs- und Rücktrittsmodalitäten,

– Allgemeine Geschäftsbedingungen oder die Schul- bzw. Studienordnung des Anbieters,

– Angaben zu geregelten Beschwerdestellen und -verfahren, Rechtsbelehrung und Gerichtsstand des Anbieters.

– Hinweise

Verträge, die keine ausreichenden Angaben zu den genannten Punkten enthalten, sollten Sie nicht akzeptieren. Prüfen Sie, ob die in Werbung und Informationsmaterial versprochenen Leistungen auch im Vertrag aufgeführt sind. So sollten im Vertrag auf

---

jeden Fall Angaben zu Lehrgangsrichtlinien sowie zur Aus- bzw. Fortbildungsordnung oder zu den Rahmenlehrplänen oder Studienplänen, die der Maßnahme zugrunde liegen, enthalten sein. Der Kostenkatalog muss detaillierte Angaben zu den angebotenen Leistungen – zum Beispiel Unterrichtsstunden, Teilnehmendenzahl pro Kurs – enthalten.

6. In welchem Land möchte ich den MBA-Titel erwerben?

Die Auswahl an MBA-Programmen ist unbegrenzt. Von Australien bis Zaire lassen sich Anbieter finden. Aber es gibt gewaltige Unterschiede in der Reputation. Und auch in den Fragen der Titelführung tauchen leider die einen oder anderen Probleme auf. Am bekanntesten und reputiertesten sind sicherlich die MBA-Programme aus dem angloamerikanischen Raum. In der Regel werden diese als Vollzeitprogramme besucht. Interessenten, die ihren Arbeitsplatz behalten wollen, müssen auf die berufsbegleitenden Varianten ausweichen. Im Rahmen Ihrer Überlegungen sollten Sie auch entscheiden, wo Sie Ihre berufliche Zukunft sehen. Liegt diese zum Beispiel im lateinamerikanischen Raum, dann sollten Sie möglichst eine Hochschule in Spanien oder in Lateinamerika finden, damit Sie Kontakte knüpfen können. Mittlerweile haben einige der spanischen Business Schools auch schon Büros in Deutschland eröffnet und an der FH Kiel wird ein deutsch-spanischer MBA angeboten. **Unbegrenzte Auswahl**

Umfragen unter MBA-Interessenten zeigen, dass rund 70 Prozent ihren MBA gerne im Ausland erwerben würden. Rund 40 Prozent würden dabei die USA und Großbritannien bevorzugen, aber auch nach Österreich oder in die Schweiz würden rund 15 Prozent der befragten Interessenten gehen. Nur rund 30 Prozent schließen ein Auslandsstudium im Vorhinein aus und suchen gezielt einen MBA in Deutschland. **Abschluss im Ausland ist gefragt**

Denjenigen, die in ein Großunternehmen wechseln wollen oder einen britischen oder amerikanischen Arbeitgeber haben, ist sicherlich ein angelsächsischer MBA zu empfehlen. Es gibt mittlerweile eine reichhaltige Auswahl auch von Teilzeit-, und Fernstudienprogrammen britischer Anbieter in D-A-CH. Bei diesen Programmen können die Personaler wesentlich leichter deren Wert einschätzen, besonders wenn es ein bekanntes Programm ist. Wenn Sie in den USA

	USA	GB	D	NL	F	E	CH	A
Business Schools	900–1.100	110–130	135	25	60	40	40	31
MBA-Programme	3.000–3.500	350–400	280	79	138	88	65	85

geschätzte Angaben
Quelle: Educationconsult

Abb. 11: Anzahl der MBA-Anbieter und Programme

ein Studium beginnen wollen, achten Sie auf eine Akkreditierung durch den AACSB. Recherchemöglichkeiten finden Sie im Kapitel „Internetseiten und Bücher zum MBA", S. 123 ff.

Vorsicht bei Exoten

Fernstudienprogramme aus den USA können wegen möglicher Probleme mit der Anerkennung nicht unbedingt empfohlen werden. Dies gilt auch für Exoten wie ein in Deutschland und Österreich angebotener MBA einer privaten, staatlich anerkannten Hochschule aus Nicaragua. Hier sollte vorher eine intensive Recherche besonders auch auf der Homepage „ANABIN" der KMK stattfinden. Verwahren Sie bitte Unterlagen und Programminformationen zum Curriculum auf. Falls einmal Nachweise von Seiten von Behörden gefordert werden, können diese sehr wichtig werden. Auch Studien- und Prüfungsordnungen sowie Modulhandbücher des Programms sollten Sie archivieren.

In D-A-CH sind Sie mit einem Studium an einer staatlich anerkannten Institution immer auf der sicheren Seite, was das Thema Anerkennung des Abschlusses und Titelführung anbelangt (siehe Abschnitt „Schwarze Schafe", S. 118 ff.). Auch das Studium in den anderen EU-Ländern ist weitestgehend sorgenfrei.

7. Kann ich die Fremdsprachen-Erfordernisse erfüllen?

Unterrichtssprache Englisch

Englisch ist eine Schlüsselqualifikation für Managementführungskräfte. Deshalb empfehlen sich, neben einen MBA-Abschluss im Ausland, auch die Programme besonders, deren Unterrichtssprache Englisch ist. Manche Schulen sind bilingual ausgerichtet – eine gute Möglichkeit für Ausländer, neben Englisch zum Beispiel auch noch Deutsch zu trainieren. Rund 150 Programme in D-A-CH bieten ihre MBA-Programme überwiegend oder auch vollständig in Englisch an.

8. Wie international ist das Programm?

Internationalität ist größter Pluspunkte

Die internationale Ausrichtung des Studiums ist einer der größten Pluspunkte eines guten MBA-Programms. Im Idealfall kommen Professoren und Studenten aus aller Welt, die Programme beschränken sich auch inhaltlich nicht auf einen Wirtschaftsraum und die Schule arbeitet mit internationalen Unternehmen zusammen. Immer mehr Schulen verlangen von ihren Teilnehmern Kenntnisse in einer zweiten Sprache (außer Englisch). Die meisten guten Business Schools bieten Austauschprogramme mit anderen Schulen an. Auch Studienaufenthalte in anderen Ländern gehören inzwischen fast schon zum Standard.

Checkliste Internationalität

Wenn Sie die Internationalität eines Programms bewerten wollen, fragen Sie nach folgenden Punkten:

■ Zielsetzung und Strategie des Studienganges berücksichtigen explizit Internationalität in Lehre und Studium sowie Employability der Absolventen. Der Studiengang befähigt durch gezielte Wissensvermittlung und Kompetenzentwicklung in besonderer Weise für die Bewältigung internationaler Aufgabenstellungen.

Nehmen Sie Kurs auf Ihre Karriere!

INFORMIEREN SIE SICH JETZT!

MBA-Studiengänge

FIBAA-akkreditiert

General Management • Energy Management • Pharma Management

:: **International** – Integrierte Auslandsmodule in Südafrika bzw. Europa
                   – bis zu 50% englischsprachige Kurse

:: **Praxisorientiert** – Integrierte Unternehmensprojekte
                   – Direkte Anwendung des Wissens im eigenen Unternehmen

:: **Kompakt** – 18 bzw. 24 Monate, berufsbegleitend

:: **Persönlich** – Kleine Lerngruppen, intensiver Austausch mit Dozenten

Campus Dortmund
Fon: +49(0)231.97 51 39 - 42
ism.dortmund@ism.de

ISM
INTERNATIONAL
SCHOOL OF MANAGEMENT
www.ism.de

■ Ein Teil der Lehrenden bringt internationale Erfahrung in Beruf und/oder akademischer Tätigkeit mit. Mehrsprachige und ausländische Lehrende sind nicht nur Einzelfälle, sondern werden gezielt umworben. Dozentenaustausch ist fester Bestandteil des Studienganges. Die Lehrenden zeichnen sich durch Mitwirkung in internationalen Wissenschaftsorganisationen, internationale Veröffentlichungen, Mitwirkung an internationalen und ausländischen Zeitschriften und Herausgeberschaften und Vorträgen auf internationalen Kongressen aus.

■ Ein wesentlicher Anteil der Studierenden kommt aus dem Ausland. Studentenaustausch ist ein fester Bestandteil des Studienganges. Darüber hinaus sind Studiensemester, praktische Studienzeiten und Praktika im Ausland obligatorisch.

■ Regelmäßig werden internationale Elemente (wie Fallstudien, Projekte, Fachliteratur) eingesetzt.

■ Fremdsprachliche Lehrveranstaltungen und der Einsatz von fremdsprachlichen Materialien und die damit verbundene studentische Arbeitsbelastung (Workload) überwiegen.

9. Wie sind die Zulassungsbedingungen?

Studien- und Prüfungsordnung Alle Hochschulen haben in ihren Unterlagen die Bewerbungsbedingungen aufgeführt. Hilfreich ist auch der Blick in die Studien- und Prüfungsordnung. In ihr wird der Zugang zum Studium verbindlich festgelegt. Prüfen Sie, ob die Zulassungsbedingungen in einer Studien- und Prüfungsordnung definiert sind. Das Zulassungsverfahren muss beschrieben, nachvollziehbar und für die Öffentlichkeit dokumentiert und zugänglich sein. Die Zulassungsentscheidung sollte auf objektivierbaren Kriterien basieren und ihnen schriftlich kommuniziert werden.

Sprach- und Zulassungstests Zulassungstests gleich welcher Art bereiten deutschsprachigen Interessenten zumindest in der Planungsphase die größten Sorgen, und oft blockiert allein der Gedanke daran alle weiteren Wünsche zu studieren. Daher werden wir Ihnen in den folgenden Kapiteln einige Anmerkungen zum richtigen Verständnis der wichtigsten Sprach- und Zulassungstests geben.

Vorrangig sollten Sie dabei Ihr Augenmerk auf die oft verlangten Tests richten. Der „Graduate Management Admission Test" (GMAT) und/oder der „Test of English as a Foreign Language" (TOEFL) gehören fast immer dazu. Für die Vorbereitung auf die Tests sollte einige Zeit eingeplant werden. Diese Tests sind eines von mehreren Kriterien bei der Zulassungsentscheidung und sie dienen zugleich der Selbstprüfung im Hinblick auf die Anforderungen an bestimmten Hochschulen. Sie sollten aber nicht als Nebensache behandelt werden. Einzelne Hochschulen setzen eine bestimmte Punktzahl (z.B. 550 Punkte/Papierversion) im TOEFL als Zulassungsbedingung voraus. Nähere Informationen zu den Zulassungstests finden Sie im Kapitel „Bewerbung für ein MBA-Programm", S. 84 ff.

Weitere wichtige Unterlagen sind Lebenslauf, Zeugnisse, verschiedene Referenzen von Arbeitgebern oder Professoren.

Es ist nicht leicht, in das ausgewählte Programm aufgenommen zu werden. Man sollte sich deshalb mit der Bewerbung viel Mühe geben. Besonders bei Bewerbungen an Universitäten im Ausland sind der Aufwand an Formalitäten und die bürokratischen Hürden relativ hoch. Mit der richtigen Organisation und Planung lässt sich jedoch ein Auslandsaufenthalt stressfreier über die Bühne bringen, als man am Anfang angenommen hat. Über die überproportional hohe Bedeutung des Bewerbungsaufwandes sollte man sich im Klaren sein. Es zählt der Gesamteindruck der Bewerbung, die aus einer Vielzahl von Komponenten besteht.

Bewerbungsaufwand

Die „üblichen", gerade von Deutschen gewohnten Bewerbungen landen in der Regel bei den Top-Schulen im Papierkorb! Wer sich „einfach so" bewirbt, fällt zumindest dort durch die erste Vorsichtung durch. Die Art der Bewerbung selbst und die Leistungen der Bewerber im Bewerbungsverfahren sind entscheidend, wenn man den MBA an einer guten Business Schule machen will! Hier liegt dann aber auch die Chance, wenn man bereit ist, sich gut vorzubereiten. Will man in ein MBA-Programm aufgenommen werden, muss man vorher sehr viel Arbeit, Zeit und etwas Geld in die Bewerbung stecken und sich gegebenenfalls auch von Profis beraten und schulen lassen. Bedenken Sie bitte, dass Sie bei den bekannten Business Schools mit vielen Kandidaten konkurrieren werden, die sich oft monatelang vorbereitet haben. Zusätzlich braucht man natürlich auch noch etwas Glück!

Arbeit, Zeit und Geld investieren

Die großen Hochschulen haben meist drei bis vier Bewerbungsrunden. Obwohl die Fristen für die Bewerbung erst im April oder Juni ablaufen, sind im Januar eines Jahres schon eine Vielzahl der Plätze vergeben.

Die Bewerbung ist, wenn Sie so wollen, wichtiger als das eigentliche MBA-Studium. Der Wettbewerb um die Studienplätze in guten MBA-Programmen hat sich in den letzten Jahren noch verschärft. Zulassungsquoten von eins zu zehn in den Top-Programmen sprechen Bände (in den 1980er-Jahren war das Verhältnis noch etwa eins zu vier). Es ist mittlerweile deutlich schwieriger, sich mit Erfolg um ein renommiertes MBA-Programm zu bewerben, als das eigentliche Studium zu absolvieren – die Abbruchquote der Vollzeitprogramme liegt bei fast null Prozent. Aber auch die zweite Garde der Business Schools fährt ein selektives Auswahlverfahren, so die jahrelange Erfahrung von Jörn Meissner von MBA-Gate.

10. Wie ist die Teilnehmerstruktur?

Je selektiver ein Programm ist, desto besser, heißt eine der goldenen Regeln. Top-Schulen nehmen in einem langwierigen Auswahlprozess nur zehn bis 20 Prozent der Bewerber auf. Die Personaler in den Unternehmen können sicher sein, dass Absolventen dieser Schulen zu den Top-Studenten gehörten. Aufgrund der gestiegenen Nachfrage nach MBA-Programmen in D-A-CH sind die Zulassungsvoraussetzungen in den letzten Jahren tendenziell anspruchsvoller geworden. Dies gilt besonders für das Kriterium Berufserfahrung.

Mitstudierende

Die Mitstudierenden sind bei einem MBA-Programm ein wichtiger Faktor. Neben intensiver Teamarbeit bilden Ihre Mitstudierenden gemeinsam mit Ihnen das Netzwerk und formen die Außenmeinung über den jeweiligen Anbieter. Da die Absolventen eines Jahrgangs oft weltweit Karriere machen, können so wertvolle Netzwerke entstehen. Die Jahrgänge entwickeln sich oft zu einem Bund fürs Leben. Wer sich an einer MBA-Schule bewerben will, sollte deshalb auch die Qualität und Zusammensetzung der Studenten erfragen und sich vor Ort mit potenziellen Kommilitonen unterhalten.

11. Wie ist das Absolventennetzwerk gestaltet?

Nutzen des Netzwerks

Business Schools werben mit Ihren Netzwerken. Je größer desto besser scheint die Devise. Man kaufe sich mit den Studiengebühren für einen MBA vor allem in das Netzwerk der Ehemaligen ein, heißt es da lapidar. Einzig und allein das zähle. Freilich sollte der, der sich diese Sicht zu eigen machen möchte, darüber nachdenken, welchen Nutzen ein Netzwerk für ihn hat, dessen Mitglieder mehrheitlich in den USA oder Asien arbeiten

Netzwerke sind für sich genommen kein Wert. Netzwerke sind lediglich ein Medium. Über sie verbreiten sich Informationen, die für den Betreffenden positive, aber auch negative Auswirkungen haben können. Ein Beispiel: Natürlich kann der Einzelne durch ein virtuelles Absolventennetzwerk profitieren. Er kann etwa von einem Jobangebot erfahren, für das er sich interessieren würde.

Die Mitgliedschaft in Netzwerken ist ein öffentliches Statement, eine Botschaft des Karristen, und muss deshalb sehr sorgfältig konzipiert und gepflegt werden. In jedem Fall kann sie wie eine Arbeitsprobe gesehen werden, die Sie von sich selbst zur Verfügung stellen.

12. Erfüllt das Programm meine Qualifizierungserwartungen?

Umfassendes Curriculum

Das MBA-Studium sollte eine große Bandbreite aller zentralen Managementfunktionen abdecken, schwerpunktmäßig beispielsweise Accounting, Finance, Marketing und Sales, Operations Management, Information Systems Management, Recht, Human Resources Management. Weiter gibt der MBA einen Einblick in die Volkswirtschaftslehre und in die quantitativen Methoden. Das Curriculum ist hoch integrativ und umfasst auch Themen wie Leadership, Teambuilding, Managementstrategien. Neben der Vermittlung von reiner Theorie ist gerade die Umsetzung in den Unternehmensalltag ein zentraler Baustein einer MBA-Ausbildung. Teamarbeiten, Fallbeispiele und Projekte sollen eine gezielte Umsetzung des Erlernten in die Praxis ermöglichen. Mehr dazu finden Sie in den MBA-Guidelines unter: www.efmd.org/attachments/tmpl_1_art_041103fdwh_att_050415vsnx.pdf.

Die nachfolgenden Lerninhalte stellen typische MBA-Studieninhalte dar, die **Lehrinhalte** aus verschiedenen Lehrplänen von staatlichen oder staatlich anerkannten MBA-Qualifikationen von der Arbeitsagentur zusammengestellt worden sind. Die Auswahl dieser Kompetenzen und Lehrinhalte erfolgte auf Basis von Studienordnungen sowie der Auswertung von Stellen- und Bewerberangeboten:

- Führungsqualifikationen/Management Skills
- Projektführung/Business Project Management
- Unternehmensführung/Corporate Management
- Internationales Management/International Business
- Marketing/International Marketing
- Strategische Führung/Strategic Management
- Unternehmenspolitik/Communications Strategy

Important Criteria in Selection of Graduate Business Candidatea

n = 1,105	Extremely important	Very important	Somewhat important	Not very important	Not at all important	Average rating
Interpersonal skills	63%	33%	3%	<1%	<1%	4.6
Cultural fit with company	58%	33%	8%	1%	<1%	4.5
Leadership attributes (motivation, initiative, adaptability, etc.)	52%	40%	8%	1%	<1%	4.4
Proven ability to perform	47%	44%	7%	1%	<1%	4.4
Technical or quantitative skills	31%	48%	18%	2%	1%	4.1
General business management skills	19%	53%	24%	4%	1%	3.9
Strong academic success	18%	50%	29%	3%	1%	3.8
History of increased job responsibility	13%	44%	36%	6%	1%	3.6
Occupation in prior work experience	12%	40%	38%	8%	1%	3.5
Reputation of business school	11%	41%	39%	7%	2%	3.5
History of leading teams	15%	36%	38%	11%	1%	3.5
Industry of prior work experience	13%	36%	37%	14%	2%	3.4
Years of work experience	9%	33%	46%	10%	2%	3.4
Specialization or concentration of study	11%	32%	41%	13%	2%	3.4
Relevant language, country, or cultural expertise	11%	30%	35%	17%	7%	3.2
History of managing people in a formal reporting role	4%	21%	44%	26%	4%	3.0

Average rating; 5 pt scale: 1 = not at all important; 5 = extremely important

Abb. 12: Bewerberauswahl – wichtige Kriterien

- Kulturwissenschaften/Managing across Cultures
- Investition und Finanzierung/Financial Management
- Personalwesen/Human Ressource Management
- Industriebetriebslehre/Industrial Management
- Unternehmensrechnung und Controlling
- Unternehmensentscheidungen/Management Decision Making

13. Ist das Programm akkreditiert?

Auf Akkreditierung achten   Hier muss der dringende Rat gegeben werden, nur ein solches Programm zu wählen, welches auch akkreditiert ist. Weltweit betrachtet gibt es zwei grundlegend unterschiedliche Ansätze der Akkreditierung im Hochschulbereich: erstens die institutionelle Akkreditierung ganzer Hochschulen/Business Schools (z.B. EQUIS, AACSB), zweitens die Programmakkreditierung (AMBA, FIBAA).

Im nationalen Bereich sind derzeit zehn Agenturen zugelassen, in Deutschland, in Österreich oder der Schweiz Akkreditierungen durchzuführen (Näheres im Kapital „Akkreditierung", S. 110 ff.). Das Gütesiegel des Akkreditierungsrates, welches von den Agenturen vergeben wird, muss auf den Qualitätstandards des Akkreditierungsrates basieren. Die deutschen Agenturen veröffentlichen alle Akkreditierungsberichte und -entscheide respektive Vor-Ort-Berichte.

Garantie für Qualität   Grundsätzlich soll die nationale Akkreditierung dazu dienen, von staatlicher Seite beliehene Gütesiegel für Institutionen oder einzelne Programme zu vergeben. Somit soll gewährleistet werden, dass die Bildungseinrichtung, das Programm und der Lehrkörper von ausreichend hoher Qualität sind. Die meisten MBA-Programme in Deutschland sind von der FIBAA akkreditiert, die auch zusammen mit der efmd und 19 weiteren Agenturen die MBA-Guidelines mitgestaltet hat.

Wichtige internationale Akkreditierungsagenturen sind Equis und AACSB. Schulen, die sich diesem umfangreichen Bewertungsprozess stellen und ihn bestehen, gehören sicher zu den besseren. Welche Hochschulen diese Akkreditierungen haben, können Sie ebenfalls im Abschnitt „Akkreditierung" nachlesen.

14. Wo steht das Programm in einer Rangliste?

In den international führenden Rankings finden Sie lediglich zehn Hochschulen und MBA-Programme aus dem deutschsprachigen Raum. Dies mag sicherlich daran liegen, dass viele Zeitschriften aus dem angloamerikanischen Raum stammen und damit den hiesigen Raum nicht im Fokus haben. Andererseits bleibt dennoch offen, wer darüber bestimmt, welche Hochschulen im Ranking aufgenommen werden.

Trotz einiger Versuche von Zeitungen, Ratings oder Rankings für MBA-Programme in Deutschland, Österreich und der Schweiz zu erstellen, sind bisher keine validen Rankings für den deutschsprachigen Raum bekannt.

Einige Anbieter entwickelten eine „Scorecard" als individuelle Wertungsliste. Mit deren Hilfe kann jeder MBA-Interessierte interaktiv seine eigene Gewichtung festlegen – angepasst an seine persönlichen Vorlieben. Dort lässt sich neben Land, Art des Programms, Unterrichtssprache und Studiengebühren etwa auch nach der künftig angestrebten Branche und Funktion auswählen. Dadurch ermittelt jeder die individuell für ihn beste Schule für seine Wünsche und seine persönliche Lebenssituation. Die endgültige Entscheidung für oder gegen eine Business School kann den Studierenden aber nicht abgenommen werden.

Scorecard als Wertungsliste

Für MBA-Interessenten sollten Rankings nur ein Anhaltspunkt sein und auch nur dann, wenn eine Schule in mehreren relevanten Rankings (wie Business Week, Economist, Financial Times) gut platziert ist. Fasst man alle Rankings zusammen, kommt eine Liste von rund 200 Business Schools heraus, die immer als die Top-50- bis -75-Hochschulen in diesen Listen aufgeführt sind. Für die Schulen ist die Platzierung oftmals so wichtig, dass sie alles dafür tun, gut bewertet zu werden. So wird das Programm aber nicht an den Notwendigkeiten oder Bedürfnissen der Studenten ausgerichtet, sondern ausschließlich an den Ranking-Kriterien (ausführlichere Informationen dazu im Abschnitt „Rankings", S. 116 ff.).

Rankings kritisch betrachten

15. Wie ist das Renommee des MBA-Programms/der Hochschule beim Arbeitgeber?

Ein MBA-Abschluss ist keine Garantie für einen beruflichen Aufstieg. Die persönliche Entwicklung, von der die meisten der MBA-Absolventen berichten, kann jedoch viel mehr wert sein als ein höherer Gehaltsscheck. Kaum ein befragtes Unternehmen verneint die Akzeptanz von Master of Business Administration (MBA) oder Executive Master of Business Administration (EMBA) in seinem Betrieb. Trotzdem stellen viele Firmen eine solche Aus- und Weiterbildung nicht in den Vordergrund. Oft hängt es auch von der Größe des Unternehmens, der Unternehmenskultur, der Region ab, ob ein MBA für Ihre Karriere fördernd ist. Die meisten Unternehmen bevorzugen Teilzeit- oder Executive-MBA-Programme, denn auch während des Studiums kann der Arbeiternehmer so im Betrieb weiterarbeiten. Eine Studie des Bundesverbandes der Unternehmensberater (BDU, 2008) fand heraus, dass die Chancen der deutschen MBAler besonders in mittelständischen Unternehmen liegen. Ein MBA-Absolvent kommt in der Regel in mindestens einer der folgenden Rollen in ein Programm:

Keine Aufstiegsgarantie

■ als angestellter Mitarbeiter, der nach dem MBA-Abschluss für Führungsprozesse im Unternehmen fit sein möchte,

■ als (Mit-)Eigentümer eines mittelständischen Betriebes, der Impulse für Innovationen setzt oder für die Professionalisierung der Geschäftsprozesse steht oder

■ als Unternehmensgründer, der im MBA-Programm Hilfe für den Aufbau und die Führung seines eigenen Unternehmens erwartet.

Die Studie des Bundesverbandes der Unternehmensberater zeigt außerdem: Wenn internationale Großunternehmen auf einen MBA-Abschluss setzen, dann eher auf den einer renommierten ausländischen Hochschule.

Viele Personalabteilungen der Großunternehmen scheuen sich offensichtlich, ihren Führungskräften nationale Programme anzubieten. Bei einer international bekannten Hochschule ist das Risiko geringer, einen „Fehlgriff" verantworten zu müssen. Auch schmücken sich viele Manager gerne mit renommierten Namen.

16. Fragen zu Curriculum, Lehrkräften, Infrastruktur

Vorsicht bei Superlativen

Es gibt eine Vielzahl an MBA-Programmen und Anbietern – öffentliche und private – und eine breite Palette von Angeboten. Auf den ersten Blick lassen sich Qualitätsunterschiede oft kaum erkennen. Darum lohnt es sich, genauer hinzuschauen. Eine ansprechende Präsentation im Internet oder auf gedruckten Informationsmaterialien darf nicht voreilig als Indiz für die Professionalität eines Anbieters und die Qualität seines MBA gewertet werden. Seien Sie skeptisch – auch gegenüber blumigen Erfolgsversprechen und Superlativen. Manche neu startende Hochschule hat sich mit dem Marketingversprechen, zu den Top-Angeboten weltweit zu gehören, schon gebührlich den Ruf verdorben.

Wichtige Hinweise auf die Qualität eines MBA-Anbieters liefern – neben der Vertragsgestaltung – Angaben zur Ausbildung des eingesetzten Lehrpersonals, zur Ausstattung der Seminar- oder Übungsräume oder auch Dokumentationen der Arbeit der Hochschule. Unverzichtbar ist, dass die technische Ausstattung dem modernsten Stand entspricht, dass die Teilnehmenden quantitativ und qualitativ ausreichende Möglichkeiten zum Üben und zur Vor- und Nachbereitung haben.

Die fachliche und pädagogische Qualifikation des Lehrpersonals ist von entscheidender Bedeutung für den Erfolg Ihres MBA. Lehrkräfte sollten am Lernort als Ansprechpartner zur fachlichen Beratung und für Nachfragen der Teilnehmer und Teilnehmerinnen zur Verfügung stehen.

Fragen zur Qualifikation des Lehrpersonals

Prüfen Sie folgende Fragen:

■ Liegt eine Übersicht vor, in der alle hauptberuflichen und nebenberuflichen Lehrkräfte namentlich und mit ihren Qualifikationen und Zuständigkeiten aufgeführt sind?

■ Sind Sprechstunden und Kontaktmöglichkeiten zu den Lehrkräften angegeben?

■ Besteht die Möglichkeit, Unterrichtsräume und technische Ausstattung vorab zu besichtigen? Entsprechen sie den Zielen der Weiterbildungsmaßnahme?

Die Dokumentation und Evaluation ihrer Arbeitsergebnisse und Erfolge ist für MBA-Anbieter, die am Markt bestehen wollen, ein Muss geworden. Eine kontinuierliche Dokumentation ist zugleich ein Instrument zur Überprüfung und Verbesserung ihrer eigenen Ziele und Vorgaben. Die Ergebnisse aus Akkreditierungsverfahren zeigen: Die große Mehrzahl der Hochschulen sichert die Qualität ihrer Arbeit durch Selbstevaluation, einige arbeiten mit anerkannten Qualitätssicherungssystemen wie zum Beispiel DIN EN ISO 9000. Ganzheitliche Qualitätsmanagementsysteme bereiten den Hochschulen aber noch Probleme.

Fragen hierzu:

Fragen zur Qualitätssicherung

- ■ Führt die Hochschule regelmäßig Befragungen zur Zufriedenheit der Teilnehmenden durch und werden die Ergebnisse veröffentlicht?

- ■ Dokumentiert die Hochschule kontinuierlich Abbruchs- und Erfolgsquoten sowie Prüfungsergebnisse? Werden die Daten und Analysen über Ursachen und Gründe der erzielten Ergebnisse veröffentlicht?

- ■ Führt die Hochschule regelmäßig Untersuchungen über den Verbleib von Absolventinnen und Absolventen seiner Weiterbildungskurse durch? Werden diese veröffentlicht?

- ■ Verfügt die Hochschule über ein Qualitätsmanagementsystem und eine entsprechende Zertifizierung?

17. Bin ich bereit, 1.500 bis 3.000 Arbeitsstunden zu investieren?

Zwei Jahre Ausbildung ist die Regel

Die meisten berufsbegleitenden Programme in D-A-CH sind auf zwei Jahre ausgelegt. Der Workload schwankt in diesen zwei Jahren zwischen 60 und 90 ECTS. Das entspricht einem Stundenumfang zwischen mindestens 1.500 und 2.700 Stunden. Teilzeit-Studienangebote mit über 90 Credits in zwei Jahren müssen als nicht studierbar angesehen werden. Die Studienorganisation ist oft in Form eines Blocksystems aufgebaut, dabei sind Kernbereiche wie Studieninhalte und Curricula im Wesentlichen identisch mit denen der Vollzeitprogramme. Vollzeitprogramme werden zwischen 60 bis 120 ECTS angeboten.

Falle für MBA-Studenten

Einen Masterabschluss erhalten nur die Studierenden, die 300 ECTS Credits nachweisen können, so die Feststellung der deutschen Kultusministerkonferenz (KMK). Diejenigen, die nach dem Bachelor in einen Beruf und dann in einen weiterbildenden Master wechseln wollen, haben damit zukünftig ein gravierendes Problem. Weiterbildende Master, die die Berufstätigen besuchen, haben in der Regel nur 60 bis 90 ECTS Credits, da sie sonst von den Akkreditierungsagenturen als nicht studierbar angesehen werden. 90 Prozent aller Universitäten und rund 60 Prozent aller Fachhochschulen bieten dagegen zurzeit nur dreijährige Bachelor-Studiengänge an, die mit 180 ECTS Credits abschließen.

Die KMK-Vorgabe führt dazu, dass immer mehr Hochschulen in ihre Master-Prüfungsordnungen hineinschreiben, dass sie nur Studierende mit 210 oder 240 Credits aus dem Bachelor aufnehmen. Derzeit kann man den Bachelor-Studierenden nur raten, in einen konsekutiven Master und nicht in den Beruf zu wechseln. Bildungspolitisch werden durch die 300 ECTS Credits die Ziele von Bologna sowie kürzere Studienzeiten, Mobilität und lebenslanges Lernen eher behindert als gefördert.

---

18. Ist mein privates Umfeld bereit, Beeinträchtigungen in Kauf zu nehmen?

Kompromisse im Privatleben

Zumindest kurzfristig ist die Vereinbarkeit von Aufstiegs- und Privatinteressen auch für erfahrene Manager nicht ohne Kompromiss möglich. Wer einen MBA absolviert, möchte sich entwickeln, im eigenen Unternehmen oder in einer neuen Umgebung. Nach dem Studium einen zukunftsweisenden Job nicht anzunehmen, weil der in einer anderen Stadt liegt und man dann seine Familie für einige Zeit nur noch am Wochenende sieht, kann sich niemand erlauben, der Karriere machen möchte. Auch eine Beförderung abzulehnen, weil eine höhere Reisetätigkeit erforderlich ist, wird nicht folgenlos bleiben. Wohlgemerkt: Nicht jeder muss Karriere machen! Es ist völlig akzeptabel, wenn sich jemand entschließt, nicht weiter aufsteigen zu wollen.

19. Ist die Finanzierung sichergestellt?

Im ersten Augenblick wird oft verkannt, dass ein MBA-Studium meist mit hohen Kosten verbunden ist. Die Gesamtkosten eines MBA können leicht einen sechsstelligen Euro-Betrag erreichen. In D-A-CH kosten die Programme im Durchschnitt zwischen 17.000 und 22.000 Euro. Bei Top-Schulen im In- und Ausland sollte man eher 50.000 bis 80.000 Euro ansetzen. Zu den Studiengebühren kommen als weitere Kosten in der Regel hinzu: Bewerbungskosten, Studienkosten, Reisekosten, Lebenshaltungskosten, zusätzliche Kosten (Auto), Sozialkosten und Krankenversicherung.

Kosten des MBA

Gerade die Bewerbungskosten sollte man nicht unterschätzen. Deutsche Studenten an US-Business Schools berichten, dass hier schnell 3.000 bis 4.000 Euro an Vorbereitungskosten zusammenkommen können. Setzen Sie sich ein persönliches Limit und stellen Sie einen Finanzierungsplan auf unter Berücksichtigung Ihrer persönlichen Ansprüche. Setzen Sie die Programmkosten um rund ein Viertel höher an, als in den Prospekten veranschlagt. Weiterführende Informationen zu diesem breiten Feld finden Sie im folgenden Kapitel „Finanzierung", S. 72 ff.

Bewerbungskosten

Ein Rechenbeispiel:

Wenn Sie derzeit 50.000 Euro verdienen und der zweijährige Vollzeit-MBA, den Sie besuchen, ebenfalls 50.000 Euro in zwei Jahren kostet, müssen Sie mit Gesamtkosten von rund 200.000 Euro rechnen, die Sie in den MBA inverstieren.

$(50.000 \times 2) + (50.000 / 0,5) = 200.000$

Um 50.000 Euro Studiengebühren aufzubringen, müssen Sie im Vorfeld schon rund 100.000 verdient und versteuert haben. Ich habe mit einem Steuer-/Sozialausgabensatz von 50 Prozent gerechnet (deshalb der Faktor 0,5). Wenn Sie nach dem MBA 75.000 Euro verdienen, haben sie eine 50-prozentige Gehaltssteigerung erreicht. Bei einem zweijährigem Studium und dem damit verbundenen 200.000 Euro Investment benötigen Sie rund zehn Jahre, um die Kosten wieder einzufahren.

$(200.000 / 25.000) + 2 = 10$

Die grobe Rechnung beinhaltet keine weiteren Gehaltssteigerungen, Lebenshaltungskosten im Ausland, Reisekosten, Inflation, Kreditrückzahlungen, Steuerrückzahlungen (Weiterbildungskosten), aber sie gibt sicherlich einen ersten Eindruck über die möglichen Kosten eines MBA.

Die in Abbildung 13 veröffentlichten US-Daten sind mit Deutschland nicht immer vergleichbar. Dies zeigt eine Untersuchung von „The MBA-Tour": Über 60 Prozent der fast 400 befragten deutschen MBA-Studenten (davon drei Viertel an deutschen Business Schools) bezahlen das Programm voll aus eigener Tasche oder über Kredite. Rund 30 Prozent erhalten im Inland teilweise eine Förderung durch den Arbeitgeber und nur elf Prozent der Befragten werden zu 100 Prozent durch den Arbeitgeber bezahlt. Falls im Ausland studiert wird, ten-

Nur wenige erhalten finanzielle Förderung

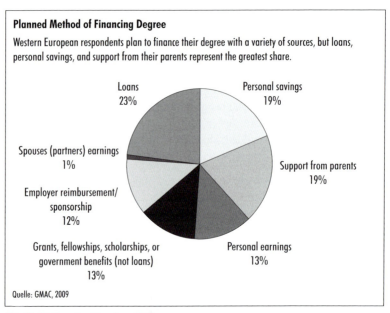

Abb. 13: Wie finanziere ich meinen MBA?

diert die Förderung durch deutsche Arbeitgeber gegen null. Im Inland sind die deutschen Studierenden in der Regel bereit, rund 15.000 Euro für einen MBA aufzubieten, im Ausland sind es bis zu 40.000 Euro.

Ob sich ein MBA „lohnt", hängt von unterschiedlichen Faktoren ab. Eine statistische Auswertung der Universität Hamburg zeigt: „Besonders interessant ist das gefundene Verhältnis zwischen den Studiengebühren für das Gesamtstudium und dem Absolventen-Gehalt drei Jahre nach einem MBA-Abschluss. Von 19 führenden europäischen Business Schools (FT- und Junge-Karriere-Ranking) ist der Return of Investment (ROI) bei 15 MBA-Studiengängen ähnlich. Die MBA-Marktdaten zeigen, welche Studiengebühren wirklich angemessen sind. Für Absolventen, die beispielsweise ein Gehalt von rund 100.000 US-Dollar pro Jahr anstreben, sollte das MBA-Studium ca. 35.000 US-Dollar kosten" (Quelle: www1.uni-hamburg.de/ksfe2006/downloads/fb11abs-j-margolis-03.pdf).

20. Ist ein MBA-Studium wirklich der beste Weg zu meinen beruflichen Zielen?

Persönliche Stärkenanalyse

Vermeiden Sie eine Karriere auf Rezept! Anstatt lemminghaft den Empfehlungen von Karriereexperten zu folgen, sollten Sie lieber mit einer persönlichen Stärken- und Neigungsanalyse starten und mit den beiden Fragen:

- Was kann ich besonders gut?
- Was macht mir besonders viel Spaß?

In diese Kombination sollten Sie dann all Ihre Energie setzen. Natürlich kann es Ihnen passieren, dass Sie anschließend aus Marktsicht über exotische Fertigkeiten verfügen, die nicht allzu breit nachgefragt werden. Jedenfalls nicht aktuell. Wer hätte vor 20 Jahren schon gedacht, dass jemand heute einen Energieberater oder einen Ernährungscoach braucht? Unsere Berufswelt wird immer komplexer. Die Halbwertzeit jeglichen Wissens sinkt dramatisch.

Informationen zu Tests finden Sie z. B. unter www.coaching-diergarten.de

Ein Berufsanfänger wird daher zwangsläufig auf Phänomene stoßen, die einfach nicht antizipierbar sind. Eine interessen- und neigungsbasierte Ausbildung ist daher allemal besser als eine, die sich allein an aktuellen, aber kurzfristigen Markttrends orientiert. Das gilt natürlich auch für die spätere Weiterbildung oder Zusatzqualifikationen, die Sie erwerben möchten.

Lernen wird Sie über das gesamte Berufsleben hinweg begleiten. Die Teilnahme an einer Weiterbildung kann nicht den großen Karrieresprung oder die berufliche Wende garantieren. Jedoch kann und sollte der erfolgreiche Abschluss einer Weiterbildung dazu beitragen, Ihren Arbeitsplatz zu sichern, Ihre Chancen im Beruf und auf dem Arbeitsmarkt zu verbessern oder Ihren beruflichen Wiedereinstieg zu erleichtern. Der Abschluss einer Weiterbildung kann auch entscheidend zum Erfolg einer Existenzgründung beitragen. Ein systematisches Weiterbildungs-, Beratungs- und Informationsangebot unterstützt Sie in diesem Fall bei der Erstellung eines schlüssigen Unternehmenskonzepts. Ein Abschluss dokumentiert auch nach außen hin Ihren Sach- und Fachverstand. **Vorteile einer Weiterbildung**

Eine gute Weiterbildung befähigt dazu, gegenwärtige oder künftige berufliche Aufgaben besser zu bewältigen. Dafür müssen Inhalte von Weiterbildungskursen und die angestrebten Abschlüsse an der speziellen Berufswirklichkeit, den betrieblichen Anforderungen und am aktuellen wie auch am zukünftigen Arbeitsmarktbedarf ausgerichtet sein. Ob Sie die Seminare oder Schulungen, die Sie ins Auge gefasst haben, Ihren beruflichen Zielen näher bringen, können Sie anhand der folgenden Fragen prüfen:

- Welcher Beruf, welche Tätigkeiten oder Aufgaben kommen für Sie nach Abschluss der Maßnahme infrage? Können Sie das, was Sie lernen, am Ende auch in einer beruflichen Tätigkeit und an einem bestimmten Arbeitsplatz verwerten? Geraten Sie mit dem von Ihnen erworbenen Abschluss in Konkurrenz zu anderen ähnlichen oder vergleichbaren Berufen? **Fragen zum persönlichen Nutzen des MBA**

- Auf welche Stellenangebote können Sie sich nach Abschluss der Maßnahme bewerben? Erschließt Ihnen der Abschluss neue oder zusätzliche Arbeitsbereiche? Trägt der Abschluss zur Sicherung Ihres Arbeitsplatzes bei oder verbessert er Ihre Aufstiegschancen im Betrieb?

- Wie wirkt sich der Abschluss der Weiterbildung auf Ihre Lohn- und Gehaltssituation aus? Bekommen Sie die Möglichkeit, mit dem angestrebten Abschluss die von Ihnen angestrebte Tätigkeit mit einem entsprechenden Einkommen ausüben zu können?

Die Finanzierung eines MBA

Kosten nicht unterschätzen

In der ersten Euphorie wird oftmals verkannt, dass ein MBA-Studium und besonders die Vollzeitprogramme meist mit sehr hohen Kosten verbunden sind. Die Gesamtkosten eines MBA können leicht einen sechsstelligen Euro-Betrag erreichen.

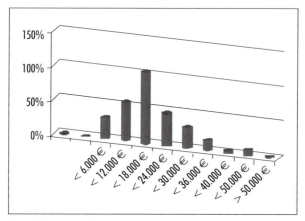

Abb. 14: Kosten des MBA

Warum ist der MBA überhaupt so teuer? Ein Grund ist die Markenpolitik: Top-Schulen, die erstklassige Produkte anbieten, müssen teuer sein. Teure Premiumprodukte sind immer gefragt, dies zeigt die Erfahrung aus dem Luxussegment. Der Markt mag wachsen oder schrumpfen, doch für ein Premiumprodukt gibt es immer genug Kunden. Wenn ein Student einen prestigeträchtigen und gut bezahlten Job will, braucht er einen MBA-Abschluss von einer der besten Schulen.

Diese Schulen leisten sich renommierte Lehrkräfte und bieten Ihnen einen besonderen Service an. All das muss irgendwie bezahlt werde. Bitte bedenken sie auch, die Studiengebühren decken in der Regel nicht die Programmkosten. In vielen Business Schools sind die MBA-Programme das Vorzeigeobjekt, Geld wird mit der Executive Education verdient. Schaut man auf die Kosten der Business Schools, so lassen sich exemplarisch die in Abbildung 15 gezeigten Daten feststellen.

Programm-kosten

Wertet man die Daten der 300 Top-MBA-Schulen der Princeton Review aus, bieten diese Business Schools 158 Programme an, die unter 15.000 Dollar pro Jahr kosten. 168 Programme liegen zwischen 15.000 und 30.000 Dollar pro Jahr. 98 Programme kosten mehr als 30.000 Dollar pro Jahr. Zu den Studiengebühren kommen als weitere Kosten in der Regel hinzu: Bewerbungskosten, Studienkosten, Reisekosten, Lebenshaltungskosten, zusätzliche Kosten (Auto), Sozialkosten und Krankenversicherung. Gerade die Bewerbungskosten sollte man nicht unterschätzen. Deutsche Studenten an US-Business Schools berichten, dass hier

Das eigene Führungs- system optimieren

Dieses Werk ermöglicht Managern einen umfassen- den Check-up ihres Arbeitsbereiches. Verschiedene Analyse- und Feedbackverfahren verhelfen zur not- wendigen Transparenz im eigenen Führungssystem. Darüber hinaus erhalten Manager Instrumente an die Hand, die sie bei der Bewältigung erkannter Entwick- ungsfelder unterstützen.

Das Buch behandelt vier Kernthemen:
- Persönlichkeit und Leadership: Was ist Leadership?
- Coaching: Wie kann ich entscheidende, leistungs- relevante Entwicklungen in Gang bringen?
- Strategische Orientierung: Mit welchem Vorgehen erreichen wir unsere angestrebte strategische Positionierung?
- Team-Entwicklung: Wie entwickle ich mein Team zur zielkongruenten Selbststeuerung?

Dr. Bernd Wildenmann
Professionell führen
Empowerment für Manager, die mit weniger
Mitarbeitern mehr leisten
1., aktualisierte Auflage, 372 Seiten, gebunden
EUR 54,00, ISBN 978-3-472-07476-2

Ihre Bestellwege:
Tel.:   02631-801 22 11
Fax: 02631-801 22 23
E-Mail: info@personalwirtschaft.de

**Kostenlose Leseprobe und Bestellung:
www.personal-buecher.de**

Das führt zum Erfolg.

Personalwirtschaft **Buch**

schnell 3.000 bis 4.000 Euro an Vorbereitungskosten zusammenkommen können. Harvard gibt die Kosten des MBA für den Jahrgang 2009 an, wie in Abbildung 16 dargestellt.

**Kosten am IMD
in Lausanne**

Das Schweizer IMD in Lausanne hat auf ihrer Webseite ebenfalls sehr transparent dargestellt, welche Kosten Studierende exemplarisch erwarten.

1. Die Studenten für den Executive-MBA müssen sich auf Ausgaben in Höhe
   von 122.000 Schweizer Franken einstellen. Und damit ist erst der Kurs und
   nicht das Unterrichtsmaterial bezahlt. Der Vollzeit-MBA ist ein wenig preiswerter. Die Studiengebühren betragen hier rund 58.000 Schweizer Franken.
   Aber auch dieser Preis bezieht sich nur auf den Kurs und nicht auf das Unterrichtsmaterial.

Land	Kosten min.	Kosten max.	Mittelwert
USA	4.000 US-$	159.000 US-$	FT* 35.000 US-$ PT* 27.000 US-$
Großbritannien	10.000 US-$	163.000 US-$	35.000 US-$
Top-Programme Europa	16.000 US-$	163.000 US-$	60.000 US-$
Deutschland	1.000 €	65.000 €	18.000 €
Österreich	10.000 €	45.000 €	22.000 €
Schweiz	6.000 CHF	95.000 CHF	30.000 CHF

* FT = Vollzeit, PT = Teilzeit, Daten: eigene Recherche

Abb. 15: Kosten der Business Schools

MBA Class of 2012 Student Budget (1. Jahr, in US-$)	Single	Married/DP	Married/DP with One Child	Married/DP with Two Children
Tuition	48.600	48.600	48.600	48.600
University Health Services Fee*	1.166	2.898	3.662	4.046
Blue Cross/Blue Shield (12 months)**	1.788	4.344	5.820	6.560
Program Support Fee***	4.850	4.850	4.850	4.850
Room & Utilities (9 months)	10.800	16.362	21.114	21.114
Board, Personal, other (9 months)****	12.396	16.046	20.454	26.630
Total	79.600	93.100	104.500	111.800

Abb. 16: MBA-Kosten an der Harvard Business School

2. Für Unterkunft und Lebenshaltung kommen weitere 24.000 Schweizer Franken hinzu.

3. Für sonstige Materialien wie Bücher oder für Studienreisen sind noch einmal 21.500 Schweizer Franken zu bezahlen.

4. Für Unterkunft und Lebenshaltung kommen geschätzte weitere 36.000 Schweizer Franken hinzu.

Die Zahlen des Programms in St. Gallen sind ebenfalls sehr transparent und geben einen Einblick in die Gestaltung der Kosten (vgl. Abbildung 17).

Kosten an der Uni St. Gallen

	Kosten des Unterrichts	Unterkunfts-kosten	Lebens-haltungs-kosten	Stipendien zur Ver-fügung?	Darlehen zur Verfü-gung?
Full-time MBA	CHF 60.000	CHF 9.600	CHF 13.100	ja	ja
Part-time MBA	CHF 67.000	CHF 5.000	CHF 5.000	ja	nur EU-/ Schweizer Bürgerinnen und Bürger
Programme for Leadership Development	CHF 40.000	CHF 3.000	CHF 2.000	nein	nein
Summer School (1 Modul)	CHF 4.000	CHF 750	CHF 300	nein	nein
Summer School (3 Module)	CHF 10.000	CHF 2.850	CHF 950	nein	nein

Abb. 17: MBA-Kosten an der Universität St. Gallen

Häufig verlassen die Studenten die Uni also mit einem Berg Schulden. Teilzeit-MBA-Studenten haben es da etwas leichter, da sie im Job bleiben. In Deutschland erhalten etwa 40 bis 50 Prozent der MBA-Studierenden irgendeine Unterstützung. Verschiedene Quellen zeigen aber auch, dass nur rund zehn bis 20 Prozent den MBA voll bezahlt bekommen. Die Übrigen sind also auf Verwandte, Ersparnisse, Stipendien oder Bankkredite angewiesen. Für Studierende in Deutschland, Österreich und der Schweiz ist dies eine ungewohnte Situation, da dort Bildung eigentlich meistens „kostenlos" ist.

Nahezu jede Business School im Ausland empfiehlt, zunächst die Finanzierungs-möglichkeiten im Heimatland zu nutzen: Ersparnisse, Unterstützung durch die Eltern, Darlehen, Stipendien, Förderung durch den Arbeitgeber. Vergleicht man die Freude über die „Früchte" von Kapitalanlagen mit den gewonnenen Erkenntnissen und Lebenserfahrungen nach einem mehrmonatigen Auslandsaufenthalt, so zeigt sich in jedem Fall, dass die Sparstrümpfe der Eltern und Verwandten mit Sicherheit vernünftig eingesetzt sind.

Finanzierungsplan

Einnahmen/Quellen	
Jobs (Gesamteinkommen des Jahres auf monatliche Beträge umrechnen)	€/Monat
Förderung durch die Eltern etc.	€/Monat
Förderung nach dem BAföG	€/Monat
Stipendium (auch Büchergeld u.Ä.)	€/Monat
Sonstiges (z.B. Zinseinkünfte, Renten u.Ä.)	€/Monat
monatliche Einnahmen	**€**
Ausgaben/Verwendungszweck	**monatliche Kosten**
Lebenshaltungskosten	
Mietkosten inkl. Nebenkosten	€
Verpflegung	€
Kleidung	€
Telekommunikation (Telefon, Handy, Internet)	€
Mobilität (Auto u.Ä., öffentliche Verkehrsmittel, sonstige Reisekosten)	€
Sonstiges (Geschenke, Urlaub, Sparsummen, CDs, Kino)	€
Summe Lebenshaltungskosten	**€**
Studienkosten	
Bücher und Kopien	€
PC-Ausstattung	€
Sonstiges (Recherchen, Materialien, Exkursionen)	€
Summe Studienkosten	**€**
Gebühren und Beiträge	
Semesterticket	€
Rückmelde-/Verwaltungsgebühren	€
Studentenwerksbeitrag	€
Laborgebühren	€
Studienbeiträge/-gebühren	€
GEZ/Mitgliedsbeiträge in Vereinen etc.	€
Versicherungen	€
Summe Gebühren und Beiträge	**€**
Sonstiges	
...	€
Summe Sonstiges	**€**
monatliche Ausgaben	**€**
Abschätzung der Finanzierungslücke	
monatliche Einnahmen	€
− monatliche Ausgaben	€
= rechnerische monatliche Finanzierungslücke	**€**

Quelle: CHE 2007

Abb. 18: Finanzierungs-Checkliste

Die Finanzkrise hat auch die Business Schools in den USA in arge Bedrängnis gebracht. Fast alle wichtigen Finanzinstitute stoppten ihre Finanzierungsprogramme für die ausländischen MBA-Studenten ohne amerikanischen Bürgen. In Europa haben die Banken zwar die Kreditvergabe nicht gestoppt, doch befürchten einige Business Schools, dass ihre Studenten nicht mehr so leicht Geldgeber finden. Viele Banken halten sich zurück und auch weniger Unternehmen sind in der Krise bereit, in die Weiterbildung ihrer Mitarbeiter zu investieren. MBA-Programme werden in der Regel nur finanziert, sofern es sich um ein Vollzeit-Studium handelt.

Viele Finanzierungsprogramme gestoppt

Studienkredit

Das CHE (Centrum für Hochschulentwicklung) hat 2009 zum vierten Mal eine bundesweite Erhebung von Studienkreditangeboten durchgeführt und die Angebote aus Perspektive der Studierenden bewertet. Als Medienpartner konnte erneut die Financial Times Deutschland gewonnen werden. Bewertet wurden die Studienkredite hinsichtlich folgender Kriterien: Zugänglichkeit, Kosten, Elternunabhängigkeit, Risikobegrenzung sowie Flexibilität. Insgesamt zeigt sich ein recht positives Bild. Die Anbieter verstehen es zunehmend besser, sich auf die speziellen Bedürfnisse der Zielgruppe Studierende einzustellen. Gleichwohl lohnt für Studierende der Vergleich: Die Verwendungszwecke (allgemeine Lebenshaltungskosten, Studienbeiträge, Auslandsaufenthalte oder Praktika) sowie die Ausgestaltungsmöglichkeiten der Darlehen sind sehr heterogen.

Kredit-Test

Der Studienkredit-Test bildet auch ab, welche Anbieter Weiterbildungen und Zweitstudiengänge finanzieren. Nicht alle davon weisen allerdings eine ausreichende Förderhöhe auf, die ein Studium auch für Menschen mit gewachsenen Lebenshaltungskosten (z.B. aufgrund einer Familie) ermöglichen kann. Auch hohe Studiengebühren, beispielsweise für einen MBA, können nicht in allen Fällen von der maximalen Fördersumme bestritten werden. Hier und insbesondere in Bezug auf berufsbegleitende Studiengänge hält leider kein Anbieter ein profiliertes Kreditmodell bereit. Alle Informationen finden Sie unter: www.che.de/downloads/CHE_Studienkredit_Test_2009_AP120.pdf.

Grundsätzlich sind aber vor allem die renommierten Business Schools sehr interessiert daran, qualifizierte Studenten zu gewinnen – am Geld soll es nicht scheitern. In Kooperation mit ansässigen Banken bieten sie deshalb sehr häufig günstige Darlehen (Loan Programs) und Stipendien an. Für Bewerber, die auf finanzielle Hilfe aus dem Land der Ziel-Hochschule hoffen, empfiehlt es sich, das Financial Aid Office der Ziel-Hochschule nach Förderungsmöglichkeiten zu befragen.

Günstige Darlehen

Stipendien

Es gibt verschiedene Möglichkeiten, finanzielle Unterstützung zur Deckung sowohl der Studiengebühren als auch der Lebenshaltungskosten zu beantragen. Es lohnt sich in jedem Fall, Förderungsmöglichkeiten zu recherchieren, denn mit entsprechendem Aufwand können mögliche Sponsoren ausfindig gemacht und überzeugt werden. Ob Bücher, Miete oder Lebensunterhalt – es fallen immer Kosten an. Wer die nötigen Mittel nicht zur Verfügung hat, kann sich für ein Stipendium bewerben. Unter dem Schlagwort „Stipendiendatenbank" finden Sie im Internet zahlreiche Quellen für Stipendien.

DAAD   Unterschiedlichste Fördermöglichkeiten stehen Ihnen zur Verfügung: Ein Blick in die Stipendiendatenbank des DAAD zeigt Ihnen die jeweiligen Angebote nicht nur des DAAD, sondern von über 50 weiteren Stipendien gebenden Organisationen. Der DAAD bietet eine Online-Datenbank, die eine gezielte Suche nach für Sie infrage kommenden Finanzierungshilfen ermöglicht: www.funding-guide.de. Diese Stipendien des DAAD stehen zur Teilnahme an akkreditierten Vollzeit-MBA-Programmen ausländischer Hochschulen ausschließlich für Graduierte aller Fachrichtungen im Rahmen des Jahresstipendienprogramms zur Verfügung. Bei erfolgreicher Bewerbung wird vorerst ein Stipendium bis maximal zehn Monate bewilligt.

Eine Verlängerung des Stipendiums muss gesondert beantragt werden und hängt dann von den nachgewiesenen Leistungen im MBA-Programm sowie den verfügbaren Mitteln ab. In jedem Fall ist bei dem Erstantrag die gesamte Laufzeit des MBA-Programms zu nennen.

Ein wichtiges Auswahlkriterium muss dabei auch die Frage der Akkreditierung des gewählten Programms sein. Nur für akkreditierte Programme kommt eine Bewerbung beim DAAD in Betracht. Nahezu alle Hochschulen des Auslandes informieren detailliert über ihre Programme im Internet. Der DAAD erwartet von Bewerberinnen und Bewerbern, dass sie sich umfassend informieren und in der Begründung für den Studienaufenthalt auf das spezifische Profil des geplanten Programms genau eingehen.

Stipendien in Großbritannien   Eine Liste mit Institutionen, die Stipendien in Großbritannien bereitstellen finden Sie unter: www.scholarship-search.org.uk

Bewerberinnen und Bewerber mit einem wirtschaftswissenschaftlichen Hochschulabschluss müssen prüfen, in welchem Umfang sich Kurse in dem gewünschten MBA-Programm mit ihrem vorangegangenen Studium duplizieren. In diesen Fällen wird erwartet, dass sie sich um Anrechnung einiger Studienleistungen bemühen.

Die meisten insbesondere der US-MBA-Schools berücksichtigen bei einer Zulassung weitere, über die fachliche Qualifikation hinausgehende Kriterien, wie Berufserfahrung. Es wird den Bewerberinnen und Bewerbern daher empfohlen, sich an einer möglichst großen Zahl von Hochschulen zu bewerben, um die

Zulassungschancen zu erhöhen. Nähere Informationen zu den Stipendienraten finden Sie unter: www.daad.de/ausland/foerderungsmoeglichkeiten/stipendien-datenbank/00658.de.html.

Die Raten betragen je nach Land gestaffelt zwischen 900 bis 1.000 Euro. Zusätzlich kann man einen Zuschuss zu den Studiengebühren bis maximal 10.200 Euro (USA) beziehungsweise 7.700 Euro (andere Länder) für ein akademisches Jahr und Reisekosten erhalten, Fristen: 31. August beim DAAD.

Daneben gibt es auch Stipendienmöglichkeiten privater Institutionen und Hochschulen. Hier sollte man auf den Internetseiten der Hochschulen nachsehen.

Sponsoren

Viele der großen Business Schools haben langjährige Sponsoren, die Teil- oder Vollzeitstipendien vergeben. Dabei handelt es sich um Unternehmen, die vorzugsweise an dieser Schule ihren Nachwuchs rekrutieren. Die Auswahl erfolgt aufgrund der Resultate des Aufnahmetests. In der Top-MBA-School Dartmouth University, Amos Tuck School of Business Administration (US-Bundesstaat New Hampshire), auf Rang zehn im Business-Week-Ranking 2004, finanziert beispielsweise kaum einer der Studenten seine Ausbildung in Höhe von 70.000 Dollar für den zweijährigen Kurs komplett selbst. Neben Unternehmens-Sponsorships ist die Hauptfinanzierungsvariante die Aufnahme von Krediten. „Kei-

ner bezahlt alles mit eigenem Vermögen, vielmehr leiht sich fast jeder Geld", erklärt Paul Danos, Direktor der Tuck School. Die Kreditaufnahme sei problemlos möglich, weil die Absolventen des Jahres 2004 nach ihrem Business-MBA an der „Tuck" ein Durchschnittseinkommen von 131.000 Dollar erwarten könnten.

BAföG

Bedingungen für Auslandsstudium

Studenten mit BAföG-Anspruch können auch für ein Studium im Ausland Ausbildungsförderung erhalten. Nach dem Bundesausbildungsförderungsgesetz wird eine Förderung für ein Auslandsstudium gewährt, wenn:

- der Studienaufenthalt nach dem Ausbildungsstand förderlich ist und mindestens eine teilweise Anrechnung für das Inlandsstudium möglich ist,

- ausreichende Kenntnisse der Landes- und Unterrichtssprache vorhanden sind und

- eine Immatrikulation bei einer Ausbildungsstätte besteht, die einer inländischen Fachhochschule, Akademie oder Universität gleichwertig ist.

BAföG-Rechner im Internet

Neben den in § 7 Abs. 2 BAföG aufgezeigten Möglichkeiten der Förderung einer weiteren Ausbildung sieht § 7 Abs. 1a BAföG die Förderung eines Master- oder Magister-Studienganges oder eines postgradualen Studienganges vor, wenn dieser auf einem Bachelor- oder Bakkalaureus-Studiengang aufbaut und der Studierende außer dem Bachelor- oder Bakkalaureus-Studiengang noch keinen Studiengang abgeschlossen hat. Hierbei ist ein zeitlicher Zusammenhang zwischen Bachelor-/Bakkalaureus- und aufbauendem Studiengang nicht erforderlich. Ist der Studierende zwischen dem Bachelor-/Bakkalaureus- und dem aufbauenden Studiengang mindestens drei Jahre erwerbstätig, so erfolgt die Förderung gemäß § 11 Abs. 3 Satz 1 Nr. 4 BAföG ohne Berücksichtigung des Einkommens der Eltern. Die Altersgrenze des § 10 Abs. 3 BAföG muss jedoch eingehalten werden. Weitere Informationen zum BAföG erhalten Sie im Internet unter: www.dasneuebafoeg.de. Dort finden Sie auch den BAföG-Rechner. Beratung erhalten Sie bei den Ämtern für Ausbildungsförderung. Unter der Telefonnummer (08 00) BAFOEG1 bzw. (08 00) 2 23 63 41 bietet das Bundesministerium für Bildung und Forschung gemeinsam mit dem Deutschen Studentenwerk eine gebührenfreie Hotline zum BAföG an.

Unterstützung durch das Unternehmen

Auch Unternehmen engagieren sich. Es kann nur empfohlen werden, sich immer wieder im Internet zu informieren und zu suchen, wo sich gerade eine Stipendienmöglichkeit bei Unternehmen und Hochschulen auftut.

Finanzamt

Als Fortbildung gilt jede Bildungsmaßnahme nach der Ausbildung, die berufliche Gründe hat. Eine Weiterbildung aus privaten Gründen ist steuerlich ohne
Bedeutung. Zur Fortbildung zählen damit beispielsweise Vorbereitungskurse
auf die Meisterprüfung, eine Umschulung auf einen neuen Beruf, ein Promo-
tionsstudium und jedes Zweitstudium – etwa das Master-Studium. Diese feinen
Unterscheidungen sind steuerlich sehr wichtig: Nur bei einer Fortbildung sind
die Kosten nämlich als Werbungskosten voll abzugsfähig. Ausbildungskosten
hingegen werden nur bis 4.000 Euro pro Jahr anerkannt, allerdings nicht als
Werbungskosten, sondern als Sonderausgaben.

**Fortbildungs-
kosten sind
abzugsfähig**

**Aufwendungen für den „Master of Business Administration" (MBA)
als Werbungskosten**

Kommentar

Ein Diplom-Physiker war im Anschluss an sein Examen (1990) als Unternehmensberater
tätig geworden. Daneben promovierte er bis Juli 1993. Von August 1993 bis Juli 1994
nahm er an einem MBA-Lehrgang am Europäischen Institut für Unternehmensführung
(INSEAD) in Fontainebleau teil und begann im August 1994 mit seiner Tätigkeit bei
einem im Inland ansässigen Unternehmen.

Finanzamt und Finanzgericht verneinten den Werbungskostenabzug für die Aufwendungen zur Erlangung des Grades MBA. Demgegenüber wertete der BFH die streitigen
Aufwendungen nicht als Ausbildungs-, sondern als Fortbildungskosten und bejahte
damit den Werbungskostenabzug. Das Gericht führte aus: Aufwendungen für die
berufliche Fortbildung stehen dann mit den angestrebten Einnahmen aus nichtselbst-
ständiger Arbeit in einem hinreichend klaren Zusammenhang und sind als vorab entstandene Werbungskosten zu berücksichtigen, wenn feststeht, daß der Steuerpflichtige
für die Zeit nach Beendigung der konkreten Fortbildungsmaßnahmen eine Anstellung
anstrebt und dem inländischen Arbeitsmarkt tatsächlich zur Verfügung steht (Wer-
bungskosten-ABC – Arbeitnehmer).

BFH, Urteil v. 31.1.1997, VI R 84/96

Beachten Sie: Nur wenn man im selben Jahr steuerpflichtige Einnahmen
hat, wirken sich Ausbildungskosten auch aus – eine Übertragung auf andere
Jahre gibt es, anders als bei Fortbildungskosten, nicht. Das betrifft vor allem
Studenten, die die 4.000-Euro-Grenze schnell erreicht haben – allein die Studiengebühren liegen oft darüber. Die Obergrenze von 4.000 Euro ist 2004 für
Aus- und Weiterbildung festgelegt worden, entfallen soll damit auch nach Sicht
des Finanzministeriums die volle Absetzbarkeit von Weiterbildungen und damit auch für den MBA. Als Ausnahme gilt, wenn die Weiterbildung im Zusammenhang mit einem Dienst- oder Arbeitsverhältnis absolviert wird. „Die dabei
anfallenden Kosten gelten weiter als Werbungskosten", so die Zeitschrift Der

Steuerzahler im April 2005. Weitere Bedingung ist, dass ein erstes Hochschulstudium Zugangsvoraussetzung ist. Es kann hier nur geraten werden, eine einzelfallbezogene Klärung durch einen Steuerberater durchzuführen. Siehe auch: www.schoenhoeft.de/sr.html.

Steuererklärung Folgende Ausgaben sollten Sie in Ihrer Steuererklärung angeben – gleichgültig, ob Sie Ihre Kosten nun unbegrenzt als Werbungskosten oder nur bis 4.000 Euro als Sonderausgaben steuerlich absetzen dürfen:

- Gebühren jeder Art: Studiengebühren, Prüfungsgebühren, Kursgebühren zur Prüfungsvorbereitung, Teilnahmegebühren an Lehrgängen

- Eintrittsgelder – etwa für Fachmessen und Kongresse

- Fahrtkosten: Haben Sie einen dauerhaften Ort Ihrer Ausbildung, gelten die Fahrten als Fahrten zur Arbeit. Bei Veranstaltungen von kurzer Dauer wie Messen, Kongresse oder auch Prüfungen bei einem Fernstudium dürfen Sie die höheren Sätze für Dienstreisen abrechnen. In diesem Fall können Sie auch die Kosten für Unterkunft, Verpflegungspauschalbeträge und Reisenebenkosten mit dem Finanzamt teilen.

- Kosten für Arbeitsmittel, Arbeitszimmer und Fachliteratur

- Anwalts- und Prozesskosten, z.B. bei einem Rechtsstreit um eine Prüfung

- Zinsen für ein Darlehen, das Sie für Ihre Ausbildung aufnehmen. Die reine Rückzahlung des Darlehens (z.B. BAföG, KfW-Studienkredit) ist nicht abzugsfähig.

Kurse im EU-Ausland Auch die Globalisierung ist mittlerweile in Sachen „Aus- und Fortbildung" beim Finanzamt angekommen. Nach einem BFH-Urteil im Juni 2002 müssen zumindest Kurse im EU-Ausland wie Kurse in Deutschland beurteilt werden. Mehr hierzu unter: www.bibb.de/de/checkliste.htm

Die Kostenfrage spielt bei der Entscheidung für eine Weiterbildung eine maßgebliche Rolle. Hierbei geht es um Förder- und Finanzierungsmöglichkeiten, Kostenzusammensetzung und Zahlungsbedingungen.

Förderung durch Arbeitsagentur Von den Arbeitsagenturen gefördert wird eine Weiterbildung nur bei gemeldeter oder drohender Arbeitslosigkeit. Entsprechende Schulungen oder Seminare können ganz oder teilweise finanziert werden und müssen nach den Qualitätskriterien der Arbeitsagenturen zertifiziert und zugelassen sein. Grundlage ist die Anerkennungs- und Zulassungsverordnung Weiterbildung (AZWV).

Meister-BAföG Wenn Ihr Ziel ein beruflicher Aufstieg ist und Sie eine entsprechende Weiterbildung ausgewählt haben, können Sie prüfen, ob Sie eine Förderung nach dem Aufstiegsfortbildungsförderungsgesetz (AFBG – Meister-BAföG) erhalten können. Sollte die Maßnahme oder Ihre Teilnahme nicht voll oder gar nicht gefördert werden, erkundigen Sie sich nach weiteren Finanzierungsmöglichkeiten (z.B. Arbeitgeberzuschuss, Landesprogramme, Förderwerke und Stiftungen,

Darlehensaufnahme). Die Kosten, die Ihnen bei einer Eigenfinanzierung oder zusätzlich zu einer Förderung entstehen, sind in der Regel steuerlich absetzbar, soweit sie von keinem Dritten deckungsgleiche Zuschüsse erhalten.

Denken Sie daran, dass außer den Lehrgangskosten oder Studiengebühren auch Nebenkosten – zum Beispiel für Lehrmaterial, Prüfungen, Berufskleidung, Fahrt-/Übernachtungskosten, Kinderbetreuungskosten – anfallen können. Kalkulieren Sie diese bei einem Preisvergleich zwischen verschiedenen Angeboten mit ein. Informieren Sie sich über die vertraglichen Zahlungsbedingungen und vereinbaren Sie bei längerfristigen Maßnahmen möglichst eine monatliche oder vierteljährliche Zahlungsweise. So können Sie sich vor möglichen Schwierigkeiten bei Vertragskündigung und Rückzahlungsforderungen besser schützen.

Nebenkosten einkalkulieren

Hier die wichtigsten Fragen, die Sie anhand von Informationsmaterial selbst beantworten oder Weiterbildungsanbietern stellen sollten:

Fragen zur Finanzierung

- Kann Ihre Teilnahme an der Weiterbildungsmaßnahme gefördert werden (z.B. Förderung in Form von Bildungsgutscheinen durch die Arbeitsagenturen [SGB III] oder durch ARGEn oder Optierende Kommunen [SGB II]; durch Rentenversicherungsträger [Berufsgenossenschaften], den Berufsförderungsdienst der Bundeswehr)?

- Welche anderen Förder- oder Finanzierungsmöglichkeiten könnten infrage kommen (z.B. AFBG – Meister-BAföG, Studenten-BAföG, Stiftung Begabtenförderungswerk berufliche Bildung, Landesprogramme zur Arbeitsmarkt- und Wirtschaftsförderung)?

- Entsprechen Ihre persönlichen Voraussetzungen den Förderbedingungen?

- Wie hoch sind die Lehrgangsgebühren/Studiengebühren? Handelt es sich dabei um Festpreise und um Gesamtkosten?

- Welche Nebenkosten entstehen (Anmeldegebühren, Lehrgangs- oder Studienmaterial, Prüfungen, Berufskleidung, Fahrt- und Übernachtungskosten, Kinderbetreuungskosten)?

- Wie sind die Kosten zu entrichten (Ratenzahlung, Gesamtbetrag, Zeitpunkt der Zahlungsfälligkeit; Vertragsbedingungen beachten!)?

In den meisten Bundesländern gibt es gesetzliche Regelungen zu Bildungsurlaub oder Bildungsfreistellung. Sie geben Arbeitnehmerinnen und Arbeitnehmern die Möglichkeit, sich für eine bestimmte Zeit von Ihrer Berufstätigkeit freistellen zu lassen, um an Weiterbildung teilzunehmen. Informationen erhalten Sie in Ihrem Betrieb (Personalabteilung, Betriebs-/Personalrat) und im Internet zum Beispiel bei InfoWeb Weiterbildung unter: www.iwwb.de.

Bewerbung für ein MBA-Programm: Tipps und Tricks

Bewerbungsformular

Online-Bewerbung

Bewerbungsformulare erhalten Sie über die Homepage der jeweiligen Hochschule oder beim jeweiligen Studiensekretariat. Neben detaillierten Angaben zu Ihrer Person werden hier auch Ihre akademischen oder beruflichen Leistungen abgefragt. Immer mehr Anbieter bieten die Möglichkeit, das Bewerbungsformular auf ihrer Homepage auszufüllen und online zu übermitteln. Erst wenn alles stimmt, sollten Sie die endgültige Version schreiben und abschicken. Bitte eine Kopie ziehen, nicht selten wird im späteren Interview darauf Bezug genommen. Dann ist es hilfreich, dass man seine eigenen Angaben noch im Kopf hat.

Zeugnisse

Beglaubigungen

MBA-Schulen fordern häufig die beglaubigten Vorlagen oder Kopien der Zeugnisse. Behörden, Pfarrämter, Hochschulen beglaubigen eine Fotokopie der Unterlagen, die dann den Bewerbungsunterlagen beigelegt werden. Häufig erwarten Business Schools jedoch auch Übersetzungen der Zeugnisse. Übersetzungen von Urkunden müssen in Deutschland und anderen Ländern beglaubigt werden, die Beglaubigung der Übersetzung erfolgt durch einen bei Gericht amtlich vereidigten, beeidigten oder ermächtigen Urkundenübersetzer. Die Kosten für eine beglaubigte Übersetzung unterteilen sich in Kosten für die Übersetzung (in der Regel Abrechnung nach Zeilenpreis, 1 Zeile = 55 Zeichen, bei beglaubigten Übersetzungen zwischen 1,00 und 2,50 Euro + MwSt. je Zeile in Abhängigkeit von der Sprache), Kosten für die Beglaubigung (11 Euro + MwSt. je Dokument) sowie Versandkosten für die Urkundenübersetzung. Da beglaubigte Übersetzungen durch gerichtlich vereidigte Übersetzer vorgenommen werden, muss ein vereidigter Übersetzer für die Beeidigung vor Gericht zuvor entsprechende Qualifikationen nachgewiesen haben wie ein Übersetzerdiplom oder eine staatlich anerkannte Prüfung für Übersetzer.

Referenzen

Bei den Referenzen geht es nicht darum, eine bekannte Persönlichkeit als Schirmherrn zu finden (auch wenn das nicht von Nachteil ist). Vielmehr wollen die Business Schools Hintergrundinformationen zu Ihren akademischen und beruflichen Leistungen haben. Das klassische deutsche Zwischenzeugnis ist aber für eine solche Bewerbung nicht geeignet. Deshalb benötigen Sie oft zwei Personen, die Ihnen Referenzen geben, eine aus dem akademischen und eine aus dem beruflichen Bereich sind optimal.

Zulassungstests: TOEFL/TOEIC/IELTS/GMAT/GRE

Ein schlechter Zulassungstest und besonders ein schlechter GMAT-Score bedeutet den Knock-out, ein gutes oder sehr gutes Testergebnis ist aber noch keine Garantie, in ein MBA-Programm aufgenommen zu werden. Für die Zulassung an englischsprachigen Universitäten sind in der Regel zwei der drei Tests erforderlich, in denen die Sprachkenntnisse und andere Qualifikationen der Bewerber abgefragt werden.

In Deutschland, Österreich und der Schweiz verlangen rund 50 Programme einen GMAT, rund die Hälfte einen englischen Sprachtest. Der TOEFL ist unter den drei angesprochenen Tests jener, an dem in der Regel kein Bewerber vorbeikommt, der einen englischsprachigen MBA studieren möchte.

Lesen	60 bis 100 Minuten	36 bis 70 Fragen
Hören	60 bis 90 Minuten	34 bis 51 Fragen
Pause	10 Minuten	
Sprechen	20 Minuten	6 Aufgaben
Schreiben	50 Minuten	2 Aufgaben

Abb. 19: TOEFL (Test of English as a Foreign Language) internet-based test

Viele Verfahren an den Hochschulen sind aber noch nicht standardisiert und oft „handgestrickt". Gerade im deutschsprachigen Raum stecken das „Testen" und „Befragen" der Studierenden noch in den Kinderschuhen.

TOEFL – Test of English as a Foreign Language

TOEFL iBT Der TOEFL wird seit Oktober 2005 nur noch als internet-based Test (TOEFL iBT) angeboten. Die maximale Punktzahl für den TOEFL iBT beträgt 120. Business Schools verlangen in der Regel 80 Punkte bis 90 Punkte. Vor allem im Graduate-Bereich verlangen einige Top-Schulen auch schon 100 Punkte. Insgesamt dauert der TOEFL vier Stunden. Dabei werden verschiedene Testinhalte getestet: Listening, Reading, Speaking, Writing, Structure (Grammatik). Alles Weitere über den TOEFL erfahren Sie unter: www.toefl.org des Educational Testing Service (ETS). Multiple-Choice-Sektionen des neuen TOEFL iBT sind nicht mehr computeradaptiv. Dies bedingt eine Änderung der Teststrategie. Achten Sie daher darauf, dass die Bücher, anhand derer Sie sich vorbereiten, darauf Rücksicht nehmen und auf dem neuesten Stand sind.

> Informationen zum TOEFL finden Sie im Internet unter: www.ets.org, www.de.toefl.eu. Unter: www.ets.org/toefl/bulletin.html ist das TOEFL-Informations-Bulletin als Broschüre im PDF-Format abrufbar.

Der TOEFL sollte so bald wie möglich absolviert werden, da bei einem nicht zufriedenstellenden Ergebnis die Möglichkeit besteht, den Test (auch mehrfach) zu wiederholen. Die absolute Untergrenze der meisten Universitäten für Graduate Students liegt bei einem TOEFL-Score von rund 80 Punkten, was 213 Punkten im alten computerbasierten Test und 550 Punkten im papierbasierten Test entspricht. Ein Ergebnis um 100 Punkte (cb 250, pb 600) genügt für die Aufnahme in die meisten Master-Studiengänge. Wenn Sie nicht regelmäßig beruflich oder privat mit der englischen Sprache umgehen, wird ein solches Ergebnis allerdings eine recht erhebliche Vorbereitung voraussetzen. Das Anmeldeverfahren für den TOEFL wird direkt von ETS verwaltet. Für die Anmeldung zur Teilnahme am TOEFL müssen Sie auf die Internetseite www.ets.org gehen.

Test darf wiederholt werden

In der Regel wird für einen MBA in D-A-CH der Level B2 des Europäischen Fremdsprachenpasses erwartet. In GB und UK wird oft für ein Hochschulstudium der Level C1 (z.B. IELTS 6,5) erwartet. Ob die Schüler nach ihrem Abitur die Fremdsprachenkompetenzen wirklich haben, mag dahingestellt sein, zumindest in den Lehrplänen ist dies das Ziel. Hilfreich wäre es, wenn an den Schulen diese Zertifikate als Prüfungsstoff angeboten würden und mit dem Abitur gleich eine Bescheinigung mit ausgestellt würde. Damit hätten die Schüler einen weltweit verwertbaren standardisierten Nachweis.

B1 Threshold	Preliminary English Test (PET)
	telc English B1 School
	telc B1 Business
	telc B1 Hotel and Restaurant
	IHK Zusatzqualifikation Mittelstufe
	IELTS 3,5/4,0/4,5EFB Level 2 (- B2)
	BEC 1
	TOEFL 57–86 Punkte
	TOEIC 550–780 Punkte
	B1 = Schülerinnen und Schüler der Jahrgangsstufen 10
B2 Vantage	First Certificate in English (FCE)
	telc English B2 Business
	telc English B2 Technical
	IHK-Zusatzqualifikation Oberstufe
	TELC Certificate in English for Technical Purposes
	IELTS 5,0/5,5/6,0 Punkte
	BEC 2
	EFB Level 2 (B1 -)
	EFB Level 3 (- C1)
	ELSA (- C1)
	TOEFL 87–100 Punkte
	TOEIC 785–950 Punkte
	B2 = Schülerinnen und Schüler der Jahrgangsstufen 12 = Niveau Zentralabitur

Quelle: Educationconsult und www.schulministerium.nrw.de/BP/Unterricht/Faecher/Fremdsprachen/Zertifikate/index.html und www.sprachenportfolio.ch/pdfs/deutsch.pdf

Abb. 20: Fremdsprachenqualifikationen gemäß Fremdsprachenpass

TOEIC – Test of English for International Communication

200 Multiple-Choice-Fragen

Der TOEIC ist auf Personen zugeschnitten, die Englisch im beruflichen Umfeld benötigen oder benötigen werden. Geprüft werden das Lese- und Hörverständnis anhand von 200 Fragen, die im Multiple-Choice-Verfahren handschriftlich und in zwei Stunden zu beantworten sind. Der Test kostet 120 Euro (90 Euro mit Studentenrabatt) und wird in über 150 Testzentren (Liste unter: www.toeicdeutschland.de) abgenommen. Da TOEIC und TOEFL nicht die gleichen Kompetenzen prüfen, gibt es auch keine genaue Korrelation zwischen einem TOEIC- und einem TOEFL-Ergebniss. Zur Teilnahme am TOEIC-Test kann man sich auf mehreren Wegen anmelden. Manche Unternehmen verfügen über ein internes Testzentrum, in dem ihre Mitarbeiter den Test absolvieren können. Sprachschulen, die Englischkurse anbieten, können in der Regel die für die Anmeldung notwendigen Unterlagen zur Verfügung stellen. Alternativ können Sie sich für Testveranstaltungen anmelden, die der breiten Öffentlichkeit zur Verfügung stehen und von Testzentren organisiert werden. Infos dazu: ETS Europe – Germany.

GMAT – Graduate Management Admission Test

Vollständig digitalisiert

Der Graduate Management Admission Test (GMAT) ist ein vollständig digitalisierter/internetbasierter Multiple-Choice-Test. Seine Besonderheit besteht aber nicht nur darin, dass er komplett am Computer abgelegt wird. Er ist auch ein sogenannter Computer-Adaptive-Test (CAD), was bedeutet, dass der Computer nicht einfach von einer Multiple-Choice-Frage zur nächsten springt, sondern bei richtiger Beantwortung einer Frage zur nächstschwierigeren Kategorie. Damit wird das gute Abschneiden im GMAT auch zu einer Frage der richtigen Zeitstrategie.

Der Test besteht aus einem mathematisch-analytischen Teil (quantitative skills), wo es darum geht, 37 Fragen in 75 Minuten zu beantworten. Daran schließt sich die „verbal sections" mit 41 Fragen an, wo in ebenfalls 75 Minuten sprachliche Fähigkeiten getestet werden. Und am Ende warten dann noch zwei „essay questions", für die jeweils 30 Minuten zur Verfügung stehen.

Gute Chancen ab 600 Punkten

Ein GMAT-Score zwischen 600 und 650 eröffnet realistische Chancen für die Aufnahme in ein sehr gutes MBA-Programm, ab 700 ist man unter den Top-30. Die Testzentren finden Sie in Berlin, Hamburg, Düsseldorf und Frankfurt. Die Kosten für den GMAT belaufen sich auf 250 US-Dollar, die entweder per Kreditkarte oder per International Money Order gezahlt werden können. Die Anmeldung erfolgt unter: www.mba.com. Dort finden Sie auch alles Weitere inklusive aktueller Übungsmaterialien. Nach Angaben des GMAC akzeptieren rund 4.600 Programme an 1.900 Business Schools den GMAT.

GRE – Graduate Record Exam

Der Graduate Record Exam (GRE) wurde bisher als Aufnahmetest für Master- und PhD-Programme verwendet. Testablauf und Inhalt sind in weiten Teilen ähnlich zum GMAT-Verfahren: Grundsätzlich werden in einem drei- bis vierstündigen Verfahren Leistungen im analytischen Schreiben, das Sprachverständnis und die mathematischen Fähigkeiten der Teilnehmer bewertet.

Die Gründe für die plötzliche Beliebtheit des GRE an einigen Hochschulen liegen eher in den Rahmenbedingungen: Der ETS, der bisher auch den GMAT angeboten hat, hat die Durchführung an einen Konkurrenten verloren. Aus diesem Grund promotet ETS nun den GRE als weiteren Zulassungstest für MBA-Programme. Rund 220 MBA-Programme akzeptieren ihn mittlerweile. Auch ist er mit 180 US-Dollar im Gegensatz zum GMAT mit 250 US-Dollar preiswerter und auch noch als Papierversion im Angebot. Bitte schauen Sie also nach, welche Tests von Ihrer Business School akzeptiert werden.

Weiterer Zulassungstest für MBA-Programme

Einige Schulen versprechen sich durch die Akzeptanz beider Testverfahren eine vielfältigere und größere Bewerberschar als bisher. Teilnehmer berichten, dass der quantitative Teil des GRE als leichter als beim GMAT empfunden wird. Allerdings hat der GRE einige Spezifika (z.B. Flächen von vorgezeichneten geometrischen Formen berechnen). Hier hilft einem die GMAT-Vorbereitung sicherlich, auch den GRE-Score zu steigern. Die verbalen Teile sind völlig unterschiedlich, hier kann man nur mit zwei separaten Vorbereitungsunterlagen arbeiten. Beide Tests werden gerade neu gestaltet.

Unterschiede zum GMAT

Für jeden, der jetzt die Aufnahme an einer Business School anstrebt, sind solche Diskussionen um GMAT oder GRE eher theoretischer Natur. Für Sie steht ganz pragmatisch die Frage im Vordergrund, wie man den Test am besten schafft. Die einhellige Meinung der Business Schools heißt: Vorbereitung. Denn wie bei allen strukturierten Tests hängt auch der Erfolg beim GMAT und Co. von der Vertrautheit mit einem bestimmten Typ von Fragen ab. Es ist also eine Frage des Trainings – im Übrigen auch des sprachlichen Trainings, denn wer schon die englische Frage sprachlich nicht versteht, ist von vornherein aufgeschmissen.

Vorerst bleibt der GMAT der entscheidende Test für MBA-Programme. In Deutschland ist die Zahl der GMAT-Teilnehmer seit Jahren konstant gestiegen von rund 2.000 (in 2005) auf rund 2.450 (in 2008). Rund 40 Prozent der Score-Reports werden an US-Hochschulen gemeldet. Mit fast 15 Prozent liegen deutsche Hochschulen an zweiter Stelle noch vor Großbritannien, obwohl nur rund 50 von über 270 MBA-Programme in Deutschland einen GMAT verlangen. Der Durchschnitts-Score der deutschen Testteilnehmer lag in den letzten Jahren immer bei circa 545 Punkten.

GMAT hat Vorrang

Für TOEFL, GRE oder GMAT gibt es Vorbereitungsmaterial zum Herunterladen vom Testanbieter im Internet. Bei Anmeldung zum Test erhält man zum Beispiel beim GRE eine CD ins Haus geschickt. TOEFL-Vorbereitungskurse werden in zunehmendem Maße an Hochschulen, Volkshochschulen und Sprachschulen angeboten. Größere Buchhandlungen führen Bücher und andere Medien zur Testvorbereitung. Bei mehreren amerikanischen Verlagen, wie Arco, Peterson, Kaplan oder Princeton-Review, findet man garantiert für jeden Test Lernhilfen, die man schnell und direkt über den Buchhandel beziehen kann.

Financial Statement

Finanzielle Bürgschaft In dem Bank Statement (das mitunter auch als Financial Statement bezeichnet wird) muss Ihre Hausbank bestätigen, dass Sie in der Lage sind, das MBA-Studium zu finanzieren. Häufig wollen die Anbieter im Ausland sichergehen, dass Sie die nicht unerheblichen Kosten für die Ausbildung auch aufbringen können. Hierzu verlangen sie eine Bankbestätigung über die finanziellen Rücklagen. Die finanzielle Bürgschaft können sowohl Verwandte als auch Arbeitgeber geben. Auch eine offizielle Bestätigung einer fördernden Institution kann ausreichen – zum Beispiel eines Stipendiengebers. Wichtig ist es, das offizielle Formblatt der jeweiligen Business School für die Bestätigung zu verwenden.

Interview

Guter Eindruck zählt Viele Business Schools integrieren persönliche Gespräche in ihr Auswahlverfahren. Das jeweilige Admissions Office führt Interviews teils auf dem Campus, im Rahmen von MBA-Foren oder auch telefonisch durch. Teilweise werden die Interviews aber auch von Alumni der Business School im jeweiligen Heimatland des Bewerbers geführt. In jedem Fall sollten Sie versuchen, den bestmöglichen Eindruck zu machen. Lesen Sie zur Vorbereitung am besten die eigenen Unterlagen und die der Schule durch, denn nicht selten nehmen die Fragen darauf Bezug. Wichtig ist es, Interesse am Programm der Schule zu zeigen, ohne künstlich zu wirken. Selbstverständlich ist es, sich nach inhaltlichen Aspekten des Programms oder nach Kontakten zu Partnerunternehmen zu erkundigen.

Rolle des MBA im Personalmarketing

Wenn man die Broschüren insbesondere der angloamerikanischen MBA-Messe-veranstalter aufschlägt, werden unzählige Unternehmen als Referenzen aufge-führt, die den MBA loben und kundtun, dass sie massenhaft MBA-Absolventen einstellen. Besonders im Bereich der Banken und Consultingunternehmen wird der MBA als „die" Qualifikation genannt. Der MBA scheint für den Unterneh-mensbereich eine ideale Weiterbildung zu sein, verbindet er doch Handlungsfä-higkeit und strategische Kompetenzen in Wirtschaftswissenschaften.

Ob dies am MBA-Markt in D-A-CH ebenso ist, wird sich zeigen. Lediglich bei 18 Prozent der Unternehmen sind MBA-Programme bereits fester Bestandteil der Personalentwicklung. 24 Prozent streben dies an. Das ist eines der zentralen Ergebnisse der ersten Studie zum effektiven Einsatz von MBA-Programmen in der Personalentwicklung. Durchgeführt wurde sie gemeinsam von der Deut-schen Telekom und der Goethe Business School (GBS) in Frankfurt.

Studie zum Einsatz von MBA-Programmen

Damit wird deutlich, dass die befragten Personalentwickler offenbar keine all-zu hohe Meinung von der Managementweiterbildung haben. So sagen mehr als zwei Drittel der Befragten, dass der MBA in ihrem Unternehmen keine wich-tige Zusatzqualifikation darstellt. Lediglich zehn Prozent bestätigen, dass es bestimmte Positionen gibt, die sie gezielt mit MBA-Absolventen besetzen. Da verwundert es nicht, dass auch nur die Hälfte den MBA als Maßnahme nutzt, um einzelne Mitarbeiter ans Unternehmen zu binden. Viele Personaler glauben, dass der MBA nicht viel nützt und die Mitarbeiter danach sowieso das Unter-nehmen verlassen: „Und da bei vielen Unternehmen die strategische Einbet-tung in die Personalentwicklung fehlt, tun die Mitarbeiter das dann auch. Sie gehen."

„Bloß keine schlafenden Hunde wecken", so das Resümee der Journalistin Chris-tine Demmer bei einer Befragung der 30 führenden DAX-Unternehmen zum Thema MBA in Jahr 2010. Kaum ein Unternehmen wollte sich äußern. Klar wurde aus den vereinzelten Antworten, dass der MBA kein Angebot für die breite Masse ist. Gefördert werden vor allem Führungskräfte und außertariflich bezahlte Experten. Unterstützt werden sie in erste Linie durch die Beteiligung an den Studiengebühren und die Freistellung für die Präsenzphasen. Anfragen werden dann positiv behandelt, wenn im Rahmen des Management Develop-ment bei einer Kandidatin oder einem Kandidaten ein noch fehlender Ausbil-dungsteil durch einen MBA geschaffen werden kann.

Befragung der führenden DAX-Unternehmen

Bei der Programmform dominiert eindeutig das berufsbegleitende Studium. So setzt der überwiegende Teil der Unternehmen auf das Teilzeit-Studium. Dabei haben die MBA-Absolventen nach Aussage von drei Vierteln der Unternehmen durchaus bessere Karrierechancen. Knapp über die Hälfte der Arbeitgeber den-ken dabei an die Übertragung von mehr fachlicher Verantwortung. 37 Prozent sehen einen Aufstieg in eine höhere Position. Beim Gehalt macht sich der MBA allerdings kaum bemerkbar: Nur vier Prozent der Unternehmen sehen ein hö-heres Gehalt als Folge der Zusatzausbildung.

Bei der Auswahl der Business School achten die Unternehmen vor allem auf die internationale Ausrichtung des Programms und den Praxisbezug. Das spiegelt die Skepsis gegenüber der bisher theorielastigen akademischen Ausbildung in Deutschland wider. Eine untergeordnete Rolle spielen dagegen die Akkredi-tierung (37 Prozent) oder das Abschneiden in Rankings (19 Prozent). Das ist anders als in Ländern mit einem etablierten MBA-Markt und zeugt wohl vor allem von fehlenden Markt-Kenntnissen in D-A-CH.

Studie der Uni Dortmund
Eine 2006 erstellte Studie der Universität Dortmund zieht ebenfalls ein kritisches Fazit: Der MBA-Titel sei in D-A-CH nicht in dem Maße karrierefördernd, wie oft von der Presse behauptet wird. Befragte Unternehmen der Region Rhein-Ruhr gaben zu Protokoll, dass sie dem Abschluss keine hohe Relevanz einräumten. Uwe Wilkesmann, Managementprofessor in Dortmund, fasst für den Rhein-Ruhr-Raum zusammen: „Die personalverantwortlichen Unternehmensvertreter sehen im MBA kein bedeutsames Merkmal hinsichtlich der Neueinstellung, der Beförderung sowie der Festlegung der Vergütung eines Mitarbeiters."

Die Unternehmen, die ihre Mitarbeiter im Rhein-Ruhr-Raum in einen MBA entsenden oder fördern, kann man mit der Lupe suchen. „Die Personalverant-wortlichen wählen im Rhein-Ruhr-Raum neue Mitarbeiter nicht nach dem Si-gnal eines MBA-Zeugnisses aus." Wilkesmann stellt weiter fest: „Vor Vertrags-abschluss mit einem Unternehmen gewährt der MBA-Abschluss somit nicht den erhofften Vorteil." In kleinen und sehr großen Unternehmen spielt der MBA-Abschluss im Vergleich zu der mittleren Unternehmensgröße von 201 bis 1.500 Mitarbeitern nur eine sehr untergeordnete Rolle. „Bei sehr kleinen Unter-nehmen ist dies mit der mangelnden Ressourcenausstattung zu begründen, in sehr großen Unternehmen mit der Existenz einer eigenen Ausbildungsakade-mie oder anderer Formen interner institutionalisierter Weiterbildung."

Welche Bildungsabschlüsse die Tür für eine Top-Führungs-position in deutschen Unternehmen öffnen (Angaben in Schulnoten)	Konzerne	Mittelstand
Hochschulabschluss mit Promotion im Inland	1	4
Hochschulabschluss mit Promotion im Ausland	2	5
Hochschulabschluss mit MBA im Ausland	3	2
Hochschulabschluss mit MBA im Inland	4	1
Hochschulabschluss im Inland	5	3
Hochschulabschluss im Ausland	6	6

Quelle: Bundesverband deutscher Unternehmensberater, Umfrage „Führungskräfte der Zukunft" unter 680 Unternehmens-beratern, 2008

Abb. 21: Welchen Abschluss braucht man für eine Führungsposition?

Eine Studie des Bundesverbandes der Unternehmensberater (BDU 2008) bestätigt dies: Wenn Großunternehmen auf einen MBA-Abschluss setzen, dann auf den einer ausländischen Hochschule. „Die Chancen der deutschen MBAler liegen besonders im Mittelstand", so BDU-Vizepräsident Jörg Lennardt. „Der MBA-Kandidat kommt in der Regel in mindestens einer der folgenden Rollen in ein Programm: als angestellter Mitarbeiter, der nach einer umfassenden Qualifikation für Führungsprozesse im Unternehmen fit ist, als (Mit-)Eigentümer eines mittelständischen Betriebes, der Impulse für Innovationen setzt oder für die Professionalisierung der Geschäftsprozesse steht, oder als Unternehmensgründer, der im MBA-Programm Hilfe für den Aufbau und die Führung seines eigenen Unternehmens erwartet", so Lennardt weiter.

Studie des BDU

International sieht es besser aus. Umfragen der efmd und des GMAC zeigen, dass die Einstellungspolitik in den einzelnen Bereichen variiert. So ist die Nachfrage in Branchen wie der Beratung, Gesundheit und Energie weiter stark, im Non-Profit- und Hightech-Bereich dagegen schwächer. Unabhängig von ihren konkreten Rekrutierungsplänen gaben 98 Prozent der Befragten an, dass sie mit der Qualität ihrer Mitarbeiter mit einem MBA-Abschluss zufrieden sind.

Umfragen der efmd und des GMAC

Trotz des schwierigen Arbeitsmarktes hatten viele MBA-Studenten bereits vor ihrem Abschluss einen Job in der Tasche, so der GMAC. Im Durchschnitt hatten sie 1,9 Jobangebote und erwarteten eine Gehaltssteigerung von 66 Prozent im Vergleich zu ihrem Einkommen vor dem MBA-Studium. So gaben die Rekru-

Current Job Function, by Graduation Year

Function	Graduation Year									
	2000	2001	2002	2003	2004	2005	2006	2007	2008	2009
Marketing/ sales	25%	21%	21%	28%	29%	23%	23%	25%	26%	24%
Operations/ logistics	13%	9%	12%	13%	7%	9%	12%	14%	15%	17%
Consulting	16%	13%	19%	13%	16%	18%	17%	16%	12%	13%
General management	10%	19%	13%	6%	10%	14%	9%	8%	10%	10%
Finance/ accounting	21%	29%	26%	31%	30%	30%	31%	29%	28%	24%
Human resources	6%	3%	2%	1%	3%	3%	1%	3%	2%	3%
IT/MIS	10%	7%	7%	9%	4%	3%	6%	6%	7%	9%
Total	100% n = 63	100% n = 105	100% n = 91	100% n = 127	100% n = 234	100% n = 306	100% n = 411	100% n = 325	100% n = 520	100% n = 786

Quelle: GMAC Alumni Perspectives Survey 2009

Abb. 22: Aktuelle Tätigkeit der MBA-Absolventen

tierungsmanager an, in 2009 durchschnittlich sechs neue MBA-Absolventen eingestellt zu haben, im Jahr davor waren es noch zwölf. Zudem ist die Zahl der Unternehmen, die MBA-Absolventen rekrutieren wollen, um neun Prozent gesunken. Das ist das Ergebnis des neuen „GMAC Corporate Recruiters Survey 2009", bei dem 2.825 Rekruitingmanager aus 2.092 Unternehmen in 63 Ländern befragt wurden.

Untersuchung des Marktforschungsunternehmens Universum

Wie die Situation der MBA-Studierenden in Europa aussieht, hat das Marktforschungsunternehmen Universum untersucht und Daten von 2009 ausgewertet. Der Wunsch-Arbeitgeber der meisten europäischen MBA-Studenten heißt McKinsey. Das ist das Ergebnis des 2010 Arbeitgeberrankings von MBA-Studierenden. Managementberatung ist damit die beliebteste Branche der MBA-Studenten. In dem Arbeitgeber-Ranking landen neben McKinsey auch die Boston Consulting Group, Bain & Company, PricewaterhouseCoopers und Ernst & Young weit oben. Einen größeren Zuspruch als noch zuletzt erfuhr in diesem Jahr die Handels- und Modebranche, die von Platz 15 auf Platz sieben aufstieg. IT-Consulting bleibt im Abwärtstrend – von Platz acht vor zwei Jahren rutschte sie bereits im letzten Jahr auf Platz 13, so Universum.

Eine internationale Laufbahn ist weiterhin das Karriereziel Nummer eins der MBA-Studenten. Letztes Jahr noch auf Platz vier der Liste, wandert dieser Faktor 2010 an die Spitze. Im Unterschied dazu ist das wichtigste Ziel der Nachwuchskräfte im Erststudium die Work-Life-Balance, also das ausgewogene Verhältnis zwischen Arbeit und Freizeit.

Wenn es um die Faktoren Gehalts- und Aufstiegsmöglichkeiten geht, so steht für die MBA-Studenten eine langfristige Perspektive im Vordergrund. Sie möchten vor allem, dass Ihre Stelle eine gute Referenz für die zukünftige Karriere darstellt. Es folgt der Wunsch, eine Führungsposition zu übernehmen, und erst danach kommt ein attraktives Grundgehalt. Dabei sank die generelle Gehaltserwartung deutlich von 62.446 Euro im letzten Jahr auf 54.809 Euro.

Job-Chancen

Fazit: International haben MBA-Absolventen die besten Job-Chancen in der Consulting-Branche und bei Banken, da beide stark international ausgerichtet sind und daher wissen, was sich hinter einem MBA-Abschluss verbirgt, obwohl derzeit die Einstellungspraxis dieser Unternehmen generell verhalten ist. Auch einige andere Global Player wissen den Wert eines MBA-Abschlusses zu schätzen. Es gibt hingegen viele, auch große Unternehmen, die mit einem MBA-Bewerber nicht viel anfangen können, da dieser nicht in herkömmliche Personalentwicklungssysteme hineinpasst. Nachdem mittlerweile aber viele Hochschulen in D-A-CH gute MBA-Programme auflegen, wächst das Bewusstsein bei den Unternehmen, dass ein MBA mehr ist als ein Wirtschaftsaufbaustudium.

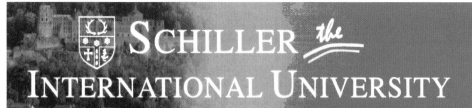

Was erwarten Unternehmen vom MBA?

Praxisbezug Neben der Frage, ob im MBA-Studium Schlüsselqualifikationen (Fachwissen, Fremdsprachen, Managementtools, strategisches Denken, interkulturelles Denken) vermittelt werden, ist für die Unternehmen wichtig, ob die Lernorganisation das praxisnahe Arbeiten an realen Unternehmensproblemen ermöglicht oder nicht. Nur dann ist ein Innovationsschub für das Unternehmen aus eigener Sicht zu erwarten. Davon hängen zwangsläufig der Support und die Bereitschaft betrieblicher Hilfe ab.

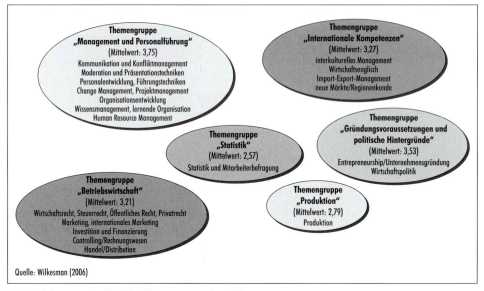

Abb. 23: Bedeutung unterschiedlicher Themengruppen eines MBA

Aus Sicht der Unternehmen sollten MBA-Programme besonders für Ingenieure und Naturwissenschaftler mit Berufserfahrung gestaltet werden, um vorhandenes Wissen zu ergänzen und Defizite zu beseitigen. Gerade Ingenieure haben hier, für eine Verwendung in leitenden Positionen, Nachholbedarf.

Qualifizierung für Führungsposition Die Erwartungen, die die Unternehmen hinsichtlich Eigenschaften, Fähigkeiten, Zielsetzung und Einsatzort der Absolventen haben, sind ebenfalls eindeutig: MBA-Absolventen qualifizieren sich mittelfristig für eine Position bis in die höchsten Führungsebenen der Unternehmen.

Die Studieninhalte und Schwerpunkte eines MBA sollen in erster Linie Kenntnisse des General Management vermitteln und diese gegebenenfalls vertiefen. Neben General Management wurden auch Marketing- und strategisches Management sowie die Vermittlung von Soft Skills als wichtige Inhalte hervorgehoben. Englisch als Unterrichtssprache wird als Schlüsselqualifikation für Fach- und Führungskräfte erwartet, so die einhellige Meinung der befragten HR-Manager. Eine Meinung, die auch von der gesamten Qualifikationsforschung gestützt wird.

Schlüsselqualifikationen sollen und können das Fachwissen nicht ersetzen, sondern es in Anbetracht der sich ständig wandelnden Anforderungen im Berufsleben erschließen helfen. Sie sind daher zunächst inhaltsneutral und finden Anwendung im Berufsleben und in zwischenmenschlichen Beziehungen.

Schlüsselqualifikationen lassen sich laut Deutscher Arbeitskreis Pesonalmarketing als Fähigkeiten in fünf Kompetenzbereiche einordnen:

Schlüssel-qualifikationen

1. Sozialkompetenz,
2. Methodenkompetenz,
3. Selbstkompetenz,
4. Handlungskompetenz,
5. Medienkompetenz.

In der Qualifikationsforschung sind Schlüsselqualifikationen überfachliche Qualifikationen, die zum Handeln befähigen sollen. Innerhalb der Personalwirtschaft sind diese neben der Fachkompetenz der zweite zentrale Bereich der Personalentwicklung. Dabei setzen sich Schlüsselqualifikationen aus einem breiten Spektrum übergreifender Fähigkeiten zusammen, die sowohl aus dem

kognitiven als auch aus dem affektiven Bereich stammen. Diese Kompetenzen können in verschiedenen Situationen und Funktionen flexibel und innovatorisch eingesetzt und übertragen werden. Es gibt laut Sarges (2000) fünf Bereiche von Schlüsselqualifikationen für Manager:

- fachliche Qualifikation (Sache),
- konzeptionelle Qualifikation (Zielsetzung),
- methodische Qualifikation (Realisierung),
- kommunikative Qualifikation (Umgang mit Menschen),
- soziale Verantwortung (Moral und Ethik).

Bedingt durch den immer größeren Einzug der digitalen Medien in die Gesellschaft müssen die Schlüsselqualifikationen um die Medienkompetenz erweitert werden. Dieses ist sowohl die Forderung der ständigen Kultusministerkonferenz als auch der Bund-Länder-Kommission für Bildungsplanung und Forschungsförderung (BLK).

Lerninhalte Die nachfolgenden Lerninhalte stellen typische MBA-Studieninhalte dar, die aus verschiedenen Lehrplänen von staatlichen oder staatlich anerkannten MBA-Qualifikationen von der Arbeitsagentur zusammengestellt worden sind. Die Auswahl dieser Kompetenzen erfolgte auf Basis von Studienordnungen sowie der Auswertung von Stellen- und Bewerberangeboten:

- Führungsqualifikationen/Management Skills
- Projektführung/Business Project Management
- Unternehmensführung/Corporate Management
- Internationales Management/International Business
- Marketing/International Marketing
- Strategische Führung/Strategic Management
- Unternehmenspolitik/Communications Strategy
- Kulturwissenschaften/Managing across Cultures
- Investition und Finanzierung/Financial Management
- Personalwesen/Human Ressources Management
- Industriebetriebslehre/Industrial Management
- Unternehmensrechnung und Controlling
- Unternehmensentscheidungen/Management Decision Making

Überfachliche Qualifikationen auch international gefordert Auch international werden die überfachlichen Qualifikationen zunehmend als wichtig erachtet. So stellt der General Management Admission Council (GMAC) aus den USA 2009 in der Befragung von über 1.000 Arbeitgebern fest, welche Kompetenzen und Qualifikationen sie als wichtig erachten. Einhelliges Fazit der Personalexperten: Die überfachlichen Qualifikationen stehen an herausragender Stelle noch vor den Fachqualifikationen.

Skill/Ability	Hyperlinked Examples
Managing Human Capital	(e.g., Coordinating the Work of Others; Guiding, Directing, & Motivating Subordinates; Coaching & Developing Others; Organizing, Planning, & Prioritizing Work)
Managing Decision-Making Processes	(e.g., Obtaining & Processing Information; Making Decisions & Solving Problems; Judging the Qualities of Things, Services, or People; Identifying Objects, Actions, & Events)
Managing the Task Environment	(e.g., Communicating with Persons outside the Organization; Establishing & Eaintaining Interpersonal Relationships; Selling to or Influencing Others)
Knowledge of Human Behavior and Society	(e.g., Psychology; Education & Training; Law & Government)
Knowledge of General Business Functions	(e.g., Administration & Management; Economics & Accounting; Sales & Marketing; Customer & Personal Service; Personnel & Human Resources)
Knowledge of Media Communications and Delivery	(e.g., Media Communication; Computers & Electronics; English Language)
Interpersonal Skills	(e.g., Active Listening; Social Perceptiveness; Coordination; Persuasion & Negotiation; Time Management; Management of Personnel Resources)
Foundation Skills	(e.g., Reading Comprehension; Writing; Mathematics; Science)

Quelle: GMAC (2009), Improving Communication and Leadership Skills, im Internet unter:
www.gmac.com/NR/rdonlyres/4FCF5186-E362-4F60-A368-0B0417F173FD/0/RR0906_XtracurricularImpact_Web.pdf und
www.gmac.com/NR/rdonlyres/E302D4F6-3781-4615-8D5A-932AA4A5D816/0/CorpRecruitersSurvey2009SR.pdf

Abb. 24: Führungskompetenzen

Outcome – Karriere, Netzwerk und Einkommen

Lohnt sich ein MBA? Eine häufige Frage ist: Lohnt sich ein MBA? Wer sich für ein MBA-Studium entscheidet, sollte sich im Klaren über dessen Vor- und Nachteile sein, vor allem im Hinblick darauf, ob ein solches Studium wirklich helfen kann, die Karriereziele zu erreichen. Denn es heißt nicht, dass der MBA automatisch zum Traumjob nach dem Studium verhilft.

Es gilt generell zu klären, inwiefern berufsbegleitende Weiterbildung einen Mehrwert mit sich bringt. Die Arbeitgeberseite bezweckt eine bessere Positionierung am Markt durch produktivere und sehr gut ausgebildete Arbeitnehmer. Die Mitarbeiter können die eigene Beschäftigung sichern, die Berufsposition verbessern sowie Lohnzuwächse erzielen. Ein MBA-Abschluss kann also die eigenen Kompetenzen steigern, um sich auf dem Arbeitsmarkt besser zu positionieren. Das Abschlusszeugnis gilt hierbei als klares Aushängeschild.

Top-Five Motivations to Pursue a Graduate Business Degree, by Citizenship Groups
KSAs = Knowledge, Skills and Abilities

Africa & Middle East	Europe	Asia & Pacific Islands	Latin America	Canada & United States
Develop KSAs	Develop KSAs	Develop KSAs	Develop KSAs	Career Advancement
Career Advancement	Challenging/ Interesting Work	Challenging/ Interesting Work	Challenging/ Interesting Work	Develop KSAs
Challenging/ Interesting Work	Career Advancement	Career Advancement	Personal Satisfaction and Achievement	Professional Credentials
Personal Satisfaction and Achievement	Personal Satisfaction and Achievement	Personal Satisfaction and Achievement	Career Advancement	Challenging/ Interesting Work
Remain Marketable or Competitive	Opportunities for Networking	Remain Marketable or Competitive	Opportunities for Networking	Remain Marketable or Competitive

Quelle: GMAC, mba.com Registrants Survey 2010

Abb. 25: Die fünf Hauptgründe für einen MBA-Abschluss

Wichtig für Karrierewechsel Sinnvoll kann der MBA-Erwerb also bei einem geplanten Karrierewechsel sein. Denn gewisse Firmen rekrutieren vorzugsweise in Schulen, die in bestimmten Branchen richtungsweisend und „in" sind: Derweil Investmentbanken mehrheitlich an einer finanzorientierten Ausbildungsstätte Ausschau nach Interessierten halten, setzen IT-Firmen, marketingorientierte Konsumgüterfirmen und Consultingunternehmen den Fokus auf Schulen mit entsprechender Positionierung und relevantem Vertiefungsangebot in ihren Ausbildungsprogrammen.

Persönliche Bereicherung Es gibt jedoch nicht nur berufliche und Karriere-Aspekte, sich für oder gegen ein MBA-Studium zu entscheiden. Einige Erfahrungen können ganz persönlich ins Gewicht fallen und in vielerlei Hinsicht bereichernd sein: So kann ein MBA-Studium auch aufzeigen, ob der bisher eingeschlagene Karriereweg der richtige ist. Denn während eines MBA-Studiums wird man anhand von rea-

Job Level, by Graduation Year

Response	Graduation Year									
	2000	2001	2002	2003	2004	2005	2006	2007	2008	2009
Entry level	4%	5%	3%	1%	3%	2%	5%	9%	15%	17%
Mid-level	45%	42%	47%	47%	53%	59%	63%	68%	61%	59%
Senior level	37%	39%	44%	40%	37%	28%	24%	17%	19%	20%
Executive level	13%	13%	6%	11%	8%	12%	8%	6%	5%	5%
Total	100% n = 67	100% n = 112	100% n = 98	100% n = 137	100% n = 251	100% n = 317	100% n = 444	100% n = 345	100% n = 566	100% n = 860

Quelle: GMAC Alumni Perspectives Survey 2010

Abb. 26: Karriere mit dem MBA – Job-Level

litätsnahen Fallstudien mit bislang kaum vertrauten Industrien, funktionalen Ausrichtungen und Unternehmenssituationen (Start-up oder Mature Life Cycle Company) konfrontiert. Langfristig wertvoll sein kann zudem ein Netzwerk von horizonterweiternden Bekanntschaften.

Bitte beachten Sie: Für die Arbeitgeberseite sind Investitionen in berufliche Weiterbildung ihrer (potenziellen) Arbeitnehmer nur dann von Interesse, wenn aufgrund der gesteigerten Produktivität der Arbeitnehmer eine höhere Arbeitsleistung erzielt wird und damit zwangsläufig das Unternehmen leistungsfähiger wird. Eine direkte Beteiligung des Arbeitgebers an den Weiterbildungskosten, beispielsweise in Form von (teilweiser) Übernahme der Kosten, kann dann im Interesse der Unternehmen sein. Allerdings werden Arbeitgeber in der Regel für den Erwerb allgemeinen Wissens ihrer Mitarbeiter weniger bereitwillig investieren als für betriebsspezifisches, schnell verwendbares Wissen.

Auch der Marketingprofessor Wilkesmann von der Uni Dortmund kommt in seiner MBA-Studie zum Schluss: „Die kategorisierte Auswertung zeigt, dass die Befragten offenbar vor allem Karrieremotive bei ihren Bewerbern und Mitarbeitern vermuten, wie die hohe Bedeutung der Motive ‚Chancen auf dem Arbeitsmarkt verbessern‘ und ‚Karriereaussichten im eigenen Unternehmen verbessert‘ zeigt. Die anderen Motive beziehen sich eher auf Attribute, die mit einem erfolgreichen Studium einhergehen. Statusgewinn, Promotionsmöglichkeiten und die Ausweitung der persönlichen Netzwerke spielen jedoch im Vergleich zu den Karrieremotiven eine wesentlich geringere Rolle."

Lohnt sich ein MBA aus finanzieller Sicht?

Grundsätzlich gilt: Gehaltslisten, die von einigen MBA-Schulen und von Marketinginstitutionen herausgegeben werden, sind kaum repräsentativ und daher mit Vorsicht zu genießen. Verzichten kann man auf sie jedoch nicht.

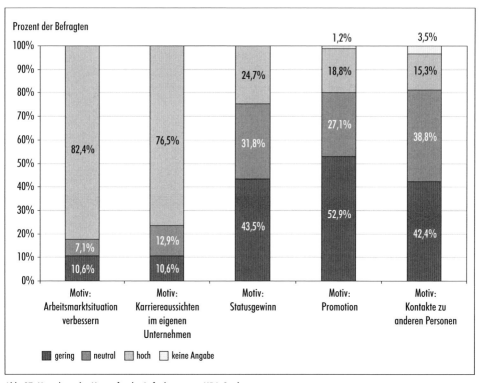

Abb. 27: Verteilung der Motive für die Aufnahme eines MBA-Studiums

Deutschland

Für Deutschland liegen kaum Daten über die Gehälter von MBA-Absolventen vor. In der Presse wird in der Regel hauptsächlich auf die Gehaltsstudien aus den USA und Großbritannien Bezug genommen. Deren Aussagewert ist aber für den deutschen Raum nur sehr begrenzt.

Studie der FHW Berlin In einer 2007 erstellten Studie der FHW Berlin (www.mbaberlin.de/index. php?id=132), an der sich rund 200 MBA-Absolventen der FH beteiligten, kann festgehalten werden, dass sich für die meisten der MBA ausgezahlt hat. Eine Gehaltssteigerung konnte aus nahezu allen Gehaltsstufen heraus realisiert werden. Bereits innerhalb der ersten drei Jahre nach Abschluss des Studiums verbesserten zwei Drittel der Teilnehmer ihr Gehalt um mindestens eine Gehaltsstufe. Von diesen konnten sich wiederum gut 40 Prozent um zwei oder drei Stufen verbessern. Die Einstufung der Bruttojahreseinkommen aller Absolventen von Vollzeit-MBA-Studiengängen spiegelt dementsprechend eine deutliche Verschiebung in der Gehaltsstruktur wider.

2009 kam QS TopMBA.com bei einer Untersuchung zu dem Schluss, dass die Gehaltserwartungen der deutschen Studierenden bei rund 60.000 bis 70.000 Euro liegen, je nach Funktion und Branche. Von geringeren Gehaltserwartungen spricht das Staufenbiel-Institut im PersonalMarkt 3/10, laut deren Ergebnissen erhalten MBA-Studierende ungefähr 40.000 bis 50.000 Euro. Mit rund fünf Jahren Berufserfahrung steigt der Mittelwert auf rund 60.000 Euro Gehalt. Eine Befragung durch SWOP im Herbst 2010 bei über 600 MBA-Absoventen zeigt, dass 36 Prozent der Befragten im Mittel von 51.000 bis 75.000 Euro Gehalt erhalten. 22 Prozent erhielten bis 100.000 Euro und 19 Prozent über 100.000 Gehalt. Damit werden viele einzelne Gehaltsangaben und Untersuchungen in D-A-CH der letzten Jahre systematisch bestätigt.

An der Uni Kassel wurde 2010 untersucht, was regulär Beschäftigte mit einem Bachelor einer Fachhochschule oder Uni nach 18 Monaten verdienen. FH-Absolventen haben in der Regel ein Einkommen von 2.635 Euro brutto, bei Uni-Abgängern sind es 2.241 Euro. Master-Absolventen liegen mit Werten von 3.284 Euro (FH) und 2.803 Euro (Universität) deutlich darüber.

Die durchschnittlichen Bruttoverdienste von vollzeitbeschäftigten Arbeitnehmern und Arbeitnehmerinnen liegen in Deutschland bei 3.450 Euro monatlich. In den neuen Bundesländern wird im Schnitt ein Drittel weniger gezahlt. Frauen verdienen in vergleichbaren Positionen deutlich weniger als Männer. Einen Überblick über die in Deutschland üblichen Löhne und Gehälter bietet www.lohnspiegel.de. Hier können Sie auch Bruttogehälter in Nettogehälter umrechnen.

Einstiegs-gehälter

Die Einstiegsgehälter bei führenden MBA-Programmen in Deutschland sind in vielen Fällen mit denen ausländischer Anbieter vergleichbar. So kommen die MBA-Abgänger der Handelshochschule Leipzig (HHL) auf ein Durchschnittsgehalt von 64.500 Euro. In ähnlicher Größenordnung bewegt sich die GISMA in Hannover, deren Absolventen – nach Hochschulangaben – im Fünfjahresmittel auf 61.000 Euro kommen. Die Mannheim Business School gibt für die Absolventen ihres „European MBA" ein Durchschnittsgehalt von 67.000 Euro an. Die Zahlen der deutschen MBA-Anbieter – ob FH oder Universität – sind trotz aller Unkenrufe und allen Negativgeredes gar nicht so schlecht. Harvard-Absolventen erhalten, wenn sie nach Deutschland zurückkehren, rund 100.000 US-Dollar als Einstiegsgehalt, also rund 70.000 Euro, so die Daten der Business School.

Christoph Mohr vom Handelsblatt stellt ebenfalls fest: „So viel lässt sich jedoch sagen: Ein guter deutscher MBA bringt auf dem Arbeitsmarkt etwa 60.000 Euro Einstiegsgehalt, ein MBA einer europäischen Top-Schule 80.000 Euro aufwärts. Einige Abschlüsse bringen in einigen Bereichen sogar über 100.000 Euro."

Ein anderes Bild ergibt eine Studie von Neumann International. So gaben dort die 124 befragten Personaler nur Gehaltsunterschiede in Höhe von fünf bis zehn Prozent an. In Österreich sei beispielsweise die Mehrzahl der befragten Unternehmen nicht bereit, mehr für MBA-Absolventen zu zahlen, so der Autor Walter Buchinger. Man müsse, so Buchinger weiter, die Erwartungen an einen MBA realistisch einstufen. Im deutschsprachigen Raum zählen soziale Kompe-

Gehälter für Unternehmensberater

Die Anforderungen an Unternehmensberater sind überdurchschnittlich hoch. Dementsprechend ist aber auch die Belohnung für den hohen Einsatz überdurchschnittlich. Die
guten Verdienstmöglichkeiten beginnen bereits beim Einstieg in das Berufsleben als
Unternehmensberater. Es gibt verschiedene Möglichkeiten, in diesen Beruf zu kommen,
wobei eine überdurchschnittliche Qualifikation jedenfalls die Voraussetzung ist. Häufig
beginnt man als Beratungsassistent, wird nach wenigen Monaten Juniorberater und anschließend nach ungefähr einem Jahr bereits Berater beziehungsweise Consultant. Für
Beratungsassistenten werden Gehälter zwischen 20.000 Euro und 35.000 Euro gezahlt,
für Juniorberater 30.000 Euro bis 50.000 Euro und für Berater zwischen 35.000 Euro
und 60.000 Euro. Von den genannten Zahlen kann es im Einzelfall zu Abweichungen
kommen, abhängig von der jeweiligen persönlichen und fachlichen Qualifikation. In
größeren Beratungsunternehmen werden eher Gehälter an den oberen Grenzen gezahlt, während man in kleineren Häusern eher die niedrigeren Angaben erwarten
darf. Aber auch davon gibt es Ausnahmen. Letztlich kommt es auch auf die Marktsitu-
ation und das Verhandlungsgeschick an. Die etwas niedrigeren Verdienstmöglichkeiten
in den kleineren Beratungsunternehmen werden häufig durch ein höheres Maß an Ei-
genverantwortung und durch eine größere Abwechslung in der Tätigkeit kompensiert.

Quelle: www.bdu.de/gehaelter.html

tenzen der Kandidaten mehr. Ein MBA sei ein Plus im Lebenslauf, werde jedoch nicht übermäßig hoch bewertet. Nach den Stärken von MBA-Absolventen
befragt, gaben Personaler theoretisches Managementwissen, hohe analytische
und strategische Fähigkeiten an. Bessere Führungsqualitäten seien nur bei
manchen Kandidaten festzustellen gewesen. Generell lässt sich sagen, dass der
hohe Einsatz beim MBA auch in Deutschland in der Regel bereits beim Einstieg
durch gute Verdienstmöglichkeiten belohnt wird.

USA und Europa

Die Datenlage zu Gehältern ist in den USA und Großbritannien erheblich besser, hier werden alle zwei bis drei Jahre entsprechende Untersuchungen von
Fachorganisationen wie des GMAC durchgeführt. Zahlreiche Informationen
über die personelle Entwicklung nach dem MBA finden Sie in den beiden im
Kasten aufgeführten Publikationen.

MBA Alumni Perspectives Survey 2008:
www.gmac.com/NR/rdonlyres/9EEEEA50-4747-409A-B5C0-88E24135DEC5/0/
MBAAlumniPerspectivesSurveyReport2008.pdf

MBA Alumni Perspectives Survey 2010:
www.gmac.com/NR/rdonlyres/AB4EFFF7-17CD-4BF1-A45C-366FEC8AF60D/0/
2010AlumniPerspectives_SurveyReport_FINAL_Zehno.pdf

Während die Gehaltszahlungen in den letzten Jahren konstant gestiegen sind, zeichnet sich momentan zwar eher ein Abwärtstrend der Gehälter ab, jedoch ist dieser nicht so stark wie erwartet. So besagt der „GMAC Global Management Education Graduate Survey 2009", dass das jährliche Basis-Gehalt bei den zweijährigen Vollzeitprogrammen prozentual zwar im Vergleich zum Vorjahr von 74 auf 66 Prozent gesunken ist. Es liegt aber damit immer noch höher als im Jahr 2007. **Abwärtstrend bei den Gehältern**

Auch der Bonus, der oft zusätzlich bei Vertragsabschluss gezahlt würde, sank teils um zehn Prozentpunkte. „Die Studenten mussten stärker verhandeln, auch bei Aktienoptionen oder Firmenwagen", so der GMAC. Zunehmend entscheiden sich aber auch Studenten zwangsläufig gegen üppige Gehälter und für einen Job in Nichtregierungsorganisationen oder gemeinnützigen Unternehmen.

Zu etwas positiveren Schlussfolgerungen kommt Nunzio Quacquarelli, Co-Geschäftsführer von QS Ltd.: Den größten Karrierevorteil bringe der MBA in Großbritannien, Frankreich und Spanien, während der MBA im deutschsprachigen Raum und in Zentral- und Osteuropa eine nur geringfügige Besserstellung in Sachen Gehalt bringe. Am ehesten seien US-amerikanische Unternehmen und internationale Consultants auf der Suche nach MBA-Absolventen. **Karrierevorteil in GB, Frankreich und Spanien am größten**

Dass die Gehälter stark variieren, zeigt das Beispiel der Wharton Business School. Sie gibt 2009 die Bandberiete von 70.000 bis 420.000 Dollar an. Die Reports finden sich unter: http://mycareer.wharton.upenn.edu/mbacareers/report/cr09.pdf.

Die Markforschungsagentur Universum stellt 2009 bei der Befragung von MBA-Studierenden in Europa fest: „Es folgt der Wunsch, eine Führungsposition zu übernehmen, und erst danach kommt ein attraktives Grundgehalt. Dabei sank die generelle Gehaltserwartung deutlich von 62.446 Euro im letzten Jahr auf 54.809 Euro."

Die Gehälter variieren natürlich auch nach Branche (Consulting, Banking, Industrie), nach Funktion im Unternehmen, nach Region und Land, ja sogar nach dem Jahrgang.

Annual Average Base Salary on First Job (Class of 2009), by Graduation Year
in US-$

	Graduation Year									
	2000	**2001**	**2002**	**2003**	**2004**	**2005**	**2006**	**2007**	**2008**	**2009**
Median	75.000	75.000	66.716	70.000	66.000	70.000	72.000	70.000	73.000	66.694
Mean*	74.532	71.621	66.868	69.965	65.321	72.730	71.580	73.089	74.370	70.938

Quelle: GMAC Alumni Perspectives Survey 2010

Abb. 28: Einstiegsgehälter von MBA-Absolventen

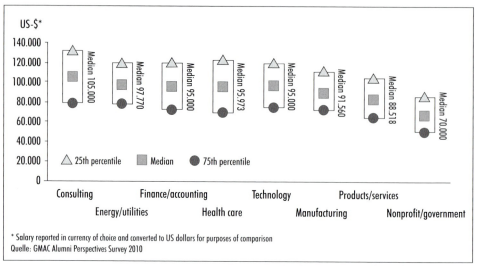

Abb. 29: Einstiegsgehälter nach Branchen

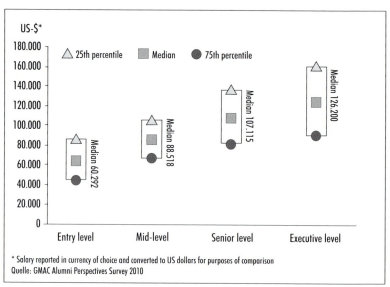

Abb. 30: Durchschnittliches Einkommen nach Funktion

Daten der AMBA Eine weitere Vergleichsbasis für MBA-Interessierte sind auch die Daten aus Großbritannien. Alle zwei Jahre untersucht die Association of MBAs (AMBA) die Entwicklung des MBA in Großbritannien. Aus der 2009 vorgestellten Untersuchung hier die wichtigsten Ergebnisse:

- ■ Direkt nach dem MBA steigen die Gehälter um rund 46 Prozent.
- ■ Das fixe Durchschnittseinkommen liegt bei 62.000 Pfund (72.000 Euro).
- ■ 17 Prozent der MBA-Absolventen verdienen mehr als 100.000 Pfund (114.000 Euro).

Ein MBA kann ein Karriere-Sprungbrett sein. Ob die Investition eine sinnvolle war, zeigt sich erst in der anschließenden praktischen Arbeit. Zudem gibt es zuhauf Beispiele von Top-CEO, die es ohne MBA-Studium an die Unternehmensspitze gebracht haben: allein durch härtere Arbeit, konsequentes Durchsetzungsvermögen und eiserne Disziplin. Es gilt also zu überlegen, was man sich von der MBA-Ausbildung erhofft im Hinblick auf die weitere berufliche Karriere.

Expectations for Starting Salary (n = 442)

Response	Percentage
Exceeded expectations	14%
Met expectations	52%
Did not meet expectations	34%
Total	100%

Quelle: GMAC Alumni Perspectives Survey 2009

Abb. 31: Erwartungen ans Einstiegsgehalt

Zudem gilt es, die in Frage kommenden Institute zu prüfen, indem die Kursprogramme, der Ruf und die Positionierung der Schule verifiziert werden. Ebenso muss entschieden werden, ob man sich den Zeitbedarf (ein bis zwei Jahre) sowie den finanziellen Aufwand (20.000 bis 60.000 Euro pro Jahr plus Opportunitätskosten) leisten kann. Und schließlich: Ein MBA-Titel per se wird niemals honoriert; nur das Individuum, das während der Ausbildungszeit eine entsprechend große Wertschöpfung generiert.

Wie wirkt sich die Finanzkrise aus?

Die Aussagen darüber, wie sich die Finanzkrise auf den MBA-Markt auswirkt, sind sehr unterschiedlich. Aus den Marketingabteilungen kommt die Info, dass die Bewerberzahlen steigen und es gar nicht so schlimm aussieht. Da in D-A-CH die meisten MBA-Studierenden in Teilzeitprogrammen studieren und somit weiterhin berufstätig bleiben, haben sie bei der Finanzierung ihrer MBA-Ausbildung weniger Probleme. *Keine eindeutigen Aussagen*

Wie sich die derzeitige Wirtschaftslage auf das Gehaltsgefüge auswirkt, kann nur geschätzt werden. Daten aus den Jahren 2001/02 zeigen, dass die Gehälter um 15 bis 20 Prozent gesunken sind. Die Financial Times fasst für die Top-Business-Schools das Thema so zusammen: „Krise frisst die Gehälter auf" (2010).

Genauere Daten zur Auswirkung der Finanzkrise gibt es aus dem angloamerikanischen Raum. Eine kanadische MBA-Jobbörse stellt 2009 fest, dass derzeit die Mehrzahl der Interessenten bereit sei, auf 20.000 bis 30.000 US-Dollar Gehalt zu verzichten, um einen Job zu bekommen (www.mbajobs.ca). Die Wirtschaftskrise spielt wie andere Zufälle für das Berufsleben von MBA-Absolventen eine *Gehaltseinbußen in GB und USA* wichtige Rolle. Gerade diejenigen, die in Krisenzeiten auf den Arbeitsmarkt drängen, müssen mit empfindlichen Einbußen rechnen, so Stanford-Ökonom Paul Oyer in seiner Umfrage mit 35 MBA-Jahrgängen an der kalifornischen Stanford University. Gerade wenn die Börsen in Turbulenzen geraten, müssen MBA-Absolventen mit signifikant niedrigeren Lebenseinkommen rechnen. Der Grund: Die MBA-Absolventen finden in Krisenzeiten weniger Arbeit in der lukrativen Finanzbranche und beginnen stattdessen in anderen Branchen zu arbeiten. In Zahlen: Wer das Pech hatte, in Zeiten einer Finanz- und Börsenkrise seinen MBA abzuschließen, der musste, über das ganze Arbeitsleben gesehen, mit einem eineinhalb bis fünf Millionen US-Dollar niedrigeren Einkommen rechnen als jemand, der in guten Zeiten graduierte (http://faculty-gsb.stanford.edu/oyer/wp/mba.pdf).

Für Oyer bedeuten diese Ergebnisse auch, dass Investmentbanker und andere Finanzspezialisten nicht einfach „geboren" werden, sondern dass sie eher zufällig zu solchen „gemacht" werden. Mit anderen Worten: Jeder MBA-Jahrgang enthält wohl eine Mischung von ähnlich talentierten Menschen, aber was aus ihnen wird, bestimmt sich zu einem guten Teil durch das Schicksal beziehungsweise die herrschende Wirtschafts- und Börsenlage.

QS TopMBA.com Applicant Survey 2009

Die „QS TopMBA.com Applicant Survey 2009" analysiert Aussagen von rund 4.000 MBA-Kandidaten aus 35 Ländern. Die Studie zeigt, dass Selbstständigkeit nach dem MBA mehr denn je an Popularität gewinnt. Außerdem kann man erkennen, dass Finanzierungsmöglichkeiten durch Studentenkredite wesentlich reduziert sind, was durchaus die Rezession widerspiegelt.

Ross Geraghty, Co-Author des Umfrage-Reports erklärt: „Es ist bemerkenswert, dass Unternehmertum und Selbstständigkeit unter den befragten MBA-Kandidaten so sehr an Popularität gewonnen hat. Bedenken über die Finanzierung des Studiums haben zu einer Verlagerung von der Finanzierung durch Kredite

Number of Job Offers (Including Current Employer) for the Class of 2009, by Graduation Year*

Response	Graduation Year									
	2000	**2001**	**2002**	**2003**	**2004**	**2005**	**2006**	**2007**	**2008**	**2009**
One	27%	38%	51%	40%	37%	34%	23%	27%	21%	56%
Two	27%	26%	25%	27%	27%	28%	28%	27%	29%	29%
Three	16%	18%	18%	20%	21%	22%	23%	25%	24%	11%
Four or more	29%	18%	7%	13%	14%	16%	26%	21%	26%	4%
Total	100% n = 329	100% n = 584	100% n = 530	100% n = 774	100% n = 737	100% n = 570	100% n = 525	100% n = 412	100% n = 543	100% n = 231

Quelle: GMAC Alumni Perspectives Survey 2010

Abb. 32: Anzahl der Jobangebote

zu Finanzierungsmöglichkeiten durch Stipendien und anderen Alternativen geführt."

Weitere Ergebnisse aus der Studie 2009:

- Die fünf Top-Nationen, die eine Finanzierung durch Kredite suchen, sind: Kanada (57 Prozent), gefolgt von den USA (51 Prozent), Israel (51 Prozent), Frankreich (45 Prozent) und Indien (37 Prozent).

- Gemeinnützige Organisationen und CSR-Unternehmen haben ihre Beliebtheit als Zielunternehmen nach dem MBA nahezu verdoppelt (6,4 Prozent, 3,8 Prozent im Vorjahr).

- Russland, Mexico, Chile, Deutschland, Malaysia und Südafrika können jeweils einen Anstieg darin verzeichnen, dass MBA-Kandidaten des jeweiligen Landes ihr MBA-Studium im eigenen Land bevorzugen.

- 63 Prozent aller MBA-Kandidaten erwarten ein wöchentliches Arbeitspensum von 50 Stunden und mehr.

- Lediglich 32 Prozent aller Frauen, verglichen mit 43 Prozent der befragten Männer, erwarten ein jährliches Gehalt von mehr als US $ 100.000 nach Abschluss des MBA.

Zu den Ergebnissen der Studie meint Nunzio Quacquarelli: „Die Daten für 2009 weisen deutlich darauf hin, dass die Wirtschaftskrise für die MBA-Kandidaten als Aufruf dazu gilt, sich gründlich darüber Gedanken zu machen, wie ein MBA ihre Karrierechancen verbessern und auch für größere Flexibilität in einem dynamischen Arbeitsmarkt sorgen kann. Die Business-Schulen erhalten mehr Bewerbungen denn je, da sich angehende MBA-Kandidaten verstärkt um eine vielfältigere Karriere, einen internationaleren Lebenslauf, bessere unternehmerische Fähigkeiten oder einfach nur um eine Aufbesserung ihres Könnens als Manager bemühen."

Mehr Bewerbungen an Business-Schulen

In den USA zeigt sich bei der Jobsuche der Absolventen der Trend weg von den von der Hochschule veranstalteten Rekrutierungsrunden hin zu der individuellen Suche. Netzwerke sind zu einem wichtigen Instrument geworden.

In vielen Branchen gab es weiterhin wenig Nachfrage für MBAs. Besonders Positionen bei Luxusunternehmen, Private-Equity- und Venture-Capital-Firmen sind Mangelware. Beratungs- und Finanzdienstleistungsunternehmen beginnen dagegen verhalten, Nachwuchs einzustellen. Vermehrt werden auch als Trainees eingestellt, die auf Rotationspositionen zunächst einige Monate verschiedene Funktionen wie Vertrieb oder Produktion durchlaufen. Einige Hochschulen berichten, dass fast ein Drittel ihrer Studierenden solche Plätze erhalten.

Festzuhalten bleibt, dass in Teilzeitprogrammen die Studierenden weniger Probleme haben, da Sie alle eine Festanstellung vorweisen können. Damit ist die Krise weitestgehend an den Studierenden in D-A-CH vorbeigegangen.

Akkreditierung

Programm- vs. Hochschul-akkreditierung

Die Akkreditierung spielt bei der Wahl des passenden MBA-Programms eine wichtige Rolle. Weltweit betrachtet gibt es zwei grundlegend unterschiedliche Ansätze der Akkreditierung im Hochschulbereich: erstens die institutionelle Akkreditierung ganzer Hochschulen/Business Schools (z.B. EQUIS, AACSB), zweitens die Programmakkreditierung. Rund 50 Prozent der europäischen Staaten setzen im Zuge des Bologna-Prozesses auf Programmakkreditierung, so auch Deutschland (Infos unter: www.akkreditierungsrat.de). Es soll im Sinne der Kunden (Studenten/Unternehmen) das einzelne Produkt (Studiengang) und nicht der Hersteller (Hochschule) geprüft werden. Auch gute Hochschulen haben Studiengänge, die die Programmakkreditierung nicht bestehen, und umgekehrt.

Grundsätzlich soll die Akkreditierung dazu dienen, von offizieller Seite Gütesiegel für Institutionen oder einzelne Programme zu vergeben. Somit soll gewährleistet werden, dass die Bildungseinrichtung, das Programm und der Lehrkörper von hoher Qualität sind. Grundsätzlich bleibt festzuhalten: Gegenseitige Anerkennung von Akkreditierungsentscheiden ist nur auf der Basis gegenseitigen Vertrauens möglich. Bitte beachten Sie auch, dass in der Regel aufgrund der rechtlichen Situation in den einzelnen Ländern lediglich bei positiven Entscheidungen eine Veröffentlichung erfolgt. Die Akkreditierung ist vielleicht das wichtigste Basis-Kriterium zur Auswahl eines MBA-Programms. Denn allein der Titel MBA bietet noch keine Garantie für Qualität. Nur akkreditierte Programme oder Business Schools garantieren qualitative Mindeststandards, wobei auch das Renommee der Akkreditierungsstelle zählt.

Die britischen MBA-Fachleute Stuart Crainer und Des Dearlove haben zum Thema Akkreditierung ausgeführt: „Rankings come in many shapes and sizes. But all have one thing in common: they are just one way to judge a business school (…). More important is the question of accreditation. Accredited courses are those which have been approved by independent accrediting bodies. Look more seriously at these. The top schools are all accredited (…). This will be your quality guarantee" (Quelle: Stuart Crainer/Des Dearlove: MBA Planet, 2000, S. 24–25).

Folgende Akkreditierungsstellen sind für Sie wichtig:

AACSB

USA = AACSB – The Association to Advance Collegiate Schools of Business

Die AACSB ist in den USA die zentrale Akkreditierungseinrichtung für MBA-Anbieter und auf die Akkreditierung in den Bereichen Business und Accounting spezialisiert. Durch die Fokussierung auf ganze Fachbereiche gilt jedes MBA-Programm einer AACSB-akkreditierten Hochschule als hochwertig. Rund 600 Institutionen hat die AACSB bisher akkreditiert, davon über 60 außerhalb der USA. In den USA haben damit fast 40 Prozent der Business Schools eine AACSB-Akkreditierung. In der Schweiz haben die Universität St. Gallen und das

The **A**ssociation to **A**dvance **C**ollegiate **S**chools of **B**usiness

• 1916 gegründet

• Sitz in Tampa/USA

• unabhängige Akkreditierungseinrichtung für
  betriebs-/wirtschaftwissenschaftliche Hochschulen

Mission: "AACSB International advances quality management education
worldwide through accreditation and thought leadership."

… "Less than 5% of the world's business schools have achieved this elite distinction."

• 554 akkreditierte Institutionen in 31 Ländern (Stand: März 2008)
• 579 akkreditierte Institutionen in 35 Ländern (Stand: März 2010)
• 3 von rund 394 in Deutschland
• 467 von 661 Member Institutions von ca.1.200 Business Schools in den USA

Quelle: Educationconsult 2010

Abb. 33: AACSB

IMD in Lausanne und in Deutschland die Universität Frankfurt, die Universität Mannheim und die Handelshochschule Leipzig eine AACSB-Akkreditierung. Die AACSB veröffentlicht keine Gutachten und Akkreditierungsberichte.

UK = AMBA – Association of MBAs

AMBA

Im Gegensatz dazu bewertet die englische AMBA MBA-Programme im Einzelnen. So kann es sein, dass ein Vollzeitprogramm einer Business School von AMBA akkreditiert ist, das Teilzeitprogramm aber nicht. AMBA prüft auch über Großbritannien hinaus. Bisher tragen über 100 Programme ihr Gütesiegel. In Großbritannien deckt AMBA mit ihren Akkreditierungen rund 35 bis 40 Prozent der Programme ab. Gegründet worden war die AMBA 1967 ursprünglich als Interessenvertretung der britischen MBA-Absolventen. Zweites Standbein war die Vergabe von Studienkrediten. Diese Funktionen nimmt sie auch heute noch als Aufgabe neben der Akkreditierung wahr. Studenten und Absolventen britischer MBA-Programme sowie einiger ausgewählter ausländischer MBA-Programme können Mitglieder werden. Im deutschsprachigen Raum hat das MBA-Programm des IMD, der HEC-Genf und des ESMT eine AMBA-Akkreditierung. AMBA veröffentlicht keine Gutachten und Akkreditierungsberichte.

UK = QAA – Quality Assurance Agency

QAA

Um die Qualität und Ausbildungsstandards sämtlicher Hochschulen in Großbritannien (UK) auf einem gewissen Niveau zu halten, wurde in UK die sogenannte „Quality Assurance Agency (QAA)" ins Leben gerufen, die in regelmäßigen Abständen die Qualität der Lehre und der Forschung an den einzelnen Universitäten untersucht. Britische Universitäten haben aufgrund der „Royal

Charters", die ihnen erteilt wurden, das Recht zur Verleihung von wissenschaftlichen Abschlüssen, das heißt, dass sie verantwortlich für Lehrpläne, Lehrkräfte und die Studentenzulassung sind. Das Wort „accreditation" hat im Englischen daher eine andere Bedeutung als im Deutschen. Mit „accreditation" ist das Verfahren gemeint, mit dem eine Universität Studiengänge anderer Hochschulen, meist „colleges" ohne „degree awarding powers", aufgrund verschiedener Evaluierungsverfahren anerkennt.

NVAO   NL = **NVAO** – Nederlands-Vlaamse Accreditatie Organisatie

Die NVAO ist verantwortlich für die Qualitätsbewertung der Programme in den Niederlanden und in Flandern (dem niederländisch sprechenden Teil von Belgien). Die NVAO hat als erste europäische Akkreditierungsorganisation 2005 die US-amerikanische AACSB-Akkreditierung in einem Einzelverfahren als äquivalent zu ihrer eigenen Akkreditierung anerkannt. Die NVAO veröffentlicht alle Akkreditierungsberichte und -entscheide sowie die Experten- respektive Vor-Ort-Berichte.

EQUIS   EU = **EQUIS** – European Quality Improvement System

EQUIS wurde 1997 von der European Foundation for Management Development (efmd) in Brüssel eingeführt. Überprüft wird bei diesem System die Institution als Ganzes und nicht das einzelne MBA-Programm. Laut EQUIS haben in Deutschland die WHU in Koblenz und die Uni Mannheim eine EQUIS-Akkreditierung sowie in der Schweiz St. Gallen, HEC-Lausanne, die Uni Zürich und das IMD. In Österreich hat lediglich die WU-Wien eine EQUIS-Akkreditierung. Insgesamt sind 120 Institutionen in 32 Ländern akkreditiert, damit repräsentiert EQUIS rund zehn Prozent der Business Schools. In Deutschland hat sich diese Akkreditierung bisher nicht durchgesetzt. Mit EPAS ist nun auch die Programmakkreditierung von der efmd aufgegriffen worden. Lediglich die Universität Augsburg und die Frankfurt School of Management haben mit je einem Programm den Prozess erfolgreich durchlaufen. EQUIS veröffentlicht keine Gutachten und Akkreditierungsberichte.

Aus Presseinformationen der letzten zwei Jahre lässt sich schließen, dass die Universitäten Münster und Köln, die TU München, die RWTH Aachen, die Frankfurt School of Finance & Management, die European Business School (ebs), die Uni Erlangen-Nürnberg, die Hochschule Pforzheim und die Hochschule für Wirtschaft und Recht Berlin den mehrjährigen Prozess bei AACSB und EQUIS zumindest angestoßen haben.

Wichtige Akkreditierungsstellen in Deutschland

Im nationalen Bereich sind derzeit folgende neun Agenturen zugelassen, das Qualitätssiegel des Akkreditierungsrates an von ihnen akkreditierte Studiengänge mit den Abschlüssen Bachelor und Master zu vergeben:

- ACQUIN Akkreditierungs-, Certifizierungs- und Qualitätssicherungs-Institut **ACQUIN**
- AHPGS Akkreditierungsagentur für Studiengänge im Bereich Gesundheit **AHPGS** und Soziales
- AKAST Agentur für Qualitätssicherung und Akkreditierung kanonischer **AKAST** Studiengänge
- AQA Österreichische Qualitätssicherungsagentur **AQA**
- AQAS Agentur für Qualitätssicherung durch Akkreditierung von Studien- **AQAS** gängen
- ASIIN Akkreditierungsagentur für Studiengänge der Ingenieurwissen- **ASIIN** schaften, der Informatik, der Naturwissenschaften und der Mathematik
- evalag Evaluationsagentur Baden-Württemberg **evalag**
- FIBAA Foundation for International Business Administration Accreditation **FIBAA**
- OAQ Organ für Akkreditierung und Qualitätssicherung der Schweizerischen **OAQ** Hochschulen
- ZEvA Zentrale Evaluations- und Akkreditierungsagentur Hannover **ZEvA**

Das Gütesiegel des Akkreditierungsrates, welches von den Agenturen vergeben wird, muss auf den Qualitätstandards des Akkreditierungsrates basieren. Die Agenturen veröffentlichen alle Akkreditierungsberichte und -entscheide respektive Vor-Ort-Berichte.

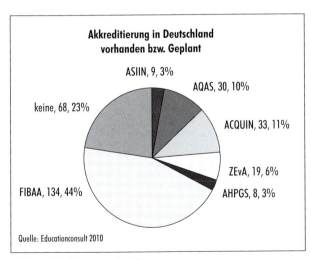

Abb. 34: Akkreditierungen national

MBA ohne Hochschulabschluss In Deutschland erlauben einzelne Bundesländer mittlerweile, dass MBA-Studiengänge auch ohne ersten Hochschulabschluss besucht werden dürfen. So stellt Rheinland-Pfalz fest: „Personen, die über keinen ersten Hochschulabschluss verfügen, können zu weiterbildenden Studiengängen, die mit einem Hochschulabschluss abschließen, unter bestimmten Voraussetzungen zugelassen werden." Andere Bundesländer wie Bayern haben verfügt: „(…) dass der Zugang zu weiterbildenden Masterstudiengängen zwingend nach einem qualifizierten Hochschulabschluss (…) eine qualifizierte berufspraktische Erfahrung von in der Regel nicht unter einem Jahr voraussetzt." Die Akkreditierungsagenturen sind an diese Regelungen gebunden. Nur die bei den jeweiligen Akkreditierern aufgelisteten Programme/Hochschulen sind wirklich dort akkreditiert:

- AMBA-akkreditierte MBA-Programme: http://mba.studylink.com/amba/accredited/accredited.html

- AACSB-international-akkreditierte MBA-Anbieter: www.aacsb.edu

- EQUIS-akkreditierte MBA-Anbieter: www.efmd.org/html/home.asp

- alle in Deutschland akkreditierten Akkreditierer und die weiterführenden Links: www.akkreditierungsrat.de

- alle in den Niederlanden akkreditierten Programme: www.nvao.nl

Wer akkreditiert die Akkreditierer?

ENQA Die Qualitätssicherung und Akkreditierung von Bachelor- und Master-Studienangeboten in Europa wird gegenwärtig besonders zügig ausgebaut. Das Akkreditierungssystem soll zukünftig alle Hochschultypen erfassen. Die interne Qualitätssicherung der Akkreditierungsagenturen steht dabei zunehmend im Mittelpunkt. Das European Network for Quality Assurance in Higher Education (ENQA) erstellt derzeit eine Positivliste für Qualitätssicherungseinrichtungen und Akkreditierungsagenturen in Europa. Nur diese sollen nach dem Willen der europäischen Staaten berechtigt sein, die Qualitätssicherung anerkannt durchzuführen. Wichtiges Merkmal sind transparente Standards und Verfahren sowie die Veröffentlichung der Daten. Zertifizierte Mitglieder sind unter www.enqa.eu/agencies.lasso aufgelistet.

Im neu entstandenen „Europäische[n] Register anerkannter Qualitätssicherungsagenturen für Hochschulenakkreditierungen" sind derzeit neun Agenturen gelistet. Vier davon kommen aus Deutschland. Die Aufnahme in das EU-Register erfolgt aufgrund einer internationalen Prüfung der Akkreditierungsstandards und Verfahrensgrundsätze. Die deutschen Akkreditierungsagenturen positionieren sich immer internationaler. Einige wie FIBAA und ASIIN haben zusätzlich zur EU-Akkreditierung auch noch nationale Akkreditierungsverfahren in den Niederlanden und in der Schweiz erfolgreich durchlaufen.

Das European Quality Assurance Register for Higher Education (EQAR) führt die europäischen Qualitätssicherungsagenturen auf, die in den Anforderungen und Verfahrensgrundsätzen den europäischen Standards für die Qualitätssicherung in der Hochschulausbildung (European Standards and Guidelines for Quality Assurance in Higher Education, ESG) genügen. Getragen wird EQAR von den europäischen Dachverbänden der Hochschulen (EUA, EURASHE), der Studierenden (ESIB) und der EU-Qualitätssicherungsagentur (ENQA). **EQAR**

Damit eine Agentur in das Register aufgenommen werden kann, muss die Erfüllung der ESG im Rahmen einer unabhängigen Prüfung bestätigt werden. Mit dem Register anerkannter Qualitätssicherungsagenturen soll EQAR das Vertrauen in die Entscheidungen der Agenturen stärken und ihre Vergleichbarkeit über nationale Grenzen hinweg fördern. Hochschulen und Arbeitgebern soll damit die Bewertung von Hochschulabschlüssen erleichtert werden und Regierungen sollen bei der Anerkennung ausländischer Qualitätssicherungsagenturen unterstützt werden. Langfristig wird EQAR so zur Förderung der Mobilität von Studierenden und Absolventinnen und Absolventen beitragen. Weitere Informationen zum Register der anerkannten Agenturen: www.eqar.eu/register.html.

Die vier deutschen Agenturen im Register von EQAR sind derzeit:

- ACQUIN: Akkreditierungs-, Certifizierungs- und Qualitätssicherungsinstitut

- ASIIN: Akkreditierungsagentur für Studiengänge der Ingenieurwissenschaften, der Informatik, der Naturwissenschaften und der Mathematik

- FIBAA: Foundation for International Business Administration

- ZEvA: Central Evaluation and Accreditation Agency ZEvA – Zentrale Evaluations- und Akkreditierungsagentur

Die efmd hat 2009 ihren Antrag auf Registrierung bei der Quality Assurance in Higher Education (ENQA) und im „Europäische[n] Register anerkannter Qualitätssicherungsagenturen für Hochschulenakkreditierungen" zurückgezogen.

In den USA sind viele der US-Akkreditierer mittlerweile beim Council for Higher Education Accreditation (CHEA) akkreditiert. Die von der CHEA erstellte Positivliste und die dort genannten Agenturen werden vom Staat als valide anerkannt. Deren positive Akkreditierungsbescheide über Hochschulen sind dann wieder Grundlage zum Beispiel für die Vergabe von Zuschüssen an Hochschulen oder für die Vergabe von Stipendien an Studierende. Durch CHEA sind in den USA im Bereich Wirtschaft akkreditiert: **CHEA**

- Association of Collegiate Business Schools and Programs (ACBSP)

- International – The Association to Advance Collegiate Schools of Business (AACSB)

Rankings

Keine Rankings für den deutschsprachigen Raum

Für den deutschsprachigen Raum gibt es keine Rankings und Bestenlisten von MBA-Programmen. Und in den internationalen MBA-Rankings von Business Week, Forbs, Financial Times, Economist etc. sind erst wenige Hochschulen aus D-A-CH vertreten. Die meist jungen MBA-Studiengänge in D-A-CH müssen sich erst etablieren und eine bestimmte Alumni-Zahl oder eine EQUIS-, AACSB- oder AMBA-Akkreditierung vorweisen, um als Kandidat für ein Ranking infrage zu kommen.

Internationale Rankings

Es ist also nur eine Zeitfrage, bis neben IMD, Uni St. Gallen, WU Wien, Uni Mannheim auch die anderen international orientierten Anbieter wie die HHL, ESMT, Uni Frankfurt oder die WHU es regelmäßig in die Ranglisten der Vollzeit- und Executive-Programme schaffen. Bisher wurden in internationalen Rankings folgende Hochschulen mit Angeboten in D-A-CH gelistet (Stand Juni 2010):

Vollzeit-MBA:
1. IMD
2. Bradford/TiasNimbas
3. Uni Mannheim

Teilzeit- bzw. Executive-MBA:
1. Bradford/TiasNimbas
2. ESMT
3. ESCP Europe
4. IMD
5. Predue/GISMA
6. Rochester/Bern
7. Kellogg/WHU
8. Uni Mannheim
9. Uni St. Gallen
10. WU Wien

sonstige Master:
1. Universität Köln

Lediglich Anhaltspunkt für die Auswahl

Für diejenigen, die einen MBA im Ausland machen wollen, sind die Listen zumindest ein Anhaltspunkt. Studenten und Unternehmen sehen sie oft als ein wichtiges Hilfsmittel bei der Auswahl einer Hochschule an. In den USA haben die Hitlisten einen recht hohen Stellenwert. Die jährlich erscheinenden Rankings von Business Week, Financial Times, Economist Intelligence Unit, Forbes und Wall Street Journal oder US-Today finden Beachtung und eine Business School, die es unter die Top-100 geschafft hat, wird hoch angesehen. Die genaue Ranking-Position ist dabei weniger wichtig. Doch wenn eine Schule über Jahre hinweg Spitzenplätze ergattert, spricht das für ihre Qualität. Vier Schulen schaffen es bei allen fünf Blättern regelmäßig unter die Top-10: Chicago, Dartmouth,

Harvard und Kellogg. Weitere vier Schulen sind viermal unter den ersten zehn: Wharton, Columbia, Stanford und Yale. Unterm Strich tauchen in allen US- und UK-Rankings fast immer die gleichen 200 von 1.500 Hochschulen weltweit auf. Auffällig ist auch, dass in UK-Rankings meistens UK-Hochschulen unter den Top-Hochschulen sind, in den US-Rankings ist es dann umgekehrt.

Einige Anbieter entwickelten eine „Scorecard" als individuelle Wertungsliste. Mit deren Hilfe kann jeder MBA-Interessierte interaktiv seine eigene Gewichtung festlegen – angepasst an seine persönlichen Vorlieben. Dort lässt sich neben Land, Art des Programms, Unterrichtssprache und Studiengebühren etwa auch nach der künftig angestrebten Branche und Funktion auswählen. Dadurch ermittelt jeder die individuell für ihn beste Schule für seine Wünsche und seine persönliche Lebenssituation. Die endgültige Entscheidung für oder gegen eine Business School kann den Studierenden aber nicht abgenommen werden.

Individuelle Wertungsliste

Für die Personalverantwortlichen sind die besten Hochschulen ohnehin die, die gut auf das Berufsleben vorbereiten, nicht die, die exzellent in der Forschung sind. Wobei das eine das andere nicht ausschließt, wie die Elite-Unis in München, Aachen und Karlsruhe zeigen, die bei Personalern allesamt hoch im Kurs liegen. Wichtiger ist jedoch, dass Personalchefs die Hochschule kennen und schätzen.

Schwarze Scharfe/Titelführung

Titelmühlen

Wo es Geld zu verdienen gibt, tummeln sich auch bald Betrüger auf dem Markt der Eitelkeiten. Als Titelmühlen (engl. „diploma mill") gelten Universitäten, die gegen Studiengebühren Diplome und akademische Grade vergeben, ohne dass die erbrachten Leistungen des „Studenten" wissenschaftlichen Anforderungen genügen. Gegen Bares bieten professionell operierende Titelhändler, Universitäten und Ghostwriter den schnellen Weg zum akademischen Abschluss. Als Ziel wird genannt, dass der „Absolvent" seine soziale Anerkennung verbessert und seinen beruflichen und insbesondere finanziellen Status verbessert.

Titelmissbrauch

Leider vermitteln solche schwarzen Schafe einen auf den ersten Blick seriösen Eindruck, den sie durch Versprechen verstärken, die verliehenen oder vermittelten Titel seien ohne Wenn und Aber in Deutschland, Österreich oder der Schweiz anerkannt. Dies ist jedoch häufig schlichtweg gelogen. Ohne ausreichende Kenntnis sind der Ärger mit Behörden und die Blamage im privaten und beruflichen Umfeld vorprogrammiert. Schon mancher Manager oder Politiker durfte seinen Hut nehmen, nachdem sein falscher Titel aufgeflogen ist. Da es nach geltendem Recht von Seiten der Kultusministerien keine gesonderten Führungsgenehmigungen für ausländische Grade und auch keine Rechtsgrundlage zu deren inhaltlicher Bewertung mehr gibt, ist jeder, der einen ausländischen akademischen Grad führt, selbst für die Überprüfung der Rechtmäßigkeit der Führung verantwortlich und muss eventuelle zivil- und strafrechtliche Konsequenzen bei unrechtmäßiger Führung tragen. Im Falle zum Beispiel des Bundestagsabgeordneten Dieter Jasper (CDU) wurde das Ermittlungsverfahren wegen Titelmissbrauchs gegen eine Geldbuße von 5.000 Euro durch die Staatsanwaltschaft eingestellt.

Grundvoraussetzung für die Anerkennung Ihres Studienabschlusses ist, dass die Institution, die Ihnen das Diplom verliehen hat, in ihrem Sitzstaat als postsekundäre Bildungseinrichtung (Universität, Hochschule oder andere gleichrangige Einrichtung) anerkannt ist. Jeder Staat besitzt Rechtsvorschriften, Register oder sonstige offizielle Informationsquellen, aus denen der Status einer bestimmten Institution hervorgeht.

Mittlerweile ist das Thema Titelführung durch das EU-Recht stark vereinfacht. Ein akademischer Grad von einer staatlichen oder staatlich anerkannten Hochschule der Europäischen Union kann in der verliehenen Form geführt werden. Details der Führung von Hochschulgraden regeln die jeweiligen Hochschulgesetze, die bisweilen voneinander abweichen. Deutschen MBA-Studierenden kann nur empfohlen werden, in dem Bundesland, in dem sie ihren Hauptwohnsitz haben, das Landeshochschulgesetz bezüglich „Verleihung und Führung von Graden" zu prüfen. In Berlin und Bayern zum Beispiel ist – anders als beispielsweise in NRW – vorgesehen, dass der ausländische Titel mit Nennung der verleihenden Stelle geführt wird. Bremen regelt dies unterschiedlich zwischen Hochschulen aus der EU und Hochschulen, die nicht aus der EU kommen.

> Ob eine Hochschule anerkannt ist, können Sie problemlos und schnell im Internet unter www.anabin.de nachprüfen. Achten sie unbedingt auf die Klassifizierung H+.

Gefälschte Diplome

Weltweit lassen sich via Internet in Lebensläufen von Künstlern, Bundestagsabgeordneten, Hochschulprofessoren, Medizinern, Geschäftsführern Hinweise finden, dass sie ihre Diplome bei einer Hochschule erworben haben, deren Titel zumindest in Deutschland und in der EU nicht geführt werden dürfen. Peinlich ist es, wenn Bundestagsabgeordnete mit ihrem Abschluss der Freien Universität Teufen prahlen. Oder Unternehmensvertreter in Gerichtsverfahren als unglaubwürdig erscheinen, da sie gefälschte Hochschulabschlüsse haben.

In D-A-CH gibt es ungefähr zehn Anbieter von Abschlüssen, die nicht anerkannt sind und die man landläufig als Titelmühle bezeichnet (vgl. Artikel bei Wikipedia unter: http://de.wikipedia.org/wiki/Titelm%C3%BChle). In Großbritannien sind laut verschiedener Quellen rund 30 solcher „diploma mills" gelistet – besonders im Fernstudienbereich. In den USA gehen einzelne Autoren von bis zu 300 „Hochschulen" aus, die gefälschte MBA-Diplome anbieten.

Bei einigen Hochschulen sind die Internetseiten dermaßen gut gestaltet, dass auch Fachleute erst einmal stundenlang suchen müssen, bis sie die Einrichtung als Titelmühle entlarvt haben. So ließen sich beispielsweise bei der Hartley Uni-

versity, Kingsfield University, Parkwood University, Westhampton University, Ashford University, Glencullen University, Thornewood University, University of Ravenhurst identische „Presidents Messages" und Bilder finden.

Laut einem Artikel im „The Chronicle of Higher Education" wird angenommen, dass jedes Jahr rund eine halbe Milliarde US-Dollar auf diesem Markt der gefälschten Diplome umgesetzt werden. In einer weiteren Studie des „Government Accountability Office (GAO)" aus den Jahren 2003 bis 2004 kam heraus, dass 463 Regierungsangestellte Abschlüsse von drei Einrichtungen haben, die als sogenannte Titelmühlen angesehen sind, darunter 28 Mitarbeiter in Top-Führungspositionen.

Blamage vermeiden Es ist erschreckend, dass trotz Aufklärung immer noch viele für einen solchen wertlosen Papierbogen etliche Tausend Euro aus dem Fenster werfen. Bewirbt sich dann noch jemand mit einem so erworbenen Diplom oder stellt sogar seine Vita mit dem Studium an einer anerkannten Titelmühle ins Internet, ist das besonders peinlich.

Strafgesetzbuch (StGB) § 132a
Missbrauch von Titeln, Berufsbezeichnungen und Abzeichen

(1) Wer unbefugt

1. inländische oder ausländische Amts- oder Dienstbezeichnungen, akademische Grade, Titel oder öffentliche Würden führt,

2. die Berufsbezeichnung Arzt, Zahnarzt, Psychologischer Psychotherapeut, Kinder- und Jugendlichenpsychotherapeut, Psychotherapeut, Tierarzt, Apotheker, Rechtsanwalt, Patentanwalt, Wirtschaftsprüfer, vereidigter Buchprüfer, Steuerberater oder Steuerbevollmächtigter führt,

3. die Bezeichnung öffentlich bestellter Sachverständiger führt oder

4. inländische oder ausländische Uniformen, Amtskleidungen oder Amtsabzeichen trägt,

wird mit Freiheitsstrafe bis zu einem Jahr oder mit Geldstrafe bestraft.

(2) Den in Absatz 1 genannten Bezeichnungen, akademischen Graden, Titeln, Würden, Uniformen, Amtskleidungen oder Amtsabzeichen stehen solche gleich, die ihnen zum Verwechseln ähnlich sind.

(3) Die Absätze 1 und 2 gelten auch für Amtsbezeichnungen, Titel, Würden, Amtskleidungen und Amtsabzeichen der Kirchen und anderen Religionsgesellschaften des öffentlichen Rechts.

(4) Gegenstände, auf die sich eine Straftat nach Absatz 1 Nr. 4, allein oder in Verbindung mit Absatz 2 oder 3, bezieht, können eingezogen werden.

Die Titel folgender Institutionen dürfen in Deutschland und Österreich oder in den USA beispielsweise nicht geführt werden: Universität Teufen (Schweiz), Freie Universität Herisau (Schweiz), Freie Universität Zug (Schweiz), Universitäten des „Herzogtums Neu Seeland", Cosmopolitan University, Landegg International University – Switzerland, University of Ecoforum for Peace, University of Switzerland, World Information Distributed University, European Graduate School, Irish International University, International University, Swiss European University und andere mehr.

Auch werden in der Literatur immer wieder Institutionen als Titelanbieter in Deutschland genannt, die keinen Hochschulstatus haben: Degree Consulting, Manfred Timmermeister, GVS Consult, Sovereign Classics, Titelberatung Ltd., Global Statues Inc., CNT Consult.

Anbieter ohne Hochschulstatus

In Haiger, Hinterm Graben 4–10 hält sich seit Jahren ein ganzes „Hochschulkonglomerat". Zumindest ließen sich unter der Adresse die American University of Suriname oder die American International University oder deren „Außenstelle", die Czestochowa Technical University oder die Saint-Petersburg State Academy for Engineering and Economics, finden.

Für die Schweiz gilt mangels einer nationalen Regelung folgendes Vorgehen: Ausländische akademische Titel, die von staatlich anerkannten Hochschulen im Rahmen eines regulären Studien- und Forschungsprogramms verliehen worden sind, können in der Originalform ihrer Vergabe mit einem zusätzlichen Verweis auf die verleihende Hochschule getragen werden, so die Informationsstelle für Anerkennungsfragen Swiss ENIC.

Titelführung in der Schweiz

Um so viel Klarheit wie möglich in Österreich zu schaffen, gibt ENIC NARIC AUSTRIA, das offizielle Informationszentrum für Fragen der Anerkennung im Hochschulbereich, eine Arbeitshilfe heraus: www.bmwf.gv.at/publikationen_ und_materialien/wissenschaft/enic_naric_austria/informationsblaetter/

Regelungen in Österreich

Wichtigstes Ziel dieser Übersicht ist es, allen mit akademischen Graden befassten Behörden Rückfragen in routinemäßigen Fällen zu ersparen. In den verbleibenden Einzelfällen wird durch gesonderte Erhebungen Klarheit zu schaffen sein. § 88 des Universitätsgesetzes 2002, BGBl. I Nr. 120/2002 nimmt eine Neuregelung des Rechts auf Eintragung akademischer Grade in Urkunden vor.

Die „Führung akademischer Grade" kann Verschiedenes bedeuten: Das Universitätsgesetz 2002 lässt den Gebrauch im privaten Verkehr (z.B. auf Visitenkarten) und die Verwendung im Verkehr mit Behörden (d.h. in Eingaben an die Behörde und in Schreiben der Behörde) zu, sofern es sich um akademische Grade handelt, die von anerkannten inländischen oder ausländischen postsekundären Bildungseinrichtungen verliehen wurden.

Der jeweilige akademische Grad ist in der authentischen Form zu führen, die aus der Verleihungsurkunde hervorgeht. Die Eintragung in öffentliche Urkunden ist auf akademische Grade beschränkt, die von Institutionen eines EU- oder EWR-Staates oder der Schweiz oder von den päpstlichen Hochschulen in der Theologie verliehen wurden. Als „anerkannte postsekundäre Bildungseinrichtungen" werden solche Bildungseinrichtungen definiert, die Studien im Ausmaß von mindestens sechs Semestern durchführen, bei denen die Zulassung die allgemeine Universitätsreife oder die künstlerische Eignung voraussetzt, und die in ihrem Sitzstaat als postsekundäre Bildungseinrichtungen anerkannt sind.

„Virtuelle" Qualitätssicherer

Falsche Akkre-ditierungen Auffallend ist, dass zunehmend Anbieter mit gefälschten oder erfundenen Akkreditierungen werben. Eine besondere Gruppe unter den „Qualitätssicherern" von MBA-Programmen sind diejenigen, die von Titelmühlen selber gegründet wurden. Ziel ist es, die eigene Einrichtung zu akkreditieren bzw. die Reputation der Einrichtung zu heben. Eine Liste der nicht anerkannten Akkreditierungseinrichtungen finden Sie zum Beispiel unter http://en.wikipedia.org/wiki/List_of_unrecognized_accreditation_associations_of_higher_learning.

Einige dieser Institutionen, wie die Global Accreditation Organisation for Life Experience and Education (GAOLEE), mischen angeblich von ihnen akkreditierte echte Hochschulen mit Titelhändlern, um deren Arbeit zu verschleiern. GAOLEE listet bei sich fast 100 Hochschulen als akkreditiert auf, darunter viele angesehene Anbieter, die von dieser „Ehre" anscheinend nichts wissen, denn auf deren Homepage findet man keinen Hinweis auf diese Akkreditierung. Viele dieser Agenturen haben einen Sitz in den USA. Besonders „bekannte" Einrichtungen sind zum Beispiel auch die World Association of Universities and Colleges (WAUC).

> Bei MBA-Programmen in den USA sollten Sie immer auf eine Akkreditierung durch den AACSB achten, in Großbritannien auf die der AMBA- bzw. QAA- oder eine EQUIS-Akkreditierung. Weiterhin sollte die Hochschule den Status H+ der deutschen KMK haben.

Internetseiten und Bücher zum MBA

Hunderte von Internetseiten und Büchern preisen die „besten" MBA-Programme an. Die Auswahlkriterien sind dabei nicht immer transparent. Wir möchten Ihnen hier eine Reihe von Büchern und Internetseiten vorstellen, die einen aus unserer Sicht guten Einstig in den MBA-Bereich geben.

MBA-Studiengänge weltweit

Peterson's MBA Programs 2010: Das wohl umfangreichste Referenzwerk für MBA-Programme in Buchform ist „Peterson's MBA Programs 2010" (15. Ausgabe, Kindle Edition). Es enthält detaillierte Beschreibungen von 2.900 MBA-Programmen an 900 Business Schools rund um den Globus.

Peterson's MBA Programs 2010

Staufenbiel Das MBA-Studium 2010: Wer sich mit dem Gedanken trägt, ein MBA-Programm zu absolvieren, findet hier einen großen Überblick über die MBA-Ausbildungen weltweit. Das Buch geht auf die Entscheidungs-, Vorbereitungs- und Bewerbungsphase ein und stellt finanzielle Fördermöglichkeiten ausführlich dar. Es enthält allerdings nur für ausgewählte Business Schools detaillierte Informationen.

Staufenbiel

Find-MBA: Datenbank mit Studienprogrammen, welche zu einem Master of Business Administration (MBA) führen. Sie bietet Angaben zu über 1.800 MBA-Programmen. Suche nach Land, Ort, Spezialisierung, zeitlichen Modalitäten möglich: www.find-mba.com

Find-MBA

Official MBA Guide: Datenbank mit Angaben und Links zu rund 1.200 Institutionen, welche Ausbildungen zum Master of Business Administration (MBA) anbieten. Die beschriebenen Institutionen werden nicht selektioniert. Suche nach Region, fachlichen Schwerpunkten, Stichworten und zahlreichen anderen Kriterien (mit wählbarer Gewichtung) ist möglich: officialmbaguide.orgofficialmbaguide.org/search_rank.php

Official MBA Guide

Top-MBA: Adressverzeichnis und Link-Sammlung zu Business Schools, welche Ausbildungen zum Master in Business Administration MBA anbieten. Suche nach Region bzw. Land: www.topmba.com

Top-MBA

Which MBA? A Critical Guide to the World's Best MBAs: Das Buch beschreibt im Detail 100 der weltbesten MBA-Programme, zum Beispiel Harvard, Stanford und Wharton. Trotz der begrenzten Anzahl der untersuchten Schulen ist das Buch empfehlenswert, weil es gründlich recherchiert und in der Tiefe die Besonderheiten der Top-Schulen beschreibt. So wurden beispielsweise die Absolventen gebeten, den Charakter der Schulen zu beschreiben und Tipps für die Zulassung zu geben. Die Übersichten finden Sie ab 2010 nur noch im Internet.

Which MBA?

Das Buch beruht auf der Befragung von rund 20.000 Studenten und Alumni. Die Printausgabe kann über den Verlag des ECONOMIST bestellt werden unter: www.economistshop.com/asp/bookdetail.asp?book=3402

Die einzelnen Rankings finden Sie ab 2010 nur noch im Internet: www.economist.com/business-finance/business-education/whichmba/

MBA-Studiengänge in den USA

The Best 301 Business School

The Best 301 Business School, 2010 Edition: Der Verlag des Princeton Review publiziert verschiedene Handbücher über die Aufnahme an amerikanischen Colleges und Universitäten. Des Weiteren werden auch Bücher für die gezielte Vorbereitung auf standardisierte Tests herausgegeben. „The Best 301 Business Schools, 2010 Edition" bietet einen sehr guten allgemeinen Überblick über viele Business Schools.

Die Website des Princeton bietet einige Informationen sogar kostenlos an, wie zum Beispiel Ranglisten.

Gradschools: Netzkatalog

Gradschools: Netzkatalog: MBA and Business Graduate Programs USA und weltweit. Adressverzeichnis und Link-Sammlung zu Graduate Schools, welche unter anderem Ausbildungen zum Master of Business Administration (MBA) anbieten. Schwerpunkt liegt auf USA, enthält aber auch viele europäische Programme. Suche nach Region bzw. Land oder nach fachlichem Schwerpunkt möglich: business.gradschools.com

Peterson's Bildungsdatenbank

Universitäre Bildung USA und Kanada – Peterson's: Bildungsdatenbank: Umfassende Datenbanken der universitären Bildung: Colleges, Graduate Programs, MBA-Programme usw., inklusive Fernunterrichtsangebote. Detaillierte Beschreibungen der Institutionen und Links zu den Websites. Suche nach Fach, Region, Typ und anderen Merkmalen möglich: www.petersons.com

The GMAT

The Official GMAT® Website: Auf der Seite des GMAT-Anbieters finden Sie zahlreiche Informationen über MBA-Schulen weltweit: www.mba.com/mba/thegmat

MBA-Studiengängen in Asien, Australien, Afrika und Südamerika

Asia Week

Asia Week: Die Homepage der eingestellten Asia Week gibt einen Überblick über den MBA-Markt in Asien, von Australien über China bis Singapur sind rund 150 Hochschulen mit MBA-Programmen aufgeführt. Die Seite ist zwar nicht mehr taufrisch aber eine Grundlage für die Suche: http://edition.cnn.com/ASIANOW/asiaweek/features/mba/index.html oder: http://edition.cnn.com/ASIANOW/asiaweek/features/universities2000/index.html

Institut Ranke Heinemann

Institut Ranke Heinemann: Ein MBA-Studium in Australien wird für viele Studierende immer attraktiver. Das Institut Ranke Heinemann ist die offizielle Vertretung aller australischen Universitäten in Deutschland. Es unterstützt die Studieninteressenten auch bei ihren Bewerbungen. Neben den einheimischen Studenten sind hier rund 30.000 Wirtschaftsstudenten aus dem Ausland eingeschrieben – viele von ihnen aus Südostasien. Die Internetseite des Instituts

Ranke Heinemann gibt einen Überblick über rund 50 MBA-Anbieter in Australien: www.ranke-heinemann.de/australien/mba.php?order=uni

MBA.co.za – South Africa: Jährlich schreiben sich in Südafrika rund 4.000 Studierende in MBA-Programme ein. Damit hat sich das Land eine führende Position auf dem afrikanischen Kontinent erarbeitet. Die Seite MBA.co.za – South Africa bietet einen Überblick über 19 Hochschulen in Südafrika, die einen MBA anbieten: www.mba.co.za/index.aspx

MBA.co.za

AméricaEconomía: Das Magazin veröffentlicht bereits seit 1995 Rankings der MBA-Programme aus dem lateinamerikanischen Raum. Die Kriterien zur Bewertung sind zum Beispiel die durchschnittliche GMAT-Punktzahl, der prozentuale Anteil ausländischer Studenten sowie die Einstiegsgehälter nach dem Abschluss. Auf der Seite werden rund 75 MBA-Programme für den südamerikanischen Raum von Mexiko bis Chile vorgestellt: http://mba.americaeconomia.com/programas/mba

América-Economía

MBA-Studiengänge in Europa

The Independent's A–Z of Business Schools: Der Independent gibt in seiner Übersicht einen Einblick in zahlreiche Business Schools insbesondere in Europa. Außerdem werden zahlreiche Hintergrundinformationen zu einzelnen Schulen geliefert: www.independent.co.uk/student/postgraduate/

The Independent's A–Z of Business Schools

Financial Times Business School Rankings: Die Financial Times gilt als die Zeitschrift mit den bekanntesten MBA-Rankings. In den Artikeln werden viele Hintergrundinformationen zum MBA und den Hochschulen veröffentlicht: www.ft.com/businesseducation/mba

Financial Times Business School Rankings

MBA-Studiengänge Europa – Association of MBAs (AMBA): Hier finden Sie eine Link- und Adressliste mit rund 150 ausgewählten, vorwiegend europäischen Institutionen, welche Studiengänge zum Master of Business Administration (MBA) anbieten. Die erfassten Angebote erfüllen definierte Qualitätskriterien. Der Schwerpunkt liegt auf England. Die Suche nach Vollzeitprogrammen, berufsbegleitenden und Fernunterrichtsangeboten ist möglich: www.mbaworld.com/index.php?option=com...Itemid=132

MBA-Studiengänge Europa

MBA Channel: Zahlreiche Informationen zu und von den „besten" MBA-Programmen in Europa. Tratsch und Klatsch aus der Business-Schools-Scene wird hier kritisch hinterfragt und kommentiert: www.mba-channel.com

MBA Channel

findamasters.com: Adressverzeichnis und Link-Sammlung zu Graduate Schools, welche unter anderem Ausbildungen zum Master of Business Administration (MBA) in Großbritannien anbieten. Schwerpunkt sind alle Master in Großbritannien. Suche nach Region bzw. Land oder nach fachlichem Schwerpunkt möglich: www.findamasters.com

findamasters.com

L'Etudiant **L'Etudiant:** Adressverzeichnis und Link-Sammlung zu Graduate Schools in Frankreich. Rund 200 Programme werden hier beschrieben. Suche nach Region oder nach fachlichem Schwerpunkt ist möglich: www.letudiant.fr/etudes/annu-aire-enseignement-superieur/formation.html

Todo MBA **Todo MBA España:** Adressverzeichnis und Link-Sammlung zu Graduate
España Schools in Spanien. Rund 40 Programme werden beschrieben. Suche nach Region oder nach fachlichem Schwerpunkt ist möglich: www.todomba.com

MBA-Studiengänge in Deutschland, Österreich und der Schweiz

MBA-Guide.de **MBA-Guide.de:** Tagesaktuelle Informationen rund ums Thema Master of Business Administration. Rund 95 Prozent aller MBA-Programme aus Deutschland, Österreich und der Schweiz werden ausführlich dargestellt. Zudem finden Sie Informationen zu Zulassungsbedingungen, GMAT und TOEFL, Auswahlkriterien, Finanzierung und vielem mehr: www.mba-guide.de

MBA- **MBA-Vergleich.de:** Hier finden Sie Informationen zu MBA-Anbietern und
Vergleich.de -Programmen aus Deutschland sowie international, Zulassungsbedingungen, GMAT und TOEFL, Auswahlkriterien, Finanzierung, MBA-Wissen: www.mba-vergleich.de

Postgraduate.de **Postgraduate.de:** Die Seite bietet Programm-Steckbriefe mit Fakten zu über 200 MBA-Studiengängen in Deutschland, Österreich und der Schweiz: www.postgraduate.de

MBA.de **MBA.de:** Hier können Sie Programminformationen zu über 200 MBA-Studiengängen in Deutschland, Österreich und der Schweiz miteinander vergleichen: www.mba.de

SwissUni **Universitäre Weiterbildung CH – SwissUni:** Netzkatalog: Link-Datenbank mit Beschreibungen bzw. Ausschreibungen von Kursen und Nachdiplomstudien (z.B. MAS, MBA, CAS, DAS) an Universitäten in der Schweiz. Die Suche nach Stichworten und/oder Fachbereichen ist möglich, sie kann auf einzelne Unis oder bestimmte Kurstypen (bzw. Abschlüsse) eingeschränkt werden: www.swissuni.ch/index_DE

Neben den hier vorgestellten Internetseiten findet man weitere Datenbanken, die einem anhand gewisser Kriterien, wie Spezialgebiet der Universität, Berufserfahrung, GMAT-Ergebnis u.Ä., bei der Suche nach dem richtigen Programm helfen. Leider sind diese Ressourcen noch nicht ganz ausgefeilt. So kann man zwar besonders für nordamerikanische MBA-Programme viele Datenbanken finden, aber gerade die umfassendsten Datenbanken enthalten oft nicht die Spitzenprogramme. Ein kritischer Vergleich mehrerer Suchergebnisse kann jedoch bei der Programmsuche durchaus behilflich sein. Folgende Datenbanken könnten Sie insbesondere bei Ihrer Recherche nach US-Programmen unterstützen:

- BusinessWeek
- GMAC
- Studylink
- Gradschools.com
- Independent
- Kaplan Test Prep and Admissions
- MBA News/Times Online
- Economist

MBA-Programme im deutschsprachigen Raum, hauptsächlich an Fachhochschulen, sind unter www.fh-studiengang.de zu finden.

Wer an eher akademisch ausgerichteten Master-Programmen wie dem Master of Science in Business (MScB), dem Master of Science in Business Administration (MScBA) oder dem Master in Management (MM) in Europa interessiert ist, ist bei der Webseite www.masterguide.org oder www.postgraduate.ch gut aufgehoben.

Der MBA Markt in Deutschland, Österreich und der Schweiz

Für jeden das passende Programm

Um es gleich vorwegzunehmen: Den „besten" MBA gibt es nicht. Man kann zwar Punkte oder Noten zusammenzählen und ermittelt so einen Testsieger, doch welcher MBA für welchen Typ Mensch der jeweils beste ist, wird individuell entschieden. So lässt den Familienvater mit drei Kindern ein Porsche Cayenne oder Bentley GT beispielsweise zwar nicht kalt, aber für seinen Alltag ist eben ein praktischer Golf das beste Auto. Und während ein Jäger oder Wohnanhängerbesitzer auf die Qualitäten eines 4×4-Geländewagens wie den Landrover schwört, fährt ein ökologiebewusster Spritsparer am liebsten nur mit einem Hybridauto die notwendigsten Wege. Das Beste ist also immer nur relativ und richtet sich vor allem nach den eigenen Bedürfnissen. Und genauso ist es auch beim MBA. Für jedes Bedürfnis gibt es mittlerweile das passende Programm. Der MBA-Markt ist nach wie vor sehr heterogen und die Anbieter, also die Fachhochschulen, Universitäten und privaten Institute mit ganz unterschiedlichem Renommee, versuchen, alle ihre Nischen zu besetzen.

20-jährige MBA-Geschichte in Deutschland

Die aus den USA importierte Idee des MBA wurde in der Schweiz schon wesentlich früher umgesetzt als im restlichen Europa. Bereits Mitte der 40er-Jahre wurden zwei renommierte Weiterbildungseinrichtungen von Unternehmen gegründet, die Ende der 80er-Jahre zur IMD International zusammengelegt wurden. In Deutschland reichen die Wurzeln des MBA nun fast 20 Jahre zurück. Mit dem MBA-Programm der GFW/Henley in München und dem MBA des Europainstituts der Universität des Saarlandes entstanden um 1989/90 die ersten MBA-Angebote, welche sich überwiegend an deutsche Studierende richteten. Österreich folgte 1995/96 mit der Donauuniversität Krems und IMADEC.

(geschätzte Angaben)	USA	GB	D	NL	F	E	CH	A
Business Schools	900–1.100	110–130	135	25	60	40	40	31
MBA-Programme	3.000–3.500	350–400	280	79	138	88	65	52–85
Studienplätze bzw. Studierende	290.000	35.000	6.000	1.500	3.500	2.000	1.000	600
MBA-Absolventen pro Jahr	120.000	11.000–15.000	2000	k.A.	k.A.	k.A.	k.A.	k.A.
MBA-Absolventen insgesamt	3.000.000	k.A.	35.000	k.A.	k.A.	k.A.	5.000	5.000
deutsche MBA-Studenten im Ausland	750–900	1.000*	k.A.	k.A.	50–80	30–50	100	50

k.A. = keine Angabe, * inkl. Fernstudium

Quellen: MBA-Guide 2011, Petersons MBA-Guide 2010, Barrons MBA-Guide 2009, Association of Business Schools 2010, Association of MBAs (AMBA), Open Doors IEE 2008, AACSB 2008, letudiant 2010, Todo MBA España 2010, Find MBA 2010, eigene Recherchen 2010

Abb. 35: MBA-Anbieter, Programme und Studenten weltweit

Die FHW Berlin bot als eine der ersten Fachhochschulen in Deutschland MBAs an (seit 1995). Mittlerweile haben über 1.000 Absolventen aus der ganzen Welt ihr MBA-Studium erfolgreich in Berlin abgeschlossen, resümiert Petra Wieczorek, Geschäftsführerin des IMB Institute of Management Berlin der Hochschule für Wirtschaft und Recht (HWR) Berlin. Damit zählt die Hochschule für Wirtschaft und Recht (HWR) mittlerweile zu den größten Managementschmieden im deutschsprachigen Raum.

Mit dem Beginn des Bologna-Prozesses 2000 reagierten weitere Hochschulen – überwiegend Fachhochschulen. Mittlerweile bieten rund 130 Anbieter fast 280 MBA-Programme an. Schnell wurde in der Presse angesichts dieses Booms befürchtet, dass der Markt die Anzahl der MBA-Absolventen nicht würde aufnehmen können.

Deutsche Programme auf dem Vormarsch

Dabei griffen gerade die MBA-Programme in D-A-CH einen zentralen Kritikpunkt der Wirtschaft an der BWL auf. Mangelnde Praxisnähe, fehlende internationale Qualifikation und zu wenig Schlüsselqualifikationen. Dazu auch Christian Homburg, Präsident der Mannheim Business School: „Deutschland wird zwar auf absehbare Zeit keine MBA-Nation von der Größe und Strahlkraft der USA oder Großbritanniens sein, aber die Voraussetzungen für einen kleinen Kreis deutscher Business Schools, sich mit einem eigenen unverwechselbaren Profil an der internationalen Spitze zu etablieren, sind nicht schlecht." Viele Programme in D-A-CH sind nicht nur deutlich internationaler, sondern auch innovativer als die bekannten und beworbenen zweijährigen US-Programme.

Hervorzuhebende Merkmale des MBA in D-A-CH sind die Mehrsprachigkeit und die stärkere internationale Ausrichtung im Vergleich zu Programmen aus den USA und Großbritannien. Special-MBA-Programme sind in D-A-CH und besonders Deutschland mittlerweile sehr häufig anzutreffen, was eine Besonderheit auf dem internationalen MBA-Sektor darstellt. Ähnlich wie im internationalen Umfeld ist die überwiegende Zahl der MBA-Programme im Teilzeitbereich angesiedelt und konzentriert sich auf berufstätige Studierende. Bei einer Reihe von Teilzeitprogrammen ist der hohe Workload auffällig, der mit 120 Credits dem eines Vollzeitstudiums entspricht. Ob diese Studiengänge berufsbegleitend studierbar sind, muss hinterfragt werden. Die Befragung der MBA-Anbieter und die Auswertung der Daten ergibt folgendes Bild zum MBA in D-A-CH:

Starke internationale Ausrichtung

Die durchschnittliche Dauer der Programme beträgt bei den Teilzeitprogrammen rund 21 Monate und rund 90 ECTS. Die wenigen Vollzeitprogramme sind in der Regel auf zwei Jahre geplant. Folgende ECTS-Workload finden sich in den Programmen:

Programmdauer

keine Angaben	19 Programme
60 ECTS	68 Programme
90 ECTS	159 Programme
120 ECTS	73 Programme
exotische Angaben	61 Programme

Abb. 36: Geforderter ECTS-Workload

Exotische ECTS wie 28, 54, 64, 67, 72, 78, 85 oder 150 geben 61 Programme an. In der Regel handelt es sich hierbei um Programme, die mit Hochschulen in den USA, Großbritannien oder den Niederlanden kooperieren, aber auch um Programme von Fachhochschulen, die Kurse erlassen und dafür dann weniger oder mehr ECTS vergeben.

Zulassungs-verfahren In den Zulassungsverfahren wird in der Regel ein erster Hochschulabschluss verlangt, 20 Anbieter verlangen keinen oder haben Ausnahmeregelungen. Weitere Voraussetzungen für die Aufnahme eines Studiums sind bei 63 Programmen der GMAT und der TOEFL, der bei 212 Programmen als Zulassungsbedingung vorausgesetzt wird. Weitere Zulassungsbedingungen sind das erfolgreiche Durchlaufen eines internen Zulassungsverfahrens, interner Sprachtests, Interviews und Referenzen.

Kosten Mittlerweile gibt es fast keine kostenfreien MBA-Programme mehr. 2005 gaben noch 19 Anbieter an, dass das Programm für die Studierenden kostenfrei ist oder die Kosten unter 1.000 Euro betragen, 2010 sind es nur noch zwei. Die Programmkosten haben eine immense Bandbreite von 1.000 Euro Studiengebühren bis zu rund 63.000 Euro. Der Mittelwert der rund 400 auswertbaren Angebote liegt bei fast 20.000 Euro (D = 17.000, A = 22.000, CH = 22.000), und damit höher als in den Vorjahren. Vermutlich liegt dies an der gestiegenen Zahl der etablierten Programme.

Internationalität Wie viele deutsche Studierende im Ausland zusätzlich eingeschrieben sind, kann nur geschätzt werden. So ist nach den Zahlen des IEE allein in den USA seit Jahren konstant mit rund 900 deutschen MBA-Studierenden an US-Business Schools zu rechnen. In Großbritannien, nach Herausrechnung der deutschen Fernstudienteilnehmer, sind es rund 250 Studierende. In Frankreich wird mit ungefähr 50 deutschen Studierenden gerechnet, in Österreich und der Schweiz zusammen mit rund 200.

Durchschnitts-alter Das Durchschnittsalter liegt nach Angaben der Anbieter bei ungefähr 32 Jahren, wobei in Vollzeitprogrammen der Durchschnitt bei 27 Jahren und bei Teilzeitprogrammen bei 33 Jahren liegt. Bei Fernstudienprogrammen und Executive-Programmen liegt das durchschnittliche Alter bei rund 34 Jahren. Damit hat sich die Altersstruktur in den letzten Jahren kaum verändert.

Berufserfahrung Die minimale Berufserfahrung bei den Zulassungsbedingungen, die von den Anbietern bei Vollzeitprogrammen verlangt wird, schwankt von „keine Berufserfahrung" bis hin zu drei Jahren. Bei Teilzeit- und Fernstudienprogrammen liegt die verlangte Berufserfahrung in der Regel bei über zwei Jahren. Die wirkliche Berufserfahrung der Studenten liegt im Durchschnitt bei fast sieben Jahren.

Der Anteil der Frauen in den Programmen beträgt rund 32 Prozent der Anteil der international Studierenden ungefähr 30 Prozent mit einer stark schwankenden Bandbreite von fünf bis 100 Prozent. Dabei geben 233 Programme an, dass

sie einen Anteil von unter 30 Prozent an internationalen Studierenden haben. 88 Programme haben mehr als 70 Prozent internationale Studenten.

Englischanteil Der überweigende Teil der MBA-Programme findet mittlerweile zumindest teilweise in Englisch statt. Folgende Angaben zum Englischanteil in den Programmen liegen uns vor:

Englischanteil	
< 25%	110 Programme
25–50%	64 Programme
50–100%	155 Programme
0%	11 Programme
keine Angabe	64 Programme

Abb. 37: Englischanteil in den Programmen

Stichprobenartige Recherchen bei den Hochschulen, die hier keine Angaben machen, ergaben, dass der Fremdsprachenanteil meist gering ist.

Lehrmethoden Die durchschnittliche Anzahl der zu absolvierenden Studienblöcke liegt bei zwölf. Bei den Lehrmethoden werden zu 32 Prozent Fallstudienarbeiten eingesetzt, 37 Prozent sind klassische Vorlesungen. Eine Abschlussarbeit am Ende des Studiums ist bei fast allen Anbietern vorgesehen.

Qualitäts-sicherung Im Bereich der Qualitätssicherung hat sich in den letzten Jahren viel getan. Drei Viertel der MBA-Programme haben sich einem Akkreditierungsverfahren unterzogen und befinden sich konkret bei einer Agentur im Akkreditierungsprozess. Einige Hochschulen gaben an, dass sie eine Akkreditierung planen ohne konkrete Nennung der Agentur. Wir haben dies in unserer Datenübersicht unter „keine Angabe (k.A.)" verbucht. Eine Reihe von Anbietern stehen mittlerweile sogar schon in der zweiten oder dritten Re-Akkreditierung.

Nach Auswertung und Hochrechnung der verschiedenen nationalen und internationalen Quellen lässt sich vermuten, dass in den letzten 20 Jahren insgesamt über 50.000 (D = 35.000, A = 5.000, CH = 5.000) deutschsprachige Studierende weltweit einen MBA-Abschluss erhalten haben. Im Vergleich zu jährlich rund 15.000 Absolventen in GB und über 120.000 Absolventen in den USA eine verschwindend geringe Zahl.

Die MBA-Angebote

Die Anzahl der Master of Business Administration (MBA)-Programme in Deutschland, Österreich und der Schweiz hat sich in den letzten Jahren dynamisch entwickelt. Der MBA-Guide 2011 stellt Ihnen in den Übersichten über 350 MBA-Programme vor, davon alleine fast 280 Programme von in- und ausländischen Anbietern in Deutschland.

In den tabellarischen Übersichten und in den Zusatzseiten der Hochschulen sind alle die Programme aufgeführt, die uns entsprechendes Material zur Verfügung gestellt haben. Als Basis für das Buch nutzen wir die von den Hochschulen gepflegten Daten auf www.mba-guide.de.

Wir freuen uns, Ihnen in einer tabellarischen Übersicht rund 98 Prozent aller MBA-Programme in Deutschland, Österreich und der Schweiz (vgl. Tabelle S. 136–157) vorstellen zu können und Ihnen rund 90 Prozent aller Programme in ausführlicher Form, oft mit einer von der Hochschule gestalteten Zusatzseite (vgl. ausführliche Übersichten ab Seite 158) präsentieren zu können (Redaktionsschluss 1. September 2010).

Als Quellen für unsere Recherche (Mai bis Juli 2010) dienten das Internet, Zeitungen und Fachbücher sowie die Homepages der Akkreditierungsagenturen, die aktuell ausgewertet und nach MBA-Angeboten im deutschsprachigen Raum überprüft wurden. Neben den D-A-CH-Hochschulen finden Sie auch einige Programme aus den Niederlanden und Großbritannien, die sich konzentriert um deutschsprachige Kunden bemühen.

Bei den Fernstudienprogrammen werden bewusst nur europäische Anbieter aufgeführt, da es hier, im Gegensatz zu US-Programmen, bei der Titelführung erfahrungsgemäß kaum Probleme gibt. Bei einem US-Fernstudium sollten Sie darauf achten, dass das Programm vom AACSB akkreditiert ist, mindestens eine H+-Klassifizierung der KMK hat und eine Master-Thesis vorgesehen ist.

Die folgenden Übersichten liefern keine Qualitätsbewertung und kein Ranking. Die Darstellung erfolgt durch die Redaktion nach Ländern, Bundesländern und Orten alphabetisch sortiert. Für die Richtigkeit der von den Anbietern getätigten einzelnen Angaben und Aussagen in den Tabellen und in den von der Hochschule gestalteten Zusatzseite kann die Redaktion keine Gewähr übernehmen. Wir haben die Hochschulen jedoch gebeten, auf „Superlative" zu verzichten und sich an den Grundsätzen einer seriösen Öffentlichkeitsarbeit zu orientieren.

MBA-Angebote in Deutschland

Ort	Hochschule	Vertiefung/Spezialisierung	Internet
Aachen	RWTH Aachen und Fraunhofer Academy	Executive MBA für Technologiemanager	www.emba.rwth-aachen.de
Aalen/Heidenheim	Graduate School Ostwürttemberg	Graduate School Ostwürttemberg	www.gsocampus.de
Augsburg	Universität Augsburg	Systemische Organisationsentwicklung	www.mba-augsburg.de
Augsburg	Universität Augsburg	Unternehmensführung	www.mba-augsburg.de
Bad Mergentheim	AKADEMIE WÜRTH – Business School	Global Business	www.wuerth.de/business-school
Bad Mergentheim	AKADEMIE WÜRTH – Business School	Industrial Engineering	www.wuerth.de/business-school
Bayreuth	Campus-Akademie der Universität Bayreuth	Sportmanagement	www.campus-akademie.de
Bayreuth	Campus-Akademie der Universität Bayreuth	Gesundheitsökonomie	www.campus-akademie.de
Berlin	BBA – Akademie	Real Estate Managent	www.bba-campus.de
Berlin	ESCP Europe Campus Berlin	General Management	www.escpeurope.de
Berlin	ESCP Europe Campus Berlin	General Management	www.escpeurope.de
Berlin	ESCP Europe Campus Berlin	European Business	www.escpeurope.de
Berlin	ESCP Europe Campus Berlin	European Business	www.escpeurope.de
Berlin	ESCP Europe Campus Berlin	General Management mit vielen Majors	www.escpeurope.de
Berlin	ESMT European School of Mgt. and Technology	General Management	www.esmt.org
Berlin	ESMT European School of Mgt. and Technology	General Management	www.esmt.org
Berlin	Freie Universität Berlin	Business Marketing	www.mbm.fu-berlin.de
Berlin	H:G Hochschule für Gesundheit und Sport Berlin	Gesundheit, Healthcare, Life Science	www.my-campus-berlin.com
Berlin	HS für Wirtschaft und Recht (HWR) Berlin	General Management	www.mba-berlin.de
Berlin	HS für Wirtschaft und Recht (HWR) Berlin	Entrepreneurial Management	www.mba-berlin.de
Berlin	HS für Wirtschaft und Recht (HWR) Berlin	European Management	www.mba-berlin.de
Berlin	HS für Wirtschaft und Recht (HWR) Berlin	Asian Management	www.mba-berlin.de
Berlin	HS für Wirtschaft und Recht (HWR) Berlin	Health Care Management	www.mba-berlin.de
Berlin	IBR Institute of International Business Relations	International	www.ibr-network.com
Berlin	Quadriga Hochschule Berlin	Kommunikation	www.quadriga.eu
Berlin	Quadriga Hochschule Berlin	Public Affairs	www.quadriga.eu
Berlin	School of Management and Innovation (SMI)	Finance MBA	www.steinbeis-smi.de
Berlin	School of Management and Innovation (SMI)	Marketing MBA	www.steinbeis-smi.de
Berlin	School of Management and Innovation (SMI)	Medien MBA	www.steinbeis-smi.de
Berlin	School of Management and Innovation (SMI)	Executive Creative Leadership MBA	www.steinbeis-smi.de
Berlin	Touro College Graduate School of Business – Berlin Campus	General Management	www.touroberlin.de/index.php?id = 30
Berlin	VGU Virtual Global University	Business Informatics	www.vg-u.de
Bernburg	Hochschule Anhalt (FH)	International Trade	http://mbaint.wi.hs-anhalt.de
Bernburg	Hochschule Anhalt (FH)	Agrarmanagement	http://mbaint.wi.hs-anhalt.de
Biberach	Bauakademie Biberach	Unternehmensführung Bau	www.bauakademie-biberach.de
Biberach	Bauakademie Biberach	Internationales Imobilienmanagement	www.bauakademie-biberach.de
Bielefeld	Fachhochschule Bielefeld	General Management	www.fh-bielefeld.de/fb5/tbw
Bielefeld	Fachhochschule des Mittelstands (FHM)	Unternehmensführung	www.fhm-mittelstand.de
Bielefeld	Fachhochschule des Mittelstands (FHM)	Umweltmanagement	www.fhm-mittelstand.de
Bochum	Hochschule Bochum	Business Administration	www.mba-verbundstudium.de

Form TZ/VZ	Dauer in Monaten	Preis in €	ECTS	Durch-schnitts-alter	Anteil int. Studenten in %	Akkreditierung	Weitere Informationen auf Seite
Exec	22	32.000	70	36	13	AACSB geplant, FIBAA geplant	300
TZ	24	13.000	90		0	FIBAA geplant	158
TZ	24	26.000	90	35	10	ACQUIN	204
TZ	20	28.000	90	35	10	EFMD/EQUIS/EPAS, FIBAA	204
TZ	14	17.950	66	33	25	AACSB, FIBAA	160
TZ	48	38.250	156	40	0		160
TZ	24	14.552	120		0	FIBAA geplant	206
TZ	24	16.692	78	41	5	FIBAA geplant	206
TZ	18	4.000	90	34	0	FIBAA	244
Exec	18	42.000		35	92	AACSB, AMBA, EFMD/EQUIS/EPAS	248
TZ	10	17.000	45	33	40	AACSB, AMBA, EFMD/EQUIS/EPAS	248
VZ	12	14.200	90	26	87	AACSB, AMBA, EFMD/EQUIS/EPAS	248
VZ	15	14.200	120	26	87	AACSB, EFMD/EQUIS/EPAS, AMBA	248
VZ	20	22.600	120	23	60		248
VZ	12	38.000		31	88	AMBA, FIBAA	250
Exec	21	57.500		35	0	AMBA, FIBAA	250
Exec	12	10.000	60	35	10		245
Fern	18	8.820	90		0	AHPGS	252
TZ	24	12.900	90	35	10	FIBAA	254
TZ	24	12.900	90	34	5	FIBAA	254
VZ	15	14.800	90	29	80	FIBAA	254
VZ	15	14.800	90	28	90	FIBAA	254
TZ	24	15.500	90	38	3	ZEvA	
Fern	23		70	33	30	FIBAA	253
TZ	24	16.992					
TZ	24	24.494					
Fern	24	28.900	90	30	5	FIBAA	256
Fern	24	28.900	90	30	5	FIBAA	256
Fern	24	28.900	90	32	5	FIBAA	256
Exec	24	48.500		35	10	FIBAA	
VZ	16	22.000	42				
Fern	24	7.480	120	32	48	ACQUIN	257
VZ	18		90	25	80	FIBAA	358
TZ	30						358
TZ	36	10.000	120	34	5	FIBAA	207
TZ	22	16.250	90	34	25	FIBAA	207
TZ	30	5.475	120	32	0	AQAS	304
TZ	20	10.800	60	37	10	FIBAA	302
TZ	13	13.910	60		0	FIBAA	302
TZ	30	5.475	120	32	10	AQAS	305

Ort	Hochschule	Vertiefung/Spezialisierung	Internet
Bonn	Hochschule der Sparkassen-Finanzgruppe	Kredit- Versicherungswirtschaft	www.s-hochschule.de
Bonn	TiasNimbas Business School	International MBA	www.tiasnimbas.edu
Bonn	TiasNimbas Business School	MBA	www.tiasnimbas.edu
Bonn	TiasNimbas Business School	Executive MBA	www.tiasnimbas.edu
Bremen	Hochschule Bremen	Global Management, Intern. Management	www.graduatecenter.de
Bremen	Hochschule Bremen	International Business Administration	www.graduatecenter.de
Bremen	Hochschule Bremen	Business Administration, MBA	www.graduatecenter.de
Bremen	Hochschule Bremen	International Tourist Management	www.graduatecenter.de
Bremen	Hochschule Bremen	East Asian Management	www.graduatecenter.de
Bremen	Jacobs University Bremen	European Utility Management	www.jacobs-university.de/eum
Bremen	Universität Bremen	Führung, Management, OE	www.master-leadership.uni-bremen.de
Chemnitz	Technische Universität Chemnitz	Customer Relationship Management (CRM)	www.tuced.de
Chemnitz	Technische Universität Chemnitz	Eventmarketing/Eventmanagement	www.tuced.de
Chemnitz	Technische Universität Chemnitz	BWL, Produktion, Kommunikation	www.tuced.de
Chemnitz	Technische Universität Chemnitz	Integrative Lerntherapie	www.tuced.de
Coburg	Hochschule Coburg	Financial Management	www.hs-coburg.de/fbbw
Coburg	Hochschule Coburg	Financial Management	www.hs-coburg.de/fbbw
Coburg	Hochschule Coburg	Versicherungsmanagement	www.hs-coburg.de/fbbw
Darmstadt	University of Applied Sciences	Master of Business Administration	www.mba.h-da.de
Darmstadt	University of Applied Sciences	Energiewirtschaft	www.mba.h-da.de
Deggendorf	Hochschule Deggendorf	MBA, Health Care Management	www.fh-deggendorf.de
Deggendorf	Hochschule Deggendorf	MBA, General Management	www.fh-deggendorf.de
Deggendorf	Hochschule Deggendorf	Master, Public Management	www.fh-deggendorf.de
Deggendorf	Hochschule Deggendorf	MBA Personal- & Organisationsentwicklung	www.fh-deggendorf.de
Deggendorf	Hochschule Deggendorf	Master, Risiko- und Compliancemgt.	www.fh-deggendorf.de
Dortmund	International School of Management (ISM)	Pharma Management	www.ism.de
Dortmund	International School of Management (ISM)	General Management	www.ism.de
Dortmund	International School of Management (ISM)	Energy Management	www.ism.de
Dresden	Dresden International University	Unternehmensführung	www.di-uni.de
Dresden	Dresden International University	Logistik	www.di-uni.de
Dresden	Dresden International University	Wirtschaft und Recht	www.di-uni.de
Dresden	Dresden International University	Health Care Management	www.di-uni.de
Düren	AcIAS (Aachen Institute of Applied Sciences) e. V.	Entrepreneurship	www.mba-entrepreneurship.com
Düren	AcIAS (Aachen Institute of Applied Sciences) e. V.	Entrepreneurship	www.mba-entrepreneurship.com
Düsseldorf	Düsseldorf Business School	General Management	www.duesseldorf-business-school.de
Düsseldorf	Düsseldorf Business School	General Management Englisch	www.duesseldorf-business-school.de
Düsseldorf	Düsseldorf Business School	Gesundheitswesen	www.duesseldorf-business-school.de
Düsseldorf	IST-Studieninstitut GmbH	Tourismus und Hospitality	www.ist.de
Düsseldorf	IST-Studieninstitut GmbH	Sportmanagement	www.ist.de
Düsseldorf/ Monheim/Köln	HFUM	General Management	www.bwl-studieren-ohne-grenzen.de
Düsseldorf/Vallendar	WHU – Otto Beisheim School of Management	General Management	www.whu.edu/mba
Elmshorn	Nordakademie	General Management	www.nordakademie.de

Form TZ/VZ	Dauer in Monaten	Preis in €	ECTS	Durch-schnitts-alter	Anteil int. Studenten in %	Akkreditierung	Weitere Informationen auf Seite
VZ	24	18.000	120	32	30	FIBAA	**306**
VZ	12	32.950	180	29	80	AMBA, EFMD/EQUIS/EPAS	**308**
TZ	24	38.950	180	34	45	AMBA, EFMD/EQUIS/EPAS	**308**
Exec	18	58.000	180	40	100	AMBA, EFMD/EQUIS/EPAS	**308**
VZ	12	12.500	90	28	90	ZEvA	**262**
VZ	12	13.000	90	26	90	ZEvA	**262**
TZ	24	15.100	90	32	10	ZEvA	**262**
VZ	12	12.500	90	28	90	ZEvA geplant	
TZ	24	16.400	90		0	ZEvA geplant	**262**
Exec	24	44.000	120	37	50		**266**
TZ	24	20.800	90	38	5	ALQUIN	**264**
TZ	24	11.840	120	30	20		**354**
TZ	24	11.840	120	28	5		**354**
TZ	24	14.000	120	29	20		**354**
TZ	24	9.600	120	38	1		**354**
VZ	24	4.800	120	27	90	FIBAA geplant	**208**
TZ	24	4.000	120	27	90	FIBAA geplant	**208**
TZ	24	10.000	60	35		FIBAA geplant	**208**
TZ	24	11.200	90	30	24	FIBAA	**280**
TZ	24	13.500	90		0	FIBAA	**280**
TZ	20	15.550	60	35	1	FIBAA	**210**
TZ	24	16.650	90	30	1	FIBAA	**210**
TZ	24	13.850	90	35	1	FIBAA	**210**
TZ	24	16.650	90	35	0	FIBAA geplant	
TZ	18	12.820	60	35	1	FIBAA geplant	**210**
TZ	24	13.200	60	32	9	FIBAA	**310**
TZ	18	15.625	60	29	12	FIBAA	**310**
TZ	24	19.350	60	28	10	FIBAA	**310**
TZ	24	15.000	60	31	5	ZEvA	**352**
TZ	24	17.800	60	37	10	ZEvA	**352**
TZ	24	12.500	60	30	10	ZEvA geplant	**352**
TZ	24	17.000	60	35	10		**352**
TZ	39	24.000	120		0	AQAS	**312**
TZ	18	18.000	60	34	6	AQAS	**312**
Exec	21	22.500	60	36	30	AQAS	**314**
Exec	21	22.500	60	36	54	FIBAA	**314**
Exec	21	22.500	60	36	54	FIBAA	
Fern	30	12.800			0	FIBAA	**313**
Fern	30	12.800	90	35	5	FIBAA	**313**
TZ	24	8.700					
TZ	24	35.000	100	28	50	AACSB geplant, EFMD/EQUIS/EPAS	
TZ	24	15.000	90	33	22	FIBAA	**360**

Ort	Hochschule	Vertiefung/Spezialisierung	Internet
Eltville am Rhein	International Real Estate Business School	Real Estate	www.irebs.de
Erding	FH für angewandtes Management Erding	General Management	www.myfham.de
Essen	FOM Hochschule für Oekonomie & Management	General Management	www.fom-graduate-school. de?_ext=mba-guide.de
Essen	Haus der Technik	Energiewirtschaft	www.hdt-university.de
Essen	Haus der Technik	Logistik	www.hdt-university.de
Esslingen	Esslingen Graduate School	International Industrial Management	www.graduate-school.de
Filderstadt	Steinbeis University Berlin	Executive MBA	www.scmt.com
Filderstadt	Steinbeis University Berlin	International Management	www.scmt.com
Filderstadt	Steinbeis University Berlin	MBA (MBE)	www.scmt.com
Frankfurt	Fachhochschule Frankfurt am Main	Aviation Management	www.fh-frankfurt.de/de/fh_ffm.html
Frankfurt/Main	Frankfurt School of Finance and Management	Health Care	www.frankfurt-school.de
Frankfurt/Main	Frankfurt School of Finance and Management	General Management	www.frankfurt-school.de
Frankfurt/Main	Goethe Business School	MBA	www.gbs.uni-frankfurt.de
Frankfurt/Main	Goethe Business School	Executive MBA	www.gbs.uni-frankfurt.de
Frankfurt/Oder	Europa-Universität Viadrina	Central Eastern Europe	www.mba-cee.com
Freiburg	Albert-Ludwigs-Universität Freiburg	Estate Planning	www.mba.uni-freiburg
Freiburg	Albert-Ludwigs-Universität Freiburg	International Tax	www.mba.uni-freiburg
Gengenbach	Hochschule Offenburg	International Business Consulting	www.mba-ibc.com
Gernsbach	Steinbeis Business Academy	Healthcare, General, Public Management	www.steinbeis-academy.de
Gießen	FH Gießen-Friedberg	Executive MBA	www.mba-school.de
Göttingen	PFH Private Fachhochschule Göttingen	Int. Economics & W-Recht, Controlling	www.pfh.de
Hagen	Fachhochschule Südwestfalen	Business Administration	www.mba-verbundstudium.de
Hagen	Institut für Verbundstudien NRW	Sozialmanagement	www.verbundstudium.de
Hagen	Institut für Verbundstudien NRW	BWL, Informatik	www.verbundstudium.de
Hagen	Institut für Verbundstudien NRW	Wirtschaftsrecht	www.verbundstudium.de
Hagen	Institut für Verbundstudien NRW	BWL, Technik	www.verbundstudium.de
Hagen	Institut für Verbundstudien NRW	New Public Management	www.verbundstudium.de
Hamburg	Allfinanz Akademie	General Management	www.allfinanzakademie.de
Hamburg	Allfinanz Akademie	Finanzmanagement	www.allfinanzakademie.de
Hamburg	Europäische Fernhochschule Hamburg	International Management	www.Euro-FH.de
Hamburg	Hamburg Media School	Media Management	www.hamburgmediaschool.com
Hamburg	Hamburg Media School	Executive MBA Media Management	www.hamburgmediaschool.com
Hamburg	HFH Hamburger Fern-Hochschule	Global Business	www.hamburger-fh.de
Hamburg	HFH Hamburger Fern-Hochschule	General Management	www.hamburger-fh.de
Hamburg	HS für Angewandte Wissenschaften Hamburg	Sozial- und Gesundheitsmanagement	www.haw-hamburg.de
Hamburg	HSBA Hamburg School of Business Administration	Management	www.hsba.de
Hamburg	Institut für Weiterbildung e.V./FAk. WISO	Health Care/Gesundheit	www.wiso.uni-hamburg.de
Hamburg	Intern. Business School of Service Management	Service Management	www.iss-hamburg.de
Hamburg	NIT Northern Institute of Technology Management	Technologiemanagement (Master)	www.nithh.de
Hamburg	NIT Northern Institute of Technology Management	Technologiemanagement (MBA)	www.nithh.de
Hannover	GISMA Business School	General Management	www.gisma.com
Hannover	GISMA Business School	Executive MBA	www.gisma.com

Form TZ/VZ	Dauer in Monaten	Preis in €	ECTS	Durch-schnitts-alter	Anteil int. Studenten in %	Akkreditierung	Weitere Informationen auf Seite
Exec	12	20.500	180	32	1		282
Fern	18	14.900	90	36	0	FIBAA	212
TZ	24	9.670	60	33	15	FIBAA	316
TZ	24	25.000	120	31	5	ASIIN	315
TZ	24	26.000	120		0		315
VZ	18	3.600	90	28	90	FIBAA	159
Exec		34.450	120	35	5	FIBAA	162
TZ	24	27.000	120	28	40		162
V7			60	25	25		162
TZ	24	22.900	90		35	FIBAA	286
TZ	18	28.000	65	35	90	FIBAA	281
TZ	18	19.500	60		0	FIBAA geplant	281
VZ	13	19.000	65	28	80	AACSB	284
Exec	18	48.000	60	34	40	AACSB	284
TZ	24	14.500	90	31		FIBAA	260
Fern	20	18.900	90		0	ACQUIN	164
TZ	15	18.900					164
VZ	15	6.665	90	27	100	FIBAA	166
TZ	24	23.000	90	37	5	FIBAA	168
Exec	24	12.900	90	36	10	ZEvA	288
Fern	18	9.000	60		0	ZEvA	294
TZ	30	5.475	120	32	10	AQAS	318
TZ	30	4.250	90		0	AHPGS	
TZ	30	2.220	120		0	AQAS	
TZ	30	5.250	120		0	AQAS	
TZ	30	5.475	120		0	AQAS	
TZ	30	6.500	90		0	AQAS	
Fern	24	11.520	90	35	10		267
Fern	24	11.520	90	35	10		267
Fern	24	24.000	120	35	10	FIBAA	268
VZ	24	25.000	120	26	10	ACQUIN	272
Exec	18	32.000	120	33	0	ACQUIN	272
TZ	14	17.955		35	18	AACSB, FIBAA	270
Fern	24	10.110	120	34	0	ACQUIN	270
TZ	30	5.900	90	35		AHPGS	273
TZ	24	30.000	90		0	FIBAA	278
TZ	18	9.300	90	38	0	ACQUIN	279
TZ	24	20.000	70	35	20	FIBAA	274
VZ	24	17.000	60	24	70	ACQUIN	276
VZ	24	17.000	60	26	70	ACQUIN	276
VZ	11	30.000		28	85	AACSB	295
Exec	22	52.500	48	36	75	AACSB, AMBA	295

Ort	Hochschule	Vertiefung/Spezialisierung	Internet
Hannover	GISMA Business School	General Management	www.gisma.com
Heidelberg	Management Akademie Heidelberg	Human Resources Management	www.mba-hrm.de
Heidelberg	Schiller International University Heidelberg	MBA	www.siu-heidelberg.de
Heidelberg	Schiller International University Heidelberg	International Management	www.siu-heidelberg.de
Heidelberg	Schiller International University Heidelberg	International Business	www.siu-heidelberg.de
Heidelberg	Schiller International University Heidelberg	Information Tech	www.siu-heidelberg.de
Heidelberg	Schiller International University Heidelberg	International Business	www.siu-heidelberg.de
Heidelberg	Schiller International University Heidelberg	Information Tech	www.siu-heidelberg.de
Heidelberg	Troy University	Business Administration	www.troy.de
Heilbronn	German Graduate School of Mgt. and Law	General Management	www.ggs.de
Herrenberg	SIBE der Steinbeis-Hochschule Berlin	General Management	www.steinbeis-sibe.de
Herrenberg	SIBE der Steinbeis-Hochschule Berlin	International Management	www.steinbeis-sibe.de
Hof	Hochschule Hof	Master Marketing	www.fh-hof.de
Hof	Hochschule Hof	Supply Chain Management	www.fh-hof.de
Hof	Hochschule Hof	Master Logistik	www.fh-hof.de
Hohenheim	Hohenheim Management School	MBA	https://hms.uni-hohenheim.de
Horb	Bolton Business School in Germany	Global Management	www.bolton.ac.uk
Ingolstadt	Hochschule für angewandte Wissenschaften	IT Management	www.fh-ingolstadt.de
Ingolstadt	Katholische Universität Eichstätt-Ingolstadt	Executive MBA	www.mba-ingolstadt.de
Jena	Fachhochschule Jena	Management, Rechnungslegung, Finanzen	www.bw.fh-jena.de/www/cms. nsf/id/DE_FernMBA
Jena	Friedrich-Schiller-Universität Jena	Sportmanagement	www.mba-sportmanagement.com
Karlsruhe	HECTOR School of Engineering and Management	Produktentwicklung	www.hectorschool.com
Karlsruhe	HECTOR School of Engineering and Management	Logistics, Operations Research, SCM	www.hectorschool.com
Karlsruhe	HECTOR School of Engineering and Management	Embedded Systems, Electrotechnology	www.hectorschool.com
Karlsruhe	HECTOR School of Engineering and Management	Risk/Asset/Portfolio Mgmt, Derivatives	www.hectorschool.com
Karlsruhe	HECTOR School of Engineering and Management	Inform. Syst., Networking, Service Eng.	www.hectorschool.com
Kempten	Fachhochschule Kempten	Strategisches Informationsmanagement	www.alpen-mba.de
Kempten	Professional School of Business and Technology	International Business Management	www.alpen-mba.de
Kempten	Professional School of Business and Technology	International Project Management	www.alpen-mba.de
Kempten	Professional School of Business and Technology	Int. Human Resource Management	www.alpen-mba.de
Kempten	Professional School of Business and Technology	International Logistik Management	www.alpen-mba.de
Kempten	Professional School of Business and Technology	International Officers MBA	www.alpen-mba.de
Kiel	Fachhochschule Kiel/Universidad Cantabria	International Management	www.international-mba.de
Koblenz	Zentralstelle für Fernstudien an Fachhochschulen	IT, Computer Science	www.zfh.de
Koblenz	Zentralstelle für Fernstudien an Fachhochschulen	Logistik, Betriebswirtschaftslehre	www.zfh.de
Koblenz	Zentralstelle für Fernstudien an Fachhochschulen	Facility Management, Allgemeine BWL	www.zfh.de
Koblenz	Zentralstelle für Fernstudien an Fachhochschulen	Wirtschaftsingenieurwesen	www.zfh.de
Koblenz	Zentralstelle für Fernstudien an Fachhochschulen	Unternehmensführung	www.zfh.de
Koblenz	Zentralstelle für Fernstudien an Fachhochschulen	Betriebswirtschaft, Unternehmensführung	www.zfh.de
Koblenz	Zentralstelle für Fernstudien an Fachhochschulen	Logistik und Consulting	www.zfh.de
Koblenz	Zentralstelle für Fernstudien an Fachhochschulen	Elektrotechnik	www.zfh.de
Köln	Cologne Business School der EUFH GmbH	International Business/General Mgt.	www.cbs-edu.de

Form TZ/VZ	Dauer in Monaten	Preis in €	ECTS	Durch- schnitts- alter	Anteil int. Studenten in %	Akkreditierung	Weitere Informationen auf Seite
TZ	24	28.000		30	26	ZEvA	295
TZ	21	21.500	120	35	0	FIBAA	169
VZ	8	16.820	72	23	75		172
VZ	8	16.820	72	24	75		
VZ	10	21.195	90	23	75		172
VZ	10	21.195	90	24	75		172
TZ	24	21.195	90	23	75		172
TZ	24	21.195	90	24	75		
TZ	16	14.000		30	50		170
TZ	24	24.000	65	29	0	FIBAA	174
TZ	24	26.100	90	27	10	FIBAA	176
TZ	24	26.400	90	30	100	FIBAA	176
VZ	18	1.455	90	29	24		213
TZ	30	16.200					213
VZ	18	1.455	90		25		213
Exec	20	32.000	120				
TZ	18	10.000	90	28	70		178
TZ	20	15.650	60	34	0	ACQUIN geplant	214
Exec	24	25.000	120	38	5	ACQUIN	216
Fern	24	9.990	90			AQAS	364
TZ	24	13.000	120	33	10	ACQUIN geplant	
Exec	18	30.000		30	36	ASIIN	181
Exec	18	30.000		30	36	ASIIN	181
Exec	18	30.000		30	36	ASIIN	
Exec	18	30.000		30	36	ASIIN	181
Exec	18	30.000		30	36	ASIIN	181
TZ	24	13.800	90		25	FIBAA geplant	217
TZ	24	12.800	90		25	FIBAA	218
TZ	24	12.800	90		25	FIBAA	218
TZ	24	12.800	90		25	FIBAA	218
TZ	24	12.800	90		25	FIBAA	218
VZ	24	15.800	90		25	FIBAA geplant	
VZ	18	11.000	75	32	8	FIBAA	363
Fern	24	9.500	120	36	0	ACQUIN	
Fern	24	6.050	120	36	0	AQAS	334
Fern	24	6.050	120	36	0	AQAS	
Fern	24	8.500	120	36	0	AQAS	334
Fern	30	9.000	120	33	10	AQAS	334
Fern	30	9.000	120	32	0	AQAS	334
Fern	30	9.000	120	36	14	AQAS	334
Fern	36	13.200	120	36	0	ZEvA	
Exec	24	24.500	80	35	50	AMBA	319

Ort	Hochschule	Vertiefung/Spezialisierung	Internet
Köln	Rheinische Fachhochschule Köln	International Business	www.rfh-koeln.de
Konstanz	HTWG Hochschule Konstanz	Compliance & Corporate Governance	www.LCBS.HTWG-Konstanz.de
Konstanz	HTWG Hochschule Konstanz	Human Capital Management	www.LCBS.HTWG-Konstanz.de
Konstanz	HTWG Hochschule Konstanz	General Management	www.LCBS.HTWG-Konstanz.de
Lahr	Wissenschaftliche Hochschule Lahr (WHL)	General Management	www.whl-lahr.de
Landshut	Hochschule Landshut	Social Corporations	www.fh-landshut.de
Landshut	Hochschule Landshut	Systems and Project Management	www.fh-landshut.de
Landshut	Hochschule Landshut	Industriemarketing & techn. Vertrieb	www.fh-landshut.de
Landshut	Hochschule Landshut	Applied Computational Mechanics	www.fh-landshut.de
Leipzig	Handelshochschule Leipzig (HHL)	International Management	www.hhl.de
Leipzig	Handelshochschule Leipzig (HHL)	International Management	www.hhl.de
Leipzig	Handelshochschule Leipzig (HHL)	General Management	www.hhl.de
Leipzig	Universität Leipzig	Versicherungsmanagement	www.ifvw.de
Lemgo	Hochschule Ostwestfalen-Lippe	General Management and Leadership	www.bs-owl.de
Lippstadt	International Business School Lippstadt	Doctor of Business Administration	www.ibs-lippstadt.de
Lippstadt	International Business School Lippstadt	General Management	www.ibs-lippstadt.de
Ludwigshafen a. Rh.	Transatlantik-Institut	Executive MBA International	www.transatlantik-institut.de
Ludwigshafen a. Rh.	Transatlantik-Institut	Executive MBA	www.transatlantik-institut.de
Lüneburg	Leuphana Universität Lüneburg	Sustainability Management	www.leuphana.de
Lüneburg	Leuphana Universität Lüneburg	Sustainability Management	www.leuphana.de
Lüneburg	Leuphana Universität Lüneburg	Performance Management	www.leuphana.de
Lüneburg	Leuphana Universität Lüneburg	Manufacturing Management	www.leuphana.de
Magdeburg	Otto-von-Guericke-Universität Magdeburg	General Management	www.mba.uni-magdeburg.de
Magdeburg	Otto-von-Guericke-Universität Magdeburg	Deutsch/Russisch	www.mba.uni-magdeburg.de
Mainz	Fachhochschule Mainz, Univ. of Applied Sciences	WIN MBA	www.fh-mainz.de
Mainz	Fachhochschule Mainz, Univ. of Applied Sciences	Business Law	www.fh-mainz.de
Mainz	Fachhochschule Mainz, Univ. of Applied Sciences	Betriebswirtschaftslehre	www.fh-mainz.de
Mainz	Fachhochschule Mainz, Univ. of Applied Sciences	Wirtschaftsrecht	www.fh-mainz.de
Mainz	Fachhochschule Mainz, Univ. of Applied Sciences	International Business	www.fh-mainz.de
Mainz	Fachhochschule Mainz, Univ. of Applied Sciences	International Business	www.fh-mainz.de
Mainz	Johannes Gutenberg-Universität Mainz	Executive MBA	www.emba-mainz.de
Mannheim	Graduate School Rhein-Neckar	Innovationsmanagement	www.gsrn.de
Mannheim	Graduate School Rhein-Neckar	Managementinformationssysteme	www.gsrn.de
Mannheim	Graduate School Rhein-Neckar	BWL, Consulting, Informationssicherheit	www.gsrn.de
Mannheim	Graduate School Rhein-Neckar	Unternehmensführung, Controlling, IT	www.gsrn.de
Mannheim	Graduate School Rhein-Neckar	Engineering Management	www.gsrn.de
Mannheim	Graduate School Rhein-Neckar	Life Science	www.gsrn.de
Mannheim	Mannheim Business School	General Management	www.mannheim-business-school.com
Mannheim	Mannheim Business School	Executive MBA Weekend	www.mannheim-business-school.com
Mannheim	Mannheim Business School	Executive MBA Modular	www.mannheim-business-school.com
Mannheim	Mannheim Business School	Deutsch-Chinesischer Fokus	www.mannheim-business-school.com
Marburg	Philipps-Universität Marburg	Executive MBA	www.uni-marburg.de/mba

Form TZ/VZ	Dauer in Monaten	Preis in €	ECTS	Durch-schnitts-alter	Anteil int. Studenten in %	Akkreditierung	Weitere Informationen auf Seite
TZ	24	12.720	180	27	30		320
TZ	24	24.500	90	35	90	ZEvA geplant	171
TZ	18	13.000	120	35	20	ZEvA geplant	171
TZ	18	14.800	90	35	20	ZEvA geplant	171
Fern	18	11.970	90	31	0	ACQUIN	180
TZ	30	8.930	90	35	0	AHPGS	220
TZ	18	13.200	60	35	10	AQAS	220
TZ	24	15.800	90	34	15	AQAS	220
TZ	24	20.000	90	36	40	ASIIN	220
VZ	18	22.500	120	29	70	AACSB	353
TZ	24	27.000	120	34	25	AACSB	353
Fern	24	25.500		36	100	AMBA	353
TZ	24	21.500	90	32	0	FIBAA geplant, ZEvA	356
TZ	24	15.000	60		0	FIBAA	321
TZ	48	43.000		35	20	AACSB	322
TZ	24	12.700		30	10	AACSB, AMBA	322
Exec	18	16.500		30	6	AACSB	333
Fern					0		333
TZ	24	11.880	60	38	10	FIBAA	296
VZ	12	11.880	60	38	10	FIBAA	296
TZ	18	14.000	60		0	FIBAA	296
TZ	18	14.000	60	33	10	FIBAA, ZEvA	296
TZ	24	12.000	115	35			359
VZ	24	20.000					359
TZ	24	12.000	120	30	20	ACQUIN	336
TZ	18	5.600	60	33	10	ACQUIN	336
VZ	24		120		0	AQAS	
VZ	24	800	120		0	AQAS	336
VZ	24		120	25	60		336
VZ	15	12.000	90	27	70		336
Exec	24	24.000	90	35	15	FIBAA	338
TZ	24	14.900	90		0	ACQUIN	182
TZ	24	14.900	90	30	1	ACQUIN	182
TZ/VZ	24	14.900	90		0	FIBAA	182
TZ	24	14.900	90		0	FIBAA	182
TZ	24	18.900	90	28	0	FIBAA	182
TZ	30	22.500	90		0	FIBAA geplant	182
VZ	12	29.000		29	70	AACSB, AMBA, EFMD/EQUIS/EPAS	186
Exec	19	44.000		36	35	AACSB, AMBA, EFMD/EQUIS/EPAS	186
Exec	18	47.000		36	73	AACSB, AMBA, EFMD/EQUIS/EPAS	186
Exec	14	29.900			60		186
TZ	24	23.725	66		0	FIBAA	287

Ort	Hochschule	Vertiefung/Spezialisierung	Internet
Marburg	Philipps-Universität Marburg	Health Care Management	www.uni-marburg.de/mba
Mönchengladbach	Hochschule Niederrhein	Unternehmensführung	www.mba.hs-niederrhein.de
München	European University	Int. Marketing	www.euruni.edu
München	European University	Communication & PR	www.euruni.edu
München	European University	Int. Business	www.euruni.edu
München	European University	Global Banking & Finance	www.euruni.edu
München	Hochschule München	MBA and Engineering	www.hm-mba.de
München	Munich Business School	International Business (English Track)	www.munich-business-school.de
München	Munich Business School	Health Care Management	www.munich-business-school.de
München	Munich Business School	General Management	www.munich-business-school.de
München	Technische Universität München	Innovation & Business Creation	www.tum.de
München	Technische Universität München	Communication and Leadership	www.tum.de
München	Technische Universität München	MBA	www.wi.tum.de
München	The Open University Business School	Technology Management	www.open.ac.uk/europe
München	The Open University Business School	Business Administration	www.open.ac.uk/europe
Münster	Marketing Centrum Münster	Executive MBA in Marketing	www.marketing-centrum.de/mep
Münster	Westfälische Wilhelms-Universität	Business Management	www.cur-muenster.de
Münster	Westfälische Wilhelms-Universität	Accounting & Controlling	www.cur-muenster.de
Münster	Westfälische Wilhelms-Universität Münster	Recht	www.uni-muenster-llm.de
Münster	Westfälische Wilhelms-Universität Münster	Recht	www.uni-muenster-llm.de
Münster	Westfälische Wilhelms-Universität Münster	Recht	www.uni-muenster-llm.de
Neubiberg	gfw: munich.management	Henley MBA	www.gfw-munich.de
Neubiberg	gfw: munich.management	General MBA	www.gfw-munich.de
Neubiberg	gfw: munich.management	Project Management	www.gfw-munich.de
Neubiberg	gfw: munich.management	Human Resources Management & Leaders	www.gfw-munich.de
Neu-Ulm	Hochschule für angewandte Wissenschaften	für Mediziner	www.hs-neu-ulm.de
Neu-Ulm	Hochschule für angewandte Wissenschaften	Ingenieure, andere nicht-wirtsch. Berufe	www.hs-neu-ulm.de
Neu-Ulm	Hochschule für angewandte Wissenschaften	Informationsmanagement	www.hs-neu-ulm.de
Nürnberg	Friedrich-Alexander-Uni Erlangen-Nürnberg	Business Management	www.mba-nuernberg.info
Nürnberg	Georg-Simon-Ohm Management-Institut	Financials, General Management	www.gso-mi.de
Nürnberg	Georg-Simon-Ohm Management-Institut	Financials, General Management	www.gso-mi.de
Nürnberg	Georg-Simon-Ohm Management-Institut	General Management	www.gso-mi.de
Nürnberg	Georg-Simon-Ohm Management-Institut	Non-Financials, General Management	www.gso-mi.de
Nürtingen	Hochschule für Wirtschaft und Umwelt	International Management	www.hfwu.de
Nürtingen	Hochschule für Wirtschaft und Umwelt	Management, Finanzen, Real Estate	www.hfwu.de
Nürtingen	Hochschule für Wirtschaft und Umwelt	Real Estate	www.hfwu.de
Oestrich-Winkel	European Business School (EBS)	General Management	www.ebs.edu
Oestrich-Winkel	European Business School (EBS)	General Management	www.ebs.edu
Oestrich-Winkel	European Business School (EBS)	Health Care Management	www.ebs.edu
Oldenburg	Carl von Ossietzky Universität Oldenburg	Bildungsmanagement	www.uni-oldenburg.de
Osnabrück	Fachhochschule Osnabrück	Hochschul- und Wissenschaftsmanagement	www.wiso.fh-osnabrueck.de
Osnabrück	Fachhochschule Osnabrück	International Supply Chain Management	www.wiso.fh-osnabrueck.de

Form TZ/VZ	Dauer in Monaten	Preis in €	ECTS	Durchschnittsalter	Anteil int. Studenten in %	Akkreditierung	Weitere Informationen auf Seite
TZ	24	23.725	67	33	38	FIBAA	287
TZ	24	11.500	90	32	0	FIBAA	324
VZ	9	17.400	54	25	70	FIBAA geplant	222
VZ	9	17.400	54	25	70	FIBAA geplant	222
VZ	9	17.400	54	25	70	FIBAA geplant	222
VZ	9	17.400	54	25	70	FIBAA geplant	222
TZ	24	5.000	90	33	15	ASIIN	224
VZ	20	19.200	150	23	20	FIBAA	226
TZ	24	23.520	90	38	0	FIBAA	226
TZ	24	25.200	90	36	54	FIBAA	226
TZ	12	28.000	60	34	25		228
TZ	15	32.000	60	37	28		228
VZ	18	1.780	90	27	25		219
Fern	30	16.715	90	32	60	AACSB, AMBA, EFMD/EQUIS/EPAS	230
Fern	30	20.147	90	32	60	AACSB, AMBA, EFMD/EQUIS/EPAS	230
TZ	18	14.800	60	30	8	AACSB geplant, ZEvA	325
Exec	18	13.950	60	35	10	AACSB, AQAS	326
Exec	18	10.950	60	35	10	AACSB, ZEvA	326
TZ	18	10.500	60	35	5	AQAS	327
TZ	17	12.600	60	35	5	AQAS	327
TZ	18	14.700	60	35	5	AQAS	327
TZ	30	25.000		35	40	AACSB, AMBA, EFMD/EQUIS/EPAS	232
Exec	12	15.800	90	34	0		232
TZ	24	18.900	90		0		232
TZ	24	23.900	90		0		232
TZ	24	11.800	60		0	FIBAA	236
TZ	30	12.440	90		0	FIBAA	236
TZ	24	13.800	90		0	FIBAA geplant	236
Exec	24	25.000	70	30	20	ACQUIN	234
VZ	15	15.000	60	31	40	ACQUIN	239
TZ	18	15.000	60	31	40	ACQUIN	239
VZ	21	18.000	78	33	50	ACQUIN	239
TZ	24	18.000	78	33	50	ACQUIN	239
VZ	18	1.500	90	28	60	FIBAA	188
TZ	24	18.000	90	31	31	FIBAA	188
TZ	24	18.000	90		0	FIBAA geplant	188
Exec	24	29.500		37	10	AMBA	290
VZ	18	19.500		26	70	FIBAA	290
Exec	24	32.400	80	40	0	FIBAA	
TZ	36	13.600	120	38	15	ACQUIN	297
TZ	24	8.400	120	40	1	ACQUIN geplant	298
TZ	30	15.100	120	31	8	NVAO, ZEvA	298

Ort	Hochschule	Vertiefung/Spezialisierung	Internet
Osnabrück	Fachhochschule Osnabrück	Gesundheitsmanagement/Health Mgt.	www.wiso.fh-osnabrueck.de
Paderborn	Fachhochschule der Wirtschaft (FHDW)	General Management	www.fhdw.de
Pforzheim	Hochschule Pforzheim	Human Resources	www.hs-pforzheim.de/master
Pforzheim	Hochschule Pforzheim	International Management	www.hs-pforzheim.de/mba
Potsdam	Universität Potsdam	Bio Med	www.mba-potsdam.de
Potsdam	Universität Potsdam	Info Tech	www.mba-potsdam.de
Potsdam	Universität Potsdam	General Management	www.mba-potsdam.de
Regensburg	Hochschule Regensburg	Business Administration	www.mba-regensburg.de
Regensburg/ Eltville am Rhein	International Real Estate Business School	Real Estate	www.irebs-immobilienakademie.de/ executive-mba-real-estate
Remagen	Fachhochschule Koblenz	MBA Fernstudienprogramm	www.mba-fernstudienprogramm.de
Reutlingen	ESB Reutlingen/Uni der Bundeswehr München	International Management	www.esb-reutlingen.de
Reutlingen	Hochschule Reutlingen/ESB Business School	Internationales Management	www.esb-reutlingen.de
Reutlingen	Hochschule Reutlingen/ESB Business School	Internationales Marketing	www.esb-reutlingen.de
Reutlingen	Hochschule Reutlingen/ESB Business School	Internationales Marketing	www.esb-reutlingen.de
Rheinbach	Hochschule Bonn-Rhein-Sieg	MBA NGO-Management	www.mba-rheinbach.de
Rheinbach	Hochschule Bonn-Rhein-Sieg	General Management	www.mba-rheinbach.de
Riedlingen	SRH FernHochschule Riedlingen	General Management	www.fh-riedlingen.de
Riedlingen	SRH FernHochschule Riedlingen	Health Care Management	www.fh-riedlingen.de
Rosenheim	Hochschule für angewandte Wissenschaften	Wirtschaftingenieurwesen	www.fh-rosenheim.de/mba.html; www.fh-rosenheim.de/wimaster.html
Rosenheim	Hochschule für angewandte Wissenschaften	Leadership	www.fh-rosenheim.de/mba.html
Saarbrücken	Universität des Saarlandes, MBA School	Management	www.mba-europe.de
Saarbrücken	Universität des Saarlandes, MBA School	European Management	www.mba-europe.de
Siegen	Südwestfälische Akademie für den Mittelstand	Mittelstand	www.akademie-mittelstand.de
Steinfurt	Fachhochschule Münster	Business Administration	www.fh-muenster.de/itb
Steinfurt	Fachhochschule Münster	BWL, Wirtschaftsingenieurwesen	www.fh-muenster.de/itb
Stuttgart	Hochschule der Medien Stuttgart	General Management	www.hdm-stuttgart.de
Trier	FH Trier	Aviation Management	www.mba-aviation.de
Trier	Universität Trier	General Management	www.ihci.uni-trier.de
Trier	Universität Trier	Health Care Management	www.ihci.uni-trier.de
Tuttlingen	International Business School Tuttlingen	Medical Devices & Healthcare Managem	www.mba-tuttlingen.de
Vallendar	WHU – Otto Beisheim School of Management	Executive MBA	www.whu.edu/mba
Vallendar	WHU – Otto Beisheim School of Management	General Management	www.whu.edu/mba
Vallendar	WHU – Otto Beisheim School of Management	Management Betriebswirtschaft	www.whu.edu/pt-mba
Villingen-Schwenningen	Hochschule Furtwangen	International Business Management	www.hfu-business-school.de
Villingen-Schwenningen	Hochschule Furtwangen	Executive MBA	www.hfu-business-school.de
Weidenbach	University of Applied Science	Agrarmanagement	www.hswt.de
Weidenbach	University of Applied Science	Regionalmanagement	www.hswt.de
Weidenbach	University of Applied Science	Nachwachsende Rohstoffe	www.hswt.de
Weingarten	Hochschule Ravensburg-Weingarten	International Business Management	www.hs-weingarten.de
Weingarten	Hochschule Ravensburg-Weingarten	Mgt. Sozial- und Gesundheitswesen	www.hs-weingarten.de

Form TZ/VZ	Dauer in Monaten	Preis in €	ECTS	Durch-schnitts-alter	Anteil int. Studenten in %	Akkreditierung	Weitere Informationen auf Seite
TZ	30	13.200	90	38	0	ZEvA	298
TZ	18	17.100	65	38	10	FIBAA	328
TZ	18	6.400	90	31	30	AQAS	190
VZ	24	3.600	120	27	70	AQAS	192
TZ	24	14.900	65	38	10	FIBAA	258
TZ	24	14.900	65	38	0	FIBAA	258
TZ	24	14.900	65	35	20	FIBAA	258
TZ	30	12.200	120	33	10	FIBAA	235
Exec		20.500					
Fern	30	9.600	90	34	4	AQAS	340
Fern	19	15.800	90	31	0	ACQUIN, AMBA geplant	185
TZ	36	9.500	90	33	10	AACSB geplant, FIBAA	194
VZ	18	4.500	90	26	50	AACSB geplant, FIBAA	194
VZ	36	4.500	90	26	50	AACSB geplant, FIBAA	194
TZ	18	10	90	33	43	FIBAA	330
TZ	24	11.600	90	35	29	FIBAA	330
Fern	24	12.480	120	35	1	FIBAA	202
Fern	24	12.480	120	36		FIBAA	202
VZ	18	17.100	90	27	20	ASIIN	242
TZ	30	17.100	90	36	0	FIBAA	242
VZ	12	12.000	60	28	50	FIBAA	351
TZ	24	14.500	60	28	50	FIBAA	351
TZ	12	15.000	60	35	0	AQAS geplant	331
TZ	30	5.475	120	32	10	AQAS	332
Fern	30	5.475	120	25	0		332
Fern	60	7.500	90		0	ACQUIN	196
TZ		20.000					
TZ	24	23.725	66		0	FIBAA	342
TZ	24	23.725	67	33	38	FIBAA	342
TZ	24	16.500	90	35	20	FIBAA geplant	198
Exec	24	68.000		37	62	AACSB	348
VZ	16	35.000	100	28	50	AACSB geplant, EFMD/EQUIS/EPAS	344
TZ	24	35.000	100	30	37	AACSB geplant, EFMD/EQUIS/EPAS	346
VZ	12	8.000	60	30	80	ACQUIN geplant, FIBAA	200
TZ	24	18.000	90	35	15	FIBAA	200
VZ	24		120	23	96	ACQUIN	238
VZ	18	1.500	90	28	10		238
VZ	24	2.000	120	23	10		238
TZ	15	9.750	120	26	5	ACQUIN	197
TZ	30	7.400	90	32		AHPGS	197

Ort	Hochschule	Vertiefung/Spezialisierung	Internet
Wernigerode	Hochschule Harz	Kulturmanagement	www.hs-harz.de
Wernigerode	Hochschule Harz	Management, Betriebswirtschaft	www.hs-harz.de
Wernigerode	Hochschule Harz	Touristikmanagement	www.hs-harz.de
Wildau	Wildau Institute of Technology	Luftverkehrsmanagement	www.wit-wildau.de
Wildau	Wildau Institute of Technology	Public Affairs	www.wit-wildau.de
Wismar, Frankfurt, München, Essen, Wien und Zürich	Hochschule Wismar	Consulting	www.consulting-master.de
Wolfenbüttel	Fachhochschule Braunschweig/Wolfenbüttel	Umwelt- und Qualitätsmanagement	www.masterstudium-wf.de
Wolfenbüttel	Fachhochschule Braunschweig/Wolfenbüttel	Vertriebsmanagement	www.masterstudium-wf.de
Worms	Fachhochschule Worms	Business Travel Management	www.fh-worms.de/touristik
Würzburg	Julius-Maximilians-Universität Würzburg	Business Integration	www.businessintegration.de
Zweibrücken	Fachhochschule Kaiserslautern	MBA Vertriebsingenieur	http://ving.bw.fh-kl.de
Zweibrücken	Fachhochschule Kaiserslautern	MBA Marketing-Management	http://ving.bw.fh-kl.de

MBA-Angebote in Österreich

Ort	Hochschule	Vertiefung/Spezialisierung	Internet
Graz	International Business School Styria	Executive MBA	www.ibss.co.at
Innsbruck	MCI Management Center Innsbruck	General Management	www.mci.edu
Klagenfurt	M/O/T Management School	Internationales Management	www.mot.ac.at
Klagenfurt	M/O/T Management School	Integrated Management	www.mot.ac.at
Klagenfurt	M/O/T Management School	General Management	www.mot.ac.at
Klagenfurt	M/O/T Management School	Finance Management	www.mot.ac.at
Krems	Donau-Universität Krems	Danube MBA	www.mba-krems.at
Krems	Donau-Universität Krems	Professional MBA	www.mba-krems.at
Krems	Donau-Universität Krems	Danube Professional MBA	www.mba-krems.at
Krems	Donau-Universität Krems	Danube Executive MBA	www.mba-krems.at
Krems	Donau-Universität Krems	GTSEM	www.donau-uni.ac.at/zgf
Krems	Donau-Universität Krems	WPsy	www.donau-uni.ac.at/zgf
Krems	Donau-Universität Krems	GSEM	www.donau-uni.ac.at/zgf
Krems	Donau-Universität Krems	SOM	www.donau-uni.ac.at/zgf
Leoben	Montanuniversität Leoben	Generic Management	http://mba.unileoben.ac.at
Linz	LIMAK Austrian Business School	Executive	www.limak.at
Linz	LIMAK Austrian Business School	Internationales General Management	www.limak.at
Linz	LIMAK Austrian Business School	Innovationsmanagement	www.limak.at
Linz	LIMAK Austrian Business School	Creative Process Leadership	www.limak.at
Puch bei Salzburg	SMBS Salzburg Management GmbH	Projekt-/Prozessmanagement	www.smbs.at
Puch bei Salzburg	SMBS Salzburg Management GmbH	Tourism	www.smbs.at
Puch bei Salzburg	SMBS Salzburg Management GmbH	General Management	www.smbs.at
Puch bei Salzburg	SMBS Salzburg Management GmbH	Public Management	www.smbs.at
Puch bei Salzburg	SMBS Salzburg Management GmbH	Health Care Management	www.smbs.at

Form TZ/VZ	Dauer in Monaten	Preis in €	ECTS	Durch-schnitts-alter	Anteil int. Studenten in %	Akkreditierung	Weitere Informationen auf Seite
TZ	36	9.850	120	38	10	ACQUIN	362
TZ	30	9.900	120	30	5	ACQUIN geplant	362
TZ		9.960	90	35	10	ACQUIN geplant	362
TZ	24	11.800	60	35	30	FIBAA	259
TZ	24	11.800	60	35	30	FIBAA	259
Fern	24	10.800	90	33	10	FIBAA	292
Fern	24	6.358	120	36	20	ZEvA	299
Fern	24	6.358	120	36	20	ZEvA	299
TZ	24	19.200	90	37	15	FIBAA	337
Exec	24	19.900	70	35	15	AACSB, FIBAA	240
Fern	24	7.800	90	34	11	AQAS	350
Fern	24	7.800	90	34	11	AQAS	350

Form TZ/VZ	Dauer in Monaten	Preis in €	ECTS	Durch-schnitts-alter	Anteil int. Studenten in %	Akkreditierung	Weitere Informationen auf Seite
TZ	12	30.000	56	34	40	AACSB geplant	366
Exec	24	27.250	90	37	0	FIBAA	368
TZ	24	33.000	120	36	20	EFMD/EQUIS/EPAS geplant	367
TZ	24	27.000	120	35	20	EFMD/EQUIS/EPAS geplant	367
TZ	24	13.900	120	35	20	EFMD/EQUIS/EPAS geplant	367
TZ	24	16.980	120	35	20	EFMD/EQUIS/EPAS geplant	367
TZ	24	19.700	90		0	FIBAA	372
TZ	24	23.900	90	30	20	FIBAA	372
VZ	24	23.900	90	30	20	FIBAA	372
TZ	24	29.200	90	37	20	FIBAA	372
Fern	30	10.900	120	30	0	AHPGS geplant	370
Fern	30	10.900	120	32	0	AHPGS geplant	370
Fern	30	10.900	120	30	0	AHPGS geplant	370
Fern	30	7.900	120	30	0		370
TZ	24	19.600	90	30	10	FIBAA	371
Exec	18	34.300	75	37	20	FIBAA	374
Exec	18	35.800	80	38	30	FIBAA	374
Exec	18	13.200	60	36	0	FIBAA	374
Exec	18	19.900	43		0		374
Exec	20	23.725	66	36	60	FIBAA	378
Exec	20	23.725	66	35	70	FIBAA	378
Exec	20	23.725	66	33	30	FIBAA	378
Exec	20	23.725	67	38	35	FIBAA	378
Exec	20	23.725	67	40	35	FIBAA	378

Ort	Hochschule	Vertiefung/Spezialisierung	Internet
Salzburg/Hallwang	IfM – Institut für Management GmbH	Executive	www.ifm.ac
Seekirchen am Wallersee/Salzburg	Privatuniversität Schloss Seeburg	General Management	www.my-campus-seekirchen.com
Seekirchen am Wallersee/Salzburg	Privatuniversität Schloss Seeburg	Public Management	www.my-campus-seekirchen.com
Seekirchen am Wallersee/Salzburg	Privatuniversität Schloss Seeburg	Business Psychology	www.my-campus-seekirchen.com
St. Pölten	Fachhochschule St. Pölten GmbH	Medienmanagement	www.fhstp.ac.at/fhstp/content/weiterbildung/mbamediamanagement
Wien	ARGE Bildungsmanagement	Projektmanagement	www.bildungsmanagement.at
Wien	ARGE Bildungsmanagement	Leadership und Soziales Management	www.bildungsmanagement.at
Wien	ARGE Bildungsmanagement	Eventmanagement	www.bildungsmanagement.at
Wien	Continuing Education Center	Executive MBA Mergers & Acquisitions	http://cec.tuwien.ac.at
Wien	Continuing Education Center	Entrepreneurship & Innovation	http://cec.tuwien.ac.at
Wien	Continuing Education Center	Professional MBA Facility Management	http://cec.tuwien.ac.at
Wien	Continuing Education Center	General Management	http://cec.tuwien.ac.at
Wien	IMADEC	Executive MBA	www.imadec.ac.at
Wien	MODUL University Vienna	Tourism Management	www.modul.ac.at
Wien	MODUL University Vienna	Tourism Management	www.modul.ac.at
Wien	MODUL University Vienna	Public Governance and Management	www.modul.ac.at
Wien	MODUL University Vienna	Public Governance and Management	www.modul.ac.at
Wien	MODUL University Vienna	New Media Technology	www.modul.ac.at
Wien	MODUL University Vienna	New Media Technology	www.modul.ac.at
Wien	PEF Privatuniversität für Management, Wien	Personal- und Organisationsentwicklung	www.pef.at
Wien	PEF Privatuniversität für Management, Wien	Entrepreneurship	www.pef.at
Wien	PEF Privatuniversität für Management, Wien	Baumanagement und Unternehmensführung	www.pef.at
Wien	SMA – Sales Manager Akademie	Sales & Marketing	www.sales-manager.at
Wien	WU Executive Academy, Wirtschaftsuni Wien	Executive MBA	www.executiveacademy.at
Wien	WU Executive Academy, Wirtschaftsuni Wien	Wirtschaftsrecht, Gesellschaftsrecht	www.executiveacademy.at
Wien	WU Executive Academy, Wirtschaftsuni Wien	Professional MBA	www.executiveacademy.at
Wien	WU Executive Academy, Wirtschaftsuni Wien	LLM International Tax Law	www.executiveacademy.at
Wien	WU Executive Academy, Wirtschaftsuni Wien	LLM International Tax Law	www.executiveacademy.at

MBA-Angebote in der Schweiz

Ort	Hochschule	Vertiefung/Spezialisierung	Internet
Altdorf	Universität Educatis	General Management	www.educatis.org
Altdorf	Universität Educatis	Marketing	www.educatis.org
Altdorf	Universität Educatis	HRM	www.educatis.org
Altdorf	Universität Educatis	Wiwi	www.educatis.org
Bern	Berner Fachhochschule Wirtschaft und Verwaltung	Consulting	www.wirtschaft.bfh.ch

Form TZ/VZ	Dauer in Monaten	Preis in €	ECTS	Durch- schnitts- alter	Anteil int. Studenten in %	Akkreditierung	Weitere Informationen auf Seite
Exec	18	24.800	60	38	15	FIBAA	376
Fern	18	14.900	90	36			380
Fern	18	14.900	90				380
Fern	18	14.900	90				380
Exec	24	15.000	120	37	10		382
TZ	24	10.339	120	35	20		381
TZ	24	10.699	120	40	10		381
TZ	24	9.204	120	33	10		381
Exec	18	28.000	68	38	25	FIBAA	384
TZ	24	25.000	90	30	20	FIBAA	384
TZ	24	19.500	90	30	20	FIBAA	384
TZ	24	20.900	90	32	20		384
Exec	12	42.000	76	40	42		385
VZ	18	28.000	90	30	70	AMBA, EFMD/EQUIS/EPAS	391
TZ	24	28.000	90	30	70	AMBA, EFMD/EQUIS/EPAS	391
VZ	18	28.000	90	30	90		391
TZ	24	28.000	90		90		391
VZ	18	28.000	92	34	40		391
TZ	24	28.000	92	34	40		391
TZ	21	24.000	90	35	10	FIBAA	388
Exec	21	30.000	90	38	10	FIBAA	388
TZ	20	22.000	90	35	10		388
Exec	12	20.900	60	35	20	AMBA geplant, FIBAA geplant	386
Exec	14	39.000	60	37	60	AACSB, AMBA, EFMD/EQUIS/EPAS, FIBAA	390
TZ	14	15.000	60	35	5	AMBA, EFMD/EQUIS/EPAS	390
TZ	18	25.000	90	37	38	AMBA, EFMD/EQUIS/EPAS, FIBAA	390
VZ	12	9.450	90	30	80	EFMD/EQUIS/EPAS	390
TZ	24	9.950	90	30	80	EFMD/EQUIS/EPAS	390

Form TZ/VZ	Dauer in Monaten	Preis in €	ECTS	Durch- schnitts- alter	Anteil int. Studenten in %	Akkreditierung	Weitere Informationen auf Seite
Fern	30	9.950	90	34	80	FIBAA	392
Fern	30	9.950	90	34	90	FIBAA	392
Fern	30	9.950	90	34	80	FIBAA	392
Fern	30	9.950	90	36	60	FIBAA	392
TZ	24	16.200	60	39	2	OAQ	

Ort	Hochschule	Vertiefung/Spezialisierung	Internet
Bern	Rochester-Bern Executive MBA Program	Rochester-Bern Executive MBA Program	www.executive-mba.ch
Bern	Berner Fachhochschule Wirtschaft und Verwaltung	Human Resources	www.wirtschaft.bfh.ch
Bern	Berner Fachhochschule Wirtschaft und Verwaltung	Integrated Management	www.wirtschaft.bfh.ch
Bern	Berner Fachhochschule Wirtschaft und Verwaltung	Public Management	www.wirtschaft.bfh.ch
Chur	Hochschule für Technik und Wirtschaft HTW Chur	Executive MBA	www.htwchur.ch/management-weiterbildung
Freiburg	Verbandsmanagement Institut (VMI)	NPO-Management	www.vmi.ch
Freiburg	Verbandsmanagement Institut (VMI)	ICT Management	www.vmi.ch
Freiburg	Verbandsmanagement Institut (VMI)	ICT Management	www.vmi.ch
Freiburg	Verbandsmanagement Institut (VMI)	Utility Management	www.vmi.ch
Freiburg	Verbandsmanagement Institut (VMI)	Utility Management	www.vmi.ch
Fribourg	iimt – int. institute of management in technology	Inf.- und Kommunikationstechnologie	www.iimt.ch
Fribourg	iimt – int. institute of management in technology	Inf.- und Kommunikationstechnologie	www.iimt.ch
Fribourg	iimt – int. institute of management in technology	Energie-Management	www.iimt.ch
Fribourg	iimt – int. institute of management in technology	Energie-Management	www.iimt.ch
Genf	Université de Genève (Universität Genf)	International Organisations	www.iomba.ch
Horgen	Lorange Institute	Innovationen und Praxisnähe	www.lorange.org
Lausanne	Business School Lausanne	MBA	www.bsl-lausanne.ch
Lausanne	Business School Lausanne	MBA Executive	www.bsl-lausanne.ch
Lausanne	HEC Lausanne	Asset and Wealth Management	www.hec.unil.ch/mba/home
Lausanne	HEC Lausanne	Eecutive MBA	www.hec.unil.ch/emba/home
Lausanne	HEC Lausanne	Management of Technology	www.hec.unil.ch/mba/home
Lausanne	IMD International Management School	MBA	www.imd.ch
Lausanne	IMD International Management School	Executive	www.imd.ch
Olten	FH Nordwestschweiz	Consulting	www.fhnw.ch/wirtschaft/weiterbildung/mba-international-management-consulting/
St. Gallen	Executive School of Mgt., Technology and Law	MBA HSG	www.es.unisg.ch
St. Gallen	Executive School of Mgt., Technology and Law	MBA HSG	www.es.unisg.ch
St. Gallen	Executive School of Mgt., Technology and Law	General Management	www.es.unisg.ch
St. Gallen	Executive School of Mgt., Technology and Law	General Management	www.es.unisg.ch
St. Gallen	FHS St.Gallen	4 Fachstudien zur Auswahl	www.fhsg.ch/management-weiterbildung
St. Gallen	Universität St. Gallen	Business Transformation	www.embe.unisg.ch
St. Gallen	Universität St. Gallen	Recht/Wirtschaftsrecht	www.mbl.unisg.ch
Thalwil	ZfU – International Business School	Individuell, flexibel, praxisorientiert	www.zfu.ch/weiterbildung/masters/index.htm
Zürich	Eidgenössische Technische Hochschule Zürich	International Supply Chain Management	www.mba-scm.org
Zürich	HWZ Hochschule für Wirtschaft Zürich	International Business	www.fh-hwz.ch
Zürich	HWZ Hochschule für Wirtschaft Zürich	MBA International Business	www.fh-hwz.ch
Zürich	HWZ Hochschule für Wirtschaft Zürich	Executive MBA – General Management	www.fh-hwz.ch
Zürich	HWZ Hochschule für Wirtschaft Zürich	Executive MBA – Marketing	www.fh-hwz.ch
Zürich	Universität Zürich	Executive MBA Universität Zürich	www.emba.uzh.ch
Zürich-Airport	University of Strathclyde Business School	Corporate Strategy	www.strathclyde-mba.ch
Zürich-Regensdorf	Fernfachhochschule Schweiz	General Management & Leadership	www.fernfachhochschule.ch

Form TZ/VZ	Dauer in Monaten	Preis in €	ECTS	Durch- schnitts- alter	Anteil int. Studenten in %	Akkreditierung	Weitere Informationen auf Seite
Exec	18	60.000	90	35	15	AACSB	**394**
TZ	22	17.200	60	38		OAQ	**393**
TZ	21	17.500	60	38		OAQ	**393**
TZ	18	15.600	60	38		OAQ	**393**
Exec	10	12.000	60	35	15	OAQ	**396**
Exec	40	27.000	90	41	12	OAQ	**397**
VZ	12	28.000	90	34	0	OAQ	**397**
TZ	24	28.000	90	34	0	OAQ	**397**
VZ	12	28.000	90	34	0	OAQ	**397**
TZ	24	28.000	90	34	0	OAQ	**397**
TZ	36	28.000	90	35	20	OAQ	**398**
VZ	12	28.000	90	35	20	OAQ	**398**
TZ	36	28.000	90	34	10	OAQ	**398**
VZ	12	28.000	90	34	20	OAQ	**398**
VZ	18	25.000	90	31	100	AMBA	**399**
Exec	24	46.000	180	35	75	AACSB geplant	**400**
VZ	12	25.800		26	90		**402**
Exec	12	19.400		34	50		**402**
TZ		20.000					
TZ		20.000					
TZ		23.000					
VZ		65.000					
TZ		98.000					
TZ		19.000					
VZ	12	38.800	90	30	90	AACSB, EFMD/EQUIS/EPAS	**403**
TZ	20	43.300	90	32	92	AACSB, EFMD/EQUIS/EPAS	**403**
Exec	18	42.000	75	38	20	AACSB, EFMD/EQUIS/EPAS	**403**
Exec	18	54.000		35	100	AACSB, EFMD/EQUIS/EPAS	**403**
Exec		24.500	60	40	0	FIBAA	**404**
Exec	16	40.000	75	38	40	AACSB, EFMD/EQUIS/EPAS	**405**
Exec	18	24.000	60	35	60	AACSB, EFMD/EQUIS/EPAS	**405**
Exec	48	34.600	28	41	32	EFMD/EQUIS/EPAS geplant	**407**
Exec	18	42.000	62	39	60		**408**
TZ	36	28.000		38	0		**410**
TZ	24	25.000	60	35	25		**410**
Exec	18	29.500	60	38	20		**410**
Exec	15	32.000	60	38	20		**410**
Exec	18	45.000	90	38	15	AACSB, EFMD/EQUIS/EPAS	**411**
Exec	24	40.000	90	36	80	AACSB, AMBA, EFMD/EQUIS/EPAS	**414**
Exec	24	17.300	60	35	25		**412**

MBA-Angebote in Großbritannien

Ort	Hochschule	Vertiefung/Spezialisierung	Internet	
Hertfordshire	Ashridge Business School	MBA	www.ashridge.org.uk/mba	
Hertfordshire	Ashridge Business School	Executive	www.ashridge.org.uk/mba	
Surrey	University of Surrey, School of Management	Finance Management	http://www2.surrey.ac.uk/management/study/mba/	
Surrey	University of Surrey, School of Management	Finance Management	http://www2.surrey.ac.uk/management/study/mba/	
Surrey	University of Surrey, School of Management	Finance Management	http://www2.surrey.ac.uk/management/study/mba/	

MBA-Angebote in Liechtenstein

Ort	Hochschule	Vertiefung/Spezialisierung	Internet	
Vaduz	Hochschule Liechtenstein	International Taxation	www.hochschule.li	
Vaduz	Hochschule Liechtenstein	Asset- und Wealth Management	www.hochschule.li	
Vaduz	Hochschule Liechtenstein	Gesellschafts-, Stiftungs- u. Trustrecht	www.hochschule.li	
Vaduz	Hochschule Liechtenstein	EMBA Entrepeneurial Management	www.hochschule.li	
Vaduz	Hochschule Liechtenstein	International Management	www.hochschule.li	
Vaduz, Lochau, Dornbirn	MAS/MBA – International Management	International Management	www.mba-im.org	

MBA-Angebote in den Niederlanden

Ort	Hochschule	Vertiefung/Spezialisierung	Internet	
BG Breukelen	Nyenrode Business University	International MBA	www.nyenrode.nl/imba	
BG Breukelen	Nyenrode Business University	Executive MBA	www.nyenrode.nl/imba	
Groningen	International Business School Groningen	Business and Management	www.hanze.nl	
Groningen	International Business School Groningen	Business and Management	www.hanze.nl	
Groningen	International Business School Groningen	Business and Management	www.hanze.nl	
Maastricht	Maastricht School of Management	Business	www.msm.nl	
Maastricht	Maastricht School of Management	Business	www.msm.nl	

Form TZ/VZ	Dauer in Monaten	Preis in €	ECTS	Durch-schnitts-alter	Anteil int. Studenten in %	Akkreditierung	Weitere Informationen auf Seite
VZ	12	32.000		35	73	AACSB, AMBA, EFMD/EQUIS/EPAS	**415**
TZ	27	43.000		35	40	AACSB, AMBA, EFMD/EQUIS/EPAS	**415**
VZ	12	19.500			0	AACSB, AMBA	**416**
TZ	24	19.500			0	AACSB, AMBA	**416**
Fern		19.500			0	AACSB, AMBA	**416**

Form TZ/VZ	Dauer in Monaten	Preis in €	ECTS	Durch-schnitts-alter	Anteil int. Studenten in %	Akkreditierung	Weitere Informationen auf Seite
Exec	18	16.500	60		0	AACSB geplant, ACQUIN, ACQUIN geplant, AHPGS, AHPGS geplant	**417**
Exec	16	16.000	60		65	FIBAA geplant	**417**
Exec	18	16	60	30	75		**417**
Exec	30	11.900	90	35	65		**417**
TZ	30	23.760	90	36	50		**417**
TZ	24	18.400	90	36	0		**418**

Form TZ/VZ	Dauer in Monaten	Preis in €	ECTS	Durch-schnitts-alter	Anteil int. Studenten in %	Akkreditierung	Weitere Informationen auf Seite
VZ	12	34.800	91	29	90	AMBA, EFMD/EQUIS/EPAS	**419**
Exec	21	48.300	91	34	15	AMBA, EFMD/EQUIS/EPAS	**419**
VZ	14	11.750	60		0	NVAO	**420**
VZ	14	13.700	70		0	NVAO	**420**
VZ	16	11.750	90		0	NVAO	**420**
VZ	12	12.900	80	28	95	AMBA, NVAO	**421**
Exec	24	24.500	80	35	50	AMBA, NVAO	**421**

Graduate School Ostwürttemberg – MBA der DHBW Heidenheim und der Hochschule Aalen

Anschrift: Beethovenstraße 1, 73430 Aalen/Heidenheim
Internet: www.gsocampus.de/
Kontakt: Alexandra Jürgens, Tel.: +49-7361-5762150, E-Mail: alexandra.juergens@gsocampus.de
Nadine Wälder, Tel.: +49-7361-5762341, E-Mail: nadine.waelder@gsocampus.de

MBA-Programm

Name des Programms	**General Management**
Schwerpunkt	Management, Betriebswirtschaft
Form des Programms	Teilzeit
Start des Programms	September
Dauer des Programms in Monaten	24
Kosten	
Programmkosten in Euro	13.000
Einschreibegebühren in Euro	k. A.
Bewerbung	
Anmeldebeginn	ab sofort
Letzter Anmeldetag	30. Juni
1. Hochschulabschluss erforderlich	ja
Zulassungstest	ja, Teilnahme an einem Auswahlgespräch
GMAT erforderlich	nein
TOEFL erforderlich	ja, TOEFL, TOEIC, IELTS oder ein Äquivalent
Referenzen	ja, 2 Referenzen aus Wirtschaft bzw. Wissenschaft
Rahmenbedingungen	
Workloads ECTS	90
Jährlich zugelassene Studenten	25
Durchschnittliches Alter der Studenten	k. A.
Internationale Studenten in %	0
Internationale Kooperationen	k. A.
Minimale Berufserfahrung in Jahren	2
Durchschnittliche Berufserfahrung in Jahren	k. A.
Anteil Männer/Frauen in %	k. A.
Fremdsprachenanteil in %	Englisch: 1–25
Studienblöcke (Anzahl)	0
Lehrmethode Case Study in %	20
Lehrmethode Vorlesung in %	65
Andere Lehrmethoden in %	15
Abschlussarbeit erforderlich	ja
Erstmals angeboten	2010
Absolventen seit Beginn	k. A.
Akkreditierung	
Akkreditiert laut Anbieter	FIBAA geplant

Esslingen Graduate School
Anschrift: Flandernstraße 101, 73732 Esslingen
Internet: www.graduate-school.de
Kontakt: tudao.luong@hs-esslingen.de

MBA-Programm

Name des Programms	**International Industrial Management**
Schwerpunkt	European-/International-/Globalmgt., regionenorientiert
Form des Programms	Vollzeit
Start des Programms	1. September
Dauer des Programms in Monaten	18
Kosten	
Programmkosten in Euro	3.600
Einschreibegebühren in Euro	115
Bewerbung	
Anmeldebeginn	1. Oktober
Letzter Anmeldetag	31. Mai
1. Hochschulabschluss erforderlich	ja
Zulassungstest	nein
GMAT erforderlich	ja
TOEFL erforderlich	ja
Referenzen	ja
Rahmenbedingungen	
Workloads ECTS	90
Jährlich zugelassene Studenten	25
Durchschnittliches Alter der Studenten	28
Internationale Studenten in %	90
Internationale Kooperationen	nein
Minimale Berufserfahrung in Jahren	1
Durchschnittliche Berufserfahrung in Jahren	4
Anteil Männer/Frauen in %	60/40
Fremdsprachenanteil in %	Englisch: 51–100
Studienblöcke (Anzahl)	10
Lehrmethode Case Study in %	30
Lehrmethode Vorlesung in %	70
Andere Lehrmethoden in %	0
Abschlussarbeit erforderlich	ja
Erstmals angeboten	1998
Absolventen seit Beginn	324
Akkreditierung	
Akkreditiert laut Anbieter	FIBAA

AKADEMIE WÜRTH –
Business School

Profil der Hochschule

Die Akademie Würth Business School bietet
berufsbegleitende Weiterbildungsprogramme,
die einen anerkannten akademischen Abschluss zum Ziel haben. Dieses Angebot war zunächst nur für
Würth-Mitarbeiter konzipiert. Aufgrund der hohen Nachfrage wurden diese Programme auch für Interessenten außerhalb der Würth-Gruppe geöffnet.

Das MBA-Programm wird von der renommierten University of Louisville in Kentucky (USA) angeboten. Die Akademie Würth ist administrativer Partner.

Die Programme wurden in Zusammenarbeit mit der University of Louisville in Kentucky (USA) konzipiert. Das Studium zeichnet sich nicht nur durch seine sehr kurze Studienzeit aus, sondern auch durch seine Internationalität und seine Inhalte. Alle Kurse werden komplett in Englisch gehalten. Je Kalenderjahr ist ein vierwöchiger Aufenthalt an der University of Louisville vorgesehen. Im MBA-Studiengang sind dies zwei Aufenthalte. Ansonsten finden die Präsenzphasen in Bad Mergentheim statt.

Besonderheiten des Studiengangs

Der Titel wird vom College of Business der University of Louisville vergeben, das durch die amerikanische Association to Advance Collegiate Schools of Business (AACSB) akkreditiert ist. Im Jahr 2007 hat der MBA zusätzlich die Akkreditierung durch die Foundation for International Business Administration Accreditation (FIBAA) erhalten.

Das MBA-Programm hat zum Ziel, Studierende in 13,5 Monaten auf zukünftige internationale Führungsaufgaben vorzubereiten. Würth ist bekannt für seine unternehmerische Spitzenleistung. Durch die Integration von Führungskräften aus dem Topmanagement der Würth-Gruppe, Case Studies direkt vor Ort in Firmen mit entsprechendem Know-how und der Managementerfahrung aller am Programm unterrichtenden Professoren wird ein Maximum an Praxisnähe gewährleistet.

Adresse der Hochschule

Anschrift: Drillberg 6, Geb. 7, 97980 Bad Mergentheim
Internet: www.wuerth.de/business-school
Kontakt: Sabrina Göker, Tel.: +49-7931-91 6 710, E-Mail: sabrina.goeker@akademie-wuerth.de

MBA-Programm

Name des Programms	**Global Business**
Schwerpunkt	Management, Betriebswirtschaft; Leadership, HR, Entrepreneur, Unternehmensführung
Form des Programms	Teilzeit
Start des Programms	Juni
Dauer des Programms in Monaten	14
Kosten	
Programmkosten in Euro	17.950
Einschreibegebühren in Euro	950
Bewerbung	
Anmeldebeginn	laufend
Letzter Anmeldetag	1. März
1. Hochschulabschluss erforderlich	ja
Zulassungstest	ja, Internetvorbereitungskurs
GMAT erforderlich	nein
TOEFL erforderlich	ja, 213 P. computer based oder 80 P. internet based
Referenzen	ja, 2 Referenzschreiben
Rahmenbedingungen	
Workloads ECTS	66
Jährlich zugelassene Studenten	14
Durchschnittliches Alter der Studenten	33
Internationale Studenten in %	25
Internationale Kooperationen	ja
Minimale Berufserfahrung in Jahren	3
Durchschnittliche Berufserfahrung in Jahren	8
Anteil Männer/Frauen in %	75/25
Fremdsprachenanteil in %	Englisch: 51–100
Studienblöcke (Anzahl)	12
Lehrmethode Case Study in %	60
Lehrmethode Vorlesung in %	30
Andere Lehrmethoden in %	10
Abschlussarbeit erforderlich	ja
Erstmals angeboten	2002
Absolventen seit Beginn	170
Akkreditierung	
Akkreditiert laut Anbieter	AACSB (Partnerhochschule), FIBAA, siehe Besonderheiten des Studiengangs

Steinbeis University Berlin

SCMT
Steinbeis Center of Management and Technology

Research | Education | Consulting

Profil der Hochschule

Die Zukunftschancen Deutschlands hängen wesentlich von der technologischen Leistungsfähigkeit der Wirtschaft ab. Steinbeis bietet als Transferpartner den Unternehmen zentrale Dienstleistungen: Forschung und Entwicklung, Beratung und – als Basis für alles – Bildung. Die 1998 gegründete Steinbeis University Berlin bietet transferorientierte Bildungsprodukte, die an den Bedürfnissen der modernen Wissensgesellschaft ausgerichtet sind. Die Steinbeis University Berlin (SHB) ist die größte private und staatlich anerkannte Hochschule in Deutschland. In Zusammenarbeit mit renommierten nationalen und internationalen Partnerhochschulen bietet die SHB berufsintegrierte Studiengänge an. Das Steinbeis Center of Management and Technology (SCMT) ist als operatives Organ der SHB zuständig für die Koordination und Durchführung der Seminar- und Studienprogramme.

Besonderheiten der Studiengänge

An der Steinbeis University Berlin wird die enge Verzahnung von Theorie und Praxis nicht nur gelehrt, sondern auch gleich gelebt. Das Projekt-Kompetenz-Studium ist ein einzigartiges Studiensystem, das eine echte Win-win-Situation für alle Beteiligten schafft – sowohl für die projektgebenden Unternehmen als auch für die projektbearbeitenden Studierenden.

Konkrete Projekte: Als Teilnehmer unserer Studiengänge bearbeiten Sie im Laufe Ihres Studiums ein für Ihr Partnerunternehmen zukunftsrelevantes Projekt. Sie zeigen damit sich, uns und vor allem Ihrem Partnerunternehmen, dass Sie das im Studium vermittelte Wissen gewinnbringend anwenden können. Wissenschaftlich fundiert, praxisnah und ergebnisorientiert.

Kompetente Unterstützung: In den Seminarphasen erlangen Sie die für die Problemlösung relevante methodische Kompetenz. Sie werden dabei von zahlreichen Professoren und Dozenten aus Wissenschaft, Praxis und Beratung professionell betreut und unterstützt. Mit dem erforderlichen fachlichen Wissen aus der Theorie erarbeiten Sie nun innovative Konzepte für die Unternehmenszukunft, die Sie in Ihre Projektarbeit übertragen.

Messbare Ergebnisse: Ihr Projekt dokumentieren Sie mithilfe eines persönlichen Betreuers in Ihrer „Thesis". Durch den direkten Bezug zu Ihren beruflichen Anforderungen generieren Sie mit Ihrem Projekt messbare Ergebnisse – in Form von Innovation, Wettbewerbsvorteilen und erhöhter Profitabilität für Ihr Partnerunternehmen.

Internationale Verbindungen

Um die Qualität und Aktualität unserer Studienprogramme stets auf dem höchsten Niveau zu halten, führt das SCMT das Programm in enger Zusammenarbeit mit zahlreichen kompetenten Partnern durch. Darunter namhafte Experten aus Industrie und Beratungsunternehmen sowie Professoren und Dozenten international renommierter Institute und Hochschulen. An folgenden Partnerhochschulen finden unsere integrierten Auslandseminare statt: Universität St. Gallen, Indiana University – Kelley school of Business, Bloomington (USA), SKK GSB (Korea), Kitakyushu University (Japan).

Finanzielle Unterstützung/Stipendien

Bei dem Angebot unseres MBE-Programms handelt es sich um ein Stipendienprogramm, d. h. unsere Teilnehmer erhalten zuätzlich zu der theoretischen Ausbildung eine monatliche finanzielle Zuwendung. Die Studiengebühren werden dabei von dem in die Ausbildung integrierten Projektunternehmen getragen. Zudem stellt das Bundesministerium für Bildung und Forschung (BMBF) Stipendien über das Programm „Begabtenförderung" (www.begabtenförderung.de) sowie über das Programm „Aufstieg durch Bildung" (www.aufstieg-durch-bildung.info) zur Verfügung.

Adresse der Hochschule

Anschrift: Steinbeis Center of Management and Technology
Gottlieb-Manz-Straße 10, 70794 Filderstadt
Internet: www.scmt.com
Kontakt: Anja Ludwig, Tel.: +49-711-44080825, E-Mail: anja.ludwig@scmt.com

⬛ **SCMT**
Steinbeis Center of Management and Technology
Research | Education | Consulting

MBA-Programme

Name des Programms	Executive MBA in General Management	MBA in Int. Management and Innovation	MBE Master of Business and Engineering
Schwerpunkt	Management, Betriebswirtschaft		Engineering, Technologie, Luftverkehr, Energie, Logistics
Form des Programms	Executive	Teilzeit	Vollzeit
Start des Programms	Januar	Mai	April u. September
Dauer des Programms in Monaten	k. A.	24	k. A.
Kosten			
Programmkosten in Euro	34.450	27.000	k. A.
Einschreibegebühren in Euro	k. A.	k. A.	k. A.
Bewerbung			
Anmeldebeginn	laufend	laufend	laufend
Letzter Anmeldetag	laufend	laufend	laufend
1. Hochschulabschluss erforderlich	ja	ja	ja
Zulassungstest	ja, Potenzialanalyse		
GMAT erforderlich	nein	nein	nein
TOEFL erforderlich	nein	nein	nein
Referenzen	ja	ja	k. A.
Rahmenbedingungen			
Workloads ECTS	120	120	60
Jährlich zugelassene Studenten	35	20	80
Durchschnittliches Alter der Studenten	35	28	25
Internationale Studenten in %	5	40	25
Internationale Kooperationen	ja	ja	ja
Minimale Berufserfahrung in Jahren	5	2	k. A.
Durchschn. Berufserfahrung in Jahren	11	4	1
Anteil Männer/Frauen in %	80/20	80/20	70/30
Fremdsprachenanteil in %	Englisch: 1–25	Englisch: 51–100	Englisch: 26–50
Studienblöcke (Anzahl)	12	15	6
Lehrmethode Case Study in %	30	30	30
Lehrmethode Vorlesung in %	60	60	60
Andere Lehrmethoden in %	10	10	10
Abschlussarbeit erforderlich	ja	ja	ja
Erstmals angeboten	2000	2008	1996
Absolventen seit Beginn	180	k. A.	520
Akkreditierung			
Akkreditiert laut Anbieter	FIBAA	in Akkreditierung	in Akkreditierung

Albert-Ludwigs-Universität Freiburg

Besonderheiten der Studiengänge

Ziel des MBA Estate Planning ist eine akademisch anspruchsvolle und gleichzeitig praxisorientierte, interdisziplinäre Aus- und Weiterbildung auf den Gebieten Vermögensaufbau, Vermögenssicherung und Vermögensübertragung. Um Praxisorientierung und höchstes akademisches Niveau miteinander zu verbinden, setzt die Zulassung zum Studiengang neben einem Hochschulabschluss eine mindestens zweijährige Berufserfahrung voraus. Für Absolventen mit einem sechssemestrigen Hochschulabschluss gibt es die Möglichkeit, über ein Grundlagenmodul die Zulassung zum Studiengang zu erlangen. Hochkarätige Professoren und Dozenten aus der Praxis unterstützen diesen Anspruch während der Präsenzphasen.

Die Verflechtung von rechtlichen und wirtschaftlichen Gesichtspunkten in der Vermögensplanung und -verwaltung wird immer komplexer. Um dieser Anforderung gerecht zu werden, ist der MBA Estate Planning dem Zentrum für Business and Law, der Schnittstelle von Rechts- und Wirtschaftswissenschaften an der Universität Freiburg, angegliedert. Die interdisziplinäre Ausrichtung leitet die Studierenden dazu an, praktische Aufgabenstellungen aus unterschiedlichen Perspektiven zu betrachten und so zu ausgewogenen Entscheidungen zu kommen. Der Aufbaustudiengang zeichnet sich durch die Vermittlung von aktuellem Wissen aus, das sowohl für Berater als auch für Entscheider in Familienunternehmen, Banken, Versicherungen und Stiftungen relevant ist. Neben den notwendigen Fachkenntnissen erwerben die Studierenden außerdem die zur Problemlösung notwendigen Schlüsselkompetenzen.

Das Studium gliedert sich in sechs voneinander unabhängige, über das Studienjahr verteilte Module. Am Ende jedes Moduls findet eine einwöchige Präsenzphase an der Albert-Ludwigs-Universität Freiburg statt. Zu Beginn des Studienjahres werden die Studierenden im Rahmen eines Einführungswochenendes mit der Lernplattform sowie dem multimedialen Lernen vertraut gemacht und erhalten eine erste fachliche Einführung.

Den größten Teil ihrer Zeit lernen die Studierenden zeit- und ortsunabhängig über das Internet. Da der überwiegende Teil der reinen Wissensvermittlung vor den jeweiligen Präsenzphasen stattfindet, erwerben die Studierenden die notwendigen Kenntnisse durch Lernen mithilfe von E-Learning und Skripten sowie der Lektüre der vorgegebenen Literatur, die über die Lernplattform zugänglich ist. Durch die in die E-Learnings integrierten Aufgaben mit Lösungsvorschlägen kann das Wissen überprüft und vertieft werden. Zusätzlich findet in Arbeitsgruppen eine intensive Vorbereitung auf die Präsenzveranstaltungen statt. Während der Präsenzphasen wenden die Studierenden das erlernte Fachwissen in Fallübungen direkt an. Zusätzlich spielen die von den Studierenden eingebrachten Erfahrungen in die fachliche Diskussion eine wichtige Rolle im intensiven Austausch zwischen Dozenten und Studierenden.

Adresse der Hochschule

MBA   Estate Planning
ALBERT-LUDWIGS-UNIVERSITÄT FREIBURG

Anschrift: Zentrum für Business and Law – MBA Estate Planning
Belfortstraße 18, 79098 Freiburg
Internet: www.mba.uni-freiburg
Kontakt: Falk Mehlhorn, Tel.: +49-761-2032357, E-Mail: falk.mehlhorn@mba.uni-freiburg.de

MBA-Programme

Name des Programms	MBA Estate Planning	International Tax
Schwerpunkt	Finance, Banking, Accounting, Audit, Versicherungen, Tax	
Form des Programms	Fernstudium	Teilzeit
Start des Programms	WS/1. September	k. A.
Dauer des Programms in Monaten	20	15
Kosten		
Programmkosten in Euro	18.900	18.900
Einschreibegebühren in Euro	k. A.	k. A.
Bewerbung		
Anmeldebeginn	laufend	k. A.
Letzter Anmeldetag	1. Juli	k. A.
1. Hochschulabschluss erforderlich	ja	k. A.
Zulassungstest	nein	k. A.
GMAT erforderlich	nein	k. A.
TOEFL erforderlich	nein	k. A.
Referenzen	ja	k. A.
Rahmenbedingungen		
Workloads ECTS	90	k. A.
Jährlich zugelassene Studenten	30	k. A.
Durchschnittliches Alter der Studenten	k. A.	k. A.
Internationale Studenten in %	0	k. A.
Internationale Kooperationen	nein	k. A.
Minimale Berufserfahrung in Jahren	2	k. A.
Durchschnittliche Berufserfahrung in Jahren	0	k. A.
Anteil Männer/Frauen in %	k. A.	k. A.
Fremdsprachenanteil in %	k. A.	k. A.
Studienblöcke (Anzahl)	6	k. A.
Lehrmethode Case Study in %	30	k. A.
Lehrmethode Vorlesung in %	20	k. A.
Andere Lehrmethoden in %	50 (Fernstudium)	k. A.
Abschlussarbeit erforderlich	ja	k. A.
Erstmals angeboten	2008	k. A.
Absolventen seit Beginn	k. A.	k. A.
Akkreditierung		
Akkreditiert laut Anbieter	ACQUIN	k. A.

Hochschule Offenburg

Profil der Hochschule

Als eine der führenden deutschen Bildungseinrichtungen bietet die Hochschule Offenburg eine ganze Reihe von Wettbewerbsvorteilen, was in den vergangenen Jahren durch hervorragende Ranking-Ergebnisse vielfach bestätigt wurde.

Qualität: So bescheinigte das Manager Magazin der Hochschule Spitzenplätze in verschiedenen Gebieten und auch die Ergebnisse des Stern-Ranking und des Centrums für Hochschulentwicklung (CHE) machen Offenburg zu einer der ersten Adressen im Bildungswesen. Ein Beleg für die wettbewerbsorientierte Positionierung ist die Würdigung durch den Stifterverband für die Deutsche Wissenschaft, der die Hochschule Offenburg für besonders innovative Reformprojekte als „Reform-Fachhochschule" ausgezeichnet hat.

Internationalität: Mit rund zwölf Prozent ausländischen Studenten und drei internationalen Master-Studiengängen ist die Hochschule Offenburg laut DAAD eine der internationalsten Fachhochschulen Deutschlands. Bereits im Jahr 1998 wurde der erste englischsprachige Master-Studiengang eingerichtet, das MBA-Programm startete ein Jahr später. Die in der Graduate School zusammengefassten Master-Studiengänge sind alle akkreditiert.

Praxisnahe Ausbildung: Ein wesentlicher Vorteil eines Studiums an der Hochschule Offenburg ist die praxisorientierte Ausbildung. Jeder Studiengang beinhaltet mindestens ein Praxissemester in einem der zahlreichen Partnerunternehmen aus der Region.

Besonderheiten des Studiengangs

Das MBA-Programm International Business Consulting (IBC) ist ein kompakter, praxisorientierter Studiengang mit Teilnehmern aus zahlreichen verschiedenen Ländern. Der Studiengang wurde 2004 von der FIBAA akkreditiert und erreichte in einem Ranking der FH Eberswalde den achten von 103 Rängen. Das IBC-Programm richtet sich an Hochschulabsolventen mit mindestens zwei Jahren Berufserfahrung, die eine Tätigkeit als Unternehmensberater oder eine Führungsposition im internationalen Management anstreben.

Mit Lehrveranstaltungen aus den Bereichen General Management, Logistics, IT und Communication & Leadership entspricht das Curriculum dem eines klassischen MBA-Programms. Gleichzeitig wird in allen Kursen ein Fokus auf die Perspektive des Consultants gelegt. Zahlreiche Lehrbeauftragte aus Unternehmensberatungen tragen zusätzlich zu dieser Schwerpunktbildung bei. Durch den umfassenden Einsatz von Fallstudien, Teamarbeit und interaktivem Unterricht wird das Wissen auf praktische Art und Weise vermittelt.

Internationale Verbindungen

Aufgrund der Kürze des Studiengangs und der Spezialisierung auf den Bereich Consulting ist ein Studiensemester an einer ausländischen Hochschule nicht empfehlenswert. Allerdings ist es möglich (und besonders für deutsche Studierende erwünscht), die Abschlussarbeit im Rahmen eines Auslandspraktikums zu erstellen.

Finanzielle Unterstützung/Stipendien

Die Hochschule Offenburg bietet in Zusammenarbeit mit Sponsoren und dem DAAD Teilstipendien für besonders herausragende Bewerber an.

Adresse der Hochschule

Hochschule Offenburg
University of Applied Sciences

Anschrift: Klosterstraße 14, 77723 Gengenbach
Internet: www.mba-ibc.com
Kontakt: Alexandra Raunig, Tel.: +49-7803-96984443, E-Mail: info@mba-ibc.com

MBA-Programm

Name des Programms	**International Business Consulting**
Schwerpunkt	Handel, Service Mgt., Consulting, PR, Medien, Kultur, Marketing
Form des Programms	Vollzeit
Start des Programms	WS/Oktober
Dauer des Programms in Monaten	15

Kosten

Programmkosten in Euro	6.665
Einschreibegebühren in Euro	196

Bewerbung

Anmeldebeginn	laufend
Letzter Anmeldetag	30. Juni
1. Hochschulabschluss erforderlich	ja
Zulassungstest	ja, nur für Nichtwirtschaftswissenschaftler
GMAT erforderlich	nein
TOEFL erforderlich	ja, 79/213/550 P.
Referenzen	ja, zwei

Rahmenbedingungen

Workloads ECTS	90
Jährlich zugelassene Studenten	15
Durchschnittliches Alter der Studenten	27
Internationale Studenten in %	100
Internationale Kooperationen	nein
Minimale Berufserfahrung in Jahren	1
Durchschnittliche Berufserfahrung in Jahren	4
Anteil Männer/Frauen in %	50/50
Fremdsprachenanteil in %	Englisch: 51–100
Studienblöcke (Anzahl)	0
Lehrmethode Case Study in %	37
Lehrmethode Vorlesung in %	15
Andere Lehrmethoden in %	48
Abschlussarbeit erforderlich	ja
Erstmals angeboten	1999
Absolventen seit Beginn	111

Akkreditierung

Akkreditiert laut Anbieter	FIBAA

Steinbeis Business Academy

Anschrift: Eisenlohrstraße 23, 76593 Gernsbach
Internet: www.steinbeis-academy.de
Kontakt: Silke Hartmann, Tel.: +-0711-451001-17, E-Mail: silke.hartmann@shb-sba.de
Claudia Baumgärtner, Tel.: +-0711-451001-21, E-Mail: claudia.baumgaertner@shb-sba.de

MBA-Programm

Name des Programms	**MBA**
Schwerpunkt	Management, Betriebswirtschaft, Gesundheit, Healthcare, Life Science, Sport
Form des Programms	Teilzeit
Start des Programms	laufend
Dauer des Programms in Monaten	24
Kosten	
Programmkosten in Euro	23.000
Einschreibegebühren in Euro	540
Bewerbung	
Anmeldebeginn	laufend
Letzter Anmeldetag	laufend
1. Hochschulabschluss erforderlich	ja
Zulassungstest	ja, Eignungstest
GMAT erforderlich	nein
TOEFL erforderlich	mündlicher u. schriftlicher Englischtest
Referenzen	ja, Projektgeber erforderlich
Rahmenbedingungen	
Workloads ECTS	90
Jährlich zugelassene Studenten	25
Durchschnittliches Alter der Studenten	37
Internationale Studenten in %	5
Internationale Kooperationen	ja
Minimale Berufserfahrung in Jahren	2
Durchschnittliche Berufserfahrung in Jahren	8
Anteil Männer/Frauen in %	60/40
Fremdsprachenanteil in %	Englisch: 26–50
Studienblöcke (Anzahl)	24
Lehrmethode Case Study in %	30
Lehrmethode Vorlesung in %	60
Andere Lehrmethoden in %	Studienreise ins Ausland
Abschlussarbeit erforderlich	ja
Erstmals angeboten	2003
Absolventen seit Beginn	85
Akkreditierung	
Akkreditiert laut Anbieter	FIBAA

Management Akademie Heidelberg

Anschrift: FH Ludwigshafen, Gaisbergstraße 11–13, 69115 Heidelberg
Internet: www.mba-hrm.de
Kontakt: Silvia Kutzner, Tel.: +49-6221-988-686, E-Mail: info@mba-hrm.de

MBA-Programm

Name des Programms	**MBA Human Resources Management**
Schwerpunkt	Leadership, HR, Entrepreneur, Unternehmensführung
Form des Programms	Teilzeit
Start des Programms	September
Dauer des Programms in Monaten	21
Kosten	
Programmkosten in Euro	21.500
Einschreibegebühren in Euro	k. A.
Bewerbung	
Anmeldebeginn	laufend
Letzter Anmeldetag	1. August
1. Hochschulabschluss erforderlich	ja
Zulassungstest	ja, Interview
GMAT erforderlich	nein
TOEFL erforderlich	ja
Referenzen	nein
Rahmenbedingungen	
Workloads ECTS	120
Jährlich zugelassene Studenten	20
Durchschnittliches Alter der Studenten	35
Internationale Studenten in %	0
Internationale Kooperationen	ja
Minimale Berufserfahrung in Jahren	3
Durchschnittliche Berufserfahrung in Jahren	7
Anteil Männer/Frauen in %	40/60
Fremdsprachenanteil in %	Englisch: 1–25
Studienblöcke (Anzahl)	15
Lehrmethode Case Study in %	50
Lehrmethode Vorlesung in %	30
Andere Lehrmethoden in %	20
Abschlussarbeit erforderlich	ja
Erstmals angeboten	2008
Absolventen seit Beginn	12
Akkreditierung	
Akkreditiert laut Anbieter	FIBAA

Troy University

Anschrift: Waldhofer Straße 102, 69123 Heidelberg
Internet: www.troy.de
Kontakt: Petra Metzger, Tel.: +49-6221-825-630, E-Mail: metzgerp@troy.edu

MBA-Programm

Name des Programms	**MBA in General Management**
Schwerpunkt	Management, Betriebswirtschaft
Form des Programms	Teilzeit
Start des Programms	Januar/Oktober
Dauer des Programms in Monaten	16
Kosten	
Programmkosten in Euro	14.000
Einschreibegebühren in Euro	40
Bewerbung	
Anmeldebeginn	laufend
Letzter Anmeldetag	kontinuierlich
1. Hochschulabschluss erforderlich	ja
Zulassungstest	ja, Interview
GMAT erforderlich	ja, 450 P., GRE: 850 P.
TOEFL erforderlich	ja (bedingt)
Referenzen	ja
Rahmenbedingungen	
Workloads ECTS	k. A.
Jährlich zugelassene Studenten	25
Durchschnittliches Alter der Studenten	30
Internationale Studenten in %	50
Internationale Kooperationen	ja
Minimale Berufserfahrung in Jahren	0
Durchschnittliche Berufserfahrung in Jahren	5
Anteil Männer/Frauen in %	60/40
Fremdsprachenanteil in %	Englisch: 51–100
Studienblöcke (Anzahl)	12
Lehrmethode Case Study in %	25
Lehrmethode Vorlesung in %	25
Andere Lehrmethoden in %	50
Abschlussarbeit erforderlich	nein
Erstmals angeboten	k. A.
Absolventen seit Beginn	k. A.
Akkreditierung	
Akkreditiert laut Anbieter	SACS, ACBSP

HTWG Hochschule Konstanz – LCBS Lake Constance Business School

Anschrift: Braunegger Straße 55, 78462 Konstanz
Internet: www.LCBS.HTWG-Konstanz.de
Kontakt: Roland Luxemburger, Tel.: +49-172-9672453, E-Mail: luxem@HTWG-Konstanz.de

MBA-Programme

Name des Programms	General Management	Human Capital Management	Compliance & Corporate Governance
Schwerpunkt	Management, Betriebswirtschaft	Management, Betriebswirtschaft, Leadership, HR, Entrepreneur, Unternehmensführung	
Form des Programms	Teilzeit	Teilzeit	Teilzeit
Start des Programms	WS/SS	WS	WS
Dauer des Programms in Monaten	18	18	24
Kosten			
Programmkosten in Euro	14.800	k. A.	24.500
Einschreibegebühren in Euro	k. A.	k. A.	k. A.
Bewerbung			
Anmeldebeginn	laufend	laufend	laufend
Letzter Anmeldetag	15. Juli/15. Februar	15. Juli	15. Juli
1. Hochschulabschluss erforderlich	ja	ja	ja
Zulassungstest	ja, Interview	ja, Interview	ja, Interview
GMAT erforderlich	nein	nein	nein
TOEFL erforderlich	nein	nein	ja
Referenzen	ja	ja	ja
Rahmenbedingungen			
Workloads ECTS	90	120	90
Jährlich zugelassene Studenten	16	15	20
Durchschnittliches Alter der Studenten	35	35	35
Internationale Studenten in %	20	20	90
Internationale Kooperationen	nein	nein	ja
Minimale Berufserfahrung in Jahren	2	2	2
Durchschn. Berufserfahrung in Jahren	8	8	10
Anteil Männer/Frauen in %	80/20	40/60	60/40
Fremdsprachenanteil in %	1–25	1–25	Englisch: 51–100
Studienblöcke (Anzahl)	13	17	13
Lehrmethode Case Study in %	30	30	30
Lehrmethode Vorlesung in %	20	20	20
Andere Lehrmethoden in %	50 (Seminar, Workshop)	50 (Seminar, Workshop)	50 (Seminar, Workshop)
Abschlussarbeit erforderlich	ja	ja	ja
Erstmals angeboten	1992	2004	2007
Absolventen seit Beginn	150	30	k. A.
Akkreditierung			
Akkreditiert laut Anbieter	ZEvA geplant	ZEvA geplant	ZEvA geplant

Schiller International University Heidelberg

Profil der Hochschule

Die Schiller International University in Heidelberg hat als Business School und internationale Privat-universität mit eigenem MBA-Angebot sicher die längste Erfahrung in Deutschland. Das erste deutsche Studienzentrum der SIU wurde bereits 1964 eingerichtet, den MBA-Grad gibt es bei der SIU schon seit über 20 Jahren. Die Hochschule ist nach amerikanischem Muster aufgebaut und orientiert sich an den hohen US-Hochschulstandards, die von Unternehmen in der ganzen Welt als maßgeblich betrachtet werden. Die Unterrichtssprache ist durchgängig Englisch. Die Schiller International University ist seit 1983 bei ACICS (Accrediting Council for Independent Colleges and Schools), dem für die Akkreditie-rung von Hochschulen in freier Trägerschaft zuständigen Akkreditierungsrat in den USA, akkreditiert. MBA-Absolventen der SIU sind inzwischen in den wichtigsten Unternehmen der Welt zu finden, sit-zen aber nicht nur in einer internationalen Konzernetage, sondern auch im Bundestag, im Parlament von Malaysia oder auf der Regierungsbank in Jamaica und sind in vielen verschiedenen Bereichen als selbstständige Unternehmer tätig.

Besonderheiten der Studiengänge

So international wie die sieben Standorte der SIU in sechs verschiedenen Ländern präsentieren sich auch der Lehrkörper und insbesondere die Studentenschaft. Studierende aus über 100 verschiedenen Ländern sind weltweit an der SIU immatrikuliert; am Heidelberger Campus der SIU sind in der Regel etwa 40 verschiedene Nationalitäten vertreten. Das Studium kann im Vollzeitformat oder, besonders für Berufstätige interessant, auch im Wochenendformat oder als Fernstudium sowie in einer Kombina-tion dieser Formate absolviert werden.

Bei einem im Jahr 2004 durchgeführten Ranking zum Thema Kundenorientierung erreichte die SIU Heidelberg den dritten Platz im Wettbewerb mit 103 anderen MBA-Programmen in Deutschland, Öster-reich und der Schweiz. Die Studie der FH Eberswalde zeigte das klare Bekenntnis der SIU zur Service-qualität. Charakteristisch für das Studium an der SIU sind kleine Seminargrößen und ein durch-schnittliches Dozenten-Studentenverhältnis von 1:12. Der MBA der SIU ist ein für die USA typisches Generalistendiplom: In Pflichtkursen werden nochmals die wichtigsten BWL-Bereiche behandelt, die eigene Schwerpunktbildung erfolgt über die Wahlkurse.

Internationale Verbindungen

Die Schiller International University verfügt über sieben Studienzentren in sechs Ländern. Der amerika-nische Hauptcampus befindet sich in Largo, Florida (USA); daneben gibt es den deutschen Campus in Heidelberg, einen Campus im Zentrum von London (England), zwei Studienzentren in Frankreich – in Paris und in Strasbourg –, einen Campus in Madrid (Spanien) und ein Studienzentrum in der Schweiz, in Leysin (VD). Der MBA-Studiengang kann an mehreren SIU-Studienzentren in Folge absolviert wer-den. Es bestehen eine Reihe von Kooperationen mit anderen Hochschulen in aller Welt. Im Heidelberger MBA-Programm unterrichten Lehrkräfte aus den USA, Großbritannien und Deutschland.

Finanzielle Unterstützung/Stipendien

Auf Antrag können bei bestimmten Vorbedingungen Teilstipendien gewährt werden. Insgesamt wird etwa ein Drittel der Studierenden durch hochschuleigene Stipendien unterstützt. Infos zur finanziellen Unterstützung gibt es in den Publikationen und der SIU-Webseite unter dem Stichwort „Financial Aid".

Adresse der Hochschule

Anschrift: Bergstraße 106, 69121 Heidelberg
Internet: www.siu-heidelberg.de
Kontakt: Thomas Leibrecht, , Tel.: +49-6221-45810, E-Mail: campus@siu-heidelberg.de

MBA-Programme

Name des Programms	MBA in Int. Business	MBA (36-Credit Program)	MBA (Mgt. of Inform. Techn.)	MBA in Int. Business
Schwerpunkt	European-/International-/Globalmgt., regionenorientiert	Management, Betriebswirtschaft	Engineering, Technologie, Luftverkehr, Energie, Logistics	European-/International-/Globalmgt., regionenorientiert
Form des Programms	Vollzeit	Vollzeit	Vollzeit	Teilzeit
Start des Programms	WS/SS	WS/SS	WS/SS	WS/SS
Dauer des Programms in Monaten	10	8	10	24
Kosten				
Programmkosten in Euro	21.195	16.820	21.195	21.195
Einschreibegebühren in Euro	65	65	65	65
Bewerbung				
Anmeldebeginn	laufend	laufend	laufend	laufend
Letzter Anmeldetag	Semesterstart	Semesterstart	Semesterstart	Semesterstart
1. Hochschulabschluss erforderlich	ja	ja	ja	ja
Zulassungstest	ja, Interview	ja, Interview	ja, Interview	ja, Interview
GMAT erforderlich	ja	ja	ja	ja
TOEFL erforderlich	ja, 550 P.	ja, 550 P.	ja, 550 P.	ja, 550 P.
Referenzen	nein	nein	nein	nein
Rahmenbedingungen				
Workloads ECTS	90	72	90	90
Jährlich zugelassene Studenten	40	40	10	40
Durchschnittliches Alter der Studenten	23	23	24	23
Internationale Studenten in %	75	75	75	75
Internationale Kooperationen	ja	ja	ja	ja
Minimale Berufserfahrung in Jahren	k. A.	k. A.	k. A.	k. A.
Durchschn. Berufserfahrung in Jahren	2	k. A.	2	2
Anteil Männer/Frauen in %	50/50	50/50	70/30	50/50
Fremdsprachenanteil in %	Englisch: 51–100	Englisch: 51–100	Englisch: 51–100	Englisch: 51–100
Studienblöcke (Anzahl)	12	12	12	12
Lehrmethode Case Study in %	30	30	30	30
Lehrmethode Vorlesung in %	40	40	40	40
Andere Lehrmethoden in %	30	30	30	30
Abschlussarbeit erforderlich	ja	ja	ja	ja
Erstmals angeboten	1985	2006	2001	1985
Absolventen seit Beginn	330	30	15	330
Akkreditierung				
Akkreditiert laut Anbieter	ACICS (USA)	ACICS (USA)	ACICS (USA)	ACICS (USA)

German Graduate School
of Management and Law

GGS

GERMAN GRADUATE SCHOOL
OF MANAGEMENT & LAW
H E I L B R O N N

Profil der Hochschule

Die German Graduate School of Management and Law (GGS) ist eine staatlich anerkannte private Hochschule, die von der Dieter Schwarz Stiftung gefördert wird. Sie ist international ausgerichtet und arbeitet weltweit mit führenden Universitäten in Forschung und Lehre zusammen. Im Zentrum von Lehre und Forschung steht die Entwicklung der Unternehmerpersönlichkeit und die Gestaltung von Innovationsprozessen. Die GGS konzentriert sich auf berufsbegleitende Studienprogramme (MBA, LL.M. und MSc.) für Führungstalente und bietet Weiterbildungsprogramme für Führungsteams im Bereich Management und Recht an.

Besonderheiten des Studiengangs

Im MBA-Programm der GGS zu studieren, heißt, sich für die Übernahme anspruchsvoller Führungsaufgaben fit zu machen: Im Zentrum der Ausbildung steht die Entwicklung zur verantwortungsvollen Führungs- und Unternehmerpersönlichkeit. Das Studium ist lernorientiert mit dem Blick auf das Wesentliche, die aktuelle Unternehmenspraxis und die Marktentwicklung. Schwerpunkte sind im ersten Studienjahr die Kernfunktionen der Unternehmensführung: General Management steht im Vordergrund. Darauf aufbauend konzentrieren sich die Programmangebote im zweiten Studienjahr auf folgende Schwerpunkte

- Leadership
- Process Management & Innovation
- International Business

Das MBA-Programm ist ein rein englischsprachiges, neben dem Beruf studierbares Wochenendprogramm. Lehrveranstaltungen finden regelmäßig alle drei Wochen von Freitagnachmittag bis Sonntag statt. Vorgesehen sind außerdem drei Studienwochen. In den letzten vier Monaten des Programms wird die Master-Arbeit angefertigt. Einmal für das berufsbegleitende Programm angenommen, gehören Sie zur wachsenden MBA-Community der GGS mit allen damit verbundenen Vorteilen: gemeinsam mit allen Studierenden, den Alumni und Professoren aus aller Welt. Weitere Master-Programme:

- LL. M. (Master of Laws) in Business Law für Nichtjuristen
- The Leeds MSc (Master of Science) in Business Management

Internationale Verbindungen

Wir bringen ein exzellentes, international ausgerichtetes MBA-Programm zu unseren Studierenden – dort, wo sie arbeiten und leben. Professoren und Dozenten der MBA-Programme kommen von internationalen Universitäten, die nach der „Financial Times MBA/Business Schools Survey" mit zu den 100 besten der Welt gehören.

Finanzielle Unterstützung/Stipendien

Die Dieter Schwarz Stiftung unterstützt das Studium an der GGS durch die Vergabe von attraktiven Stipendien. Für das Jahr 2010 vergibt die Stiftung für jeden im Auswahlverfahren zum Studium zugelassenen Bewerber ein Stipendium in Höhe von 50 Prozent der Studiengebühren.

Adresse der Hochschule

Anschrift: Bahnhofstraße 1, 74072 Heilbronn
Internet: www.ggs.de
Kontakt: Christine Schmidt, Tel.: +49-7131-645636-17,
E-Mail: christine.schmidt@ggs.de

GGS

GERMAN GRADUATE SCHOOL
OF MANAGEMENT & LAW
H E I L B R O N N

MBA-Programm

Name des Programms	**MBA General Management**
Schwerpunkt	Management, Betriebswirtschaft
Form des Programms	Teilzeit
Start des Programms	Juni/Oktober
Dauer des Programms in Monaten	24
Kosten	
Programmkosten in Euro	24.000
Einschreibegebühren in Euro	0
Bewerbung	
Anmeldebeginn	laufend
Letzter Anmeldetag	k. A.
1. Hochschulabschluss erforderlich	ja
Zulassungstest	ja, Assessment-Center
GMAT erforderlich	nein
TOEFL erforderlich	ja, B2-Niveau (87–109 P.)
Referenzen	ja, falls vorhanden
Rahmenbedingungen	
Workloads ECTS	65
Jährlich zugelassene Studenten	25
Durchschnittliches Alter der Studenten	29
Internationale Studenten in %	0
Internationale Kooperationen	ja
Minimale Berufserfahrung in Jahren	2
Durchschnittliche Berufserfahrung in Jahren	7
Anteil Männer/Frauen in %	80/20
Fremdsprachenanteil in %	Englisch: 51–100
Studienblöcke (Anzahl)	21
Lehrmethode Case Study in %	25
Lehrmethode Vorlesung in %	50
Andere Lehrmethoden in %	25 (Berufspraxis, Lernen und Erkenntnis)
Abschlussarbeit erforderlich	ja
Erstmals angeboten	2006
Absolventen seit Beginn	186
Akkreditierung	
Akkreditiert laut Anbieter	FIBAA

SCHOOL OF INTERNATIONAL BUSINESS
AND ENTREPRENEURSHIP

STEINBEIS UNIVERSITY BERLIN

SIBE
der Steinbeis-Hochschule Berlin
School of Int. Business and Entrepreneurship

Profil der Hochschule

Die School of International Business and Entrepreneurship (SIBE) der Steinbeis-Hochschule Berlin unterstützt mit ihren Master-Studiengängen Mitarbeiter in innovativen, zukunftsorientierten Unternehmen bei der Identifizierung und Realisierung von Wachstums- und Globalisierungschancen im In- und Ausland. Sie steht für erfolgreichen Wissenstransfer und systematischen Kompetenzaufbau zwischen Wissenschaft und Wirtschaft. Sie ist fokussiert auf Unternehmen, Organisationen und öffentliche Verwaltungen und auf kompetente, unternehmerisch global denkende und handelnde High Potentials. Ihre Studienprogramme werden als Open-Enrollment-Kurse und geschlossene Corporate-Programme durchgeführt. Ein besonderes Augenmerk liegt auch auf internationaler Qualifizierung in Zusammenarbeit mit ausländischen Top-Universitäten. Eine absolute Besonderheit der SIBE stellt ihr Institut Saphir dar. Saphir konzentriert sich auf die Rekrutierung, Auswahl inkl. Kompetenzerfassung und Vermittlung von jungen, akademischen High Potentials (national und international) und auf Dienstleistungen im Bereich Kompetenzmanagement. Unternehmen können hier ihre Nachwuchskräfte aus einem sehr umfangreichen, vorselektierten Bewerberpool auswählen. Konsequenterweise liegt der Forschungsschwerpunkt der SIBE auf Unternehmenswachstum, Globalisierung, Entrepreneurship und Kompetenzmanagement.

Besonderheiten der Studiengänge

Im MBA General Management, im Master of Arts (M.A.) in Management und im Master of Science (M.Sc.) in International Management erhalten Studierende als Basis eine umfassende Einführung in die wichtigsten betriebswirtschaftlichen Modelle und aktuellen Managementinstrumente. Absolventen aller Fachrichtungen mit mindestens zwei Jahren Berufserfahrung nach dem Erststudium werden durch das MBA-Studium vorbereitet auf funktionsübergreifende Führungsaufgaben beziehungsweise auf die Übernahme größerer funktionsübergreifender Führungsverantwortung. Durch den Master of Arts (M.A.) in Management erhalten Jungakademiker mit noch geringer Berufserfahrung einen idealen Karrierestart. Sie betreuen beispielsweise als Managementassistenten eigenständig zukunftsrelevante Wachstumsprojekte.

Der Studiengang Master of Science (M.Sc.) in International Management richtet sich speziell an Jungakademiker mit wirtschaftswissenschaftlichem Hochschulabschluss. Die Studierenden betreuen für Unternehmen, die international ausgerichtet sind oder im Ausland wachsen sollen, Projekte zur Umsetzung aktueller Marktchancen.

Internationale Verbindungen

In ihren Masterstudiengängen kooperiert die SIBE mit einer Vielzahl ausländischer Partner wie zum Beispiel der Tsinghua-Universität in Peking, dem Symbiosis Institute of Business Management (SIBM) im indischen Pune oder der UNESP in São Paulo in Brasilien.

Finanzielle Unterstützung/Stipendien

Alle Studiengänge der SIBE sind berufsintegriert, das heißt, die Studierenden arbeiten parallel zur Master-Qualifizierung Vollzeit in einem projektgebenden Unternehmen. Dieses trägt die Studiengebühren, die Reisekosten zu den Seminaren sowie ein Gehalt in Stipendienhöhe für den Studierenden. Weitere Kosten fallen für den Master-Studenten nicht an.

SCHOOL OF INTERNATIONAL BUSINESS
AND ENTREPRENEURSHIP

STEINBEIS UNIVERSITY BERLIN

Adresse der Hochschule

Anschrift: Kalkofenstraße 53, 71083 Herrenberg
Internet: www.steinbeis-sibe.de
Kontakt: Hanna Kümmerle, MBA General Management, Tel.: +49-7032-94580, E-Mail: info@steinbeis-sibe.de
Annette Schulten, MBA International Management, Tel.: +--, E-Mail:

MBA-Programme

Name des Programms	**MBA General Management**	**MBA International Management**
Schwerpunkt	Management, Betriebswirtschaft	Management, Betriebswirtschaft
Form des Programms	Teilzeit	Teilzeit
Start des Programms	4 x pro Jahr	4 x pro Jahr
Dauer des Programms in Monaten	24	24
Kosten		
Programmkosten in Euro	26.400	26.400
Einschreibegebühren in Euro	0	0
Bewerbung		
Anmeldebeginn	laufend	laufend
Letzter Anmeldetag	k. A.	k. A.
1. Hochschulabschluss erforderlich	ja	ja
Zulassungstest	ja	ja
GMAT erforderlich	nein, jedoch Kompetenztest	nein, jedoch Kompetenztest
TOEFL erforderlich	nein	nein
Referenzen	ja	ja
Rahmenbedingungen		
Workloads ECTS	90	90
Jährlich zugelassene Studenten	90	20
Durchschnittliches Alter der Studenten	27	30
Internationale Studenten in %	10	100
Internationale Kooperationen	ja	ja
Minimale Berufserfahrung in Jahren	2	2
Durchschnittliche Berufserfahrung in Jahren	3	6
Anteil Männer/Frauen in %	49/51	78/22
Fremdsprachenanteil in %	Englisch: 26–50	Englisch: 26–50
Studienblöcke (Anzahl)	15	15
Lehrmethode Case Study in %	50	50
Lehrmethode Vorlesung in %	25	25
Andere Lehrmethoden in %	25	25
Abschlussarbeit erforderlich	ja	ja
Erstmals angeboten	1998	1998
Absolventen seit Beginn	950	250
Akkreditierung		
Akkreditiert laut Anbieter	FIBAA	FIBAA

Bolton Business School in Germany

Steinbeis-Transferzentrum für Management-Training

STZ-MGMT ist wissenschaftlicher Partner der UoB

Profil der Hochschule

Das MBA-Programm der University of Bolton (UK) wurde kreiert zur Inspiration, zum Verständnis von internationalem Managementwissens und zum Ausbau unterschiedlicher Perspektiven der aktuellen Managementpraxis. Der „Bolton MBA" will Ihnen eine globale Handlungskompetenz vermitteln, Verständnis für die internationalen Geschäftsprozesse eröffnen und Ihnen helfen, sich als kreative Führungskraft weiterzuentwickeln, um sich den steigenden internationalen Anforderungen zu stellen. Sind Sie ein/e ambitionierte/r und kreative/r Manager/in und wollen in Teilzeit weiterstudieren? Dann wird Ihnen das MBA-Teilzeitprogramm der Universität of Bolton mit den flexiblen Lernoptionen weiterhelfen. Wenn Sie die Herausforderung der Kombination von Studium, Arbeit und Familienleben bewältigen wollen, steht Ihnen das hoch motivierte Team der Bolton Universität und des STZ-MGMT zur Verfügung.

Besonderheiten des Studiengangs

Der MBA-Kurs wurde auch entwickelt, um das „lebenslange Lernen" in die Praxis umzusetzen. Das MBA-Studium ist eine Herausforderung und eine Erfolgsstrategie für innovative Manager/innen im globalen Geschäftsumfeld. Die Professoren der University of Bolton unterrichten in den Räumen der DHBW Campus Horb in englischer Sprache nach den Richtlinien der Universität of Bolton. Wir sind dadurch in der Lage, das internationale Studium der Universität of Bolton auch in Deutschland/Horb anzubieten. Unsere MBA-Studenten sind während der gesamten Studienzeit in England immatrikuliert und erhalten den MBA-Titel der Universität of Bolton. Das MBA-Studium und der Abschluss sind weltweit anerkannt. Egal, in welchem Geschäftsbereich Sie sich befinden, der MBA-Kurs wird Sie bei der Entwicklung von kritischen Analysen unterstützen und Ihnen helfen, sich im weltweiten Geschäftsumfeld zu positionieren. Sie werden Werkzeuge kennenlernen, die Ihnen helfen, Ihre Professionalität und Ihr Managementwissen im „lebenslangen Lernprozess bzw. Career & Study" zu vertiefen. Die „Bolton Business School" bietet in Deutschland das MBA-Studium berufsbegleitend für maximal 15 Teilnehmer pro MBA-„Cohort V" an. Dies ermöglicht beste Kontakte zu den englischen Professoren und damit ein effektives Lehren und Lernen für alle Beteiligten.

Internationale Verbindungen

Die University of Bolton (UoB) hat weltweit über 12.000 Studenten. Die Studenten kommen aus 70 verschiedenen Ländern und absolvieren das UoB-Hochschulprogramm. Die Akkreditierung erfolgte durch QAA der UK. Das QAA-Board vergab die Einstufung: „broad confidence". Dies ist die höchstmögliche Qualitätsauszeichnung für englische Universitäten. Die MBA-Angebote der UoB existieren seit 1992 und werden in England als Teilzeit- und Vollzeit-Studium angeboten. Das weltweite MBA-Programmen wird angeboten in Malaysia, Vietnam, China, Hongkong, Indien, Russland, Dubai und Deutschland. Weitere Hochschulstandorte sind im Aufbau. Seit 2005 wird der MBA der Bolton Business School in Deutschland mit Unterstützung des „STZ-MGMT" angeboten. Wir führen die MBA-Vorlesungen in Deutschland durch und fliegen für Sie die englischen Professoren ein. Auf Wunsch der Studenten kann auch ein Modul an der Universität (UoB) in England angeboten werden.

Finanzielle Unterstützung/Stipendien

Die meisten dualen Partner (Unternehmen) erklären sich bereit, ab der Stufe 2 (stage 2) die Kosten des MBA zu übernehmen. Die MBA-Studiengebühren können auch als Ausbildungskosten von der Steuer abgesetzt werden.

Adresse der Hochschule

Anschrift: Florianstr. 15, 72160 Horb
Internet: www.bolton.ac.uk
Kontakt: Prof. Rolf Richterich, MBA University of Bolton, Tel.: +49-7451-521-272, E-Mail: r.richterich@stz-mgmt.de
Prof. Rolf Richterich, Wirtsch.ing.wesen – WiW, Tel.: +49-7451-521-151, E-Mail: r.richterich@hb.dhbw-stuttgart.de

Steinbeis-Transferzentrum für
Management-Training

MBA-Programm

Name des Programms	**MBA The University of Bolton/STZ-MGMT**
Schwerpunkt	European-/International-/Globalmgt., regionenorientiert
Form des Programms	Teilzeit
Start des Programms	Dezember
Dauer des Programms in Monaten	18
Kosten	
Programmkosten in Euro	10.000
Einschreibegebühren in Euro	0
Bewerbung	
Anmeldebeginn	kontinuierlich
Letzter Anmeldetag	1. Oktober
1. Hochschulabschluss erforderlich	ja oder Äquivalent
Zulassungstest	nein, Lebenslauf/CV in Englisch
GMAT erforderlich	nein
TOEFL erforderlich	IELTS-Level 6.5 oder vergleichbare Werte
Referenzen	ja, sollten im CV beschrieben sein
Rahmenbedingungen	
Workloads ECTS	90
Jährlich zugelassene Studenten	200
Durchschnittliches Alter der Studenten	28
Internationale Studenten in %	70
Internationale Kooperationen	ja
Minimale Berufserfahrung in Jahren	1
Durchschnittliche Berufserfahrung in Jahren	3
Anteil Männer/Frauen in %	70/30
Fremdsprachenanteil in %	Englisch: 51–100
Studienblöcke (Anzahl)	7
Lehrmethode Case Study in %	40
Lehrmethode Vorlesung in %	40
Andere Lehrmethoden in %	20
Abschlussarbeit erforderlich	ja
Erstmals angeboten	1992
Absolventen seit Beginn	1.200
Akkreditierung	
Akkreditiert laut Anbieter	QAA seit 1992 in Bolton und 2005 in Horb

Wissenschaftliche Hochschule Lahr (WHL)

Anschrift: Hohbergweg 15–17, 77933 Lahr
Internet: www.whl-lahr.de
Kontakt: Friederike Mutz, Tel.: +49-7821-923855, E-Mail: info@whl-lahr.de

MBA-Programme

Name des Programms	MBA General Management	MBA in General Management mit Vertiefung
Schwerpunkt	Management, Betriebswirtschaft	Management, Betriebswirtschaft
Form des Programms	Fernstudium	Fernstudium
Start des Programms	jederzeit	jederzeit
Dauer des Programms in Monaten	18	24
Kosten		
Programmkosten in Euro	k. A.	13.920
Einschreibegebühren in Euro	0	0
Bewerbung		
Anmeldebeginn	jederzeit	jederzeit
Letzter Anmeldetag	–	–
1. Hochschulabschluss erforderlich	ja, Uni, FH, TH, PH, BA	ja, Uni, FH, TH, PH, BA
Zulassungstest	nein	nein
GMAT erforderlich	nein	nein
TOEFL erforderlich	nein, aber Nachweis Engl. auf Abi-Niveau	
Referenzen	nein	nein
Rahmenbedingungen		
Workloads ECTS	90	120
Jährlich zugelassene Studenten	k. A.	k. A.
Durchschnittliches Alter der Studenten	31	31
Internationale Studenten in %	0	0
Internationale Kooperationen	nein	nein
Minimale Berufserfahrung in Jahren	1	1
Durchschnittliche Berufserfahrung in Jahren	k. A.	k. A.
Anteil Männer/Frauen in %	88/12	88/12
Fremdsprachenanteil in %	Englisch: 1–25	Englisch: 1–25
Studienblöcke (Anzahl)	0	0
Lehrmethode Case Study in %	5	0
Lehrmethode Vorlesung in %	0	0
Andere Lehrmethoden in %	15 Klausuren, 1 mündliche Prüfung	k. A.
Abschlussarbeit erforderlich	ja	ja
Erstmals angeboten	2007	2009
Absolventen seit Beginn	k. A.	k. A.
Akkreditierung		
Akkreditiert laut Anbieter	ACQUIN	ACQUIN

HECTOR School of Engineering and Management – Technology Business School Uni Karlsruhe

Anschrift: Schloßplatz 19, 76131 Karlsruhe
Internet: www.hectorschool.com
Kontakt: Eva Hildenbrand, Tel.: +49-721-608 7891, E-Mail: hildenbrand@hectorschool.com
Dr. Judith Elser, Tel.: +49-721-608 7891, E-Mail: elsner@hectorschool.com

MBA-Programme

Name des Programms	Mgt. of Product Development	Production and Operations Mgt.	Financial Engineering	Information Engineering
Schwerpunkt	Management, Betriebswirtschaft, Engineering, Technologie, Luftverkehr, Energie, Logistics		Mgt., Betriebswirtsch., Finance, Banking, Accounting, Audit, Versicher., Tax	Management, Betriebswirtschaft, IT, Computer Science, E-Management
Form des Programms	Executive	Executive	Executive	Executive
Start des Programms	15. März/September			
Dauer des Programms in Monaten	18	18	18	18
Kosten				
Programmkosten in Euro	30.000	30.000	30.000	30.000
Einschreibegebühren in Euro	0	0	0	0
Bewerbung				
Anmeldebeginn	laufend	laufend	laufend	laufend
Letzter Anmeldetag	15. Dezember/Juni			
1. Hochschulabschluss erforderlich	ja, BA/FH/Uni	ja, BA/FH/Uni	ja, BA/FH/Uni	ja, BA/FH/Uni
Zulassungstest	ja, Interview mit Programmdirektor			
GMAT erforderlich	nein, nur für internationale Bewerber			
TOEFL erforderlich	ja o. Äquivalent	ja o. Äquivalent	ja o. Äquivalent	ja o. Äquivalent
Referenzen	ja, Job-Referenzen	ja, Job-Referenzen	ja, Job-Referenzen	ja, Job-Referenzen
Rahmenbedingungen				
Workloads ECTS	k. A.	k. A.	k. A.	k. A.
Jährlich zugelassene Studenten	50	15	15	15
Durchschnittliches Alter der Studenten	30	30	30	30
Internationale Studenten in %	36	36	36	36
Internationale Kooperationen	ja	ja	ja	ja
Minimale Berufserfahrung in Jahren	3	3	3	3
Durchschn. Berufsfahrung in Jahren	5	5	5	5
Anteil Männer/Frauen in %	68/32	68/32	68/32	50/50
Fremdsprachenanteil in %	Englisch: 51–100	Englisch: 51–100	Englisch: 51–100	Englisch: 51–100
Studienblöcke (Anzahl)	10	10	10	10
Lehrmethode Case Study in %	25	25	25	25
Lehrmethode Vorlesung in %	75	75	75	75
Andere Lehrmethoden in %	0	0	0	0
Abschlussarbeit erforderlich	ja	ja	ja	ja
Erstmals angeboten	2005	2005	2005	2005
Absolventen seit Beginn	52	52	52	52
Akkreditierung				
Akkreditiert laut Anbieter	ASIIN	ASIIN	ASIIN	ASIIN

Graduate School Rhein-Neckar gGmbH

Profil der Hochschule

Die Graduate School Rhein-Neckar bündelt die Kompetenzen dreier Hochschulen. Die Duale Hochschule Baden-Württemberg Mannheim, die Hochschule Mannheim und die Fachhochschule Ludwigshafen bringen ihr Know-how aus den Bereichen Betriebswirtschaft, Naturwissenschaft und Technik ein. Neben den Hochschulen arbeiten wir eng mit führenden Unternehmen der Metropolregion zusammen. Um den Anforderungen der Wirtschaft gerecht zu werden, binden wir unsere zahlreichen Firmenkontakte bereits in der Planungsphase von Weiterbildungsangeboten mit ein.

Durch den modularen Aufbau bieten die Weiterbildungsmöglichkeiten an der Graduate School Rhein-Neckar eine hohe Flexibilität. Die MBA-Programme, Zertifikate und Seminare sind berufsbegleitend ausgerichtet und richten sich in erster Linie an Fach- und Führungskräfte.

Besonderheiten der Studiengänge

Alle MBA-Programme der Graduate School Rhein-Neckar sind berufsbegleitend konzipiert. Die Vorlesungen finden vorwiegend freitags und samstags oder in Wochenblockungen statt. Bei den Studiengängen handelt es sich um professional MBAs. Diese beinhalten die Vermittlung von Managementwissen und -fähigkeiten im Kontext der akademischen und beruflichen Erstausbildung. Wir bereiten Sie auf die Übernahmen von Führungsaufgaben im mittleren und höheren Management vor.

Aktuell bieten wir folgende Vertiefungen an: Engineering Management, Gesundheitsmanagement und -controlling, Information and Performance Management, Innovation Management. In Planung für 2011 ist das MBA-Programm Life Science Management.

Die Inhalte der MBA-Programme werden gemeinsam mit namhaften Unternehmen der Metropolregion Rhein-Neckar entwickelt und laufend aktualisiert. So ist gewährleistet, dass die theoretischen Inhalte auch den Anforderungen der Wirtschaft entsprechen.

Ein Studium im Elfenbeinturm ist bei der Graduate School Rhein-Neckar undenkbar. In allen Studiengängen wird großer Wert auf die praktische Umsetzung des Erlernten gelegt. Neben klassischen Vorlesungen wird der Unterricht durch Gruppendiskussionen, Vorträge und die Bearbeitung von realen Fallstudien ergänzt. Die Problemstellungen können die Studierenden aus ihrem beruflichen Umfeld in den Unterricht einbringen und dann in Kleingruppen bearbeiten. So ist sowohl für die Studierenden als auch für die Arbeitgeber ein direkter Return-on-Investment gegeben.

Internationale Verbindungen

Die Graduate School Rhein-Neckar verfügt zusammen mit den drei angeschlossenen Hochschulen über zahlreiche internationale Kontakte. Seit dem Sommer 2010 besteht für die Studierenden der Graduate School Rhein-Neckar auch die Möglichkeit, einzelne Module im Ausland zu belegen.

Finanzielle Unterstützung/Stipendien

Eine finanzielle Unterstützung kann durch den Arbeitgeber erfolgen. Hier sind alle Modelle von einer vollen Kostenübernahme über eine zinslose Finanzierung bis zu einer Bildungsfreistellung möglich. Gerne setzen wir uns mit Ihnen zusammen und erläutern Ihnen die verschiedenen Finanzierungsmöglichkeiten.

Adresse der Hochschule

Graduate School
R h e i n - N e c k a r

Anschrift: Julius-Hatry-Straße 1, 68163 Mannheim
Internet: www.gsrn.de
Kontakt: Ulrike Augart, für MBA EM, MBA IPM, MBA LSM, Tel.: +49-621-15020716, E-Mail: ulrike.augart@gsrn.de
Rosi Weindel, für MBA IT, MBA IM, MBA GMC, Tel.: +49-621-15020711, E-Mail: rosi.weindel@gsrn.de

MBA-Programme

Name des Programms	Information and Performance Mgt. (MBA)	Engineering Management (MBA)	Innovation Management (MBA)
Schwerpunkt	Management, Betriebswirtschaft, IT, Computer Science, E-Management	Management, Betriebswirtschaft	Mgt., Betriebswirtschaft, Leadership, HR, Entrepreneur, Unternehmensführung
Form des Programms	Teilzeit	Teilzeit	Teilzeit
Start dos Programms	Februar/September	laufend	September
Dauer des Programms in Monaten	24	24	24
Kosten			
Programmkosten in Euro	14.900	18.900	14.900
Einschreibegebühren in Euro	94	k. A.	k. A.
Bewerbung			
Anmeldebeginn	laufend	laufend	laufend
Letzter Anmeldetag	15. Dez./15. Juli	laufend möglich	15. Juli
1. Hochschulabschluss erforderlich	ja, Ausnahmen mögl.	ja	ja, Ausnahmen mögl.
Zulassungstest	ja, Eignungsprüfung/Interview	ja, Interview	nein
GMAT erforderlich	nein	nein	nein
TOEFL erforderlich	nein, Deutschtest f. ausl. Stud.	ja, TOEFL, IELTS o. Äquival.	ja
Referenzen	nein	ja, vom Arbeitgeber	ja
Rahmenbedingungen			
Workloads ECTS	90	90	90
Jährlich zugelassene Studenten	40	20	20
Durchschnittliches Alter der Studenten	30	30	k. A.
Internationale Studenten in %	1	k. A.	k. A.
Internationale Kooperationen	ja	ja	ja
Minimale Berufserfahrung in Jahren	1	2	1
Durchschn. Berufserfahrung in Jahren	5	6	k. A.
Anteil Männer/Frauen in %	80/20	90/10	k. A.
Fremdsprachenanteil in %	Englisch: 1–25	Englisch: 26–50	Englisch: 1–25
Studienblöcke (Anzahl)	4	10	10
Lehrmethode Case Study in %	k. A.	50	30
Lehrmethode Vorlesung in %	78	40	40
Andere Lehrmethoden in %	22	10	30
Abschlussarbeit erforderlich	ja	ja	ja
Erstmals angeboten	2006	2006	2010
Absolventen seit Beginn	45	15	k. A.
Akkreditierung			
Akkreditiert laut Anbieter	ACQUIN	FIBAA	ACQUIN

Adresse der Hochschule

Anschrift: Julius-Hatry-Straße 1, 68163 Mannheim
Internet: www.gsrn.de
Kontakt: Ulrike Augart, für MBA EM, MBA IPM, MBA LSM, Tel.: +49-621-15020716, E-Mail: ulrike.augart@gsrn.de
Rosi Weindel, für MBA IT, MBA IM, MBA GMC, Tel.: +49-621-15020711, E-Mail: rosi.weindel@gsrn.de

Graduate School
Rhein-Neckar

MBA-Programme

Name des Programms	IT Management (MBA)	Gesundheitsmgt. und -controlling (MBA)	Life Science Management (MBA)
Schwerpunkt	Mgt., Betriebswirtschaft, IT, Computer Science, E-Mgt.	Management, Betriebswirtschaft, Gesundheit, Healthcare, Life Science, Sport	
Form des Programms	Teilzeit	Teilzeit	Teilzeit
Start des Programms	September	September	SS
Dauer des Programms in Monaten	24	24	30
Kosten			
Programmkosten in Euro	14.900	14.900	22.500
Einschreibegebühren in Euro	k. A.	k. A.	k. A.
Bewerbung			
Anmeldebeginn	laufend	laufend	sofort
Letzter Anmeldetag	15. Juli	1. August	1. Februar
1. Hochschulabschluss erforderlich	ja	ja	ja
Zulassungstest	nein	nein	nein
GMAT erforderlich	nein	nein	nein
TOEFL erforderlich	ja	nein	ja
Referenzen	ja	ja	ja
Rahmenbedingungen			
Workloads ECTS	90	90	90
Jährlich zugelassene Studenten	20	20	20
Durchschnittliches Alter der Studenten	k. A.	k. A.	k. A.
Internationale Studenten in %	0	0	0
Internationale Kooperationen	ja	nein	ja
Minimale Berufserfahrung in Jahren	2	2	2
Durchschn. Berufserfahrung in Jahren	k. A.	k. A.	k. A.
Anteil Männer/Frauen in %	k. A.	k. A.	k. A.
Fremdsprachenanteil in %	Englisch: 26–50	0	Englisch: 51–100
Studienblöcke (Anzahl)	10	11	10
Lehrmethode Case Study in %	30	30	50
Lehrmethode Vorlesung in %	40	40	50
Andere Lehrmethoden in %	30	30	0
Abschlussarbeit erforderlich	ja	ja	ja
Erstmals angeboten	2010	2010	2011
Absolventen seit Beginn	k. A.	k. A.	k. A.
Akkreditierung			
Akkreditiert laut Anbieter	FIBAA	FIBAA	FIBAA geplant

ESB Reutlingen/Universität der Bundeswehr München

Anschrift: Alteburgstraße 150, 72762 Reutlingen
Internet: www.esb-reutlingen.de
Kontakt: Prof. Stefan Busch, ESB Reutlingen, Tel.: +49-7121-2713042, E-Mail: stefan.busch@reutlingen-university.de
Prof. Dr. Andreas Schüler, Uni d. Bundesw. München, Tel.: +49-89-60044213, E-Mail: andreas.schueler@unibw.de

MBA-Programm

Name des Programms	**MBA International Management für Offiziere**
Schwerpunkt	Management, Betriebswirtschaft
Form des Programms	Fernstudium
Start des Programms	1. April
Dauer des Programms in Monaten	19
Kosten	
Programmkosten in Euro	15.800
Einschreibegebühren in Euro	0
Bewerbung	
Anmeldebeginn	laufend
Letzter Anmeldetag	1. Februar
1. Hochschulabschluss erforderlich	ja
Zulassungstest	ja, Interview
GMAT erforderlich	nein
TOEFL erforderlich	ja (z. B. SLP oder TOEFL)
Referenzen	nein, aber wünschenswert
Rahmenbedingungen	
Workloads ECTS	90
Jährlich zugelassene Studenten	75
Durchschnittliches Alter der Studenten	31
Internationale Studenten in %	0
Internationale Kooperationen	ja
Minimale Berufserfahrung in Jahren	2
Durchschnittliche Berufserfahrung in Jahren	7
Anteil Männer/Frauen in %	100/0
Fremdsprachenanteil in %	Englisch: 26–50
Studienblöcke (Anzahl)	6
Lehrmethode Case Study in %	33
Lehrmethode Vorlesung in %	33
Andere Lehrmethoden in %	34 (gecoachtes Selbststudium)
Abschlussarbeit erforderlich	ja
Erstmals angeboten	2009
Absolventen seit Beginn	10
Akkreditierung	
Akkreditiert laut Anbieter	ACQUIN, AMBA geplant

Mannheim Business School

MANNHEIM
BUSINESS SCHOOL

Profil der Hochschule

Die Mannheim Business School ist das organisatorische Dach für betriebswirtschaftliche Managementweiterbildung an der Universität Mannheim. Sie besitzt als einzige deutsche Institution die „Triple Crown" und ist damit bei AACSB International, EQUIS und AMBA, den drei weltweit führenden Vereinigungen wirtschaftswissenschaftlicher Bildungseinrichtungen, akkreditiert. Forschung und Lehre auf weltweitem Spitzenniveau, Internationalität, Praxisorientierung und ein konsequentes Qualitätsmanagement gelten als Erfolgsfaktoren des „Mannheimer Konzepts".

Dass sich die Mannheim Business School bereits einen Namen auf dem internationalen MBA-Markt gemacht hat, belegen eine Reihe von Ranglisten: Als erste und einzige deutsche Business School ist Mannheim im Katalog der 100 weltweit besten MBA-Anbieter des Economist notiert (Platz 26). In den Rankings der lateinamerikanischen Wirtschaftsmagazine América Economía und Expansión nimmt sie jeweils einen Platz unter den Top-50 ein. Das Programm ESSEC & MANNHEIM Executive MBA wurde von der Financial Times im Oktober 2009 weltweit auf Rang 21 eingestuft, mit Top-Ten-Platzierungen in den Kategorien „Internationalität" und „Karrierefortschritt von Absolventen".

Besonderheiten der Studiengänge

Mannheim MBA: „So individuell wie Sie selbst sind" lautet der Leitgedanke des einjährigen englischsprachigen Mannheim MBA, der Führungsnachwuchs auf eine Karriere im internationalen Topmanagement vorbereitet. Der Studiengang beinhaltet eine Vielzahl an Wahlkursen, die Vermittlung von Schlüsselqualifikationen („Soft Skills"), und verschiedene Studienoptionen („German Track; Transatlantic/Eurasian Track; European Track"). Weiterhin gehören ein soziales Projekt und ein dreimonatiges Teamprojekt in einem international agierenden Unternehmen zum Curriculum.

ESSEC & MANNHEIM Executive MBA: Der berufsbegleitende Teilzeitstudiengang vermittelt Führungskräften mit durchschnittlich zehn Jahren Berufserfahrung das Rüstzeug für eine Karriere im internationalen Topmanagement. Angeboten wird das Programm in zwei Zeitformaten: „Modular" oder „Weekend".

Gelehrt wird im ESSEC & MANNHEIM Executive MBA nicht nur aktuelles Managementwissen. Gruppen- und Einzelcoachings sind ebenso fester Programmbestandteil wie ein „Entrepreneurial Project", in dem die Studierenden in Kleingruppen einen detaillierten Businessplan für ein Unternehmen oder ein Großprojekt ausarbeiten, und ein karitatives „Class Project".

MANNHEIM & TONGJI Executive MBA: Der berufsbegleitende Teilzeitstudiengang ist an die Bedürfnisse von Führungskräften angepasst und kann innerhalb von 14 Monaten oder einem maximalen Zeitraum von fünf Jahren durchlaufen werden. Das Programm vermittelt umfassendes Fachwissen mit Schwerpunkt auf den europäisch-asiatischen Wirtschaftsbeziehungen. Weiterhin gehören Soft-Skill-Kurse, Gastvorträge, Exkursionen und ein Master-Projekt zu den festen Bestandteilen des Programms.

Internationale Verbindungen

Partnerhochschulen im Mannheim MBA sind unter anderem die Warwick Business School (Großbritannien), die Copenhagen Business School (Dänemark), die EADA (Spanien), Thunderbird (USA), die Queen's Business School (Kanada), das IIMB und das IITM (beide Indien), sowie die National University of Singapore (Singapur). Fester Bestandteil des ESSEC & MANNHEIM Executive MBA sind mehrere mehrtägige Kursmodule im Ausland. Diese finden in Kooperation mit namhaften Business Schools unter anderem in Singapur, Shanghai, Madrid, Budapest, Brüssel oder Oslo statt.

Adresse der Hochschule

MANNHEIM
BUSINESS SCHOOL

Anschrift: L5 6, 68131 Mannheim
Internet: www.mannheim-business-school.com
Kontakt: Stefanie Gödker, MBA-Programm, Tel.: +49-621-181 3724, E-Mail: info@mba-mannheim.com
Nilgün Vatansever, Executive-MBA-Programme, Tel.: +49-621-181 3721, E-Mail: info@mba-mannheim.com

MBA-Programme

Name des Programms	Mannheim MBA	ESSEC & MANN-HEIM Modular Executive MBA	ESSEC & MANN-HEIM Weekend Executive MBA	MANNHEIM & TONGJI Executive MBA
Schwerpunkt		Management, Betriebswirtschaft		Mgt., Betriebswirt-schaft, European-/ Int.-/Globalmgt., regionenorientiert
Form des Programms	Vollzeit	Executive	Executive	Executive
Start des Programms	September	Oktober	April	März
Dauer des Programms in Monaten	12	18	19	14
Kosten				
Programmkosten in Euro	29.000	47.000	44.000	29.900
Einschreibegebühren in Euro	k. A.	150	150	50
Bewerbung				
Anmeldebeginn	laufend	laufend	laufend	laufend
Letzter Anmeldetag	15. Mai	15. August	15. Februar	k. A.
1. Hochschulabschluss erforderlich	ja	ja	ja	ja
Zulassungstest	nein	ja, Interview	ja, Interview	ja, Interview
GMAT erforderlich	ja, 600 P.	nein	nein	nein
TOEFL erforderlich	ja, 105 P.	ja	ja	ja, 105 P.
Referenzen	ja, zwei	ja, zwei	ja	ja, zwei Empf.schreiben
Rahmenbedingungen				
Workloads ECTS	k. A.	k. A.	k. A.	k. A.
Jährlich zugelassene Studenten	50	45	45	20
Durchschnittliches Alter der Studenten	29	36	36	k. A.
Internationale Studenten in %	70	73	35	60
Internationale Kooperationen	ja	ja	ja	ja
Minimale Berufserfahrung in Jahren	3	5	5	5
Durchschn. Berufserfahrung in Jahren	5	11	10	0
Anteil Männer/Frauen in %	60/40	63/37	75/25	k. A.
Fremdsprachenanteil in %	Englisch: 51–100	Englisch: 51–100	Englisch: 51–100	Englisch: 51–100
Studienblöcke (Anzahl)	4	14	0	6
Lehrmethode Case Study in %	30	30	30	0
Lehrmethode Vorlesung in %	40	30	30	0
Andere Lehrmethoden in %	30	40	40	k. A.
Abschlussarbeit erforderlich	ja	ja	ja	ja
Erstmals angeboten	2002	2004	2006	2011
Absolventen seit Beginn	165	134	46	k. A.
Akkreditierung				
Akkreditiert laut Anbieter		AACSB, AMBA, EFMD/EQUIS/EPAS		k. A.

Hochschule für Wirtschaft und Umwelt Nürtingen-Geislingen

Hochschule für
Wirtschaft und Umwelt
Nürtingen-Geislingen

Profil der Hochschule

Mit neuen Bachelor- und Master-Studiengängen in fünf Fakultäten hat die Hochschule für Wirtschaft und Umwelt (HfWU) hochschulpolitische Reformen mitgestaltet und das Lehrangebot an internationale Herausforderungen angepasst. Wirtschaft, Recht, Planung und Umwelt sind die Kompetenzbereiche, die das Studienkonzept der HfWU abdeckt. Von den insgesamt 4.000 Studierenden ist eine Mehrheit in wirtschaftswissenschaftlichen Bachelor- und Master-Programmen eingeschrieben. In Rankings, beispielsweise des Spiegels, des Manager Magazins und der Wirtschaftswoche, erhielten die wirtschaftswissenschaftlichen Studiengänge der HfWU hervorragende Beurteilungen. Praxisorientierung und Branchenbezug bilden die markanten Merkmale des betriebswirtschaftlichen Studienkonzeptes. Kurze Wege zu großen Konzernen und zu international erfolgreichen mittelständischen Unternehmen in der wirtschaftsstarken Region Stuttgart sorgen für den ständigen Praxisbezug in der Lehre.

Besonderheiten der Studiengänge

Internationales Management: Das Master-Studium Internationales Management soll Akademikern ohne wirtschaftswissenschaftliche Vorkenntnisse in einem dreisemestrigen kompakten Studiengang fundiertes internationales Wirtschafts- und Managementwissen und dessen Anwendung vermitteln. Die Absolventen dieses Studienganges sollen als zukünftige Fach- und Führungskräfte anspruchsvolle Aufgaben im In- und Ausland übernehmen können. Durch das Master-Studium werden die Studierenden befähigt, betriebswirtschaftliche Problemstellungen zu analysieren, ökonomisch begründete Lösungen zu finden und dabei internationale Bezüge herzustellen. Der zusätzliche berufsqualifizierende Abschluss verbessert so die Chancen, verantwortungsvolle Aufgaben mit internationaler Ausrichtung zu übernehmen, die interdisziplinäres Denken erfordern.

Management and Finance: Der berufsbegleitende, die Praxis der Teilnehmer integrierende Studiengang fördert die Führungskompetenz motivierter, leistungsstarker Akademiker aller Disziplinen, die Managementfunktionen in Unternehmen und anderen Organisationen anstreben und eine gewisse Affinität zum Finanzwesen haben. Die Studierenden reflektieren Sozialverhalten und Fragen der Ethik, lernen komplexe Strukturen von Institutionen zu erkennen, sie unter Anwendung wissenschaftlicher Methoden theoretisch fundiert zu analysieren, um daraus visionär geschäftspolitische Ziele und Entscheidungen abzuleiten. Neben den Aspekten Management und Führung in allgemein betriebs- und volkswirtschaftlich ausgerichteten Lehrveranstaltungen erfolgt eine Fokussierung auf das Gebiet der Finanzen.

Internationale Verbindungen

Die HfWU verfügt über vielfältige Partnerschaften und Kontakte mit Universitäten im europäischen und außereuropäischen Ausland wie z. B. die London Metropolitan University (Großbritannien), University of Glamorgan (Großbritannien), Technische Hochschule Vilnius Gediminas, Vilnius (Litauen), Fachhochschule Nordwestschweiz (Schweiz), Ajou University (Süd-Korea), Nelson Mandela Metropolitan University (Südafrika), Kansai Gaidai University (Japan), California State University, Fullerton (USA), California State University, Fresno (USA), University of Mississippi (USA), Royal Melbourne Institute of Technology University (Australien).

Finanzielle Unterstützung/Stipendien

Der Master-Studiengang Internationales Management wird seit Jahren durch den DAAD gefördert. Das Programm ist Teil der Förderung für Studiengänge mit entwicklungsländerbezogener Thematik und vergibt zum Wintersemester durchschnittlich sieben Stipendien.

Hochschule für
Wirtschaft und Umwelt
Nürtingen-Geislingen

Adresse der Hochschule

Anschrift: Neckarsteige 6–10, 72622 Nürtingen
Internet: www.hfwu.de
Kontakt: Erskin Blunck, MBA Internationales Mgm., Tel.: +49-7022-201393, E-Mail: Info-im@hfwu.de
Kurt M. Maier, MBA Management & Finance, Tel.: +49-7022-929228, E-Mail: kurt.maier@hfwu.de

MBA-Programme

Name des Programms	**MBA Internationales Management**	**MBA Management and Finance**	**Management and Real Estate**
Schwerpunkt	European-/International-/ Globalmgt., regionenorientiert	Finance, Banking, Accounting, Audit, Versicherungen, Tax	Mgt., Betriebswirtschaft; Tourism, Hospitality, Real Estate, Immobilien
Form des Programms	Vollzeit	Teilzeit	Teilzeit
Start des Programms	SS, WS	Frühjahr	Frühjahr
Dauer des Programms in Monaten	18	24	24
Kosten			
Programmkosten in Euro	1.500	18.000	18.000
Einschreibegebühren in Euro	330	0	0
Bewerbung			
Anmeldebeginn	laufend	laufend	laufend
Letzter Anmeldetag	SS: 15. Januar, WS: 15. Juni	1 Monat vor Programmstart	1 Monat vor Kursbeginn
1. Hochschulabschluss erforderlich	ja	ja	ja
Zulassungstest	ja, Auswahltest u. Interview	ja, Interview, Berufstätigkeit, Arbeitgebererlaubnis	ja, Interview
GMAT erforderlich	nein	nein	nein
TOEFL erforderlich	ja, 500 P. paper based o. äquivalenter Test	ja, 213 P. o. anderer Nachweis engl. Sprache	Nachweis der Englischkenntnisse
Referenzen	ja, empfohlen	ja	ja
Rahmenbedingungen			
Workloads ECTS	90	90	90
Jährlich zugelassene Studenten	40	15	15
Durchschnittliches Alter der Studenten	28	31	k. A.
Internationale Studenten in %	60	31	0
Internationale Kooperationen	ja	ja	k. A.
Minimale Berufserfahrung in Jahren	2	2	0
Durchschn. Berufserfahrung in Jahren	3	5	0
Anteil Männer/Frauen in %	40/60	90/10	k. A.
Fremdsprachenanteil in %	Englisch: 26–50	Englisch: 26–50	Englisch: 26-50
Studienblöcke (Anzahl)	14	12	12
Lehrmethode Case Study in %	40	70	70
Lehrmethode Vorlesung in %	30	15	15
Andere Lehrmethoden in %	30	15	15
Abschlussarbeit erforderlich	ja	ja	ja
Erstmals angeboten	1999	2002	2010
Absolventen seit Beginn	400	34	k. A.
Akkreditierung			
Akkreditiert laut Anbieter	FIBAA	FIBAA	FIBAA geplant

Hochschule Pforzheim   HOCHSCHULE PFORZHEIM

Profil der Hochschule

Mit mehr als 4.500 Studierenden ist die Hochschule Pforzheim eine der größten (Fach-)Hochschulen in Baden-Württemberg. Die Hochschule Pforzheim gilt als eine der führenden deutschen Hochschulen im Bereich Wirtschaft (vgl. Hochschulranking Wirtschaftswoche 03/2007 sowie CHE-Hochschul-Ranking in Zeit-Online 2008/09). Sie ist mit fast 3.000 Studierenden und 85 Professoren/-innen eine der größten betriebswirtschaftlichen Fachhochschulen in Deutschland und bietet mit den Fakultäten für Gestaltung, Technik sowie Wirtschaft und Recht die besten Voraussetzungen für eine interdisziplinäre Lehre.

Den MBA-Studiengängen stehen neben praxiserfahrenen Professoren zahlreiche Experten aus Unternehmen zur Seite, die Qualität und Praxisrelevanz garantieren. Der Studiengang MBA in Human Resources Management & Consulting ist durch die Akkreditierungsagentur AQAS akkreditiert. Der Abschluss eröffnet den Zugang zum höheren Dienst.

Besonderheiten des Studiengangs

Der Studiengang MBA in Human Resources Management & Consulting bietet eine international ausgerichtete Qualifikation im Bereich des strategischen Personalmanagements und der Beratung. Es handelt sich um ein fachspezifisches MBA-Programm. Zwei Berufsfelder prägen das Profil des MBA-Studiums:

- Der strategisch ausgerichtete HR-Manager oder Personalentwickler als HR-Business-Partner: Die Kernthemen sind hier: unternehmerisches Human Resources Management, internationales Personalmanagement, strategische Aspekte der Personalentwicklung.

- Der externe Management-Berater oder Inhouse-Consultant als Prozessberater: Zentrale Felder der Beratungsarbeit wie Organisationsentwicklung und Change Management, Geschäftsprozessoptimierung sowie Vorgehensweisen im Consulting bilden hier den Fokus.

Für beide Berufsfelder sind der Erwerb von Beratungskompetenz, die internationale Ausrichtung sowie die Förderung der methodischen und sozialen Kompetenzen (Präsentation, Moderation, Projektmanagement, Teamentwicklung …) zentrale Studienziele.

Das Präsenzstudium findet in den ersten beiden Studiensemestern an den Tagen Donnerstag bis Samstag statt. Eine parallele berufliche Tätigkeit in Teilzeit ist möglich. Die berufliche Tätigkeit wird durch Praxis-Transferprojekte in das Curriculum integriert. Falls dies im Einzelfall nicht möglich ist, sind die Praxis-Transferprojekte im Rahmen eines zusätzlichen Praxissemesters zu erarbeiten.

Duales Traineeprogramm: The Talent-Bridge – im dualen System zum MBA: Unternehmen haben die Möglichkeit, hoch qualifizierten Diplom-, Bachelor- oder Berufsakademie-Absolventen/-innen eine Weiterbildung zum MBA im dualen System Hochschule-Wirtschaft anzubieten. Die Gesamtdauer beträgt zweieinhalb Jahre, wobei das erste Jahr als Trainee-Programm im Unternehmen gestaltet wird. Es schließt sich das einjährige MBA-Studium Human Resources Management & Consulting (Donnerstag bis Samstag) neben der Tätigkeit im Unternehmen an. Das Studium wird durch ein Master-Projekt im Unternehmen abgeschlossen.

Internationale Verbindungen

Hochschulkooperationen:
European HR Network, ISCTE Lisboa

Adresse der Hochschule

HOCHSCHULE PFORZHEIM ≡≡≡

Anschrift: Tiefenbronner Straße 65, 75175 Pforzheim
Internet: www.hs-pforzheim.de/master
Kontakt: Prof. Dr. Stephan Fischer, MBA HRM & Consulting, Tel.: +49-7231-28-6312, E-Mail: mba-hrmc@hs-pforzheim.de
Slava Markert, MBA HRM & Consulting, Tel.: +49-7231-28-6312, E-Mail: mba-hrmc@hs-pforzheim.de

MBA-Programm

Name des Programms	**MBA in Human Resources Management & Consulting**
Schwerpunkt	Mgt., Betriebswirtschaft; Leadership, HR, Entrepreneur, Unternehmensfüh.
Form des Programms	Teilzeit
Start des Programms	WS
Dauer des Programms in Monaten	18
Kosten	
Programmkosten in Euro	6.400
Einschreibegebühren in Euro	k. A.
Bewerbung	
Anmeldebeginn	laufend
Letzter Anmeldetag	15. Juni
1. Hochschulabschluss erforderlich	ja
Zulassungstest	ja, Auswahlgespräch
GMAT erforderlich	nein
TOEFL erforderlich	ja
Referenzen	ja
Rahmenbedingungen	
Workloads ECTS	90
Jährlich zugelassene Studenten	15
Durchschnittliches Alter der Studenten	31
Internationale Studenten in %	30
Internationale Kooperationen	ja
Minimale Berufserfahrung in Jahren	2
Durchschnittliche Berufserfahrung in Jahren	4
Anteil Männer/Frauen in %	40/60
Fremdsprachenanteil in %	Englisch: 1–25
Studienblöcke (Anzahl)	5
Lehrmethode Case Study in %	30
Lehrmethode Vorlesung in %	20
Andere Lehrmethoden in %	50
Abschlussarbeit erforderlich	ja
Erstmals angeboten	2001
Absolventen seit Beginn	112
Akkreditierung	
Akkreditiert laut Anbieter	AQAS

Hochschule Pforzheim

HOCHSCHULE PFORZHEIM

Profil der Hochschule

Mit mehr als 4.500 Studierenden ist die Hochschule Pforzheim eine der größten Hochschulen in Baden-Württemberg. Die Hochschule Pforzheim gilt als eine der führenden deutschen Hochschulen im Bereich Wirtschaft (vgl. Hochschulrankings Wirtschaftswoche 05/2010, 18/2009, CHE 2008/09) und besitzt mit 2.700 Studierenden und 85 Professoren/-innen eine der größten betriebswirtschaftlichen Fakultäten in Deutschland. Mit den Hochschulbereichen Gestaltung, Technik sowie Wirtschaft und Recht bietet sie die besten Voraussetzungen für eine interdisziplinäre Lehre.

Besonderheiten des Studiengangs

Der MBA International Management (MBA-IM) sieht neben der Vermittlung traditioneller Managementkompetenzen als zweite Säule drei Vertiefungen vor, welche die wichtigen Zukunftsthemen Innovation, Nachhaltigkeit und Globalisierung aus Unternehmenssicht in den Mittelpunkt stellen.

- **Innovation and Business Dynamics:** Erwerb der Fähigkeiten: betriebliche Innovations- und Veränderungspotenziale erkennen, analysieren und die Umsetzung von Innovationen organisieren
- **Sustainable Globalization:** Erwerb von Kompetenzen, um Verantwortung für eine nachhaltige globale Entwicklung zu übernehmen und die Potenziale eines ökonomisch, ökologisch und sozial nachhaltigen Handelns für eine erfolgreiche Unternehmenspolitik zu nutzen
- **Europe in the Global Environment:** Vermittlung der Fähigkeit, mit den vielfältigen Herausforderungen der globalen und der europäischen Integration sicher umzugehen

Der Studiengang richtet sich an Hochschulabsolvent/-innen aller Studienrichtungen, die nach einem Erststudium mind. zwei Jahre Berufserfahrung vorweisen können, und bereitet auf die Übernahme von Führungsverantwortung vor. Das Programm ist konsequent international ausgerichtet, die Unterrichtssprache ist daher durchgängig Englisch. Da das Studium innerhalb einer international zusammengesetzten Gruppe von Studierenden absolviert wird und einen hohen Anteil an Teamarbeit enthält, ist der Austausch mit anderen Nationen und Kulturen alltäglicher Studienbestandteil.

Der Studiengang wurde 1995 als erstes staatlich anerkanntes MBA-Programm einer deutschen Hochschule eingeführt und wird für zwei Zielgruppen angeboten:

- als viersemestriges MBA-Programm für Nichtwirtschaftswissenschaftler (Start im Oktober)
- als dreisemestriges MBA-Programm für Wirtschaftswissenschaftler (Start im März)

Für Absolventen deutscher Hochschulen ist ein Auslandssemester an einer der Partnerhochschulen integriert. Im abschließenden Semester absolvieren die Teilnehmer ihre MBA-Abschlussarbeit, die in Kooperation mit einem Unternehmen/einer internationalen Organisation durchgeführt wird. Der Studiengang trägt das Qualitätslabel „TOP 10 International Master's Degree Courses Made in Germany".

Internationale Verbindungen

Europe: University of Brighton (UK), Ecole Superieure de Commerce de Tours, Poitiers (ESCEM) (France), Grande Ecole de Commerce et de Management, ESC Clermont (France), Instituto Superior de Ciencias do Trabalho e Empresa (ISCTE), Lisbon (Portugal), University of Ljubljana (Slovenia).
Americas: University of South Carolina, Columbia (USA), Lehigh University, Bethlehem, PA (USA), Instituto Tecnológico y de Estudio Superiores de Monterrey (Mexico).
Asia – Pacific: Indian Institute of Foreign Trade (IIFT), New Delhi (India), Indian Institute of Management (IIM), Ahmedabad (India), Indian Institute of Science, Bangalore (IISC) (India), Gadja Mada University (Indonesia), University of Macao (China).

Adresse der Hochschule

HOCHSCHULE PFORZHEIM ≡≡

Anschrift: Tiefenbronner Straße 65, 75175 Pforzheim
Internet: www.hs-pforzheim.de/mba
Kontakt: Prof. Dr. Matthias Kropp, Tel.: +49-7231-286146, E-Mail: mba@hs-pforzheim.de
Sascha Eichelkraut, Tel.: +49-7231-286146, E-Mail: mba@hs-pforzheim.de

MBA-Programm

Name des Programms	**MBA International Management**
Schwerpunkt	Mgt., Betriebswirtsch., European-/International-/Globalmgt., regionenorien.
Form des Programms	Vollzeit
Start des Programms	WS
Dauer des Programms in Monaten	24
Kosten	
Programmkosten in Euro	3.600
Einschreibegebühren in Euro	97
Bewerbung	
Anmeldebeginn	laufend
Letzter Anmeldetag	15. Juni/15. Dezember
1. Hochschulabschluss erforderlich	ja
Zulassungstest	ja, persönliches oder telefonisches Interview
GMAT erforderlich	ja, 550 P.
TOEFL erforderlich	ja oder IELTS
Referenzen	ja, 2 Empfehlungsschreiben
Rahmenbedingungen	
Workloads ECTS	120
Jährlich zugelassene Studenten	25
Durchschnittliches Alter der Studenten	27
Internationale Studenten in %	70
Internationale Kooperationen	ja
Minimale Berufserfahrung in Jahren	2
Durchschnittliche Berufserfahrung in Jahren	3
Anteil Männer/Frauen in %	70/30
Fremdsprachenanteil in %	Englisch: 51–100
Studienblöcke (Anzahl)	0
Lehrmethode Case Study in %	40
Lehrmethode Vorlesung in %	40
Andere Lehrmethoden in %	20
Abschlussarbeit erforderlich	ja
Erstmals angeboten	1995
Absolventen seit Beginn	230
Akkreditierung	
Akkreditiert laut Anbieter	AQAS

Hochschule Reutlingen/ ESB Business School

Profil der Hochschule

Die Hochschule Reutlingen versteht sich als eine der führenden deutschen Hochschulen mit technischen, wirtschaftswissenschaftlichen und interdisziplinären Studiengängen und erachtet das Zusammenwirken dieser Bereiche als wesentlich für eine zukunftssichere Ausbildung. Die Studienangebote erstrecken sich auf den Bachelor- und Master-Bereich sowie auf die berufliche Weiterbildung mit Hochschulniveau.

Die Hochschule bezieht ihr Selbstverständnis aus folgenden Markenzeichen: Internationalität, Praxisorientierung, angewandte Forschung und Entwicklung, intensive Zusammenarbeit mit der Wirtschaft, attraktives Studium, persönliche Auswahl der Studierenden, Entwicklung der Persönlichkeit der Studierenden, Transparenz.

Besonderheiten der Studiengänge

- kompaktes Curriculum
- Eine integrative Managementsicht wird – ebenso wie Führungs- und Sozialkompetenzen – praxis- und projektorientiert vermittelt.
- Modularer Aufbau, d. h. das Absolvieren jedes Lehrgebietes in Blockform ermöglicht eine intensive, zeitlich überschaubare Beschäftigung mit dem jeweiligen Lehrgebiet.
- Überschaubare Lernfortschritte werden step by step mit einer Prüfungsleistung nach jedem Blockmodul überprüft und dokumentiert.
- flexible Form der Studienorganisation (auf Antrag prinzipiell möglicher Wechsel zwischen Vollzeit-, flexiblem Vollzeit- und Part-Time-Studium, wodurch die unterschiedlichen Berufs- und Lebenssituationen der Teilnehmer optimal berücksichtigt werden können)
- internationale Ausrichtung des Programms
- starker Praxisbezug (Professoren mit langjährigen praktischen Erfahrungen, Einbezug von ca. 80 hochkarätigen Lehrbeauftragten aus Unternehmen, Vorlesung vor Ort in den Unternehmen, Theses-Erstellung zu 90 Prozent in Zusammenarbeit mit Unternehmen, studentische Unternehmensberatung IM-Consulting-Team)
- fest installiertes Qualitätssicherungssystem/Evaluation jeder Lehrveranstaltung
- Auslandsaufenthalte, die flexibel in das Studium integriert werden können
- Kleine, internationale und interdisziplinäre Gruppen; ermöglicht wird hierdurch ein intensiver Erfahrungsaustausch unter Einbringung des unterschiedlichen Studien- und Berufshintergrundes sowie der interkulturellen Verschiedenheiten.
- Networking durch die Alumni-Vereinigung sowie durch ein gut funktionierendes Studenten-Intranet und eine sehr aktive Studentenvertretung

Internationale Verbindungen

Kooperationen und Absichtserklärungen wurden mit Institutionen aus folgenden Ländern geschlossen: Argentinien, Australien, China, Frankreich, Großbritannien, Italien, Kanada, Mexiko und USA.

Finanzielle Unterstützung/Stipendien

Der Deutsche Akademische Austauschdienst (DAAD) vergibt speziell für das MBA Full-Time-Programm pro Jahr sieben Stipendien für Bewerber aus Entwicklungsländern.

Adresse der Hochschule

Anschrift: ESB Business School, Alteburgstraße 150, 72762 Reutlingen
Internet: www.esb-reutlingen.de
Kontakt: Nela Sucic, MBA Part-Time-Programm, Tel.: +49-7121-2711508, E-Mail: nela.sucic@reutlingen-university.de
Kerstin Bender, MBA Full-Time-Progr., Tel.: +49-7121-2713054, E-Mail: kerstin.bender@reutlingen-university.de

MBA-Programme

Name des Programms	**MBA Full-Time**	**MBA Flex-Time**	**MBA Part-Time**
Schwerpunkt	European-/International-/Globalmgt., regionenorientiert, Leadership, HR, Entrepreneur, Unternehmensführung		European-/International-/ Globalmgt., regionenorientiert
Form des Programms	Vollzeit	Vollzeit	Teilzeit
Start des Programms	März, September	März, September	Februar, September
Dauer des Programms in Monaten	18	36	36
Kosten			
Programmkosten in Euro	4.500	4.500	9.500
Einschreibegebühren in Euro	101	101	101
Bewerbung			
Anmeldebeginn	laufend	laufend	laufend
Letzter Anmeldetag	1. Dez. (SS)/15. Juni (WS)		
1. Hochschulabschluss erforderlich	ja	ja	ja
Zulassungstest	ja, Interview	ja, Interview	ja, Interview
GMAT erforderlich	nein	nein	nein
TOEFL erforderlich	nein	nein	ja, Interview
Referenzen	nein	nein	nein
Rahmenbedingungen			
Workloads ECTS	90	90	90
Jährlich zugelassene Studenten	75	100	50
Durchschnittliches Alter der Studenten	26	26	33
Internationale Studenten in %	50	50	10
Internationale Kooperationen	ja	ja	ja
Minimale Berufserfahrung in Jahren	2	2	2
Durchschn. Berufserfahrung in Jahren	2	3	4
Anteil Männer/Frauen in %	50/50	50/50	70/30
Fremdsprachenanteil in %	Englisch: 26–50	Englisch: 26–50	Englisch: 26–50
Studienblöcke (Anzahl)	15	15	15
Lehrmethode Case Study in %	20	20	20
Lehrmethode Vorlesung in %	60	20	10
Andere Lehrmethoden in %	20	60	70
Abschlussarbeit erforderlich	ja	ja	ja
Erstmals angeboten	1984	1984	1995
Absolventen seit Beginn	1723	84	250
Akkreditierung			
Akkreditiert laut Anbieter	AACSB geplant, FIBAA	AACSB geplant, FIBAA	AACSB geplant, FIBAA

Hochschule der Medien Stuttgart

Anschrift: 70191 Stuttgart
Internet: www.hdm-stuttgart.de
Kontakt: mildenberger@hdm-stuttgart.de

MBA-Programm

Name des Programms	**International Business**
Schwerpunkt	Management, Betriebswirtschaft, European-/International-/Globalmgt., regionenorientiert
Form des Programms	Fernstudium
Start des Programms	WS
Dauer des Programms in Monaten	60
Kosten	
Programmkosten in Euro	7.500
Einschreibegebühren in Euro	k. A.
Bewerbung	
Anmeldebeginn	k. A.
Letzter Anmeldetag	15. Juli
1. Hochschulabschluss erforderlich	ja
Zulassungstest	nein
GMAT erforderlich	nein
TOEFL erforderlich	nein, Nachw. kann auch auf andere Art erbracht werden
Referenzen	nein
Rahmenbedingungen	
Workloads ECTS	90
Jährlich zugelassene Studenten	30
Durchschnittliches Alter der Studenten	k. A.
Internationale Studenten in %	0
Internationale Kooperationen	ja
Minimale Berufserfahrung in Jahren	1
Durchschnittliche Berufserfahrung in Jahren	k. A.
Anteil Männer/Frauen in %	k. A.
Fremdsprachenanteil in %	Englisch: 26–50
Studienblöcke (Anzahl)	0
Lehrmethode Case Study in %	0
Lehrmethode Vorlesung in %	0
Andere Lehrmethoden in %	Online-Seminare
Abschlussarbeit erforderlich	ja
Erstmals angeboten	2008
Absolventen seit Beginn	k. A.
Akkreditierung	
Akkreditiert laut Anbieter	ACQUIN

Hochschule Ravensburg-Weingarten

Anschrift: Doggenriedstraße, 88250 Weingarten
Internet: www.hs-weingarten.de
Kontakt: Bernd Platzek, Tel.: +49-751-5019726, E-Mail: platzek@hs-weingarten.de

MBA-Programme

Name des Programms	International Business Mgt.	Mgt. im Sozial- u. Gesundheitsw.
Schwerpunkt	European-/International-/Globalmgt., regionenorientiert	Gesundheit, Healthcare, Life Science, Sport
Form des Programms	Teilzeit	Teilzeit
Start des Programms	WS/1. September	WS
Dauer des Programms in Monaten	15	30
Kosten		
Programmkosten in Euro	9.750	7.400
Einschreibegebühren in Euro	98	465
Bewerbung		
Anmeldebeginn	laufend	laufend
Letzter Anmeldetag	laufend	15. Juli
1. Hochschulabschluss erforderlich	ja	ja
Zulassungstest	ja, Interview	nein
GMAT erforderlich	nein	nein
TOEFL erforderlich	nein	nein
Referenzen	nein	nein
Rahmenbedingungen		
Workloads ECTS	120	90
Jährlich zugelassene Studenten	25	20
Durchschnittliches Alter der Studenten	26	32
Internationale Studenten in %	5	k. A.
Internationale Kooperationen	ja	nein
Minimale Berufserfahrung in Jahren	1	2
Durchschnittliche Berufserfahrung in Jahren	4	7
Anteil Männer/Frauen in %	65/35	50/50
Fremdsprachenanteil in %	Englisch: 1–25	Englisch: 1–25
Studienblöcke (Anzahl)	3	25
Lehrmethode Case Study in %	35	10
Lehrmethode Vorlesung in %	45	60
Andere Lehrmethoden in %	20	30
Abschlussarbeit erforderlich	ja	ja
Erstmals angeboten	2002	2002
Absolventen seit Beginn	150	60
Akkreditierung		
Akkreditiert laut Anbieter	ACQUIN	AHPGS

International Business School Tuttlingen

Wiss. Kooperationspartner: HFU Business School

Profil der Hochschule

Die International Business School Tuttlingen (IBST) konzentriert sich auf Themen der Management-weiterbildung für die Medizintechnik-, Pharma- und Biotechnologiebranchen. Sie ist ein Kooperationsprojekt der Hochschule Furtwangen – HFU Business School – sowie international führenden Unternehmen der Medizintechnik, Institutionen des Gesundheitswesens, der Stadt und des Landkreises Tuttlingen.

Besonderheiten des Studiengangs

Der MBA „Medical Devices & Healthcare Management" für Manager und Nachwuchsführungskräfte aus Unternehmen der Medizintechnik sowie der Pharma- und Biotechnikindustrie ermöglicht eine steile Karriere in einem enormen Wachstumsmarkt. Dieses postgraduale, berufsbegleitende Master-Programm ist interdisziplinär und international ausgerichtet und legt auf interkulturelle Kompetenz und Persönlichkeitsentwicklung sehr großen Wert. Neben General-Management-Wissen stehen betriebswirtschaftliche Kenntnisse und Branchenwissen auf dem Stundenplan.

Hauptzielgruppen sind Ingenieure, Naturwissenschaftler, Ärzte, Betriebswirte oder Juristen, die als Mitarbeiter in der Industrie oder in Einrichtungen des Gesundheitswesens tätig sind. Ebenso ist der Studiengang für Firmennachfolger, Existenzgründer und selbstständige Unternehmer interessant. Das Curriculum ist so konzipiert, dass in den einzelnen Studienfächern neben den grundlegenden, branchenübergreifenden Inhalten des Master-Studiengangs spezifische Kenntnisse, Anwendungen und Praxisbeispiele für die Medizintechnikbranche und den Healthcare-Sektor vermittelt werden.

Internationale Verbindungen

Über den Hochschulpartner, die HFU Business School, gibt es die Möglichkeit, an internationalen Austauschprogrammen teilzunehmen.

Finanzielle Unterstützung/Stipendien

Auf Anfrage werden Kontakte zu Kreditinstituten mit maßgeschneiderten Angeboten hergestellt.

INTERNATIONAL
BUSINESS SCHOOL TUTTLINGEN

Adresse der Hochschule

Anschrift: Kronenstraße 16, 78532 Tuttlingen
Internet: www.mba-tuttlingen.de
Kontakt: Dr. Theophil Rieger, Tel.: +49-7461-1502-6680, E-Mail: theophil.rieger@tuttlingen.de
Verwaltung, Tel.: +49-7461-1502-6681, E-Mail: mba@tuttlingen.de

MBA-Programm

Name des Programms	**Medical Devices & Healthcare Management**
Schwerpunkt	Gesundheit, Healthcare, Life Science, Sport
Form des Programms	Teilzeit
Start des Programms	WS
Dauer des Programms in Monaten	24
Kosten	
Programmkosten in Euro	16.500
Einschreibegebühren in Euro	0
Bewerbung	
Anmeldebeginn	laufend
Letzter Anmeldetag	15. Juli und auf Anfrage
1. Hochschulabschluss erforderlich	ja
Zulassungstest	ja, Interview
GMAT erforderlich	ja
TOEFL erforderlich	ja
Referenzen	nein
Rahmenbedingungen	
Workloads ECTS	90
Jährlich zugelassene Studenten	15
Durchschnittliches Alter der Studenten	35
Internationale Studenten in %	20
Internationale Kooperationen	ja
Minimale Berufserfahrung in Jahren	2
Durchschnittliche Berufserfahrung in Jahren	7
Anteil Männer/Frauen in %	70/30
Fremdsprachenanteil in %	Englisch: 51–100
Studienblöcke (Anzahl)	16
Lehrmethode Case Study in %	30
Lehrmethode Vorlesung in %	30
Andere Lehrmethoden in %	40
Abschlussarbeit erforderlich	ja
Erstmals angeboten	2003
Absolventen seit Beginn	50
Akkreditierung	
Akkreditiert laut Anbieter	FIBAA geplant, in Vorbereitung

Hochschule Furtwangen
HFU Business School

Profil der Hochschule

Wer hier studiert, erhält eine erstklassige Ausbildung! Jahr für Jahr ist die Hochschule Furtwangen in bundesweiten Rankings stets auf Spitzenpositionen zu finden.

Die HFU gehört zu den ältesten Hochschulen in Baden-Württemberg. Sie ist die Nachfolgeinstitution der 1850 gegründeten Großherzoglich Badischen Uhrmacherschule sowie der daraus 1947 hervorgegangenen Staatlichen Ingenieurschule für Feinwerktechnik. 1971 entstand aus dieser renommierten „Ingenieurschmiede" die Fachhochschule Furtwangen. 2005 ist das neue Landeshochschulgesetz in Kraft getreten, auf das die Namensänderung in Hochschule Furtwangen zurückgeht.

An den drei Standorten Furtwangen, Villingen-Schwenningen und künftig Tuttlingen studieren und leben ca. 4.000 Studierende. Das Studienangebot umfasst 18 Bachelor-Studiengänge und neun Master-Studiengänge in den Bereichen Informatik, Technik, Wirtschaft, Wirtschaftsingenieurwesen und Medien. Die Aufnahmekapazität der Hochschule liegt bei über 1.300 Studienanfängerplätzen pro Jahr.

Grund zum Jubeln gab es an der Hochschule Furtwangen in den letzten Jahren häufig. Denn die Hochschule hat in den Bereichen Informatik, Wirtschaft, Wirtschaftsingenieurwesen und Technik in nationalen Hochschulrankings (Stern mit CHE, Computerwoche, Focus) konstant Spitzenpositionen erzielt.

HFU Business School heißt die Fakultät Wirtschaft der Hochschule Furtwangen am Campus Villingen-Schwenningen seit Anfang 2009. Diese Namensgebung unterstreicht die konsequente Ausrichtung der Studiengänge der wirtschaftswissenschaftlichen Fächer der Hochschule auf internationale Arbeitsmärkte. Mit ihrem neuen Namen positioniert sich die HFU Business School auch für internationale Studierende in einer globalisierten Hochschullandschaft.

Die HFU Business School bietet zwei verschiedene MBA-Studiengänge (Vollzeit oder berufsbegleitend) mit Semestergrößen von maximal 15 Studierenden an. Diese Gruppenstärke ermöglicht beste Kontakte und effektives Lehren und Lernen für alle Beteiligten.

Besonderheiten der Studiengänge

Besondere Merkmale der MBA Studiengänge:

- General-Management-Ausrichtung
- internationale Inhalte
- Englisch als Unterrichtssprache
- Lernen in kleinen Gruppen mit max. 15 Teilnehmern
- individuelle Betreuung der Studierenden
- Praxisorientierung und enge Wirtschaftskontakte
- hohe Qualität des Programms
- belegt durch Rankings und Akkreditierung
- hohes Maß an Flexibilität

Internationale Verbindungen

In den mehr als zehn Jahren ihres Bestehens hat die HFU Business School umfangreiche Beziehungen mit Partnerhochschulen in aller Welt ebenso wie mit Unternehmen aufgebaut und internationale Kompetenzen systematisch verbessert. Alle unsere Professoren verfügen über umfangreiche praktische sowie internationale Erfahrung, die in den Unterricht einfließen und diesen entscheidend bereichern.

HOCHSCHULE
FURTWANGEN
UNIVERSITY HFU

Adresse der Hochschule

Anschrift: Jakob-Kienzle-Straße 17, 78054 Villingen-Schwenningen
Internet: www.hfu-business-school.de
Kontakt: Pia Schächterle, MBA Int. Business Management, Tel.: +49-7720-3074185, E-Mail: Mba-office@hs-furtwangen.de
Regina Feketics, Executive MBA, Tel.: +49-7720-3074315, E-Mail: execmba@hs-furtwangen.de

MBA-Programme

Name des Programms	MBA in International Business Management	Executive MBA in International Business Management
Schwerpunkt	Management, Betriebswirtschaft; Leadership, HR, Entrepreneur, Unternehmensführung	
Form des Programms	Vollzeit	Teilzeit
Start des Programms	jeweils zum WS	jeweils zum WS
Dauer des Programms in Monaten	12	24
Kosten		
Programmkosten in Euro	8.000	18.000
Einschreibegebühren in Euro	k. A.	k. A.
Bewerbung		
Anmeldebeginn	laufend	laufend
Letzter Anmeldetag	15. Mai	15. Juli
1. Hochschulabschluss erforderlich	ja	ja
Zulassungstest	nein	ja, Interview
GMAT erforderlich	nein, aber erwünscht	nein
TOEFL erforderlich	ja, 570 P. oder Äquivalent	ja, 570 P. oder Äquivalent
Referenzen	ja, eines Professors und eines Arbeitgebers	ja
Rahmenbedingungen		
Workloads ECTS	60	90
Jährlich zugelassene Studenten	15	15
Durchschnittliches Alter der Studenten	30	35
Internationale Studenten in %	80	15
Internationale Kooperationen	ja	ja
Minimale Berufserfahrung in Jahren	2	5
Durchschnittliche Berufserfahrung in Jahren	4	10
Anteil Männer/Frauen in %	50/50	70/30
Fremdsprachenanteil in %	Englisch: 51–100	Englisch: 51–100
Studienblöcke (Anzahl)	2	4
Lehrmethode Case Study in %	0	0
Lehrmethode Vorlesung in %	0	0
Andere Lehrmethoden in %	Lehrmethoden variieren von Fach zu Fach	
Abschlussarbeit erforderlich	ja	ja
Erstmals angeboten	1999	2003
Absolventen seit Beginn	156	38
Akkreditierung		
Akkreditiert laut Anbieter	ACQUIN geplant, FIBAA	FIBAA

SRH
FernHochschule Riedlingen

Profil der Hochschule

Die SRH FernHochschule Riedlingen ist auf berufsbegleitende betriebswirtschaftliche Fernstudiengänge spezialisiert. Angeboten werden die Bachelor-Studiengänge Betriebswirtschaft und Gesundheits- und Sozialwirtschaft mit einer Vielzahl von Spezialisierungen sowie die beiden Master-Studiengänge Business Administration und Health Care Management. Rund 800 Studierende werden an bundesweit zwölf Studienzentren betreut. Studienablauf und -organisation sind ganz auf die Bedürfnisse berufstätiger Studierender zugeschnitten. Das Riedlinger Modell beinhaltet eine erprobte Mischung aus angeleitetem Selbststudium mit ferndidaktisch aufbereiteten Studienbriefen, Präsenzunterricht in kleinen Gruppen sowie dem Informations- und Meinungsaustausch im hochschuleigenen Intranet, verbunden mit E-Learning-Elementen.

Besonderheiten der Studiengänge

Der Riedlinger MBA vermittelt Schlüsselqualifikationen und anwendungsorientiertes Wissen auf hohem akademischem Niveau. Das Studienangebot richtet sich an Absolventen eines Erststudiums aller Fachrichtungen und beinhaltet zwei mögliche Spezialisierungen:

- Human Resource Management
- Marketing

In einer völlig neuen Studienkonzeption sind die betriebswirtschaftlichen Inhalte nach Kompetenzfeldern und Skills zusammengefasst und konsequent an den in der Managementpraxis geforderten Kompetenzen orientiert.

1. Semester: Analysing & Understanding mit den Modulen Volkswirtschaftslehre, Allgemeine Betriebswirtschaftslehre, Externes Rechnungswesen sowie einem Modul der gewählten Spezialisierung

2. Semester: Deciding & Managing mit den Modulen Wirtschaftsrecht, Konstitutive Unternehmensentscheidungen, Projektmanagement, Finanzwirtschaft sowie einem Modul der gewählten Spezialisierung

3. Semester: Controlling Communicating mit den Modulen Wirtschaft und Gesellschaft, International Business, Leistungsmanagement, Internes Rechnungswesen und Controlling sowie einem Modul der gewählten Spezialisierung

4. Semester: Conclusions & Perspectives mit den Modulen Kultur und Kommunikation, Unternehmensführung sowie dem Verfassen der Master-Thesis

Internationale Verbindungen

Eine Kooperation mit der Kannur University of Kerala (Indien) eröffnet MBA-Studierenden der SRH FernHochschule Riedlingen die Möglichkeit, persönlich interkulturelle Erfahrungen in einem „emerging market" zu sammeln. Es sind Studienaufenthalte von zwei Wochen bis zu einem halben Jahr vorgesehen.

Finanzielle Unterstützung/Stipendien

Die Kosten für ein berufsbegleitendes Hochschulstudium sind steuerlich absetzbar. Eine Studienfinanzierung ist mit kooperierenden Kreditinstituten möglich.

Adresse der Hochschule

Anschrift: Lange Straße 19, 88499 Riedlingen
Internet: www.fh-riedlingen.de
Kontakt: Irene Störkle, Tel.: +49-7371-931526, E-Mail: Irene.stoerkle@fh-riedlingen.srh.de

((SRH
FernHochschule
Riedlingen

MBA-Programme

Name des Programms	Master of Business Administration	Master-Studiengang Health Care Management
Schwerpunkt	Management, Betriebswirtschaft	Gesundheit, Healthcare, Life Science, Sport
Form des Programms	Fernstudium	Fernstudium
Start des Programms	WS/1. September	WS/1. September
Dauer des Programms in Monaten	24	24
Kosten		
Programmkosten in Euro	12.480	12.480
Einschreibegebühren in Euro	k. A.	k. A.
Bewerbung		
Anmeldebeginn	laufend	laufend
Letzter Anmeldetag	15. August	15. August
1. Hochschulabschluss erforderlich	ja	ja
Zulassungstest	ja, wenn GMAT und TOEFL nicht vorliegen	ja, wenn kein GMAT vorliegt
GMAT erforderlich	ja, 600 P.	ja
TOEFL erforderlich	ja, 520 P.	nein
Referenzen	nein	nein
Rahmenbedingungen		
Workloads ECTS	120	120
Jährlich zugelassene Studenten	30	15
Durchschnittliches Alter der Studenten	35	36
Internationale Studenten in %	1	k. A.
Internationale Kooperationen	ja	nein
Minimale Berufserfahrung in Jahren	2	2
Durchschnittliche Berufserfahrung in Jahren	5	6
Anteil Männer/Frauen in %	46/54	58/42
Fremdsprachenanteil in %	Englisch: 26–50	k. A.
Studienblöcke (Anzahl)	k. A.	k. A.
Lehrmethode Case Study in %	10	10
Lehrmethode Vorlesung in %	20	20
Andere Lehrmethoden in %	70	70
Abschlussarbeit erforderlich	ja	ja
Erstmals angeboten	2006	2007
Absolventen seit Beginn	10	k. A.
Akkreditierung		
Akkreditiert laut Anbieter	FIBAA	FIBAA

Universität Augsburg
Zentrum für Weiterbildung und Wissenstransfer

Profil der Hochschule

Die Universität Augsburg ist eine staatliche Hochschule mit starker Fokussierung auf Praxis- und Anwendungsorientierung. Mit dem Zentrum für Weiterbildung und Wissenstransfer (ZWW) verfügt sie über einen Kompetenzbereich, der mit mehr als 30 Jahren Erfahrung in der Weiterbildung und zahlreichen qualitativ hochwertigen Angeboten für Führungskräfte bundesweit einen einzigartigen Ruf genießt. Im Jahr 2004 wurde das ZWW als beste universitäre Weiterbildungseinrichtung in Deutschland vom Stifterverband für die deutsche Wissenschaft ausgezeichnet. Der berufsbegleitende MBA-Studiengang Unternehmensführung, der seit nunmehr zehn Jahren in Kooperation von ZWW und Wirtschaftswissenschaftlicher Fakultät angeboten wird, ist ein MBA mit Schwerpunkt General Management. Der zweite MBA-Studiengang Change Management vermittelt Kompetenzen für systemische Veränderungsprozesse im Rahmen der Entwicklung von Unternehmen. Das Ziel der MBA-Studiengänge an der Universität Augsburg ist die Vorbereitung der Teilnehmerinnen und Teilnehmer auf höhere Managementpositionen durch die praxisorientierte Vermittlung von ökonomischer Fachkompetenz, Führungskompetenz und internationaler Kompetenz. Durch einen eigenen Neubau auf dem Campus der Universität Augsburg wird die hohe Qualität der MBA-Lehre weiter ausgebaut.

Besonderheiten der Studiengänge

MBA Unternehmensführung: In 17 Pflichtmodulen werden intensiv die Grundlagen des General Management gelehrt. Frei wählbar nach individueller Präferenz der Studierenden sind die Elective-Module, die Fächer im Rahmen des Studienaufenthalts an der University of Pittsburgh und die Themen für die Master-Thesis.

MBA Change Management: Der Studiengang vermittelt die Kompetenzen für eine erfolgreiche Management- und Beratertätigkeit in mittleren und großen Unternehmen, wobei ein besonderer Fokus auf der Leitung und Gestaltung von Veränderungsprozessen im Rahmen der Entwicklung von Unternehmen liegt. Ausgehend von einem betriebswirtschaftlichen Fundament werden Themen wie Coaching, Konfliktmanagement, Großgruppenveranstaltungen, systemische Veränderungsarchitekturen etc. anwendungsorientiert vermittelt. Dabei werden alle Phasen eines Veränderungsprozesses berücksichtigt. Zwei Action-Learning-Module in Form von Live-Beratungsprojekten (eines davon im englischsprachigen Ausland) bieten die Möglichkeit, Wissen direkt in die Praxis umzusetzen.

Internationale Verbindungen

MBA Unternehmensführung: Sieben Wochen Studienaufenthalt an der University of Pittsburgh, integriert in den dort angebotenen Fulltime-MBA mit freier Kurswahl. Dies gewährleistet eine echte Erfahrung von Internationalität im internationalen Kontext und Kulturkreis. Als erstes berufsbegleitendes MBA-Programm im deutschsprachigen Raum wurde der MBA Unternehmensführung im Jahr 2007 mit der internationalen EPAS-Programmakkreditierung der EFMD ausgezeichnet. Im Rahmen der nationalen Reakkreditierung wurde der Studiengang im Jahr 2009 aufgrund seiner herausragenden Qualität mit dem FIBAA-Premium-Siegel ausgezeichnet.

MBA Change Management: Im Rahmen eines Live-Beratungsprojekts im englischsprachigen Ausland lernen die Teilnehmerinnen und Teilnehmer, Beratungsprojekte auch im internationalen Kontext und vor dem Hintergrund kultureller Unterschiede zu bewältigen. Der Studiengang wurde von ACQUIN akkreditiert.

MBA
Universität Augsburg

Adresse der Hochschule

Anschrift: Universitätsstraße 12, 86159 Augsburg
Internet: www.mba-augsburg.de
Kontakt: Anna Füssinger, MBA Unternehmensführung, Tel.: +49-821-5984749, E-Mail: mba@zww.uni-augsburg.de
Theresa Maxeiner, MBA Change Management, Tel.: +49-821-5984745, E-Mail: mba@zww.uni-augsburg.de

MBA-Programme

Name des Programms	**MBA Unternehmensführung**	**MBA Change Management**
Schwerpunkt	Leadership, HR, Entrepreneur, Unternehmensführung	
Form des Programms	Teilzeit	Teilzeit
Start des Programms	Januar	25. Oktober
Dauer des Programms in Monaten	20	24
Kosten		
Programmkosten in Euro	28.000	26.000
Einschreibegebühren in Euro	87	87
Bewerbung		
Anmeldebeginn	ganzjährig	ganzjährig
Letzter Anmeldetag	17. September	8. Augsburg
1. Hochschulabschluss erforderlich	ja	ja
Zulassungstest	ja, Interview	ja, Interview
GMAT erforderlich	nein	nein
TOEFL erforderlich	ja	ja
Referenzen	ja, zwei, eines davon vom aktuellen Arbeitgeber	
Rahmenbedingungen		
Workloads ECTS	90	90
Jährlich zugelassene Studenten	25	20
Durchschnittliches Alter der Studenten	35	35
Internationale Studenten in %	10	10
Internationale Kooperationen	ja	ja
Minimale Berufserfahrung in Jahren	2	2
Durchschnittliche Berufserfahrung in Jahren	7	10
Anteil Männer/Frauen in %	84/16	60/40
Fremdsprachenanteil in %	Englisch: 26–50	Englisch: 1–25
Studienblöcke (Anzahl)	18	16
Lehrmethode Case Study in %	30	30
Lehrmethode Vorlesung in %	35	15
Andere Lehrmethoden in %	35	50 (Beratungsprojekte, Gruppenarbeit etc.)
Abschlussarbeit erforderlich	ja	ja
Erstmals angeboten	1999	2004
Absolventen seit Beginn	250	48
Akkreditierung		
Akkreditiert laut Anbieter	EFMD/EQUIS/EPAS, FIBAA	ACQUIN

Campus-Akademie der Universität Bayreuth

Anschrift: Universitätsstraße 30, 95440 Bayreuth
Internet: www.campus-akademie.de
Kontakt: Holger Koch, Health Care Management, Tel.: +49-921-557320, E-Mail: holger.koch@uni-bayreuth.de
Stefan Spatz, Sportmanagement, Tel.: +49-921-557277, E-Mail: stefan.spatz@uni-bayreuth.de

MBA-Programme

Name des Programms	MBA Health Care Management	MBA Sportmanagement
Schwerpunkt	Gesundheit, Healthcare, Life Science, Sport	Mgt., Betriebswirtsch., Handel, Service Mgt., Consulting, PR, Medien, Kultur, Marketing
Form des Programms	Teilzeit	Teilzeit
Start des Programms	11. März	26. November
Dauer des Programms in Monaten	24	24
Kosten		
Programmkosten in Euro	16.692	14.552
Einschreibegebühren in Euro	0	0
Bewerbung		
Anmeldebeginn	läuft	ab sofort
Letzter Anmeldetag	17. Januar	30. Sept., Nachmeld. mögl.
1. Hochschulabschluss erforderlich	ja	ja, Dipl., Master, BA,
Zulassungstest	nein	nein
GMAT erforderlich	nein	nein
TOEFL erforderlich	nein	nein
Referenzen	ja	nein
Rahmenbedingungen		
Workloads ECTS	78	120
Jährlich zugelassene Studenten	25	25
Durchschnittliches Alter der Studenten	41	k. A.
Internationale Studenten in %	5	0
Internationale Kooperationen	ja	k. A.
Minimale Berufserfahrung in Jahren	2	1
Durchschnittliche Berufserfahrung in Jahren	12	k. A.
Anteil Männer/Frauen in %	50/50	k. A.
Fremdsprachenanteil in %	Englisch: 1–25	Englisch: 1–25
Studienblöcke (Anzahl)	18	12
Lehrmethode Case Study in %	20	0
Lehrmethode Vorlesung in %	70	0
Andere Lehrmethoden in %	10	k. A.
Abschlussarbeit erforderlich	ja	ja
Erstmals angeboten	2005	2010
Absolventen seit Beginn	200	k. A.
Akkreditierung		
Akkreditiert laut Anbieter	FIBAA geplant, Akkr.verfahren läuft	FIBAA geplant

Bauakademie Biberach – Partner der Hochschule Biberach

Anschrift: Postfach 1260, 88382 Biberach
Internet: www.bauakademie-biberach.de
Kontakt: Miriam Rehm, Tel.: +49-7351-582553, E-Mail: kontakt@bauakademie-biberach.de

MBA-Programme

Name des Programms	MBA Unternehmensführung Bau	MBA Int. Immobilienmanagement
Schwerpunkt	Mgt., Betriebswirtschaft, Leadership, HR, Entrepreneur, Unternehmensführung	Management, Betriebswirtschaft, Tourism, Hospitality, Real Estate, Immobilien
Form des Programms	Teilzeit	Teilzeit
Start des Programms	Anfang Januar	Ende Januar
Dauer des Programms in Monaten	36	22
Kosten		
Programmkosten in Euro	10.000	16.250
Einschreibegebühren in Euro	k. A.	k. A.
Bewerbung		
Anmeldebeginn	laufend	laufend
Letzter Anmeldetag	k. A.	k. A.
1. Hochschulabschluss erforderlich	ja	ja
Zulassungstest	nein	nein
GMAT erforderlich	nein	nein
TOEFL erforderlich	nein	nein
Referenzen	nein	nein
Rahmenbedingungen		
Workloads ECTS	120	90
Jährlich zugelassene Studenten	30	28
Durchschnittliches Alter der Studenten	34	34
Internationale Studenten in %	5	25
Internationale Kooperationen	nein	ja
Minimale Berufserfahrung in Jahren	1	1
Durchschnittliche Berufserfahrung in Jahren	5	5
Anteil Männer/Frauen in %	75/25	70/30
Fremdsprachenanteil in %	k. A.	Englisch: 26–50
Studienblöcke (Anzahl)	3	5
Lehrmethode Case Study in %	10	40
Lehrmethode Vorlesung in %	90	60
Andere Lehrmethoden in %	–	–
Abschlussarbeit erforderlich	ja	ja
Erstmals angeboten	1989	2002
Absolventen seit Beginn	450	150
Akkreditierung		
Akkreditiert laut Anbieter	FIBAA	FIBAA, RICS

Hochschule Coburg
Fakultät Wirtschaft

Profil der Hochschule

hochschule coburg university of applied sciences

Die Hochschule Coburg im Norden Bayerns zählt mit rund 3.000 Studierenden zu den mittelgroßen Hochschulen des Freistaates. Sie deckt die Ausbildungsrichtungen Technik, Design, Soziale Arbeit und Gesundheit sowie Wirtschaft ab. Auf dem Gebiet der betriebswirtschaftlichen Ausbildung hat sich Coburg zu einem Kompetenzzentrum für den Bereich Finance/Finanzdienstleistungen entwickelt. Die Fakultät Wirtschaft versteht sich als Bildungs-, Projekt- und Forschungspartner der Wirtschaft.

Besonderheiten der Studiengänge

Der MBA Versicherungsmanagement richtet sich an Beschäftigte aus allen Bereichen der Versicherungswirtschaft. Der Schwerpunkt des Studiums liegt auf der Vermittlung fundierter, spartenübergreifender Kompetenzen. Zusätzlich werden Managementkenntnisse sowie Sozial- und Transferkompetenzen vermittelt. Ziel ist es, die Studierenden auf dem Weg hin zu flexiblen, innovativen Handlungsweisen unterstützend zu begleiten.

Kleine Studiengruppen ermöglichen ein sehr intensives Studium. Das Dozententeam setzt sich aus Mitgliedern verschiedener Hochschulen und anerkannten Praktikern zusammen. Im Vordergrund der Lehre stehen Diskussionen über aktuelle Probleme, aber auch die Bearbeitung konkreter branchenspezifischer Fragestellungen anhand von Fallstudien. Bei der Gruppenarbeit und gemeinsamen Präsentationen wird das interdisziplinäre Zusammenspiel von Mitarbeitern verschiedener Bereiche (zum Beispiel Betriebswirten, Juristen, Mathematikern, Informatikern), wie es in Unternehmen gefordert ist, bereits „im Kleinen" geprobt.

Der MBA Financial Management wendet sich an Personen, die ihre theoretischen und praktischen Kenntnisse im Bereich der Finanzwirtschaft von Unternehmen vertiefen wollen. Der Studiengang spricht insbesondere Personen aus den Bereichen Finance, Accounting, Controlling und verwandten Gebieten an, aber auch Personen mit nicht betriebswirtschaftlichen Studienabschlüssen, die für ihre persönliche Weiterentwicklung entsprechende Kenntnisse und Fähigkeiten benötigen. Der Studiengang ist international ausgelegt, vermittelt alle modernen Theorien und Techniken der Finanzwirtschaft und greift insbesondere die Probleme und Aufgaben (großer) mittelständischer Unternehmen auf. Ziel ist die Ausbildung zur Übernahme von finanzwirtschaftlichen Fach- und Leitungsfunktionen in Unternehmen.

Finanzielle Unterstützung/Stipendien

Einige Arbeitgeber übernehmen einen Teil der Studiengebühren oder finanzieren das komplette Studium. Fortbildungskosten sind zudem i. d. R. steuerlich absetzbar.

Adresse der Hochschule

Anschrift: Friedrich-Streib-Straße 2, 96450 Coburg
Internet: www.hs-coburg.de/fbbw
Kontakt: Prof. Dr. Roland Hertrich, MBA Financial Management,
Tel.: +49-9561-317-325, E-Mail: mbafm@hs-coburg.de
Prof. Dr. Petra Gruner, MBA Versicherungsmanagement,
Tel.: +49-9561-317-379, E-Mail: bmv@hs-coburg.de

hochschule
coburg university
of applied
sciences

MBA-Programme

Name des Programms	MBA Versicherungsmgt.	Financial Management	Financial Management
Schwerpunkt	Finance, Banking, Accounting, Audit, Versicherungen, Tax		
Form des Programms	Teilzeit	Vollzeit	Teilzeit
Start des Programms	WS/1. Oktober	1. Oktober	1. Oktober
Dauer des Programms in Monaten	24	24	24
Kosten			
Programmkosten in Euro	10.000	4.800	4.000
Einschreibegebühren in Euro	k. A.	35	85
Bewerbung			
Anmeldebeginn	laufend	laufend	laufend
Letzter Anmeldetag	15. September	15. Juni	15. Juni
1. Hochschulabschluss erforderlich	ja	ja	ja
Zulassungstest	ja, Interview	ja, Auswahlgespräch	ja, Auswahlgespräch
GMAT erforderlich	nein	empfohlen	empfohlen
TOEFL erforderlich	nein	ja, 570 P.	ja, 570 P.
Referenzen	ja	nein	nein
Rahmenbedingungen			
Workloads ECTS	60	120	120
Jährlich zugelassene Studenten	15	25	25
Durchschnittliches Alter der Studenten	35	27	27
Internationale Studenten in %	k. A.	90	90
Internationale Kooperationen	nein	ja	ja
Minimale Berufserfahrung in Jahren	2	2	2
Durchschn. Berufserfahrung in Jahren	7	2	2
Anteil Männer/Frauen in %	70/30	50/50	50/50
Fremdsprachenanteil in %	Englisch: 1–25	Englisch: 51–100	Englisch: 51–100
Studienblöcke (Anzahl)	k. A.	4	4
Lehrmethode Case Study in %	40	20	20
Lehrmethode Vorlesung in %	30	60	60
Andere Lehrmethoden in %	30 (Gruppenarbeit/ Präsentation)	20 (Term Projects u. a.)	20 (Term Projects u. a.)
Abschlussarbeit erforderlich	ja	ja	ja
Erstmals angeboten	2005	2001	2001
Absolventen seit Beginn	12	153	153
Akkreditierung			
Akkreditiert laut Anbieter	FIBAA geplant	FIBAA geplant	FIBAA geplant

Hochschule Deggendorf

Profil der Hochschule

Die Hochschule Deggendorf ist ein Tipp für alle, die individuelle Betreuung schätzen und eine moderne, lebendige Hochschule suchen. Überschaubarkeit sowie ein klares Profil sind die Stärken dieser jungen Hochschule, die sich durch ausgezeichnete praxisnahe Ausbildung und optimale Studienkonzepte überregional einen sehr guten Namen erarbeitet hat.

Mehrere Hochschulrankings zeichneten die Hochschule Deggendorf mit Spitzenplätzen aus (zum Beispiel CHE, Stern, Handelsblatt „Karriere", die ZEIT usw.).

Außerdem bietet die Hochschule Deggendorf entsprechend den Erfordernissen der Wirtschaft seit 2002 zahlreiche berufsbegleitende Studiengänge und Lehrgänge an. Die Studierenden werden individuell von neun Mitarbeitern eines hochschuleigenen Weiterbildungszentrums betreut (dimt – Deggendorf Institute of Management and Technology).

Die Teilnehmer der inzwischen sieben MBA- und Master-Programme schätzen die kleine, aber feine Hochschule. Gelobt werden zum einen die praxiserfahrenen Dozenten und deren Flexibilität. Zum Beispiel kann bei Bedarf eine Vorlesung in das Unternehmen eines Teilnehmers verlegt werden. Über die Dozenten und Vorlesungen wird ständig das Feedback der Studierenden eingeholt (Evaluierungen, Qualitätszirkel etc.). Besonders gelobt wird auch die individuelle, professionelle Betreuung durch die Mitarbeiter des Weiterbildungszentrums. Und im Gegensatz zu so manchem universitären Massenbetrieb läuft man sich auf dem Deggendorfer Campus noch über den Weg und genießt gemeinsam eine Tasse Kaffee auf der Sonnenterasse der Cafeteria.

Aufsehenerregend ist die Architektur der Hochschule: Zwischen Donau und Bayerischem Wald ist ein Hochschulcampus im klassisch griechischen Stil entstanden. Ein Prachtbau, der wie ein Magnet wirkt: neueste Ausstattung, beste Labors, hervorragende Betreuung, junge Professorinnen und Professoren sowie Mitarbeiterinnen und Mitarbeiter.

Finanzielle Unterstützung/Stipendien

Eine finanzielle Unterstützung findet eventuell über den Arbeitgeber statt.

Adresse der Hochschule

Anschrift: Edlmairstraße 6 + 8, 94469 Deggendorf
Internet: www.fh-deggendorf.de
Kontakt: Julia Dullinger, Tel.: +49-991-3615384, E-Mail: dimt@fh-deggendorf.de

Hochschule
Deggendorf

MBA-Programme

Name des Programms	MBA General Management	MBA Health Care Management	Master Public Management	Master Risiko- u. Compliancemgt.
Schwerpunkt	Management, Betriebswirtschaft	Gesundheit, Healthcare, Life Science, Sport	Management, Betriebswirtschaft	Management, Betriebswirtschaft
Form des Programms	Teilzeit	Teilzeit	Teilzeit	Teilzeit
Start des Programms	März	November	September	März
Dauer des Programms in Monaten	24	20	24	18
Kosten				
Programmkosten in Euro	16.650	15.550	13.850	12.820
Einschreibegebühren in Euro	k. A.	k. A.	k. A.	k. A.
Bewerbung				
Anmeldebeginn	laufend	laufend	laufend	laufend
Letzter Anmeldetag	k. A.	k. A.	k. A.	k. A.
1. Hochschulabschluss erforderlich	ja	ja	ja	ja
Zulassungstest	ja, Interview	ja, Interview	ja, Interview	ja, Interview
GMAT erforderlich	k. A.	k. A.	k. A.	k. A.
TOEFL erforderlich	ja	ja	nein	nein
Referenzen	ja	ja	ja	ja
Rahmenbedingungen				
Workloads ECTS	90	60	90	60
Jährlich zugelassene Studenten	13	10	13	13
Durchschnittliches Alter der Studenten	30	35	35	35
Internationale Studenten in %	1	1	1	1
Internationale Kooperationen	ja	ja	nein	nein
Minimale Berufserfahrung in Jahren	2	2	2	2
Durchschn. Berufserfahrung in Jahren	10	10	10	10
Anteil Männer/Frauen in %	90/10	60/40	80/20	90/10
Fremdsprachenanteil in %	Englisch: 1–25	Englisch: 1–25	k. A.	k. A.
Studienblöcke (Anzahl)	46	27	48	14
Lehrmethode Case Study in %	30	30	30	30
Lehrmethode Vorlesung in %	30	30	30	30
Andere Lehrmethoden in %	40	40	40	40
Abschlussarbeit erforderlich	ja	ja	ja	ja
Erstmals angeboten	2002	2003	2009	2009
Absolventen seit Beginn	150	50	0	0
Akkreditierung				
Akkreditiert laut Anbieter	FIBAA	FIBAA	FIBAA	FIBAA gepl.

Fachhochschule für angewandtes Management Erding

Anschrift: Am Bahnhof 2, 85435 Erding
Internet: www.myfham.de
Kontakt: Studentenkanzlei, Tel.: +49-8122-9559480, E-Mail: info@myfham.de

MBA-Programm

Name des Programms	**MBA in General Management**
Schwerpunkt	Management, Betriebswirtschaft
Form des Programms	Fernstudium
Start des Programms	WS/SS
Dauer des Programms in Monaten	18
Kosten	
Programmkosten in Euro	14.900
Einschreibegebühren in Euro	290
Bewerbung	
Anmeldebeginn	laufend
Letzter Anmeldetag	WS: 10. Sept., SS: 10. Febr.
1. Hochschulabschluss erforderlich	ja
Zulassungstest	nein
GMAT erforderlich	nein
TOEFL erforderlich	nein
Referenzen	ja, mindestens 2-jährige einschlägige Berufserfahrung
Rahmenbedingungen	
Workloads ECTS	90
Jährlich zugelassene Studenten	20
Durchschnittliches Alter der Studenten	36
Internationale Studenten in %	0
Internationale Kooperationen	ja
Minimale Berufserfahrung in Jahren	2
Durchschnittliche Berufserfahrung in Jahren	8
Anteil Männer/Frauen in %	60/40
Fremdsprachenanteil in %	Englisch: 1–25
Studienblöcke (Anzahl)	3
Lehrmethode Case Study in %	30
Lehrmethode Vorlesung in %	20
Andere Lehrmethoden in %	50 (Fernstudium)
Abschlussarbeit erforderlich	ja
Erstmals angeboten	2004
Absolventen seit Beginn	k. A.
Akkreditierung	
Akkreditiert laut Anbieter	FIBAA

Hochschule Hof

Anschrift: Alfons-Goppel-Platz 1, 95028 Hof
Internet: www.fh-hof.de
Kontakt: Doreen Knüpfer, Tel.: +49-9281-409304, E-Mail: doreen.knuepfer@fh-hof.de

MBA-Programme

Name des Programms	Master Marketing Mgt.	Master Logistik	Master Supply Chain Mgt.
Schwerpunkt	Handel, Service Mgt., Consulting, PR, Medien, Kultur, Marketing	Engineering, Technologie, Luftverkehr, Energie, Logistics	
Form des Programms	Vollzeit	Vollzeit	Teilzeit
Start des Programms	WS	WS	k. A.
Dauer des Programms in Monaten	18	18	30
Kosten			
Programmkosten in Euro	1.455	1.455	16.200
Einschreibegebühren in Euro	k. A.	k. A.	k. A.
Bewerbung			
Anmeldebeginn	1. Mai/15. Dezember	1. Mai/15. Dezember	laufend
Letzter Anmeldetag	15. Juni/15. Januar	15. Juni/15. Januar	k. A.
1. Hochschulabschluss erforderlich	ja	ja	ja, 2 J. Berufserfahrung
Zulassungstest	ja, Eignungsfeststellung	nein	nein
GMAT erforderlich	nein	k. A.	k. A.
TOEFL erforderlich	nein	nein	nein
Referenzen	nein	nein	nein
Rahmenbedingungen			
Workloads ECTS	90	90	k. A.
Jährlich zugelassene Studenten	40	16	k. A.
Durchschnittliches Alter der Studenten	29	k. A.	k. A.
Internationale Studenten in %	24	25	k. A.
Internationale Kooperationen	ja	ja	ja
Minimale Berufserfahrung in Jahren	k. A.	k. A.	2
Durchschn. Berufserfahrung in Jahren	k. A.	k. A.	k. A.
Anteil Männer/Frauen in %	38/62	50/50	k. A.
Fremdsprachenanteil in %	Englisch: 1–25	k. A.	k. A.
Studienblöcke (Anzahl)	k. A.	k. A.	k. A.
Lehrmethode Case Study in %	30	k. A.	k. A.
Lehrmethode Vorlesung in %	30	k. A.	k. A.
Andere Lehrmethoden in %	40 (Plansp., StA/Präsent., WBT)	k. A.	k. A.
Abschlussarbeit erforderlich	ja	ja	ja
Erstmals angeboten	2006	2005	2008
Absolventen seit Beginn	k. A.	k. A.	k. A.
Akkreditierung			
Akkreditiert laut Anbieter	k. A.	k. A.	k. A.

Hochschule für angew. Wissenschaften Hochschule Ingolstadt

Profil der Hochschule

Die Hochschule Ingolstadt ist eine junge und engagierte Hochschule für angewandte Wissenschaften. Seit ihrer Gründung 1994 vermittelt sie eine Bildung in den Bereichen Technik und Wirtschaft, die die Studierenden in die Lage versetzt, wissenschaftliche Methoden in der Berufspraxis anzuwenden. Der 1999 fertiggestellte Campus beeindruckt durch gläserne Architektur, große Grünflächen und Funktionalität der Gebäude. Derzeit studieren ca. 2.300 angehende Betriebswirte, Ingenieure und Informatiker an der Hochschule. Überschaubarkeit in kleinen Gruppen bietet eine persönliche Atmosphäre und ein zügiges Studium auf hohem Niveau. Mehr als 65 Professoren, 120 Lehrbeauftragte aus der betrieblichen Praxis und 130 Mitarbeiter in Laboren, Verwaltung und angewandter Forschung garantieren eine optimale Betreuung der Studierenden.

Besonderheiten des Studiengangs

Das Studienkonzept des MBA-Studiengangs IT-Management orientiert sich an den Bedürfnissen berufstätiger Teilnehmer. Die Präsenzveranstaltungen finden deshalb in der Regel Freitagnachmittag bis Samstagabend – in Ausnahmefällen auch in Blockform unter Einbindung von Feier- und Brückentagen – statt. Hinzu kommen virtuelle Anteile, die eine weitgehend orts- und zeitunabhängige Erarbeitung von Studieninhalten sowie die Kommunikation mit Dozenten und Kommilitonen zwischen den Präsenzveranstaltungen ermöglichen. Die Seminarmodule sind so konzipiert, dass erworbenes Wissen angewendet und an konkreten praktischen Problemstellungen erprobt werden kann, beispielsweise in Gruppenarbeit, Fallstudien, ergänzenden Präsentationen oder Diskussionen. Die Gruppenstärke ist grundsätzlich auf eine Teilnehmerzahl von 20 beschränkt und ein qualitativ hochwertiger seminaristischer Veranstaltungsstil gewährleistet. Der MBA-Studiengang beinhaltet die Erstellung praxisbezogener Studienarbeiten. Dabei wird ein laufender Transfer der Inhalte aus den Seminarmodulen in das eigene berufliche Umfeld sichergestellt. Die dort auftretenden Erfahrungen und Problemstellungen fließen in die Module zurück. Durch diesen wechselseitigen Erfahrungsaustausch werden die berufliche Expertise und die persönlichen Kenntnisse als wertvolles Potenzial genutzt. Die Studienarbeiten liefern fortlaufendes kritisches Feedback und unterstützen nachhaltig den Lern- und Umsetzungsprozess im Sinne einer erwachsenengerechten Didaktik.

Internationale Verbindungen

Anfang des dritten Semesters findet ein einwöchiges Kompakt- und Intensivprogramm an der Kent Business School der University of Kent in Canterbury (England) statt.

Finanzielle Unterstützung/Stipendien

Ab sofort besteht für Teilnehmer die Möglichkeit, ihr MBA-Studium über den BayTech-Bildungsfonds zu finanzieren. Nach einer erfolgreichen Bewerbung stellt der Bildungsfonds den ausgewählten MBA-Teilnehmern die anfallenden Studiengebühren, Prüfungsgebühren und bei Bedarf eine Zusatzfinanzierung zur Verfügung. Im Gegenzug für die erhaltene Finanzierung verpflichten sich die geförderten Teilnehmer, nach Abschluss ihres berufsbegleitenden Studiums zeitlich befristet einen prozentualen Anteil ihres Gehaltes zurückzuzahlen. Dabei sind der Prozentsatz und die Rückzahlungsdauer von Anfang an in der Höhe fixiert – das bringt Sicherheit und Kalkulierbarkeit und ermöglicht eine Finanzierung des MBA-Studiums ohne eine fixe Schuldenlast. Weitere Informationen finden Sie unter: www.bildungsfond.de/baytech.

Adresse der Hochschule

Anschrift: Esplanade 10, 85049 Ingolstadt
Internet: www.fh-ingolstadt.de
Kontakt: Doris Schneider, IT-Management, Tel.: +49-911-20671357, E-Mail: schneider@bayern-innovativ.de
Kathrin Kramer, IT-Management, Tel.: +49-841-9348140, E-Mail: weiterbildung@fh-ingolstadt.de

MBA-Programm

Name des Programms	**IT-Management**
Schwerpunkt	IT, Computer Science, E-Management
Form des Programms	Teilzeit
Start des Programms	März
Dauer des Programms in Monaten	20
Kosten	
Programmkosten in Euro	15.650
Einschreibegebühren in Euro	k. A.
Bewerbung	
Anmeldebeginn	laufend
Letzter Anmeldetag	28. Februar
1. Hochschulabschluss erforderlich	ja
Zulassungstest	ja, Interview
GMAT erforderlich	nein
TOEFL erforderlich	nein
Referenzen	ja
Rahmenbedingungen	
Workloads ECTS	60
Jährlich zugelassene Studenten	20
Durchschnittliches Alter der Studenten	34
Internationale Studenten in %	0
Internationale Kooperationen	ja
Minimale Berufserfahrung in Jahren	2
Durchschnittliche Berufserfahrung in Jahren	9
Anteil Männer/Frauen in %	80/20
Fremdsprachenanteil in %	Englisch: 1–25
Studienblöcke (Anzahl)	35
Lehrmethode Case Study in %	40
Lehrmethode Vorlesung in %	30
Andere Lehrmethoden in %	30
Abschlussarbeit erforderlich	ja
Erstmals angeboten	2004
Absolventen seit Beginn	35
Akkreditierung	
Akkreditiert laut Anbieter	ACQUIN geplant, in Vorbereitung

Katholische Universität Eichstätt-Ingolstadt – Ingolstadt School of Management (WFI)

Anschrift: Auf der Schanz 49, 85049 Ingolstadt
Internet: www.mba-ingolstadt.de
Kontakt: Franz Wenzel, Tel.: +49-841-937-1853, E-Mail: franz.wenzel@ku-eichstaett.de

MBA-Programm

Name des Programms	**executive.mba**
Schwerpunkt	Management, Betriebswirtschaft
Form des Programms	Executive
Start des Programms	SS/April
Dauer des Programms in Monaten	24
Kosten	
Programmkosten in Euro	25.000
Einschreibegebühren in Euro	0
Bewerbung	
Anmeldebeginn	laufend
Letzter Anmeldetag	31. März
1. Hochschulabschluss erforderlich	ja
Zulassungstest	ja, Interview
GMAT erforderlich	nein
TOEFL erforderlich	ja oder anderer Englischnachweis
Referenzen	nein
Rahmenbedingungen	
Workloads ECTS	120
Jährlich zugelassene Studenten	25
Durchschnittliches Alter der Studenten	38
Internationale Studenten in %	5
Internationale Kooperationen	ja
Minimale Berufserfahrung in Jahren	2
Durchschnittliche Berufserfahrung in Jahren	8
Anteil Männer/Frauen in %	80/20
Fremdsprachenanteil in %	Englisch: 1–25
Studienblöcke (Anzahl)	14
Lehrmethode Case Study in %	30
Lehrmethode Vorlesung in %	40
Andere Lehrmethoden in %	30
Abschlussarbeit erforderlich	ja
Erstmals angeboten	2001
Absolventen seit Beginn	75
Akkreditierung	
Akkreditiert laut Anbieter	ACQUIN

Fachhochschule Kempten
Anschrift: Bahnhofstraße 61, 87435 Kempten
Internet: www.alpen-mba.de
Kontakt: Sylvia Nagel, Strateg. Informations-Management, Tel.: +49-731-9762222, E-Mail: zfw@fh-neu-ulm.de

MBA-Programm

Name des Programms	**MBA Strategisches Informations-Management**
Schwerpunkt	Engineering, Technologie, Luftverkehr, Energie, Logistics
Form des Programms	Teilzeit
Start des Programms	WS
Dauer des Programms in Monaten	24
Kosten	
Programmkosten in Euro	13.800
Einschreibegebühren in Euro	k. A.
Bewerbung	
Anmeldebeginn	laufend
Letzter Anmeldetag	31. Juli
1. Hochschulabschluss erforderlich	ja
Zulassungstest	ja, Interview
GMAT erforderlich	nein
TOEFL erforderlich	wünschenswert, nicht zwingend
Referenzen	mind. 2-jährige Berufspraxis
Rahmenbedingungen	
Workloads ECTS	90
Jährlich zugelassene Studenten	20
Durchschnittliches Alter der Studenten	k. A.
Internationale Studenten in %	25
Internationale Kooperationen	ja
Minimale Berufserfahrung in Jahren	2
Durchschnittliche Berufserfahrung in Jahren	7
Anteil Männer/Frauen in %	60/40
Fremdsprachenanteil in %	Englisch: 51–100
Studienblöcke (Anzahl)	20
Lehrmethode Case Study in %	50
Lehrmethode Vorlesung in %	40
Andere Lehrmethoden in %	10
Abschlussarbeit erforderlich	ja
Erstmals angeboten	2008
Absolventen seit Beginn	k. A.
Akkreditierung	
Akkreditiert laut Anbieter	FIBAA geplant

Professional School of Business and Technology

Anschrift: Bahnhofstraße 61, 87435 Kempten
Internet: www.alpen-mba.de
Kontakt: Weiterbildungszentrum, Vertiefungen, Tel.: +49-831-2523496, E-Mail: weiterbildung@fh-kempten.de

MBA-Programme

Name des Programms	Int. Business Mgt. and Leadership	Int. Project Management	Int. Human Resource Mgt.	Int. Logistic Management
Schwerpunkt	European-/Inter-national-/Globalmgt., regionenorientiert	Engineering, Technologie, Luftverkehr, Energie, Logistics		
Form des Programms	Teilzeit	Teilzeit	Teilzeit	Teilzeit
Start des Programms	WS	WS	WS	WS
Dauer des Programms in Monaten	24	24	24	24
Kosten				
Programmkosten in Euro	12.800	12.800	12.800	12.800
Einschreibegebühren in Euro	k. A.	k. A.	k. A.	k. A.
Bewerbung				
Anmeldebeginn	laufend	laufend	laufend	laufend
Letzter Anmeldetag	31. Juli	31. Juli	31. Juli	31. Juli
1. Hochschulabschluss erforderlich	ja	ja	ja	ja
Zulassungstest	ja, Interview	ja, Interview	ja, Interview	ja, Interview
GMAT erforderlich	nein	nein	nein	nein
TOEFL erforderlich	wünschenswert, nicht zwingend			
Referenzen	mind. 2-jährige Berufspraxis			
Rahmenbedingungen				
Workloads ECTS	90	90	90	90
Jährlich zugelassene Studenten	20	20	20	20
Durchschnittliches Alter der Studenten	k. A.	k. A.	k. A.	k. A.
Internationale Studenten in %	25	25	25	25
Internationale Kooperationen	ja	ja	ja	ja
Minimale Berufserfahrung in Jahren	2	2	2	2
Durchschn. Berufserfahrung in Jahren	7	7	7	7
Anteil Männer/Frauen in %	60/40	60/40	60/40	60/40
Fremdsprachenanteil in %	Englisch: 51–100			
Studienblöcke (Anzahl)	20	20	20	20
Lehrmethode Case Study in %	50	50	50	50
Lehrmethode Vorlesung in %	40	40	40	40
Andere Lehrmethoden in %	10	10	10	10
Abschlussarbeit erforderlich	ja	ja	ja	ja
Erstmals angeboten	2002	2002	2002	2002
Absolventen seit Beginn	70	10	10	10
Akkreditierung				
Akkreditiert laut Anbieter	FIBAA	FIBAA	FIBAA	FIBAA

Technische Universität München

Anschrift: Arcisstraße 21, 80333 München
Internet: www.wi.tum.de
Kontakt: Dr. Claudia Höfer-Weichselbaumer, Tel.: +49-89-28925074, E-Mail: hoefer@wi.tum.de
Eva Kasper, Tel.: +49-89-28925072, E-Mail: eva.kasper@wi.tum.de

MBA-Programm

Name des Programms	**Master of Business Administration (MBA)**
Schwerpunkt	Management, Betriebswirtschaft
Form des Programms	Vollzeit
Start des Programms	WS
Dauer des Programms in Monaten	18
Kosten	
Programmkosten in Euro	1.780
Einschreibegebühren in Euro	k. A.
Bewerbung	
Anmeldebeginn	15. Mai
Letzter Anmeldetag	31. Mai
1. Hochschulabschluss erforderlich	ja
Zulassungstest	ja, Eignungsfeststellung, Aufsatz, ggf. Interview
GMAT erforderlich	nein
TOEFL erforderlich	ja oder anderer Englischnachweis
Referenzen	nein
Rahmenbedingungen	
Workloads ECTS	90
Jährlich zugelassene Studenten	45
Durchschnittliches Alter der Studenten	27
Internationale Studenten in %	25
Internationale Kooperationen	ja
Minimale Berufserfahrung in Jahren	k. A.
Durchschnittliche Berufserfahrung in Jahren	3
Anteil Männer/Frauen in %	75/25
Fremdsprachenanteil in %	Englisch: 1–25
Studienblöcke (Anzahl)	1
Lehrmethode Case Study in %	20
Lehrmethode Vorlesung in %	35
Andere Lehrmethoden in %	45
Abschlussarbeit erforderlich	ja
Erstmals angeboten	2005
Absolventen seit Beginn	60
Akkreditierung	
Akkreditiert laut Anbieter	nein

Hochschule Landshut
Kompetenzzentrum

Profil der Hochschule

Die Hochschule Landshut versteht sich in jeder Beziehung als „University of Applied Sciences": In Studium wie auch in Forschung und Entwicklung ist der praktische Anwendungsbezug erstes Gebot. Intensive Kooperationen zwischen Wirtschaft und Hochschule im Rahmen des Wissens- und Techno-logietransfers (ext.) geben gegenseitige Impulse, garantieren den stets aktuellen Praxisbezug in der Lehre. Bei all ihren Studienangeboten legt die Hochschule Landshut großen Wert auf Internationalität. Zahlreiche Hochschulpartnerschaften rund um den Globus ermöglichen internationale Erfahrungen im Auslandsstudium. Beste Verbindungen zu international agierenden Unternehmen schaffen vielfäl-tige Möglichkeiten für Auslandspraktika und damit für die Weiterentwicklung der fachlichen und per-sönlichen Fähigkeiten und für einen erfolgreichen Berufseinstieg.

Besonderheiten der Studiengänge

MBA Industriemarketing und Technischer Vertrieb: Das Studium ist berufsbegleitend konzipiert. Dies be-deutet, dass die praxisnahen Vorlesungsveranstaltungen vorwiegend in Seminarform und in Kleingruppen organisiert sind. Die Termine finden grundsätzlich Donnerstagabend in München und Freitagnachmittag bis Samstagabend an der Hochschule Landshut statt. Während der Schulferien gibt es grundsätzlich kei-ne Veranstaltungstermine. Eine wesentliche Anforderung an Mitarbeiter in Führungspositionen im tech-nischen Bereich liegt auch hier in der zunehmenden Markt- und Kundenorientierung.

MBA Systems and Project Management: Das Studium ist berufsbegleitend konzipiert. Dies bedeutet, dass die praxisorientierten Vorlesungen – grundsätzlich in Seminarform und in kleinen Gruppen – vorwiegend von Freitag- bis Samstagnachmittag stattfinden. Eine wesentliche Herausforderung an Mitarbeiter in Führungspositionen liegt in der Beherrschung der Komplexität großer Projekte und Sys-teme. Diesem Umstand trägt der MBA-Studiengang Rechnung, die Methoden sind fachübergreifend und beziehen sich auf den kompletten Lebenszyklus eines Projektes.

Internationale Verbindungen

MBA Industriemarketing und Technischer Vertrieb: Anfang des dritten Semesters findet ein dreiwö-chiges Kompakt- und Intensivprogramm an der Business School und dem Ahlers Center for Internati-onal Business an der University of San Diego (USD) in Kalifornien (USA) statt.

MBA Systems and Project Management: Anfang des dritten Semesters findet ein zweiwöchiges Kom-pakt- und Intensivprogramm an der University of Texas (UTD) in Dallas (USA) statt.

Finanzielle Unterstützung/Stipendien

Ab sofort besteht für Teilnehmer die Möglichkeit, ihr MBA-Studium über den BayTech-Bildungsfonds zu finanzieren. So ist Fach- und Führungskräften auch dann ein MBA-Studium möglich, wenn die nötigen finanziellen Mittel zunächst nicht vorhanden sind. Nach einer erfolgreichen Bewerbung stellt der Bildungsfonds den ausgewählten MBA-Teilnehmern die anfallenden Studiengebühren, Prüfungs-gebühren und bei Bedarf eine Zusatzfinanzierung zur Verfügung. Im Gegenzug für die erhaltene Fi-nanzierung verpflichten sich die geförderten Teilnehmer, nach Abschluss ihres berufsbegleitenden Studiums zeitlich befristet einen prozentualen Anteil ihres Gehaltes zurückzuzahlen. Dabei sind der Prozentsatz und die Rückzahlungsdauer von Anfang an in der Höhe fixiert – das bringt Sicherheit und Kalkulierbarkeit und ermöglicht eine Finanzierung des MBA-Studiums ohne eine fixe Schuldenlast. Weitere Informationen finden Sie unter: www.bildungsfond.de/baytech.

Adresse der Hochschule

Anschrift: Am Lurzenhof 1, 84036 Landshut
Internet: www.fh-landshut.de
Kontakt: Josef Huber, Tel.: +49-871-506 132, E-Mail: kompetenzzentrum@fh-landshut.de
Claudia Thaler, Tel.: +49-871-506 135, E-Mail: kompetenzzentrum@fh-landshut.de

MBA-Programme

Name des Programms	MBA Industrie-marketing und techn. Vertrieb	MBA Systems and Project Manage-ment	Master of Arts Mgt. of Social Corporations	M.Eng. in Applied Computational Mechanics
Schwerpunkt	Handel, Service Mgt., Consulting, PR, Medien, Kultur, Marketing; Enginee-ring, Technologie, Luft-verkehr, Energie, Logistics	Management, Betriebswirtschaft, Engineering, Tech-nologie, Luftverkehr, Energie, Logistics	Management, Betriebswirtschaft	IT, Computer Science, E-Management
Form des Programms	Teilzeit	Teilzeit	Teilzeit	Teilzeit
Start des Programms	November	Oktober	März	September
Dauer des Programms in Monaten	24	18	30	24
Kosten				
Programmkosten in Euro	15.800	13.200	8.930	20.000
Einschreibegebühren in Euro	950	850	0	0
Bewerbung				
Anmeldebeginn	sofort	sofort	laufend	sofort
Letzter Anmeldetag	30. Sept.	30. Sept.	30. Sept.	15. Juni
1. Hochschulabschluss erforderlich	ja	ja	ja	ja
Zulassungstest	nein	je nach Zugangsvor.	nein	ja, Interview
GMAT erforderlich	nein	nein	nein	nein
TOEFL erforderlich	ja	ja	nein	ja, 80 P. i. b.
Referenzen	nein, aber erwünscht			
Rahmenbedingungen				
Workloads ECTS	90	60	90	90
Jährlich zugelassene Studenten	24	24	24	20
Durchschnittliches Alter der Studenten	34	35	35	36
Internationale Studenten in %	15	10	0	40
Internationale Kooperationen	ja	ja	ja	ja
Minimale Berufserfahrung in Jahren	2	2	2	2
Durchschn. Berufserfahrung in Jahren	5	6	7	5
Anteil Männer/Frauen in %	75/25	75/25	60/40	90/10
Fremdsprachenanteil in %	Englisch: 1–25	Englisch: 1–25	k. A.	Englisch: 51–100
Studienblöcke (Anzahl)	34	34	32	25
Lehrmethode Case Study in %	50	40	40	20
Lehrmethode Vorlesung in %	30	40	40	60
Andere Lehrmethoden in %	20	20	20	20
Abschlussarbeit erforderlich	ja	ja	ja	ja
Erstmals angeboten	2000	2001	2006	2005
Absolventen seit Beginn	145	55	45	20
Akkreditierung				
Akkreditiert laut Anbieter	AQAS	AQAS, zus. PMI	AHPGS	ASIIN

European University
EBCM Munich GmbH

Profil der Hochschule

Die European University, ein privates internationales Institut,
bildet seit über 35 Jahren Studenten in Erst- und Aufbau-
studiengängen aus. Studenten der EU haben die Möglichkeit, zwischen europäischen und asiatischen
Standorten wie München, Barcelona, Montreux, Genf und Singapur zu wechseln. Überall wird großer
Wert auf Individualität und kleine Klassenstärken gelegt. Damit die Ausbildung den Anforderungen
der heutigen internationalen Geschäftswelt gerecht wird, verbinden die Dozenten theoretische Konzepte mit ihren Erfahrungen aus der Berufswelt.

Der deutsche Campus der European University wurde 1991 in München gegründet. Die Angebotspa-
lette umfasst ein Vollzeit-MBA-Programm (ein Jahr) und ein 18-monatiges berufsbegleitendes MBA-
Programm (Kurse an jedem zweiten Wochenende) sowie den Cross-, Flex- und Executive-MBA. Für die
Aufnahme ins Graduiertenprogramm müssen Studenten zwei der folgenden Mindestvoraussetzungen
erfüllen: ein abgeschlossenes Studium mit einem Notendurchschnitt von 3.0 bis 4.0, ein zufriedenstel-
lendes GMAT-Ergebnis, mindestens zwei Jahre Berufserfahrung, die auch den Militärdienst umfassen
kann, sowie ein Bewerbungsgespräch. Interessenten können an Probestunden oder der Gastvorle-
sungsreihe des European Business College Munich teilnehmen, die einmal im Quartal mit Experten-
vorträgen organisiert wird.

Besonderheiten der Studiengänge

Neben dem traditionellen MBA-Studiengang besteht die Option, sich auf weitere zehn Manage-
mentgebiete zu spezialisieren. Hierzu gehören u. a. International Business, Communications & Public
Relations, International Marketing und Global Banking & Finance. Gemäß einer ihrer obersten Zielsetzungen bringt die EU das amerikanische Bildungsmodell nach Europa. Dies geschieht insbesondere
durch die Verbindung von theoretischen Konzepten mit der Lösung praxisnaher Fallbeispiele.

Die Lehrveranstaltungen finden ausschließlich in englischer Sprache statt. Die European University
konzentriert sich darüber hinaus auf eine weitere Zielsetzung: die Bereitstellung einer einzigartig multikulturellen Atmosphäre im Rahmen der internationalen Ausrichtung des Studienangebotes. Unsere
Lehrtätigkeit zielt auf professionell handelnde, innovativ denkende und global tätige Menschen.

Was spricht für ein Studium an der European University?

- pragmatischer Ansatz
- Austauschprogramme
- individueller Ansatz durch kleine Klassen
- internationale Fakultät und Studenten
- Networking

Internationale Verbindungen

Unsere Studenten können ganz einfach zwischen den internationalen EU-Filialen wechseln (Spanien,
Schweiz, Deutschland). Außerdem besteht eine Partnerschaft mit dem Nichols College in Boston.

Adresse der Hochschule

Anschrift: Gmunder Straße 53, 81379 München
Internet: www.euruni.edu
Kontakt: Tatiana Urban, Marketing Manager, Tel.: +49-89-55029595, E-Mail: tproenca@euruni.edu
Kathrin Strobl, Admissions Coordinator, Tel.: +49-89-55029595, E-Mail: kathrin.strobl@euruni.edu

MBA-Programme

Name des Programms	International Marketing	Communication & Public Relation	International Business	Global Banking & Finance
Schwerpunkt	Handel, Service Mgt., Consulting, PR, Medien, Kultur, Marketing		Management, Betriebswirtschaft	
Form des Programms	Vollzeit	Vollzeit	Vollzeit	Vollzeit
Start des Programms	Oktober, Januar, März			
Dauer des Programms in Monaten	9	9	9	9
Kosten				
Programmkosten in Euro	17.400	17.400	17.400	17.400
Einschreibegebühren in Euro	200	200	200	200
Bewerbung				
Anmeldebeginn	laufend	laufend	laufend	laufend
Letzter Anmeldetag	laufend	laufend	laufend	laufend
1. Hochschulabschluss erforderlich	ja	ja, zw. 3.0 und 4.0		
Zulassungstest	ja, Interview	ja, Interview	ja, Bewerbungsgespr.	ja, Interview
GMAT erforderlich	ja, 450 P.	ja, 450 P.	ja, 450 P.	ja, 450 P.
TOEFL erforderlich	ja, 80 P. internet based oder IELTS 6.0			
Referenzen	ja, zwei Referenzschreiben			
Rahmenbedingungen				
Workloads ECTS	54	54	54	54
Jährlich zugelassene Studenten	150	150	150	150
Durchschnittliches Alter der Studenten	25	25	25	25
Internationale Studenten in %	70	70	70	70
Internationale Kooperationen	ja	ja	ja	ja
Minimale Berufserfahrung in Jahren	2	2	2	2
Durchschn. Berufserfahrung in Jahren	2	2	2	2
Anteil Männer/Frauen in %	60/40	60/40	60/40	60/40
Fremdsprachenanteil in %	Englisch: 51–100	Englisch: 51–100	Englisch: 51–100	Englisch: 51–100
Studienblöcke (Anzahl)	3	3	3	3
Lehrmethode Case Study in %	50	50	50	50
Lehrmethode Vorlesung in %	30	30	30	30
Andere Lehrmethoden in %	20 (Gruppenarbeit)			
Abschlussarbeit erforderlich	ja	ja	ja	ja
Erstmals angeboten	1991	1991	1991	1991
Absolventen seit Beginn	1.500	1.500	1.500	1.500
Akkreditierung				
Akkreditiert laut Anbieter	FIBAA geplant, ACBSP			

Hochschule München

HOCHSCHULE
FÜR ANGEWANDTE
WISSENSCHAFTEN·FH
MÜNCHEN

Profil der Hochschule

MBA and Eng. – der Master für Ingenieure, Naturwissenschaftler und Wirtschaftsingenieure: Die Fakultät für Wirtschaftsingenieurwesen an der Hochschule München – University of Applied Sciences Munich – bietet mit ihrem Master-Studiengang Wirtschaftsingenieurwesen – Business Administration and Engineering – Ingenieuren, Naturwissenschaftlern und Wirtschaftsingenieuren eine Ausbildung, die dazu befähigt, Managementaufgaben in einem internationalen Arbeitsfeld zu übernehmen. Durch das Studium wird gezielt die Integration von Ingenieur-, Natur- und Wirtschaftswissenschaften vermittelt. Damit wird der Weg frei für Schlüsselfunktionen in allen Industrie-, Wirtschafts- und Dienstleistungsunternehmen. Neben dem Fachwissen fördert das Studium Sozialkompetenz, Kooperations- und Kommunikationsfähigkeit. Damit wird die Basis geschaffen, erfolgreich im Team zu arbeiten und Teams erfolgreich zu leiten.

Etwa 40 Prozent der Lehrveranstaltungen werden von Lehrbeauftragten aus Unternehmen gehalten. Für Studierende an unserer Fakultät ist es nicht ungewöhnlich, eine Lehrveranstaltung bei einem Vorstand eines erfolgreichen mittelständischen Unternehmens zu hören. Mit unseren Partnerhochschulen in Grenoble und Plymouth betreiben wir auch einen Austausch von Gastdozenten. Wir bieten deshalb auch Wahlpflichtfächer von Native Speakern aus England oder den USA an. Dieses Studienangebot richtet sich ausschließlich an Ingenieure, Wirtschaftsingenieure und Naturwissenschaftler, an Architekten und Mediziner, die im Rahmen ihrer (ersten) Jahre im Beruf feststellen, dass ihnen betriebswirtschaftliche Kompetenzen fehlen.

Besonderheiten des Studiengangs

Start-up-Seminar: Vor Beginn des ersten Semesters fassen wir unsere Studierenden zu einem Start-up-Seminar in einem ****Hotel in den Tiroler Bergen zusammen. Die Studiengangsleitung, Studierende aus höheren Semestern und deren Partner, Absolventen sowie Vertreter unserer ausländischen Partnerhochschulen geben alle wichtigen Informationen zum Studium. Dazu gehören auch Hinweise zur steuerlichen Behandlung beruflicher Weiterbildung. Ein besonderer Schwerpunkt des Seminars ist das Kennenlernen der neuen Studierenden sowie die Teambildung unter den „Youngstern".

Master-Konvent: Einmal im Jahr treffen sich alle Master-Studierenden zu einem Master-Konvent, um aktiv an der Weiterentwicklung des Programms mitzuwirken.

Familientag: Einmal im Jahr findet ein Familientag statt, um den Erfahrungsaustausch zwischen den Partner/-innen und Familien zu fördern und den Kindern mit speziell auf sie abgestimmten Vorlesungen zu zeigen, was die Mutter oder der Vater abends in der Hochschule macht.

Internationale Verbindungen

Ein Auslandsstudium an der Grenoble Ecole Management ist (z. B. im Rahmen eines Sabbaticals) über ein Semester (Vollzeit) ohne Mehrkosten möglich. Sofern ein zweisemestriges Auslandsstudium an der Grenoble Ecole de Management (zum Beispiel im Rahmen eines Sabbaticals) absolviert werden kann, wird zusätzlich zum Abschluss MBA and Eng. der Hochschule München ein Master-Abschluss (MBA oder MIB) der Grenoble Ecole de Management erworben (hierfür fallen Mehrkosten an). An der University of Plymouth wird einmal pro Jahr (Februar/März) ein dreiwöchiges, speziell auf den Master-Studiengang abgestimmtes „intensive term" mit insgesamt vier Fächern aus dem Curriculum, die von Native Speakern gehalten werden, angeboten (hierfür fallen Mehrkosten an). Grundsätzlich ist es möglich, einen Teil der Studien- und Prüfungsleistungen auch an ausländischen Hochschulen freier Wahl zu erbringen.

Adresse der Hochschule

Anschrift: Lothstraße 64, 80335 München
Internet: www.hm-mba.de
Kontakt: Prof.Dr. Wolfgang Döhl, Tel.: +49-89-12653901, E-Mail: Wolfgang.doehl@hm.edu

HOCHSCHULE
FÜR ANGEWANDTE
WISSENSCHAFTEN·FH
MÜNCHEN

MBA-Programm

Name des Programms	**MBA and Engineering**
Schwerpunkt	Engineering, Technologie, Luftverkehr, Energie, Logistics
Form des Programms	Teilzeit
Start des Programms	15. März/1. Oktober
Dauer des Programms in Monaten	24
Kosten	
Programmkosten in Euro	5.000
Einschreibegebühren in Euro	85
Bewerbung	
Anmeldebeginn	1. Dezember/1. Mai
Letzter Anmeldetag	15. Januar/15. Juni
1. Hochschulabschluss erforderlich	ja, Ingenieur, Naturwiss.
Zulassungstest	ja, 1/2 Tag Assessment-Center
GMAT erforderlich	nein
TOEFL erforderlich	nein
Referenzen	ja, Arbeitszeugnisse
Rahmenbedingungen	
Workloads ECTS	90
Jährlich zugelassene Studenten	60
Durchschnittliches Alter der Studenten	33
Internationale Studenten in %	15
Internationale Kooperationen	ja
Minimale Berufserfahrung in Jahren	1
Durchschnittliche Berufserfahrung in Jahren	6
Anteil Männer/Frauen in %	85/15
Fremdsprachenanteil in %	Englisch: 1–25
Studienblöcke (Anzahl)	0
Lehrmethode Case Study in %	10
Lehrmethode Vorlesung in %	35
Andere Lehrmethoden in %	40 (Seminare), 15 (Vorlesung klassisch)
Abschlussarbeit erforderlich	ja
Erstmals angeboten	2001
Absolventen seit Beginn	250
Akkreditierung	
Akkreditiert laut Anbieter	ASIIN

Munich Business School

Profil der Hochschule

Die Munich Business School – die erste staatlich anerkannte private Hochschule in Bayern – richtet ihr Studienangebot auf die hohen Anforderungen aus, die international tätige Unternehmen an ihre Führungskräfte stellen. Grundsatz des Studiums ist die enge Orientierung an den Arbeitsinhalten und -abläufen in Unternehmen, die durch eine enge Verflechtung von praxisnahem Studium und Praxisphasen im In- und Ausland sichergestellt wird. Das pädagogische Konzept ist nicht allein auf eine fachliche Ausbildung ausgerichtet, sondern vermittelt neben fachlichem Knowhow auch Allgemeinwissen und Methodenkompetenz und richtet sich an der Weiterentwicklung der Persönlichkeit aus.

Besonderheiten der Studiengänge

Master International Business: Das 20-monatige Vollzeit-Master-Programm International Business richtet sich an qualifizierte und motivierte Bewerber mit einem überdurchschnittlichen ersten wirtschaftswissenschaftlichen Abschluss, die eine Karriere im internationalen Management anstreben. Sie erhalten die Möglichkeit, vertiefte Kenntnisse in den betriebswirtschaftlichen Kernfächern zu erwerben und Zusatzqualifikationen für Führungspositionen im internationalen Kontext aufzubauen.

MBA in General Management: Das englischsprachige Teilzeit-Studium ist generalistisch ausgerichtet und vermittelt ein fundiertes Kwow-how in allen relevanten Funktionsbereichen eines Unternehmens. Neben der fachlichen Fundierung beinhaltet das Studium spezifische Veranstaltungen zur Stärkung der Sozial- und Selbstkompetenz. Das Wissen wird durch erfahrene Professoren und Dozenten anwendungsorientiert in Form von Vorträgen, Case Studies und Gruppenarbeiten vermittelt.

MBA in Health Care Management: Das deutschsprachige Teilzeit-Studium verbindet die Vermittlung von Fach- und Methodenkompetenz in betriebswirtschaftlichen Kernbereichen wie Finanzen und Marketing mit dem Schwerpunkt Gesundheitswesen. Branchenspezifische Aspekte werden dabei bereits in den Grundlagenfächern berücksichtig. Darüber hinaus wird besonderer Wert auf Aspekte der Selbst- und Sozialkompetenz gelegt. Die Vernetzung dieser Fähigkeiten macht das besondere Profil des Studiums an der Munich Business School aus und bildet eine zentrale Voraussetzung für die Gestaltung erfolgreichen und verantwortungsvollen Führungshandelns.

Internationale Verbindungen

In das Master-Programm International Business integriert sind ein mehrmonatiges Auslandspraktikum sowie ein Auslandsstudium an einer der zahlreichen Partnerhochschulen der MBS. Zudem besteht die Möglichkeit auf einen Doppelabschluss mit Partnerhochschulen in Frankreich und den USA. Arbeitssprachen des Studiengangs sind Deutsch und Englisch.

In beiden MBA-Programmen richtet sich der Fokus während der integrierten Studienaufenthalte an den renommierten Partnerhochschulen (der SDA Bocconi in Mailand und der Singapore Management University beim MBA in General Management und der Boston University School of Management beim MBA in Health Care Management) auf die jeweiligen Wirtschaftsregionen und die Spezialgebiete der jeweiligen Hochschulen.

Munich Business School

Adresse der Hochschule

Anschrift: Elsenheimerstraße 61, 80687 München
Internet: www.munich-business-school.de
Kontakt: N. v. Seyfried, MBA GM/MBA HCM, Tel.: +49-89-547678-220, E-Mail: nathalie.seyfried@munich-business-school.de
E. Stephenson-Soetewey, Master Int. Business, Tel.: +49-89-547678-11, E-Mail: master@munich-business-school.de

MBA-Programme

Name des Programms	Master International Business	MBA General Management	MBA Health Care Management
Schwerpunkt	European-/International-/ Globalmgt., regionenorientiert	Management, Betriebs- wirtschaft	Gesundheit, Healthcare, Life Science, Sport
Form des Programms	Vollzeit	Teilzeit	Teilzeit
Start des Programms	WS/September	SS/WS	WS/September
Dauer des Programms in Monaten	20	24	24
Kosten			
Programmkosten in Euro	19.200	25.200	23.520
Einschreibegebühren in Euro	90	0	0
Bewerbung			
Anmeldebeginn	laufend	laufend	laufend
Letzter Anmeldetag			
1. Hochschulabschluss erforderlich	ja, wirtschaftswiss.	ja	ja
Zulassungstest	ja, Interview	ja, Interview	ja, Interview
GMAT erforderlich	nein	nein	nein
TOEFL erforderlich	ja, 88 P.	ja, 88 P.	ja, 88 P.
Referenzen	ja, wenn vorhanden	ja, wenn vorhanden	ja, wenn vorhanden
Rahmenbedingungen			
Workloads ECTS	150	90	90
Jährlich zugelassene Studenten	40	25	25
Durchschnittliches Alter der Studenten	23	36	38
Internationale Studenten in %	20	54	0
Internationale Kooperationen	ja	ja	ja
Minimale Berufserfahrung in Jahren	0	2	2
Durchschn. Berufserfahrung in Jahren	1	6	k. A.
Anteil Männer/Frauen in %	50/50	60/40	k. A.
Fremdsprachenanteil in %	Englisch: 51–100	Englisch: 51–100	Englisch: 1–25
Studienblöcke (Anzahl)	3	3	3
Lehrmethode Case Study in %	35	40	35
Lehrmethode Vorlesung in %	65	60	65
Andere Lehrmethoden in %	0	0	0
Abschlussarbeit erforderlich	ja	ja	ja
Erstmals angeboten	2004	2005	2008
Absolventen seit Beginn	k. A.	k. A.	k. A.
Akkreditierung			
Akkreditiert laut Anbieter	FIBAA	FIBAA	FIBAA

Technische Universität München
Die unternehmerische Universität

Technische Universität München

Profil der Hochschule

Die TUM bildet in 133 Studiengängen ca. 23.300 Studierende aus, davon 20 Prozent aus dem Ausland. Kernfelder sind die Ingenieur- und Naturwissenschaften, Medizin und Lebenswissenschaften sowie die Wirtschaftswissenschaften. Als eine der ersten drei Universitäten wird die TUM im Rahmen der Exzellenzinitiative des Bundes und der Länder gefördert.

Besonderheiten der Studiengänge

Bereits im sechsten Jahr vermittelt der communicate! Executive MBA berufserfahrenen Teilnehmern General-Management-Kenntnisse mit akademischer Tiefe und praktischem Bezug. Ziel des Programms ist die Weiterbildung von (Nachwuchs-)Führungskräften auf fachlicher wie persönlicher Ebene. Daher werden die General-Management-Einheiten speziell um die Themen Kommunikation und Führung ergänzt. Zusätzlich können die Teilnehmer einen persönlichen Mentor aus dem Expertenkreis von communicate! wählen. Einen besonderen Inhalt stellt der „Running Case" dar, bei dem die Teilnehmer ein Unternehmen im Verlauf des Studiums aus verschiedenen Perspektiven betrachten. Neben renommierten Wissenschaftlern der TUM und anderer Hochschulen werden hochkarätige Führungspersönlichkeiten eingeladen, um den Teilnehmern Führung und Kommunikation an erfolgreichen Praxisbeispielen aufzuzeigen. So erhalten die MBA-Teilnehmer bei Kamingesprächen direkten Kontakt zu führenden Wirtschaftsvertretern. Der englisch-deutsche Studiengang startet jedes Jahr im Frühjahr. Innerhalb von 15 Monaten finden zehn Präsenzblöcke (sieben Tage, Mittwoch bis Dienstag) statt. Im Anschluss verfassen die Studierenden innerhalb von drei Monaten ihre Master-Thesis. Der communicate! Executive MBA der TUM Business School ist Teil des Executive-Education-Programms communicate!, das von Bertelsmann Stiftung, Heinz Nixdorf Stiftung und Daimler-Fonds mitbegründet wurde. Der Executive MBA in Innovation & Business Creation wird von der TUM in Kooperation mit der HHL (Handelshochschule Leipzig) und der UnternehmerTUM, dem Zentrum für Innovation und Gründung an der TUM, durchgeführt. Der Studiengang bietet eine exzellente, akademische Managementausbildung (MBA) mit Vertiefungen in den Bereichen Innovation Management, Business Creation und Business Development. Parallel zum akademischen Programm werden die Teilnehmer in ihren individuellen Innovations- und Gründungsprojekten systematisch unterstützt. Mit der begleitenden Projektbetreuung bietet es eine hervorragende Plattform, um wachstumsorientierte Start-ups aufzubauen und Innovationsprojekte zum Erfolg zu führen. Das englischsprachige Programm umfasst fünf Module mit insgesamt 60 Tagen Präsenzunterricht in München und Leipzig. Der Unterricht findet überwiegend an Freitagen und an Wochenenden statt. Die Dozenten stammen von der TUM, der HHL, der UC Berkeley sowie weiteren international renommierten Universitäten. Praxisreferenten von Unternehmenspartnern ergänzen das Dozententeam. In der Projektarbeit wird eine methodische Herangehensweise vermittelt. Die unmittelbare Anwendung des erworbenen Wissens hat hohe Bedeutung. Dabei steht Ihnen die räumliche und technische Infrastruktur der UnternehmerTUM zur Verfügung. Das Programm richtet sich an Fach- und Führungskräfte sowie Unternehmensgründer.

Internationale Verbindungen

Beide Programme pflegen intensive internationale Kooperationen. Im communicate! Executive MBA ist ein Studienaufenthalt an der Tsinghua University in Peking Teil des Studiums. Der Executive MBA in Innovation & Business Creation schließt einen Studienaufenthalt an der Haas School of Business der UC Berkeley ein.

TUM

Technische Universität München

Adresse der Hochschule

Anschrift: Arcisstraße 21, 80333 München
Internet: www.tum.de
Kontakt: Bernhard Kraus, communicate!, Tel.: +49-89-28928474, E-Mail: contact@communicate.tum.de
Lorenz Hartung, Innovation & Business Creation, Tel.: +49-89-324624600, E-Mail: info@innovationprogram.de

MBA-Programme

Name des Programms	**communicate! Executive MBA**	**Executive MBA in Innovation & Business Creation**
Schwerpunkt	Management, Betriebswirtschaft, Leadership, HR, Entrepreneur, Unternehmensführung	
Form des Programms	Teilzeit	Teilzeit
Start des Programms	Frühjahr	Mai
Dauer des Programms in Monaten	15	12
Kosten		
Programmkosten in Euro	32.000	28.000
Einschreibegebühren in Euro	k. A.	k. A.
Bewerbung		
Anmeldebeginn	Juli	laufend
Letzter Anmeldetag	April	15. April
1. Hochschulabschluss erforderlich	ja	ja
Zulassungstest	ja, Eignungsfeststellungsverfahren	ja, Eignungsfeststellungsverfahren
GMAT erforderlich	k. A.	ja, 500 P.
TOEFL erforderlich	ja oder gleichwertig	Nachweis von Englischkenntnissen
Referenzen	ja, zwei (z. B. von Vorgesetzten)	ja, zwei
Rahmenbedingungen		
Workloads ECTS	60	60
Jährlich zugelassene Studenten	20	k.A.
Durchschnittliches Alter der Studenten	37	34
Internationale Studenten in %	28	25
Internationale Kooperationen	ja	ja
Minimale Berufserfahrung in Jahren	5	3
Durchschnittliche Berufserfahrung in Jahren	10	8
Anteil Männer/Frauen in %	54/46	92/8
Fremdsprachenanteil in %	Englisch: 26–50	Englisch: 51–100
Studienblöcke (Anzahl)	10	5
Lehrmethode Case Study in %	30	33
Lehrmethode Vorlesung in %	30	33
Andere Lehrmethoden in %	40	33 (action based learning, project work)
Abschlussarbeit erforderlich	ja	ja
Erstmals angeboten	2005	2008
Absolventen seit Beginn	91	27
Akkreditierung		
Akkreditiert laut Anbieter	in Vorbereitung	in Vorbereitung

The Open University Business School

The Open University

Business School

Profil der Hochschule

Die britische Open University ist mit 200.000 Studierenden eine der größten Fernuniversitäten Europas. Die Open University Business School ist die Wirtschaftsfakultät der Open University und bietet in einem betreuten Fernstudium die Möglichkeit, theoretische und praktische Managementkenntnisse zu erlangen. Die MBA-Programme sind von AACSB, EQUIS und AMBA akkreditiert. Eine bewährte Mischung aus traditionellen Unterrichtsmaterialien, Multimedia, audiovisuellen Lehrsendungen und Präsenzveranstaltungen am Wochenende ermöglicht eine berufsbegleitende Weiterbildung. Jeder MBA-Student wird von einem persönlichen Tutor betreut. Besonders geschätzt wird von den Studenten der Open University Business School auch das internationale Umfeld.

Besonderheiten der Studiengänge

Die Open University Business School richtet sich mit ihrem MBA-Programm an diejenigen,

- die aus beruflichen Verpflichtungen ein flexibles Lernsystem benötigen, das sich an die Bedürfnisse der Studenten anpasst,

- die einen MBA suchen, der internationalen Standards gerecht wird, international anerkannt ist und hohen Praxisbezug gewährleistet, damit das Gelernte unmittelbar in der täglichen Arbeit umgesetzt werden kann.

Zu Beginn des Studiengangs wird fundiertes Wissen durch Vermitteln von Managementkonzepten und -grundsätzen sichergestellt. Es wird dabei nicht nur Wert auf die analytische Arbeit gelegt, sondern auch auf die persönliche und professionelle Weiterentwicklung der Studenten. Neben dem Erlernen der allgemeinen Management-Skills steht vor allem auch „reflective/critical thinking" und „strategic thinking" im Mittelpunkt. Der MBA Stage Two konzentriert sich unter anderem darauf, wie man in seiner Position als Manager einen echten Unterschied in der Performance einer Organisation herbeiführen kann. Eine Reihe von Wahlfächern im Stage Two ermöglicht dann Vertiefungen in den Bereichen Financial Strategy, Creativity, Managing Knowledge, Managing Human Resources, Marketing etc.

Internationale Verbindungen

Die Open University Business School verfügt über Repräsentationen und Partnerorganisationen in 44 Ländern.

Finanzielle Unterstützung/Stipendien

Weltweit werden rund 60 Prozent unserer MBA-Studenten durch ihre Arbeitgeber finanziell unterstützt.

Adresse der Hochschule

Anschrift: Sitz in Milton Keynes (England), Zeppelinstraße 73, 81669 München
Internet: www.open.ac.uk/europe
Kontakt: Tristan Sage, Tel.: +49-89-89709048, E-Mail: oubsgermany@open.ac.uk
Mark Latham, Tel.: +49-172 2164990, E-Mail: oubsgermany@open.ac.uk

The Open University

Business School

MBA-Programme

Name des Programms	**MBA**	**MBA Technology Management**
Schwerpunkt	Management, Betriebswirtschaft	Engineering, Technologie, Luftverkehr, Energie, Logistics
Form des Programms	Fernstudium	Fernstudium
Start des Programms	Mai/November	Mai/November
Dauer des Programms in Monaten	36	30
Kosten		
Programmkosten in Euro	23.500	16.500
Einschreibegebühren in Euro	k. A.	k. A.
Bewerbung		
Anmeldebeginn	laufend	laufend
Letzter Anmeldetag	31. März/30. September	31. März/30. September
1. Hochschulabschluss erforderlich	je nach MBA-Route	je nach MBA-Route
Zulassungstest	nein	nein
GMAT erforderlich	nein	nein
TOEFL erforderlich	nein	nein
Referenzen	nein	nein
Rahmenbedingungen		
Workloads ECTS	90	90
Jährlich zugelassene Studenten	180	k. A.
Durchschnittliches Alter der Studenten	32	32
Internationale Studenten in %	60	60
Internationale Kooperationen	ja	ja
Minimale Berufserfahrung in Jahren	3	3
Durchschnittliche Berufserfahrung in Jahren	6	6
Anteil Männer/Frauen in %	60/40	60/40
Fremdsprachenanteil in %	Englisch: 51–100	Englisch: 51–100
Studienblöcke (Anzahl)	7	5
Lehrmethode Case Study in %	30	30
Lehrmethode Vorlesung in %	k. A.	k. A.
Andere Lehrmethoden in %	70	70
Abschlussarbeit erforderlich	ja	ja
Erstmals angeboten	1983	1994
Absolventen seit Beginn	20.000	600
Akkreditierung		
Akkreditiert laut Anbieter	AACSB, AMBA, EFMD/EQUIS/EPAS	AACSB, AMBA, EFMD/EQUIS/EPAS

gfw: munich.management

Profil der Hochschule

Die Gesellschaft zur Förderung der Weiterbildung (gfw) an der Universität der Bundeswehr München bildet seit nunmehr 22 Jahren Fach- und Führungskräfte für die Wirtschaft aus. Dass die Inhalte hohen Standards entsprechen, dafür stehen praxiserfahrene Professoren und Experten aus der Wirtschaft sowie namhafte Kooperationspartner aus der deutschen wie auch aus der internationalen Hochschullandschaft: bspw. Henley Business School, National University of Singapore (NUS), Queensland University of Technology (BGSB) sowie University of San Diego.

Besonderheiten der Studiengänge

Henley MBA: Das Henley-MBA-Konzept kombiniert in einzigartiger Weise die Anforderungen an zukunftsorientiertes strategisches Management einerseits mit den wachsenden gesellschaftlichen Ansprüchen an wirtschaftliches Verhalten andererseits. Inhalte und Methodik fördern das berufliche und persönliche Wachsen der Teilnehmer.

Executive MSc in HRM & Leadership: Die Teilnehmer verfügen durch das Studium über die grundlegenden (klassischen) Personalmanagementqualifikationen und darüber hinaus über funktionsübergreifende betriebswirtschaftliche Kompetenzen sowie über die Befähigung zum strategischen Handeln. Eine Innovation gegenüber ähnlichen Programmen stellt das Modul „Human Resource Leadership und persönliche Glaubwürdigkeit" dar, das dementsprechend hohe Anforderungen sowohl an das notwendige didaktische Konzept wie an die Professionalität der Dozenten stellt.

Professional MSc in Project Management: Der MSc in Project Management verbindet Praxis-Know-how mit hohem akademischem Anspruch. Das Master-Programm richtet sich an zukünftige Fach- und Führungskräfte in projektorientierten Unternehmen und Branchen wie IT und Automotive. State-of-the-art: Das Studium vermittelt einen hohen, einheitlichen und vor allem aktuellen Wissensstand im Bereich Unternehmensführung und internationales Projektmanagement.

Der praxisorientierte General MBA ist speziell auf eine Mischung der Teilnehmer aus Fach- und Führungskräften aus der Wirtschaft sowie (ausscheidenden) Zeitsoldaten zugeschnitten. Der Peer-Learning-Effekt ist gerade hier in den Bereichen strategisches Management sowie Führungsmanagement durch die unterschiedlichen Erfahrungshintergründe besonders hoch. Einzelne Module werden dabei ausschließlich für die einzelnen Teilnehmergruppen, andere wiederum gemeinsam durchgeführt. Die Besonderheit des Programmes besteht darin, dass es die Erfahrungen der Fach- und Führungskräfte sowie der Zeitoffiziere als Managementgrundlage einbezieht, diese mit dem aktuellen Know-how verknüpft und zusätzlich die individuellen Kompetenzen für die persönliche Karriere durch die freie Auswahl von Zusatzmodulen fördert. Der Zeitablauf des MBA-Programmes ist so flexibel gestaltet, dass es in verschiedenen zeitlichen Varianten durchlaufen werden kann.

Internationale Verbindungen

Internationale Verbindungen hat die gfw zu Partnerhochschulen in den USA, Australien und Singapur. Studenten haben die Möglichkeit, MBA-Courses und Summer Schools bei einem der Kooperationspartner zu besuchen. Darüber hinaus können Studenten des Henley MBAs auch an Präsenz-Workshops an anderen Henley-Standorten z. B. in Skandinavien, Großbritannien, Südafrika teilnehmen.

Finanzielle Unterstützung/Stipendien

Für die beiden Master-Programme werden Teilstipendien vergeben. 30 Prozent der MBA-Studenten werden wegen des hohen praktischen Nutzens von ihrem Unternehmen in finanzieller Form unterstützt.

Adresse der Hochschule

GESELLSCHAFT ZUR FÖRDERUNG DER WEITERBILDUNG
munich.management
AN DER UNIVERSITÄT DER BUNDESWEHR MÜNCHEN e. V.

Anschrift: Werner-Heisenberg-Weg 39, 85579 Neubiberg
Internet: www.gfw-munich.de
Kontakt: Claudia Maria Doerr, MSc, General MBA, Tel.: +49-89-60606313, E-Mail: claudia.doerr@gfw-munich.de
Mana Nishida, Henley MBA, Tel.: +49-89-60606333, E-Mail: mana.nishida@gfw-munich.de

MBA-Programme

Name des Programms	Henley MBA	MSc in Human Resource Mgt. & Leadership	MSc in Project Management	General MBA
Schwerpunkt	Management, Betriebswirtschaft	Leadership, HR, Entrepreneur, Untern.führ.	Management, Betriebswirtschaft	Management, Betriebswirtschaft
Form des Programms	Teilzeit	Teilzeit	Teilzeit	Executive
Start des Programms	März	März/Oktober	März/Oktober	März
Dauer des Programms in Monaten	30	24	24	12–36
Kosten				
Programmkosten in Euro	25.000	23.900	18.900	15.800
Einschreibegebühren in Euro	0	0	k. A.	0
Bewerbung				
Anmeldebeginn	ganzjährig	ganzjährig	ganzjährig	ganzjährig
Letzter Anmeldetag	31. Oktober	31. Januar/31. August		31. Januar
1. Hochschulabschluss erforderlich	ja, Ausnahmen mögl.	ja	ja, Ausnahmen mögl.	ja
Zulassungstest	nein	ja, persönliches Interview		
GMAT erforderlich	nein	nein	nein	nein
TOEFL erforderlich	ja, 600 P. pb, 100 P. ib	nein, jedoch gutes englisches Sprachverständnis		
Referenzen	ja, zwei	nein	nein	nein
Rahmenbedingungen				
Workloads ECTS	k. A.	90	90	90
Jährlich zugelassene Studenten	30	25	25	25
Durchschnittliches Alter der Studenten	35	k. A.	k. A.	34
Internationale Studenten in %	40	0	0	0
Internationale Kooperationen	ja	ja	ja	ja
Minimale Berufserfahrung in Jahren	3	3	3	3
Durchschn. Berufserfahrung in Jahren	8	k. A.	k. A.	6
Anteil Männer/Frauen in %	70/30	k. A.	k. A.	k. A.
Fremdsprachenanteil in %	Englisch: 51–100	Englisch: 1–25	Englisch: 1–25	Englisch: 1–25
Studienblöcke (Anzahl)	3	4	4	4
Lehrmethode Case Study in %	40	30	30	30
Lehrmethode Vorlesung in %	10	50	50	30
Andere Lehrmethoden in %	50 (E-Learning, Mgt.-Rep.)	20 (z. B. Praxisarbeit)	20 (z. B. Projektarbeit)	40
Abschlussarbeit erforderlich	ja	ja	ja	ja
Erstmals angeboten	1989	2010	2010	2006
Absolventen seit Beginn	460	0	0	81
Akkreditierung				
Akkreditiert laut Anbieter	AACSB, AMBA, EFMD/EQUIS/EPAS	in Vorbereitung	in Vorbereitung	in Vorbereitung

Friedrich-Alexander-Universität Erlangen-Nürnberg

Anschrift: Klingenhofstraße 58, 90411 Nürnberg
Internet: www.mba-nuernberg.info
Kontakt: Dietmar Bendheimer, Tel.: +49-911-95117283, E-Mail: bendheimer@mba-nuernberg.info
Roland Funk, Tel.: +49-911-95117284, E-Mail: funk@mba-nuernberg.info

MBA-Programm

Name des Programms	**Executive MBA Business Management**
Schwerpunkt	Management, Betriebswirtschaft
Form des Programms	Executive
Start des Programms	WS/1. Oktober
Dauer des Programms in Monaten	24
Kosten	
Programmkosten in Euro	25.000
Einschreibegebühren in Euro	0
Bewerbung	
Anmeldebeginn	laufend
Letzter Anmeldetag	15. Juli
1. Hochschulabschluss erforderlich	ja
Zulassungstest	ja, Interview
GMAT erforderlich	nein
TOEFL erforderlich	nein
Referenzen	nein, aber gerne
Rahmenbedingungen	
Workloads ECTS	70
Jährlich zugelassene Studenten	k.A.
Durchschnittliches Alter der Studenten	30
Internationale Studenten in %	20
Internationale Kooperationen	ja
Minimale Berufserfahrung in Jahren	1
Durchschnittliche Berufserfahrung in Jahren	5
Anteil Männer/Frauen in %	80/20
Fremdsprachenanteil in %	Englisch: 1–25
Studienblöcke (Anzahl)	3
Lehrmethode Case Study in %	40
Lehrmethode Vorlesung in %	20
Andere Lehrmethoden in %	40 (Präsentationen, Businessplan)
Abschlussarbeit erforderlich	ja
Erstmals angeboten	2004
Absolventen seit Beginn	100
Akkreditierung	
Akkreditiert laut Anbieter	ACQUIN

Hochschule Regensburg – Fakultät für Betriebswirtschaft

Anschrift: Postfach 120327, 93025 Regensburg
Internet: www.mba-regensburg.de
Kontakt: René Rieder, Tel.: +49-941-9431472, E-Mail: rene.rieder@hs-regensburg.de
Prof. Dr. Wolfgang Hennevogl, Tel.: +49-941-9431388, E-Mail: wilfgang.hennevogl@hs-regensburg.de

MBA-Programm

Name des Programms	**MBA**
Schwerpunkt	Management, Betriebswirtschaft
Form des Programms	Teilzeit
Start des Programms	September
Dauer des Programms in Monaten	30
Kosten	
Programmkosten in Euro	12.200
Einschreibegebühren in Euro	k. A.
Bewerbung	
Anmeldebeginn	jederzeit
Letzter Anmeldetag	15. Juli
1. Hochschulabschluss erforderlich	ja, nicht wirtschaftswiss.
Zulassungstest	nein
GMAT erforderlich	nein
TOEFL erforderlich	nein
Referenzen	nein
Rahmenbedingungen	
Workloads ECTS	120
Jährlich zugelassene Studenten	25
Durchschnittliches Alter der Studenten	33
Internationale Studenten in %	10
Internationale Kooperationen	nein
Minimale Berufserfahrung in Jahren	3
Durchschnittliche Berufserfahrung in Jahren	5
Anteil Männer/Frauen in %	80/20
Fremdsprachenanteil in %	Englisch: 1–25
Studienblöcke (Anzahl)	50
Lehrmethode Case Study in %	20
Lehrmethode Vorlesung in %	0
Andere Lehrmethoden in %	80
Abschlussarbeit erforderlich	ja
Erstmals angeboten	2004
Absolventen seit Beginn	21
Akkreditierung	
Akkreditiert laut Anbieter	FIBAA

Hochschule für angewandte Wissenschaften Fachhochschule Neu-Ulm

Profil der Hochschule

Die Hochschule Neu-Ulm ist eine Business School mit den Fakultäten „Betriebswirtschaft" und „Informationsmanagement". Rund 1.800 Studierende verteilen sich auf die Studiengänge:

- Betriebswirtschaft
- Informationsmanagement und Unternehmenskommunikation
- Wirtschaftsinformatik (in Zusammenarbeit mit der Hochschule für Technik Ulm)
- Wirtschaftsingenieurwesen (in Zusammenarbeit mit der Hochschule für Technik Ulm)
- Wirtschaftsingenieurwesen mit Schwerpunkt Logistik (in Zusammenarbeit mit der Hochschule für Technik Ulm)

sowie auf die berufsbegleitenden MBA-Studiengänge:

- Betriebswirtschaft für Ärztinnen und Ärzte
- Betriebswirtschaft für Ingenieure und andere nicht wirtschaftliche Berufe
- Strategisches Informationsmanagement

Besonderheiten der Studiengänge

Ziel der MBA-Studiengänge ist es, Personen, die bereits ein Hochschulstudium abgeschlossen und mehrjährige Erfahrungen in der beruflichen Praxis erworben haben, qualifiziertes Führungs- und Entscheidungswissen zu vermitteln und sie damit auf die Übernahme von Leitungsfunktionen vorzubereiten bzw. sie bei deren Ausübung zu unterstützen.

Internationale Verbindungen

Alle drei MBA-Studiengänge sind international ausgerichtet. Dies wird sichergestellt durch:

- die Studieninhalte und die Themenauswahl
- englischsprachige Lehrveranstaltungen und Seminare
- einen Auslandsaufenthalt an einer englischsprachigen Hochschule
- den internationalen Berufshintergrund der Dozenten/-innen

Bisher wurden im Rahmen der MBA-Programme mehrere Studienaufenthalte an englischsprachigen Hochschulen durchgeführt, und zwar mit folgenden Partnerhochschulen:

- School of International and Public Affairs (SIPA) der Columbia University, New York (USA)
- School of Public Health der University of California, Los Angeles (USA)
- University of Malta, La Valetta (Malta)
- Waikato Management School, University of Waikato, Hamilton (Neuseeland)
- University of Glamorgan (Wales)

Adresse der Hochschule

Anschrift: Wileystraße 1, 89231 Neu-Ulm
Internet: www.hs-neu-ulm.de
Kontakt: Dr. Peter Hurler, Tel.: +49-731-9762-2525, E-Mail: zfw@hs-neu-ulm.de

HNU HOCHSCHULE NEU-ULM UNIVERSITY

MBA-Programme

Name des Programms	MBA Betriebswirtschaft für Ärztinnen und Ärzte	MBA-Studium Strat. Informationsmgt.	MBA-Studium Betriebs-wirtschaft
Schwerpunkt	Management, Betriebswirtschaft, Gesundheit, Healthcare, Life Science, Sport	Leadership, HR, Entrepreneur, Unternehmensführung, IT, Computer Science, E-Mgt.	Mgt., Betriebswirtschaft, Leadership, HR, Entrepreneur, Unternehmensführung
Form des Programms	Teilzeit	Teilzeit	Teilzeit
Start des Programms	SS	WS	SS/WS
Dauer des Programms in Monaten	24	24	30
Kosten			
Programmkosten in Euro	11.800	13.800	12.440
Einschreibegebühren in Euro	0	0	0
Bewerbung			
Anmeldebeginn	laufend	laufend	laufend
Letzter Anmeldetag	12. Febr.	15. Sept.	SS: 15.Febr./WS: 15. Sept.
1. Hochschulabschluss erforderlich	ja, Medizinstudium	ja	ja, kein BWL-Studium
Zulassungstest	nein	nein, jedoch Auswahlverfahren	nein
GMAT erforderlich	nein	nein	nein
TOEFL erforderlich	eigene Sprachprüfung	eigene Sprachprüfung	eigene Sprachprüfung
Referenzen	nein, erwünscht, aber nicht zwingend erforderlich		
Rahmenbedingungen			
Workloads ECTS	60	90	90
Jährlich zugelassene Studenten	25	20	25
Durchschnittliches Alter der Studenten	k. A.	k. A.	k. A.
Internationale Studenten in %	0	0	0
Internationale Kooperationen	ja	ja	ja
Minimale Berufserfahrung in Jahren	2	2	2
Durchschn. Berufserfahrung in Jahren	k. A.	k. A.	k. A.
Anteil Männer/Frauen in %	k. A.	k. A.	k. A.
Fremdsprachenanteil in %	Englisch: 1–25	Englisch: 1–25	Englisch: 1–25
Studienblöcke (Anzahl)	10	9	9
Lehrmethode Case Study in %	15	25	25
Lehrmethode Vorlesung in %	50	50	50
Andere Lehrmethoden in %	25	25	25
Abschlussarbeit erforderlich	ja	ja	ja
Erstmals angeboten	2002	2008	2002
Absolventen seit Beginn	205	k. A.	185
Akkreditierung			
Akkreditiert laut Anbieter	FIBAA seit 2007	FIBAA geplant	FIBAA seit 2007

University of Applied Science

Anschrift: Steingruberstraße 2, 91746 Weidenbach
Internet: www.hswt.de
Kontakt: Prof. Dr. Herbert Ströbel, MBA Agrarmanagement, Tel.: +49-9826-654205, E-Mail: herbert.stroebel@hswt.de
Annette Schmid, MBA Agrarmanagement, Tel.: +49-9826-654231, E-Mail: annette.schmid@hswt.de

MBA-Programme

Name des Programms	Agrarmanagement MBA	Nachwachs. Rohstoffe	Regionalmanagement
Schwerpunkt	Industrie, Dienstleistungen, Landwirtschaft	Industrie, Dienstleistungen, Landwirtschaft	European-/International-/Globalmgt., regionenorientiert
Form des Programms	Vollzeit	Vollzeit	Vollzeit
Start des Programms	SS	WS/15. Oktober	WS/1. Oktober
Dauer des Programms in Monaten	24	24	18
Kosten			
Programmkosten in Euro	0	2.000	1.500
Einschreibegebühren in Euro	1.563	92	68
Bewerbung			
Anmeldebeginn	laufend	Juni	laufend
Letzter Anmeldetag	15. Febr.	15. Juli	Ende August
1. Hochschulabschluss erforderlich	ja	ja	ja, mind. mit der Note 2
Zulassungstest	ja	ja, Eignungsverfahren	nein
GMAT erforderlich	nein	nein	k. A.
TOEFL erforderlich	ja	nein	nein
Referenzen	ja, Deutsch C1	ja	nein
Rahmenbedingungen			
Workloads ECTS	120	120	90
Jährlich zugelassene Studenten	61	k.A.	20
Durchschnittliches Alter der Studenten	23	23	28
Internationale Studenten in %	96	10	10
Internationale Kooperationen	ja	nein	nein
Minimale Berufserfahrung in Jahren	1	k. A.	0
Durchschn. Berufserfahrung in Jahren	0	k. A.	5
Anteil Männer/Frauen in %	50/50	k. A.	55/45
Fremdsprachenanteil in %	Englisch: 1–25	k. A.	Englisch: 1–25
Studienblöcke (Anzahl)	4	23	3
Lehrmethode Case Study in %	15	10	25
Lehrmethode Vorlesung in %	15	85	45
Andere Lehrmethoden in %	70	5	30 (Eigenarb., Tele-Studium)
Abschlussarbeit erforderlich	ja	ja	ja
Erstmals angeboten	2000	2008	2004
Absolventen seit Beginn	405	k. A.	30
Akkreditierung			
Akkreditiert laut Anbieter	ACQUIN	wird angestrebt	geplant 2010

Georg-Simon-Ohm Management-Institut

Anschrift: Kressengartenstraße 2, 90402 Nürnberg
Internet: www.gso-mi.de
Kontakt: Alexandra Meissel, Tel.: +49-911-58802803, E-Mail: info@gso-mi.de
Kerstin Lorentz-Sabisch, Tel.: +49-911-58802802, E-Mail: info@gso-mi.de

MBA-Programme

Name des Programms	MBA für Wirtschaftler, General Management	MBA für Nicht-Wirtschaftler, General Mgt.	MBA für Wirtschaftler, General Management	MBA für Nicht-Wirtschaftler, General Mgt.
Schwerpunkt	Management, Betriebswirtschaft			
Form des Programms	Vollzeit	Vollzeit	Teilzeit	Teilzeit
Start des Programms	15. März/1. Oktober			
Dauer des Programms in Monaten	15	21	18	24
Kosten				
Programmkosten in Euro	15.000	18.000	15.000	18.000
Einschreibegebühren in Euro	k. A.	k. A.	k. A.	k. A.
Bewerbung				
Anmeldebeginn	laufend	laufend	laufend	laufend
Letzter Anmeldetag	SS: 15. Januar, WS: 15. Juli			
1. Hochschulabschluss erforderlich	ja, wirtschaftswiss.	ja, n. wirtschaftswiss.	ja, wirtschaftswiss.	ja, n. wirtschaftswiss.
Zulassungstest	ja, Letter of Motivation und Interview			
GMAT erforderlich	nein, aber empfohlen			
TOEFL erforderlich	ja, 550 P., 213 P. computer based, 80 P. internet based			
Referenzen	nein	nein	nein	nein
Rahmenbedingungen				
Workloads ECTS	60	78	60	78
Jährlich zugelassene Studenten	30	30	30	30
Durchschnittliches Alter der Studenten	31	33	31	33
Internationale Studenten in %	40	50	40	50
Internationale Kooperationen	ja	ja	ja	ja
Minimale Berufsfahrung in Jahren	2	2	2	2
Durchschn. Berufserfahrung in Jahren	6	6	6	6
Anteil Männer/Frauen in %	50/50	60/40	50/50	60/40
Fremdsprachenanteil in %	Englisch: 51–100	Englisch: 51–100	Englisch: 51–100	Englisch: 51–100
Studienblöcke (Anzahl)	12	18	12	18
Lehrmethode Case Study in %	40	40	40	40
Lehrmethode Vorlesung in %	40	40	40	40
Andere Lehrmethoden in %	20	20	20	20
Abschlussarbeit erforderlich	ja	ja	ja	ja
Erstmals angeboten	1997	2004	1997	2004
Absolventen seit Beginn	275	167	275	135
Akkreditierung				
Akkreditiert laut Anbieter	ACQUIN	ACQUIN	ACQUIN	ACQUIN

Julius-Maximilians-Universität Würzburg

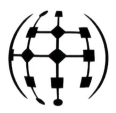

MBA Business Integration
Universität Würzburg

Profil der Hochschule

Die Julius-Maximilians-Universität Würzburg verfügt über eine 600 Jahre lange Tradition und gehört heute zu den mittelgroßen Universitäten in Deutschland. 400 Professoren bilden hier in zwölf Fakultäten rund 20.000 Studierende aus.

Die Würzburger Universität zählt zu den zehn führenden Hochschulen in Deutschland – das belegen die Ranglisten nationaler und internationaler Forschungsorganisationen, internationale Gutachterkommissionen sowie die im Jahr 2006 begonnene Exzellenzinitiative des Bundes und der Länder. In vielen Wissenschaftsbereichen gehört die Universität Würzburg auch international zur Spitzengruppe der akademischen Institutionen. Durch ihre Einbindung in eine freundliche und attraktive Stadt ergibt sich eine hervorragende studentische Atmosphäre.

Die zentrale Lage Würzburgs im Herzen Europas und die ausgezeichnete Anbindung an das Bahn- und Autobahnnetz sowie die Nähe zum Großflughafen Frankfurt garantieren, dass die Julius-Maximilians-Universität aus allen Teilen Deutschlands einfach und schnell zu erreichen ist.

Besonderheiten des Studiengangs

Der Executive-MBA-Studiengang Business Integration ist ein Weiterbildungsstudiengang für Hochschulabsolventen und befähigt diese, erfolgreich Führungspositionen in Unternehmen einzunehmen. Neben dem für hoch qualifizierte Führungskräfte notwendigen betriebswirtschaftlichen Wissen wird vermittelt, wie unternehmerische Aufgabenstellungen mithilfe moderner Informationssysteme gelöst werden. Diese einzigartige Kombination bereitet die Teilnehmer praxisnah auf die betrieblichen Herausforderungen vor und gibt Ihnen die Kompetenz für die komplexen Anforderungen von morgen.

Die Klassen des Executive MBA Business Integration sind jeweils so zusammengesetzt, dass ein Querschnitt unterschiedlicher Branchen, Tätigkeitsbereiche, Ausbildungen und Betriebsgrößen vertreten ist. Die unterschiedlichen Erfahrungshintergründe bereichern den Austausch zwischen den Studierenden enorm. Das entstandene Netzwerk ist aufgrund der vielfältigen beruflichen Hintergründe besonders wertvoll.

Die Lehrveranstaltungen finden in Wochenkursen statt. Anders als bei Samstags- und Sonntagsveranstaltungen können sich die Teilnehmer trotz Berufstätigkeit über einen längeren Zeitraum intensiv mit den Lehrinhalten auseinandersetzen. Die Erfahrung zeigt, dass die Lernintensität und Netzwerkbildung dadurch wesentlich verbessert werden.

Internationale Verbindungen

Es bestehen seit mehreren Jahren enge Kooperationen mit zwei Universitäten in den Vereinigten Staaten. Etwa ein Drittel der Lehrveranstaltungen findet an den ausländischen Partneruniversitäten (Florida Gulf Coast University und Boston University) statt, die beide AACSB-akkreditiert sind.

Für Executive-MBA-Studenten der Florida Gulf Coast University bietet die Julius-Maximilians-Universität Würzburg das Modul „Business Integration and Globalization" an. Wohl einzigartig in dieser Form ist, dass ein Austausch amerikanischer Studenten in Richtung Deutschland erfolgt.

MBA Business Integration
Universität Würzburg

Adresse der Hochschule

Anschrift: Sanderring 2, 97070 Würzburg
Internet: www.businessintegration.de
Kontakt: Michael Dörflein, Tel.: +49-931-3501250, E-Mail: info@businessintegration.de

MBA-Programm

Name des Programms	**Executive MBA Business Integration**
Schwerpunkt	Management, Betriebswirtschaft, Engineering, Technologie, Luftverkehr, Energie, Logistics
Form des Programms	Executive
Start des Programms	Oktober
Dauer des Programms in Monaten	24
Kosten	
Programmkosten in Euro	19.900
Einschreibegebühren in Euro	0
Bewerbung	
Anmeldebeginn	laufend
Letzter Anmeldetag	31. Juli
1. Hochschulabschluss erforderlich	ja
Zulassungstest	ja, Auswahlgespräch
GMAT erforderlich	nein
TOEFL erforderlich	ja (z. B. TOEFL)
Referenzen	ja, vom Arbeitgeber
Rahmenbedingungen	
Workloads ECTS	70
Jährlich zugelassene Studenten	30
Durchschnittliches Alter der Studenten	35
Internationale Studenten in %	15
Internationale Kooperationen	ja
Minimale Berufserfahrung in Jahren	3
Durchschnittliche Berufserfahrung in Jahren	6
Anteil Männer/Frauen in %	70/30
Fremdsprachenanteil in %	Englisch: 26–50
Studienblöcke (Anzahl)	10
Lehrmethode Case Study in %	30
Lehrmethode Vorlesung in %	30
Andere Lehrmethoden in %	40
Abschlussarbeit erforderlich	ja
Erstmals angeboten	1999
Absolventen seit Beginn	220
Akkreditierung	
Akkreditiert laut Anbieter	AACSB (Partnerhochschulen), FIBAA, ISO 9001:2008

Hochschule für angewandte Wissenschaften Fachhochschule Rosenheim

Hochschule **Rosenheim**
University of Applied Sciences

Profil der Hochschule

Mit 24 Studiengängen in den Bereichen Wirtschaft, Technik und Gestaltung stellt die Hochschule für angewandte Wissenschaften Fachhochschule Rosenheim ein differenziertes Studienangebot mit einzigartigen Vertiefungsschwerpunkten, einer fachübergreifenden Studienkultur und attraktiven Möglichkeiten für Zusatzqualifikationen bereit. Interdisziplinäre Vorlesungen und Seminare in kleinen Gruppen, die Einbindung in innovative Praxis- und Forschungsprojekte, Einzel-Coaching und flexibel an die Studienbedürfnisse angepasste Lehrpläne ermöglichen eine zielgerichtete Gestaltung der Ausbildung.

Besonderheiten der Studiengänge

MBA – Management und Führungskompetenz: Ziel des MBA-Studiengangs Management und Führungskompetenz ist die Entwicklung von umfassenden Kompetenzen, die eine Führungskraft im mittleren und höheren Management benötigt, um die gestellten Anforderungen professionell und verantwortungsvoll zu erfüllen.

Im Studiengang werden die erforderlichen Kenntnisse und Fähigkeiten in den zentralen Kernbereichen Management und Führungskompetenz vermittelt. Unternehmerische Fragestellungen sollen auf Basis wissenschaftlicher Methoden erkannt, analysiert und auf die Herausforderungen in der Praxis angewendet werden.

Das Themenfeld „Führungskompetenz" ist im MBA-Studiengang der Hochschule Rosenheim wesentlich umfangreicher angelegt als bei bislang existierenden MBA-Studiengängen anderer Bildungsinstitutionen und stellt damit ein Alleinstellungsmerkmal dieses Studiengangs dar.

MBA & Eng.: Auf Basis eines technischen Erststudiums vermittelt das Studium Master of Business Administration & Engineering dem Absolventen weiterführende wissenschaftlich fundierte Kenntnisse und Methoden aus dem Bereich der Technik, der Betriebswirtschaft und der Informatik. Diese Ausbildung qualifiziert den Master „WI" insbesondere für technisch-organisatorisch-planerische Tätigkeiten mit fachübergreifendem Querwissen, typischerweise Projektaufgaben mit Führungskompetenz. Fremdsprachen, Fallstudien und praxisorientierte Ausrichtung der Lehre runden das Profil des Masters „WI" ab. Prinzipiell berechtigt der Abschluss zur Promotionsmöglichkeit in den Fachbereichen Technik & Wirtschaft.

Das Curriculum ist modular aufgebaut und bietet eine große Wahlmöglichkeit. Eine Fächerkombination mit anderen Studiengängen bzw. anderen Hochschulen (auch ausländischen) ist möglich und wird gefördert. Somit ermöglicht das Curriculum eine weitgehende individuelle Profilierung des Absolventen, ohne den speziellen Charakter des Wirtschaftsingenieurs zu verlieren.

Internationale Verbindungen

MBA – Management und Führungskompetenz: Die Teilnehmer werden sowohl auf nationale als auch auf internationale Arbeitsgebiete vorbereitet. Daher sind nationale und internationale Themen und der Unterricht in deutscher wie auch in englischer Sprache ein zentraler Bestandteil des Studiums. Ergänzt wird dies durch einen Studienaufenthalt zur University of Glamorgan (Wales).

MBA & Eng.: Die Fakultät WI ist mit zahlreichen in- und ausländischen Hochschulen im Verbund tätig und ermöglicht dem Studierenden entsprechende Austauschmöglichkeiten.

Hochschule **Rosenheim**
University of Applied Sciences

Adresse der Hochschule

Anschrift: Hochschulstraße 1, 83024 Rosenheim
Internet: www.fh-rosenheim.de/mba.html; www.fh-rosenheim.de/wimaster.html
Kontakt: Sabine Wolf, Management und Führungskomp., Tel.: +49-8031-805164, E-Mail: Sabine.wolf@fh-rosenheim.de
Prof. Dr. Reinhard Schugmann, Wirtsch.ing.wesen, Tel.: +49-8031-805617, E-Mail: schugmann@fh-rosenheim.de

MBA-Programme

Name des Programms	Management und Führungs-kompetenz (MBA)	Wirtschaftsingenieurwesen (MBA & Eng.)
Schwerpunkt	Leadership, HR, Entrepreneur, Unternehmensführung	Engineering, Technologie, Luftverkehr, Energie, Logistics
Form des Programms	Teilzeit	Vollzeit
Start des Programms	SS/März	WS/SS
Dauer des Programms in Monaten	30	18
Kosten		
Programmkosten in Euro	17.100	400
Einschreibegebühren in Euro	0	0
Bewerbung		
Anmeldebeginn	laufend	laufend
Letzter Anmeldetag	15. Januar	15. Juni/31. Dezember
1. Hochschulabschluss erforderlich	ja	ja
Zulassungstest	ja, Interview	ja, schriftlich + Interview
GMAT erforderlich	nein	nein
TOEFL erforderlich	nein	nein
Referenzen	ja, 2 (1 fachl. Ref., 1 aus priv. Umfeld)	nein
Rahmenbedingungen		
Workloads ECTS	90	90
Jährlich zugelassene Studenten	16	30
Durchschnittliches Alter der Studenten	36	27
Internationale Studenten in %	0	20
Internationale Kooperationen	ja	ja
Minimale Berufserfahrung in Jahren	1	0
Durchschnittliche Berufserfahrung in Jahren	7	5
Anteil Männer/Frauen in %	80/20	60/40
Fremdsprachenanteil in %	1–25	k. A.
Studienblöcke (Anzahl)	0	0
Lehrmethode Case Study in %	50	15
Lehrmethode Vorlesung in %	40	60
Andere Lehrmethoden in %	10 (Vor- und Nacharbeit)	25
Abschlussarbeit erforderlich	ja	ja
Erstmals angeboten	2008	2002
Absolventen seit Beginn	10	90
Akkreditierung		
Akkreditiert laut Anbieter	FIBAA	ASIIN

BBA – Akademie der Immobilienwirtschaft e.V., Berlin

Anschrift: Lützowstraße 106, 10785 Berlin
Internet: www.bba-campus.de
Kontakt: Martina Heger, Tel.: +49-30-23085519, E-Mail: martina.heger@bba-campus.de
Kathleen Reiß, Tel.: +49-30-23085524, E-Mail: kathleen.reiss@bba-campus.de

MBA-Programm

Name des Programms	**Real Estate Management (MBA)**
Schwerpunkt	Tourism, Hospitality, Real Estate, Immobilien
Form des Programms	Teilzeit
Start des Programms	SS (1. April)
Dauer des Programms in Monaten	18
Kosten	
Programmkosten in Euro	4.000
Einschreibegebühren in Euro	1.000
Bewerbung	
Anmeldebeginn	laufend
Letzter Anmeldetag	15. März
1. Hochschulabschluss erforderlich	ja
Zulassungstest	ja, Auswahlgespräch
GMAT erforderlich	nein
TOEFL erforderlich	ja, 84–85 P. internet based
Referenzen	ja, vom Arbeitgeber
Rahmenbedingungen	
Workloads ECTS	90
Jährlich zugelassene Studenten	25
Durchschnittliches Alter der Studenten	34
Internationale Studenten in %	0
Internationale Kooperationen	k. A.
Minimale Berufserfahrung in Jahren	2
Durchschnittliche Berufserfahrung in Jahren	12
Anteil Männer/Frauen in %	50/50
Fremdsprachenanteil in %	Englisch: 1–25
Studienblöcke (Anzahl)	14
Lehrmethode Case Study in %	30
Lehrmethode Vorlesung in %	30
Andere Lehrmethoden in %	40
Abschlussarbeit erforderlich	ja
Erstmals angeboten	2004
Absolventen seit Beginn	50
Akkreditierung	
Akkreditiert laut Anbieter	FIBAA, zusätzlich RICS-akkreditiert

Freie Universität Berlin

Anschrift: Otto-von-Simson-Straße 13/15, 14195 Berlin
Internet: www.mbm.fu-berlin.de
Kontakt: Ilka Griese, Tel.: +49-30-83852494, E-Mail: mbm@wiwiss.fu-berlin.de

MBA-Programm

Name des Programms	**Executive Master of Business Marketing**
Schwerpunkt	Handel, Service Mgt., Consulting, PR, Medien, Kultur, Marketing
Form des Programms	Executive
Start des Programms	WS/1. Oktober
Dauer des Programms in Monaten	12
Kosten	
Programmkosten in Euro	10.000
Einschreibegebühren in Euro	0
Bewerbung	
Anmeldebeginn	1. Januar
Letzter Anmeldetag	31. Mai
1. Hochschulabschluss erforderlich	ja
Zulassungstest	ja
GMAT erforderlich	nein
TOEFL erforderlich	nein
Referenzen	nein
Rahmenbedingungen	
Workloads ECTS	60
Jährlich zugelassene Studenten	40
Durchschnittliches Alter der Studenten	35
Internationale Studenten in %	10
Internationale Kooperationen	ja
Minimale Berufserfahrung in Jahren	3
Durchschnittliche Berufserfahrung in Jahren	8
Anteil Männer/Frauen in %	80/20
Fremdsprachenanteil in %	k. A.
Studienblöcke (Anzahl)	5
Lehrmethode Case Study in %	10
Lehrmethode Vorlesung in %	10
Andere Lehrmethoden in %	80 (Selbststudium u. Lerngruppen)
Abschlussarbeit erforderlich	ja
Erstmals angeboten	1985
Absolventen seit Beginn	406
Akkreditierung	
Akkreditiert laut Anbieter	nein

Deutsche Universität für Weiterbildung (DUW)

Profil der Hochschule

Die Deutsche Universität für Weiterbildung (DUW) ist die erste staatlich anerkannte Weiterbildungsuniversität in Deutschland. Als wissenschaftliche Hochschule neuen Typs verbindet sie höchste wissenschaftliche Qualitätsstandards in Forschung und Lehre mit umfassender Dienstleistung für Studierende. Das Lehr- und Forschungsprofil fokussiert die Bereiche, in denen sich gesellschaftliche und arbeitsmarktrelevante Veränderungen zurzeit am schnellsten vollziehen: Wirtschaft und Management Bildung, Gesundheit sowie Kommunikation. In diesen vier Departments bietet die DUW weiterbildende Masterstudiengänge und Zertifikatsprogramme an und betreibt Forschung.

Die Studienangebote, ihre Inhalte und das Studienmodell der DUW sind auf die speziellen Bedürfnisse von berufstätigen Studierenden ausgerichtet. Hier bestimmen Sie, wo Sie lernen und wann Sie Zeit dafür finden. Dies wird möglich durch unser Blended-Learning-Konzept, das Elemente des klassischen Fernstudiums mit Online-Einheiten und Präsenzseminaren kombiniert. Das Studienmodell setzt darauf, dass Sie Ihre eigenen Erfahrungen und Problemstellungen in Ihr Weiterbildungsstudiums einbringen und umgekehrt Gelerntes in Ihrem beruflichen Umfeld erproben.

Besonderheiten der Studiengänge

Der berufsbegleitende MBA in General Management richtet sich an Personen, die sich auf Aufgaben mit wirtschaftlicher und leitender Verantwortung vorbereiten möchten. Ob als Fachkraft, in der Projektleitung oder in Positionen mit Führungsverantwortung: Stets gilt es, Aufgaben zu koordinieren und Prozesse zu steuern. Gemäß dem Motto „Managing yourself – Focusing the Organization" lernen Sie, Ihre Persönlichkeit sowie wirtschaftswissenschaftliches Handwerkszeug für Ihre Aufgaben souverän und sicher zu bewegen.

Der Studiengang vermittelt Ihnen das Rüstzeug, sich gezielt mit Blick auf die Bewältigung des Managementanteils Ihrer Aufgaben oder die Übernahme von Leitungsfunktionen zu qualifizieren. Hierzu gehört beispielsweise der sichere Umgang mit den gängigen Instrumenten des Managementhandelns im Bereich der Finanzierung, des Rechnungswesens und des Controllings, der Unternehmenssteuerung und des Marketings oder die Beschäftigung mit den rechtlichen und ordnungspolitischen Grundlagen. Außerdem wird die Entwicklung und Ausprägung Ihres persönlichen Management- und Führungsstils unterstützt, sodass Sie sich souverän in Organisationen bewegen können.

Nach Abschluss des Studiengangs General Management (MBA) können Sie souverän mit modernen Managementinstrumenten umgehen und diese für Ihre Zwecke adaptieren. Sie sind in der Lage, Ihren vorwiegend fachlich orientierten Verantwortungsbereich mit allen Funktionsbereichen der Organisation zu verknüpfen und Ihre Tätigkeit auf deren Erfordernisse abzustimmen. Zugleich sind Sie imstande, innerhalb der Organisation ergebnisorientiert zu kommunizieren und verfügen über einen entwickelten persönlichen Führungsstil.

Internationale Verbindungen

Ein Teil des Studiums bildet der fünftägige Field-Trip, ein besonderes Lehr- und Lernformat der DUW, der wahlweise in den USA, China/Südkorea oder Mittel-/Osteuropa absolviert werden kann. Ausgerichtet an Thema und Inhalt erhalten Sie Einblicke in typische Abteilungen und Bereiche von Unternehmen, Behörden oder Organisationen. Eine weitere Besonderheit des Studiengangs sind Spezial-Seminare in Berlin, Wien oder Budapest.

Adresse der Hochschule
Anschrift: Pacelliallee 55, 14195 Berlin
Internet www.duw.berlin.de
Kontakt Rebecca Wanzl, Tel.: 01802-335511 (6c/Anruf),
E-Mail: studienberatung@duw-berlin.de

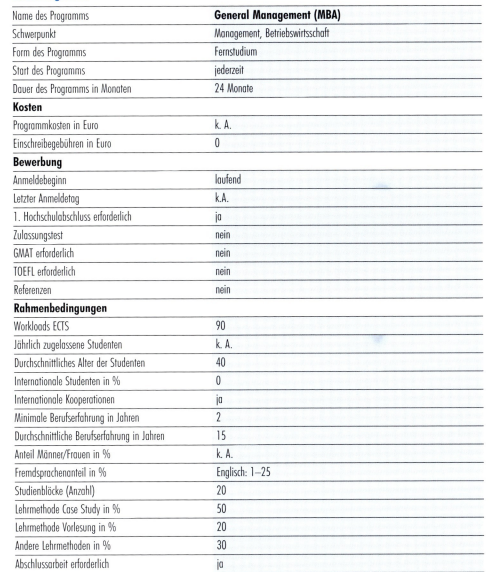

Deutsche Universität für Weiterbildung
Berlin University for Professional Studies

MBA-Programm

Name des Programms	**General Management (MBA)**
Schwerpunkt	Management, Betriebswirtschaft
Form des Programms	Fernstudium
Start des Programms	jederzeit
Dauer des Programms in Monaten	24 Monate
Kosten	
Programmkosten in Euro	k. A.
Einschreibegebühren in Euro	0
Bewerbung	
Anmeldebeginn	laufend
Letzter Anmeldetag	k.A.
1. Hochschulabschluss erforderlich	ja
Zulassungstest	nein
GMAT erforderlich	nein
TOEFL erforderlich	nein
Referenzen	nein
Rahmenbedingungen	
Workloads ECTS	90
Jährlich zugelassene Studenten	k. A.
Durchschnittliches Alter der Studenten	40
Internationale Studenten in %	0
Internationale Kooperationen	ja
Minimale Berufserfahrung in Jahren	2
Durchschnittliche Berufserfahrung in Jahren	15
Anteil Männer/Frauen in %	k. A.
Fremdsprachenanteil in %	Englisch: 1–25
Studienblöcke (Anzahl)	20
Lehrmethode Case Study in %	50
Lehrmethode Vorlesung in %	20
Andere Lehrmethoden in %	30
Abschlussarbeit erforderlich	ja
Erstmals angeboten	2010
Absolventen seit Beginn	0
Akkreditierung	
Akkreditiert laut Anbieter	ACQUIN

ESCP
Europe Campus Berlin

PARIS LONDON BERLIN MADRID TORINO

Profil der Hochschule

Die ESCP Europe verfügt über eine weltweit einzigartige Multi-
campusstruktur mit hochschuleigenen Standorten in Berlin,
Paris, London, Madrid und Turin und unterhält Beziehungen zu Spitzenuniversitäten weltweit. Ziel ist
es, im multinationalen Erfahrungsaustausch das neu erworbene Know-how und die gewonnenen Ein-
drücke zu einer soliden Basis an Markt- und Managementkenntnis zu verknüpfen. In den interaktiv
und anwendungsorientiert gestalteten Kursen wird insbesondere die strategische Führungs- und Ent-
scheidungskompetenz in der internationalen Dimension geschult.

Besonderheiten der Studiengänge

Der European Executive MBA ist ein englischsprachiges Part-Time-Programm, das Führungskräfte
mit mindestens fünf Jahren Berufserfahrung anspricht, die eine international ausgerichtete Managementweiterbildung absolvieren möchten. Die Inhalte werden in Form von Core Courses, Electives,
Thematic Seminars und International Consulting Projects vermittelt. Während die Electives an allen
Standorten der Hochschule stattfinden und die Thematic Seminars die internationalen Führungskräfte
in einwöchigen Veranstaltungen nach Nordamerika, Nordeuropa, Südamerika, Afrika oder Asien führen, können die Teilnehmer zwischen verschiedenen Tracks bezüglich der Core Courses wählen, um
das Programm mit der eigenen Karriere bestmöglich zu kombinieren:

Im Berlin Track werden die erforderlichen Core Courses in drei einwöchigen Intensivseminaren angeboten. Darüber hinaus wird ein interessanter Fokus auf Mittel- und Osteuropa gelegt. Ein zusätz-
liches optionales Wochenendmodul wird an einer unserer osteuropäischen Partnerhochschulen in CEE
durchgeführt. Alternativ bieten auch die anderen Standorte der ESCP Europe Regional Tracks an.

Im Itinerant Track werden die Core Courses in sechs viertägigen Modulen, jeweils von Dienstagnach-
mittag bis Freitagmittag, abwechselnd an den fünf hochschuleigenen Standorten Paris, Berlin, London,
Turin und Madrid absolviert.

Das GMP vermittelt die Grundlagen des General Managements und ist inhaltlich deckungsgleich mit
den Core Courses des EEMBA-Programme. Es wird in drei einwöchigen Intensivseminaren angeboten
und bietet die Möglichkeit zur Teilnahme an einen optionalen Modul in CEE. Das englischsprachige
Studienprogramm erstreckt sich über einen Zeitraum von zehn Monaten und lässt sich problemlos
mit einer Vollzeittätigkeit vereinbaren. Der Abschluss wird durch ein Zertifikat der ESCP Europe be-
scheinigt.

Finanzielle Unterstützung/Stipendien

Die ESCP Europe bietet Scholarships für SME.

Adresse der Hochschule

Anschrift: Heubnerweg 6, 14059 Berlin
Internet: www.escpeurope.de
Kontakt: Timo Runge, EEMBA, Tel.: +49-30-32007179,
E-Mail: timo.runge@escpeurope.de
Dr. Vittoria von Gizycki, CeMBA, Tel.: +49-30-32007151, E-Mail: vittoria.vongizycki@escpeurope.de

MBA-Programme

Name des Programms	General Mgt. Progr. (GMP)	Master in Europ. Business (MEB)	European Executive MBA	Master in Mgt. (MIM)
Schwerpunkt	Management, Betriebswirtschaft	European-/Int.-/Glo-balmgt., reg.orientiert	Management, Betriebswirtschaft	Management, Betriebswirtschaft
Form des Programms	Teilzeit	Vollzeit	Executive	Vollzeit
Start des Programms	Januar	September	Januar	September
Dauer des Programms in Monaten	10	12	18	20
Kosten				
Programmkosten in Euro	k. A.	14.200	42.000	22.600
Einschreibegebühren in Euro	170	150	170	155
Bewerbung				
Anmeldebeginn	laufend	laufend	jederzeit	Herbst
Letzter Anmeldetag	1. Dezember	Juni	1. Dezember	vorauss. 1. April
1. Hochschulabschluss erforderlich	ja	ja	ja, Bachelor o. höher	ja
Zulassungstest	ja, Interview	ja	ja, Admission Jury	ja, EMAT/SAI
GMAT erforderlich	nein	nein	nein	nein, SAI: ja
TOEFL erforderlich	ja, 250 P.	nein	ja oder vergleichbar	k. A.
Referenzen	ja	nein	ja, 2 Letter of Recommendation	nein
Rahmenbedingungen				
Workloads ECTS	45	90	k. A.	120
Jährlich zugelassene Studenten	25	300	135	k. A.
Durchschnittliches Alter der Studenten	33	26	35	23
Internationale Studenten in %	40	87	92	60
Internationale Kooperationen	ja	ja	ja	ja
Minimale Berufserfahrung in Jahren	5	0	5	0
Durchschn. Berufserfahrung in Jahren	6	0	10	1
Anteil Männer/Frauen in %	k. A.	55/45	27/73	50/50
Fremdsprachenanteil in %	Englisch: 51–100	Englisch: 51–100	Englisch: 51–100	Englisch: 26–50
Studienblöcke (Anzahl)	3	18	22	0
Lehrmethode Case Study in %	0	0	35	25
Lehrmethode Vorlesung in %	0	0	50	50
Andere Lehrmethoden in %	Lehrmethoden je nach Kurs		15	25
Abschlussarbeit erforderlich	nein	nein	ja	ja
Erstmals angeboten	2009	k. A.	2003	k. A.
Absolventen seit Beginn	k. A.	k. A.	700	0
Akkreditierung				
Akkreditiert laut Anbieter	AACSB, AMBA, EFMD/EQUIS/EPAS			ESCP Europe: AMBA, EQUIS, AACB

ESMT
European School of
Management and Technology

Profil der Hochschule

ESMT European School of Management and Technology is an international business school based in the heart of Europe in Berlin. The School was founded by 25 internationally operating companies and institutions to develop entrepreneurial leaders, who think globally, act responsibly and respect the individual. ESMT offers Full-time MBA and Executive MBA programs, as well as executive education. The School also features in-house research-oriented consulting services. ESMT strives to generate relevant and ground-breaking knowledge for managers, business and policy makers through the integration of world-class research with a practice-oriented approach. Members of ESMT's faculty come from a wide variety of international, academic, and professional backgrounds. ESMT's campus is located in the historical center of Berlin, with an additional location in Schloss Gracht near Cologne.

Besonderheiten der Studiengänge

ESMT Full-time MBA: Our Full-time MBA program is composed of two main phases: Mastering Management and Taking the Lead. During phase one, you gain a solid foundation in the fundamentals of management such as organizational behavior, corporate finance and marketing. At the end of the first six months you get the chance to discover new business environments during an international field project. The second phase stresses the areas where future leaders must excel: innovation, entrepreneurship, governance and leadership. An integrative part of "Taking the Lead" is the practice project, in which you work in a team on an assignment submitted by one of ESMT's partner organizations. The nature of the seven-week assignment is similar to that of a consulting project with the aim of proposing applicable recommendations to the company's management. The practice project also serves as the background for your master's thesis. This master's thesis aims to test your ability to review an area of management studies, to synthesize the main theories and models, and to discuss their applicability.

ESMT Executive MBA – How you learn shapes how you lead: Our Executive MBA program gives you the chance to thrive in your job while earning a top degree and preparing for a major career boost. The program consists of three phases: The first phase builds a solid foundation in business and management issues such as economic thinking, accounting and performance management and business strategy. The second phase prepares you to make a difference by developing your strategic leadership capabilities. You will also have the opportunity to sharpen your edge in one of the program's two focus areas: technology management and innovation or international management. The final phase takes you on a 12-day international field seminar and gives you the chance to work on an individual assignment within your company. This practice project increases your visibility within your own business environment as you deliver direct value to your company. The assignment is most likely the basis for your master's thesis. A vital component of the program is the Individual Leadership Development Itinerary (ILDI). It has been designed to enhance your leadership competences through individual and group coaching, a series of executive tools and skills development activities, personal reflection, and exchange with faculty and peers.

Finanzielle Unterstützung/Stipendien

ESMT's founding companies offer scholarships that support Full-time student study. The scholarship can cover full tuition and fees in exceptional cases depending on the applicant's merits.

esmt

Adresse der Hochschule

Anschrift: Schlossplatz 1, 10178 Berlin
Internet: www.esmt.org
Kontakt: Stephanie Kluth, Full-time MBA, Tel.: +49-030-212311400, E-Mail: mba@esmt.org
Viviana Dreyer, Executive MBA, Tel.: +49-030-212311600, E-Mail: emba@esmt.org

MBA-Programme

Name des Programms	**Full-time MBA program**	**Executive MBA program**
Schwerpunkt	Management, Betriebswirtschaft	Management, Betriebswirtschaft
Form des Programms	Vollzeit	Executive
Start des Programms	Januar	Oktober
Dauer des Programms in Monaten	12	21
Kosten		
Programmkosten in Euro	38.000	57.500
Einschreibegebühren in Euro	0	200
Bewerbung		
Anmeldebeginn	laufend	laufend
Letzter Anmeldetag	15. November	1. September
1. Hochschulabschluss erforderlich	ja	ja
Zulassungstest	ja, Interview	ja, Interview
GMAT erforderlich	ja, durchschn. 620 P.	ja
TOEFL erforderlich	ja	ja
Referenzen	ja, 2 Referenzschreiben	ja
Rahmenbedingungen		
Workloads ECTS	k. A.	k. A.
Jährlich zugelassene Studenten	k. A.	k. A.
Durchschnittliches Alter der Studenten	31	35
Internationale Studenten in %	88	0
Internationale Kooperationen	ja	k. A.
Minimale Berufserfahrung in Jahren	3	5
Durchschnittliche Berufserfahrung in Jahren	7	0
Anteil Männer/Frauen in %	69/31	k. A.
Fremdsprachenanteil in %	Englisch: 51–100	Englisch: 51–100
Studienblöcke (Anzahl)	0	0
Lehrmethode Case Study in %	0	0
Lehrmethode Vorlesung in %	0	0
Andere Lehrmethoden in %	k. A.	k. A.
Abschlussarbeit erforderlich	ja	ja
Erstmals angeboten	2006	2007
Absolventen seit Beginn	97	k. A.
Akkreditierung		
Akkreditiert laut Anbieter	AMBA, FIBAA	AMBA, FIBAA

H:G Hochschule für Gesundheit und Sport Berlin

Anschrift: Vulkanstraße 1, 10367 Berlin
Internet: www.my-campus-berlin.com
Kontakt: Dorit Prater, Tel.: +49-30-57797370, E-Mail: info@my-campus-berlin.com

MBA-Programm

Name des Programms	**MBA in Gesundheitsmanagement**
Schwerpunkt	Gesundheit, Healthcare, Life Science, Sport
Form des Programms	Fernstudium
Start des Programms	WS
Dauer des Programms in Monaten	18
Kosten	
Programmkosten in Euro	8.820
Einschreibegebühren in Euro	540
Bewerbung	
Anmeldebeginn	laufend
Letzter Anmeldetag	10. Sept., Nachmeldefrist: 15. Okt.
1. Hochschulabschluss erforderlich	ja, im Wert von 180 ETCS
Zulassungstest	nein
GMAT erforderlich	nein
TOEFL erforderlich	nein
Referenzen	ja, mind. 2-jährige einschlägige Berufserfahrung
Rahmenbedingungen	
Workloads ECTS	90
Jährlich zugelassene Studenten	20
Durchschnittliches Alter der Studenten	k. A.
Internationale Studenten in %	k. A.
Internationale Kooperationen	k. A.
Minimale Berufserfahrung in Jahren	2
Durchschnittliche Berufserfahrung in Jahren	k. A.
Anteil Männer/Frauen in %	k. A.
Fremdsprachenanteil in %	26–50
Studienblöcke (Anzahl)	9
Lehrmethode Case Study in %	30
Lehrmethode Vorlesung in %	20
Andere Lehrmethoden in %	50 (Fernstudium)
Abschlussarbeit erforderlich	ja
Erstmals angeboten	2008
Absolventen seit Beginn	k. A.
Akkreditierung	
Akkreditiert laut Anbieter	AHPGS

IBR Institute of International Business Relations

Anschrift: Gürtelstraße 29a/30, 10247 Berlin
Internet: www.ibr-network.com
Kontakt: Dr. Andreas Kelling, Tel.: +49-30-2933090, E-Mail: info@ibr-network.com

MBA-Programm

Name des Programms	**Global MBA**
Schwerpunkt	European-/International-/Globalmgt., regionenorientiert
Form des Programms	Fernstudium
Start des Programms	9-mal pro Jahr
Dauer des Programms in Monaten	23
Kosten	
Programmkosten in Euro	k. A.
Einschreibegebühren in Euro	k. A.
Bewerbung	
Anmeldebeginn	laufend
Letzter Anmeldetag	abhängig vom Programm
1. Hochschulabschluss erforderlich	ja
Zulassungstest	ja, Interview
GMAT erforderlich	nein
TOEFL erforderlich	ja, 550 P.
Referenzen	ja
Rahmenbedingungen	
Workloads ECTS	70
Jährlich zugelassene Studenten	20
Durchschnittliches Alter der Studenten	33
Internationale Studenten in %	30
Internationale Kooperationen	ja
Minimale Berufserfahrung in Jahren	2
Durchschnittliche Berufserfahrung in Jahren	7
Anteil Männer/Frauen in %	60/40
Fremdsprachenanteil in %	Englisch: 51–100
Studienblöcke (Anzahl)	35
Lehrmethode Case Study in %	5
Lehrmethode Vorlesung in %	5
Andere Lehrmethoden in %	90 (u. a. Projektarbeiten)
Abschlussarbeit erforderlich	ja
Erstmals angeboten	2000
Absolventen seit Beginn	160
Akkreditierung	
Akkreditiert laut Anbieter	FIBAA

Hochschule für Wirtschaft und Recht (HWR) Berlin
IMB Institute of Management Berlin

Profil der Hochschule

Die Hochschule für Wirtschaft und Recht (HWR) Berlin ist eine der größten akademischen Ausbildungsstätten für den betriebswirtschaftlichen Managementnachwuchs in Deutschland mit zurzeit ca. 7.800 Studierenden. Rund 150 Professoren sowie über 450 externe Dozent/-innen engagieren sich in der Lehre. Profilbildend für die HWR Berlin sind der hohe Praxisbezug und die internationalen Bezüge in den Studienprogrammen.

Seit 1992 bietet die HWR an ihrem IMB Institute of Management Berlin als eine der ersten Hochschulen Deutschlands Managementweiterbildung mit MBA-Abschluss an. Das IMB ist ein qualitätsorientierter und innovativer Anbieter für postgraduale Weiterbildungsstudiengänge. Basierend auf dieser fast zwanzigjährigen Erfahrung mit MBA-Programmen, leistet das IMB einen wichtigen Beitrag zum Leistungsprofil der Hochschule sowie zum Potenzial des Wirtschafts- und Wissensstandorts Berlin.

Besonderheiten der Studiengänge

Die Kernkompetenz des IMB bilden fünf akkreditierte Managementprogramme, die mit dem international anerkannten Titel Master of Business Administration (MBA) abschließen. Die zielgruppenspezifische Ausrichtung der Programme ermöglicht die konsequente Verfolgung individueller Karrierepläne. Das Studium erweitert die beruflichen Chancen der Studierenden und fördert sie in ihrer Befähigung, Führungspositionen erfolgreich wahrzunehmen. Die internationale Orientierung, die Zusammenarbeit mit Unternehmen, ein etabliertes Qualitätsmanagementsystem sowie eine ausgeprägte Servicementalität sind maßgebliche Parameter für die Arbeit des IMB.

Internationale Verbindungen

Die HWR Berlin kooperiert mit über 90 internationalen Hochschulen in über 40 Ländern weltweit. Im Rahmen des MBA General Management – Dual Award besteht eine langjährige enge Kooperation mit der Anglia Ruskin University in Cambridge, im MBA European Management mit der London South Bank University und im MBA Entrepreneurship mit der AACSB-akkreditierten Barton School of Business der Wichita State University, Kansas (USA).

Finanzielle Unterstützung/Stipendien

Die HWR Berlin vergibt jährlich Teilstipendien für Studienplätze in ihren MBA-Studiengängen. So werden vier Teilstipendien für Frauen in Höhe von je 5.000 Euro von der HWR Berlin selbst ausgelobt. Die Wirtschaftsjunioren Berlin vergeben zusätzlich ein Teilstipendium in Höhe von 50 Prozent des Studienentgelts für einen Studienplatz im MBA Entrepreneurship.

Adresse der Hochschule

Anschrift: Badensche Straße 50–51, 10825 Berlin
Internet: www.mba-berlin.de
Kontakt: Tel.: +49-30-85789262, E-Mail: mbainfo@hwr-berlin.de

Hochschule für
Wirtschaft und Recht Berlin
Berlin School of Economics and Law

MBA-Programme

Name des Programms	MBA European Management	MBA European-Asian Mgt.	MBA General Mgt. – Dual Award	MBA Entre-preneurship
Schwerpunkt	European-/International-/Globalmgt., regionenorientiert		Management, Betriebswirtschaft	Leadership, HR, Entrepreneur, Untern.führung, Handel, Service Mgt., Consulting, PR, Medien, Kultur, Marketing
Form des Programms	Vollzeit	Vollzeit	Teilzeit	Teilzeit
Start des Programms	September	September	September	September
Dauer des Programms in Monaten	15	15	24	24
Kosten				
Programmkosten in Euro	14.800	14.800	12.900	12.900
Einschreibegebühren in Euro	0	0	0	0
Bewerbung				
Anmeldebeginn	laufend	laufend	laufend	laufend
Letzter Anmeldetag	laufend	laufend	laufend	laufend
1. Hochschulabschluss erforderlich	ja	ja	ja	ja
Zulassungstest	ja, Interview	ja, Interview + Essay	ja, Interview	ja, Interview
GMAT erforderlich	nein	nein	nein	nein
TOEFL erforderlich	ja, 79 P. interned based oder gleichwertige Tests			
Referenzen	nein	nein	nein	nein
Rahmenbedingungen				
Workloads ECTS	90	90	90	90
Jährlich zugelassene Studenten	25	25	25	25
Durchschnittliches Alter der Studenten	29	28	35	34
Internationale Studenten in %	80	90	10	5
Internationale Kooperationen	ja	ja	ja	ja
Minimale Berufserfahrung in Jahren	2	2	2	2
Durchschn. Berufserfahrung in Jahren	4	4	6	6
Anteil Männer/Frauen in %	50/50	50/50	60/40	60/40
Fremdsprachenanteil in %	Englisch: 51–100	Englisch: 51–100	Englisch: 26–50	Englisch: 26–50
Studienblöcke (Anzahl)	2	2	4	4
Lehrmethode Case Study in %	30	30	30	30
Lehrmethode Vorlesung in %	20	20	20	20
Andere Lehrmethoden in %	50	50	50	50
Abschlussarbeit erforderlich	ja	ja	ja	ja
Erstmals angeboten	1992	1998	1992	2000
Absolventen seit Beginn	282	220	312	147
Akkreditierung				
Akkreditiert laut Anbieter	FIBAA	FIBAA	FIBAA	FIBAA

School of Management and Innovation (SMI) an der Steinbeis-Hochschule Berlin

Anschrift: Gürtelstraße 29a/30, 10247 Berlin
Internet: www.steinbeis-smi.de
Kontakt: Rita Maltisotto, Tel.: +49-30-293309232, E-Mail: info@steinbeis-smi.de

MBA-Programme

Name des Programms	Finanz MBA	Marketing MBA	Medien MBA
Schwerpunkt	Finance, Banking, Accounting, Audit, Versicherungen, Tax	Handel, Service Mgt., Consulting, PR, Medien, Kultur, Marketing	
Form des Programms	Fernstudium	Fernstudium	Fernstudium
Start des Programms	7. Sept./18.Januar		
Dauer des Programms in Monaten	24	24	24
Kosten			
Programmkosten in Euro	28.900	28.900	28.900
Einschreibegebühren in Euro	1.000	1.000	1.000
Bewerbung			
Anmeldebeginn	laufend	laufend	laufend
Letzter Anmeldetag	1 Monat vor Start		
1. Hochschulabschluss erforderlich	ja, Erststudium	ja, Erststudium	ja, Erststudium
Zulassungstest	ja, Interview	ja, Interview	ja, Interview
GMAT erforderlich	nein	nein	nein
TOEFL erforderlich	Englisch-Einstufungstest		
Referenzen	nein	nein	nein
Rahmenbedingungen			
Workloads ECTS	90	90	90
Jährlich zugelassene Studenten	25	25	25
Durchschnittliches Alter der Studenten	30	30	32
Internationale Studenten in %	5	5	5
Internationale Kooperationen	ja	ja	ja
Minimale Berufserfahrung in Jahren	2	2	2
Durchschn. Berufserfahrung in Jahren	5	5	7
Anteil Männer/Frauen in %	80/20	50/50	60/40
Fremdsprachenanteil in %	Englisch: 26–50	Englisch: 26–50	Englisch: 26–50
Studienblöcke (Anzahl)	3	3	3
Lehrmethode Case Study in %	30	30	30
Lehrmethode Vorlesung in %	40	40	40
Andere Lehrmethoden in %	30 (Projekte, Präsentation, Trainings)		
Abschlussarbeit erforderlich	ja	ja	ja
Erstmals angeboten	2004	2006	1999
Absolventen seit Beginn	37	10	180
Akkreditierung			
Akkreditiert laut Anbieter	FIBAA	FIBAA	FIBAA

VGU Virtual Global University
Anschrift: Walter-Benjamin-Platz 2, 10629 Berlin
Internet: www.vg-u.de
Kontakt: Prof.Dr. Karl Kurbel, Tel.: +49-335-55342301, E-Mail: administration@vg-u.de

MBA-Programm

Name des Programms	**International Master of Business Informatics (MBI)**
Schwerpunkt	IT, Computer Science, E-Management
Form des Programms	Fernstudium
Start des Programms	SS/WS
Dauer des Programms in Monaten	24
Kosten	
Programmkosten in Euro	7.480
Einschreibegebühren in Euro	120
Bewerbung	
Anmeldebeginn	29. Mai/14. Januar
Letzter Anmeldetag	31. August/14. März
1. Hochschulabschluss erforderlich	ja
Zulassungstest	nein
GMAT erforderlich	nein
TOEFL erforderlich	ja
Referenzen	nein, optional
Rahmenbedingungen	
Workloads ECTS	120
Jährlich zugelassene Studenten	20
Durchschnittliches Alter der Studenten	32
Internationale Studenten in %	48
Internationale Kooperationen	ja
Minimale Berufserfahrung in Jahren	0
Durchschnittliche Berufserfahrung in Jahren	0
Anteil Männer/Frauen in %	82/18
Fremdsprachenanteil in %	Englisch: 51–100
Studienblöcke (Anzahl)	4
Lehrmethode Case Study in %	20
Lehrmethode Vorlesung in %	60
Andere Lehrmethoden in %	20
Abschlussarbeit erforderlich	ja
Erstmals angeboten	2001
Absolventen seit Beginn	20
Akkreditierung	
Akkreditiert laut Anbieter	ACQUIN

Universität Potsdam – BIEM e.V.

Anschrift: August-Bebel-Straße 89, 14482 Potsdam
Internet: www.mba-potsdam.de
Kontakt: Roya Madani, Tel.: +49-331-9774549, E-Mail: mba@uni-potsdam.de

MBA-Programme

Name des Programms	**MBA BioMedTech**	**MBA InfoTech**	**MBA Innovative Technologien**
Schwerpunkt	Gesundheit, Healthcare, Life Science, Sport	IT, Computer Science, E-Management	Management, Betriebswirtschaft
Form des Programms	Teilzeit	Teilzeit	Teilzeit
Start des Programms	WS/1. Oktober	WS/1. Oktober	laufender Einstieg
Dauer des Programms in Monaten	24	24	24
Kosten			
Programmkosten in Euro	14.900	14.900	14.900
Einschreibegebühren in Euro	110	110	k. A.
Bewerbung			
Anmeldebeginn	laufend	laufend	laufend
Letzter Anmeldetag	k. A.	k. A.	laufend
1. Hochschulabschluss erforderlich	ja	ja	ja
Zulassungstest	nein	nein	nein
GMAT erforderlich	ja	ja	ja
TOEFL erforderlich	ja, 250 P. computer based, 600 P. paper based		ja
Referenzen	nein	nein	nein
Rahmenbedingungen			
Workloads ECTS	65	65	65
Jährlich zugelassene Studenten	30	30	20
Durchschnittliches Alter der Studenten	38	38	35
Internationale Studenten in %	10	0	20
Internationale Kooperationen	ja	ja	ja
Minimale Berufserfahrung in Jahren	2	2	2
Durchschn. Berufserfahrung in Jahren	10	k. A.	8
Anteil Männer/Frauen in %	65/35	k. A.	70/30
Fremdsprachenanteil in %	26–50	k. A.	Englisch: 26–50
Studienblöcke (Anzahl)	15	15	15
Lehrmethode Case Study in %	40	0	25
Lehrmethode Vorlesung in %	20	0	25
Andere Lehrmethoden in %	40 (Dist. Learning)	k. A.	50
Abschlussarbeit erforderlich	ja	k. A.	ja
Erstmals angeboten	2005	2008	2008
Absolventen seit Beginn	60	k. A.	20
Akkreditierung			
Akkreditiert laut Anbieter	FIBAA	FIBAA	FIBAA

Wildau Institute of Technology an der Technischen Fachhochschule Wildau

Anschrift: Bahnhofstraße , 15745 Wildau
Internet: www.wit-wildau.de
Kontakt: Ulrike Kaczinski, Tel.: +49-3375-508601, E-Mail: info@wit-wildau.de

MBA-Programme

Name des Programms	MBA mit Spezialisierung Luftverkehrsmanagement	MBA mit Spezialisierung Public Affairs
Schwerpunkt	Engineering, Technologie, Luftverkehr, Energie, Logistics	Handel, Service Mgt., Consulting, PR, Medien, Kultur, Marketing
Form des Programms	Teilzeit	Teilzeit
Start des Programms	September	September
Dauer des Programms in Monaten	24	24
Kosten		
Programmkosten in Euro	11.800	11.800
Einschreibegebühren in Euro	k. A.	k. A.
Bewerbung		
Anmeldebeginn	ganzjährig	ganzjährig
Letzter Anmeldetag	15. Juni	15. Juni
1. Hochschulabschluss erforderlich	ja, alle Fachrichtungen	ja, alle Fachrichtungen
Zulassungstest	ja, Interview	ja, Interview
GMAT erforderlich	nein	nein
TOEFL erforderlich	ja, 213 P. c. b., 550 P. schriftl., and. Tests	
Referenzen	k. A.	k. A.
Rahmenbedingungen		
Workloads ECTS	60	60
Jährlich zugelassene Studenten	k. A.	k. A.
Durchschnittliches Alter der Studenten	35	35
Internationale Studenten in %	30	30
Internationale Kooperationen	ja	ja
Minimale Berufserfahrung in Jahren	2	2
Durchschnittliche Berufserfahrung in Jahren	7	7
Anteil Männer/Frauen in %	60/40	60/40
Fremdsprachenanteil in %	Englisch: 26–50	Englisch: 26–50
Studienblöcke (Anzahl)	9	9
Lehrmethode Case Study in %	30	30
Lehrmethode Vorlesung in %	60	60
Andere Lehrmethoden in %	10	10
Abschlussarbeit erforderlich	ja	ja
Erstmals angeboten	2006	2006
Absolventen seit Beginn	12	12
Akkreditierung		
Akkreditiert laut Anbieter	FIBAA	FIBAA

Europa-Universität Viadrina

Profil der Hochschule

Die 1991 gegründete Europa-Universität Viadrina ist zu einem lebendigen und viel beachteten Mitglied im Kreis der deutschen und internationalen Hochschullandschaft herangewachsen. Die Konzeption einer europäischen Universität, die junge Menschen aus allen Teilen der Welt (Anteil ausländischer Studierender bei ca. 45 Prozent) zusammenführen will, hat sich bewährt. Die stetig steigende Zahl der Studierenden zeigt, dass es ein großes Interesse an einer internationalen und interdisziplinären Ausbildung gibt, wie die Viadrina sie bietet.

Die an der Viadrina vertretenen Fakultäten Rechtswissenschaft, Kulturwissenschaften und Wirtschaftswissenschaften sind in ihrer Lehr- und Forschungstätigkeit fächerübergreifend ausgerichtet und orientieren sich an höchsten internationalen Standards. In diesem Kontext hat sich das internationalste Teilzeit-MBA-Programm Management for Central and Eastern Europe, das seit beinahe zehn Jahren mit herausragendem Erfolg und Top-Akkreditierungsergebnissen aufwarten kann, etabliert.

Besonderheiten des Studiengangs

Das MBA-Programm Management for Central and Eastern Europe bildet Experten, Managementnachwuchskräfte und Manager ganzheitlich in betriebswirtschaftlicher Unternehmensführung, der Führung von Mitarbeitern und Leitung interkultureller Projekte im internationalen Umfeld Mittel- und Osteuropas aus.

Das Programm vermittelt aktuelles General-Management-Know-how, verantwortungsvolles Führungsverhalten (Leadership Skills) und trainiert die Durchführung von Projekten im internationalen Kontext (Cross-Cultural Projects) gleichermaßen. Weiterhin fördert es die interkulturelle und sprachliche Kompetenz der Teilnehmenden. Die Wissens- und Erfahrungsvermittlung ist in besonderem Maße an den Erfordernissen der wirtschaftlichen Praxis orientiert. Dieser Ansatz wird insbesondere durch die Verankerung von internationalen Projektstudien, Business Simulations, Fallstudien und Erfahrungsberichten von Seniormanagern sowie Consultants im Mittel- und Osteuropageschäft nachhaltig gewährleistet.

Internationale Verbindungen

Die Europa-Universität Viadrina ist eine international ausgerichtete Universität mit einem internationalen Kooperationsnetzwerk von rund 130 Universitäten weltweit. Wir unterstützen und fördern den Studienaufenthalt von Studenten aller Fakultäten im Ausland.

Finanzielle Unterstützung/Stipendien

Eine intensive Zusammenarbeit mit Stiftungen ermöglicht uns die Vergabe von Teilstipendien, die entweder auf Basis besonderer Leistungen oder individueller Bedürftigkeit vergeben werden können.

Adresse der Hochschule

Anschrift: Postfach 17 86, 15207 Frankfurt/Oder
Internet: www.mba-cee.com
Kontakt: Christian Kanig, Tel.: +49-335-553416419,
E-Mail: mba@mba-cee.com

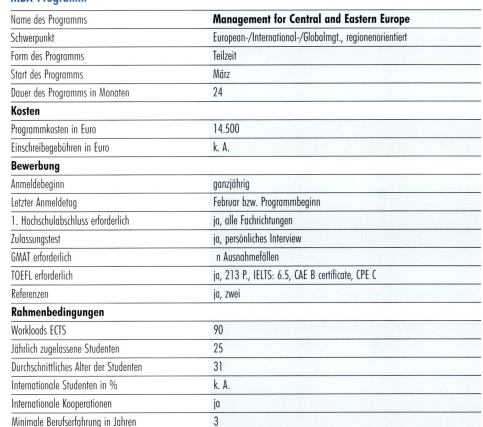

MBA
Management for Central
and Eastern Europe

MBA-Programm

Name des Programms	**Management for Central and Eastern Europe**
Schwerpunkt	European-/International-/Globalmgt., regionenorientiert
Form des Programms	Teilzeit
Start des Programms	März
Dauer des Programms in Monaten	24
Kosten	
Programmkosten in Euro	14.500
Einschreibegebühren in Euro	k. A.
Bewerbung	
Anmeldebeginn	ganzjährig
Letzter Anmeldetag	Februar bzw. Programmbeginn
1. Hochschulabschluss erforderlich	ja, alle Fachrichtungen
Zulassungstest	ja, persönliches Interview
GMAT erforderlich	n Ausnahmefällen
TOEFL erforderlich	ja, 213 P., IELTS: 6.5, CAE B certificate, CPE C
Referenzen	ja, zwei
Rahmenbedingungen	
Workloads ECTS	90
Jährlich zugelassene Studenten	25
Durchschnittliches Alter der Studenten	31
Internationale Studenten in %	k. A.
Internationale Kooperationen	ja
Minimale Berufserfahrung in Jahren	3
Durchschnittliche Berufserfahrung in Jahren	6
Anteil Männer/Frauen in %	50/50
Fremdsprachenanteil in %	Englisch: 51–100
Studienblöcke (Anzahl)	9
Lehrmethode Case Study in %	20
Lehrmethode Vorlesung in %	20
Andere Lehrmethoden in %	15 (Exp.), 15 (Präs.), 20 (Gruppe), 10 (Proj.)
Abschlussarbeit erforderlich	ja
Erstmals angeboten	1999
Absolventen seit Beginn	140
Akkreditierung	
Akkreditiert laut Anbieter	FIBAA, SEM FORUM

Hochschule Bremen
International Graduate Center

Profil der Hochschule

Die Hochschule Bremen hat die Umstellung auf Bache-
lor- und Master-Strukturen aktiv gestaltet und für den
Master-Bereich das International Graduate Center (IGC) als postgraduale Einrichtung für Führungskräfte und Young Professionals gegründet. Als interdisziplinäre Graduate School vereint das IGC neun
postgraduale Studienprogramme (darunter fünf MBA-Programme) unter einem Dach und schafft den
Studierenden ein Lernumfeld, das Fachwissen, Führungskompetenz und Persönlichkeitsentwicklung
gleichermaßen fördert. Der Unterricht findet ganz oder teilweise in englischer Sprache statt.

Besonderheiten der Studiengänge

Das IGC hat den Anspruch, seine Studierenden für Führungsaufgaben optimal auszubilden und ihnen eine gute Ausgangsposition für eine erfolgreiche Karriere zu bieten. Dazu wurden Rahmenbedingungen geschaffen, die es ihnen ermöglichen, ihrer jeweiligen individuellen Lebenslage entsprechend
ein postgraduales Studium zu absolvieren. Das Lehrangebot des IGC ermöglicht den Studierenden, in
Vollzeit oder berufsbegleitend einen praxisrelevanten Master-Grad zu erreichen. Das Studienkonzept
beruht auf erfahrenen Dozenten, leistungsbereiten Studierenden und engagierten Mitarbeiterinnen
und Mitarbeitern, die Qualität, Internationalität und Praxisnähe garantieren. Dabei vermittelt das IGC
u. a. modernes betriebswirtschaftliches Know-how, Leadership-Methoden und die für Führungspositionen ebenfalls unverzichtbaren sozialen und interkulturellen Kompetenzen.

Internationale Verbindungen

Am International Graduate Center begegnen sich Dozenten und Studierende aus aller Welt. Zurzeit
sind rund 200 Studierende aus über 45 Nationen eingeschrieben. Das IGC hat ein Partnernetzwerk
aufgebaut, das aus 31 Hochschulen in 24 Ländern besteht. Das IGC ist Teil der „International Business
School Alliance" (IBSA), ein wachsendes Netzwerk internationaler Universitäten und Business Schools,
die gemeinsam ein Studium mit doppeltem Abschluss anbieten.

Zwei obligatorische Auslandsseminare an den Partneruniversitäten fördern die internationale Ausrich-
tung der berufsbegleitenden MBA-Programme. Ein erheblicher Anteil der Lehrveranstaltungen am
IGC wird mit Gastdozenten ausländischer Partnerinstitutionen realisiert. Das internationale Flair der
Graduate School ermöglicht den Studierenden somit zusätzlich einen umfassenden interkulturellen
Erfahrungsaustausch.

Finanzielle Unterstützung/Stipendien

Viele Studierende des IGC werden durch ihre Arbeitgeber aktiv bei der Finanzierung des MBA unterstützt. Zudem können Fördermittel von Dritten (z. B. Stiftungen) beantragt werden. Ferner ermöglicht der Open-MBA, einzelne Module des MBA Curriculums flexibel zu studieren und dadurch ohne
großen finanziellen Aufwand mit dem Studium zu beginnen.

Adresse der Hochschule

Anschrift: Süderstraße 2, 28199 Bremen
Internet: www.graduatecenter.de
Kontakt: Björn Anders, Admission Office, Tel.: +49-421-59054782, E-Mail: bjoern.anders@hs-bremen.de
Inge Renken, MBA Office, Tel.: +49-421-59054133, E-Mail: inge.renken@hs-bremen.de

MBA-Programme

Name des Programms	Int. Master of Business Adm.	Master of Business Adm.	MBA in Global Mgt. (MGM)	Master of East Asian Mgt. (EAM)
Schwerpunkt	Leadership, HR, Entrepreneur, Untern.führung; Finance, Banking, Accounting, Audit, Vers., Tax	Management, Betriebswirtschaft	Management, Betriebswirtschaft	Management, Betriebswirtschaft
Form des Programms	Vollzeit	Teilzeit	Vollzeit	Teilzeit
Start des Programms	WS/Okt.	SS/März	WS/Okt.	WS/Okt.
Dauer des Programms in Monaten	12	24	12	24
Kosten				
Programmkosten in Euro	13.000	15.100	12.500	16.400
Einschreibegebühren in Euro	0	0	0	0
Bewerbung				
Anmeldebeginn	laufend	laufend	laufend	laufend
Letzter Anmeldetag	31. Mai (non-EU)/31. Juli (EU)	15. Januar	31. Mai (non-EU)/31. Juli (EU)	15. August
1. Hochschulabschluss erforderlich	ja, Bachelor/Diplom/M.A.		ja	ja
Zulassungstest	nein	nein	nein	nur, wenn erforderl.
GMAT erforderlich	nein, nur f. Studium b. Partner in den USA	nein	nein	nein
TOEFL erforderlich	ja, 560 P.	nein	ja, 560 P. o. gl. Nachw.	nein
Referenzen	ja, HS o. Arbeitgeber	nein	ja	ja
Rahmenbedingungen				
Workloads ECTS	90	90	90	90
Jährlich zugelassene Studenten	25	25	25	25
Durchschnittliches Alter der Studenten	26	32	28	k. A.
Internationale Studenten in %	90	10	90	k. A.
Internationale Kooperationen	ja	ja	ja	k. A.
Minimale Berufserfahrung in Jahren	1	2	2	2
Durchschn. Berufserfahrung in Jahren	2	5	3	k. A.
Anteil Männer/Frauen in %	60/40	80/20	55/45	k. A.
Fremdsprachenanteil in %	Englisch: 51–100	Englisch: 26–50	Englisch: 51–100	Englisch: 51–100
Studienblöcke (Anzahl)	11	10	10	0
Lehrmethode Case Study in %	50	40	40	40
Lehrmethode Vorlesung in %	0	40	0	0
Andere Lehrmethoden in %	50 (sem. Unterricht)	20	60 (seminaristischer Unterricht)	
Abschlussarbeit erforderlich	ja	ja	ja	ja
Erstmals angeboten	2003	1995	1998	2008
Absolventen seit Beginn	150	130	210	k. A.
Akkreditierung				
Akkreditiert laut Anbieter	ZEvA	ZEvA	ZEvA	ZEvA geplant

MA Leadership and Organisational Development
Fachbereich 11

Profil der Hochschule

In der Forschung zählt die Uni Bremen seit Jahren zur Spitzengruppe der deutschen Hochschulen. Insgesamt hat die Universität Bremen drei Exzellenzeinrichtungen vorzuweisen – eine im nationalen Vergleich beeindruckende Leistung. Im Technologiepark rund um die Universität ist einer der führenden High-Tech-Standorte Deutschlands entstanden, an dem sich etwa 320 Firmen angesiedelt haben. Das Studienangebot ist orientiert an den Leitzielen der Universität Bremen: hohe Qualität von Lehre und Forschung, gesellschaftliche Verantwortung und Praxisbezug, fachübergreifende Orientierung und Internationalisierung.

Besonderheiten des Studiengangs

Leadership im Mittelpunkt: Dieser Studiengang unterscheidet sich von den gängigen betriebswirtschaftlich orientierten MBA-Studiengängen: „Leadership" steht im Mittelpunkt und damit zielorientierte Führung, Steuerung von Prozessen und Umgang mit Menschen. Das Studium vermittelt wissenschaftlich fundierte Kompetenzen in Führung und Management sowie in der Entwicklung von Organisationen. Das Konzept des berufsbegleitenden zweieinhalbjährigen Studiums wurde in Kooperation mit großen und mittleren Wirtschaftsunternehmen entwickelt.

Zielgruppen sind Führungskräfte in technischen und Dienstleistungsbereichen, die sich für höhere Führungspositionen professionalisieren wollen. Das Curriculum ist speziell auf die Bedürfnisse Berufstätiger zugeschnitten und interdisziplinär. Inhalte aus der Arbeits- und Organisationspsychologie, der Betriebswirtschaftlehre, den Ingenieurwissenschaften, aus Arbeitsrecht, Philosophie und interkultureller Psychologie werden im Teamteaching praxisnah vermittelt.

Unsere Highlights: Sie studieren neben dem Beruf in 12 Kurseinheiten pro Jahr am Wochenende. Sie studieren in einer Villa am Fluss, die für die Zeit Ihres Studiums eine Heimat werden wird. Intensives Coaching und persönliche Begleitung durch Studienberater und Mentoren sind für uns eine Selbstverständlichkeit. Durch unsere hohe Flexibilität und Kundenorientierung ist das berufsbegleitende Studium leistbar. In einer überschaubaren Lerngruppe vernetzen Sie sich mit Teilnehmern aus anderen Branchen. Sie erwerben einen international anerkannten und akkreditierten Mastertitel mit der Möglichkeit zur Promotion.

Individuelle Studienziele und Praxisbezug: Im Eingangs-Assessment werden Ihre individuellen Qualifizierungsziele ermittelt, nach denen Ihr Studienprogramm ausgerichtet wird und die die Grundlage der halbjährlichen Evaluationsgespräche sind. Das eigene Projekt ist die Chance, sich schon während des Studiums im Unternehmen stärker zu profilieren. Für Ihr Projekt stehen Ihnen Lehrende des Studiengangs als externe Berater zur Seite.

Internationalität: Das Lernziel „Internationalität" ist den Erfordernissen des berufsbegleitenden Studiengangs angepasst. In Ihrem Auslandsmodul erarbeiten Sie ein für Ihren Arbeitsbereich relevantes Thema mit Auslandsbezug. Das Modul kann auch ohne Auslandsaufenthalt studiert werden.

Finanzielle Unterstützung/Stipendien

Die Kosten für das Studium sind in der Regel als Fortbildungskosten steuerlich absetzbar. Wir informieren Sie gern über steuerlich günstige Finanzierungsmodelle.

Adresse der Hochschule

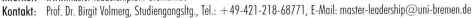

Anschrift: Grazer Straße 2c, 28359 Bremen
Internet: www.master-leadership.uni-bremen.de
Kontakt: Prof. Dr. Birgit Volmerg, Studiengangsltg., Tel.: +49-421-218-68771, E-Mail: master-leadership@uni-bremen.de
Dr. Michael Schottmayer, Geschäftsstelle, Tel.: +49-421-218-68773, E-Mail: master-leadership@uni-bremen.de

MBA-Programm

Name des Programms	**MA Leadership and Organisational Development**
Schwerpunkt	Leadership, HR, Entrepreneur, Unternehmensführung; Industrie, Dienstleistungen, Landwirtschaft
Form des Programms	Teilzeit
Start des Programms	2010
Dauer des Programms in Monaten	24
Kosten	
Programmkosten in Euro	20.800
Einschreibegebühren in Euro	0
Bewerbung	
Anmeldebeginn	Juli
Letzter Anmeldetag	1. Februar
1. Hochschulabschluss erforderlich	ja
Zulassungstest	ja, Eingangs-Assessment
GMAT erforderlich	k. A.
TOEFL erforderlich	ja, kann begleitend erworben werden
Referenzen	nein
Rahmenbedingungen	
Workloads ECTS	90
Jährlich zugelassene Studenten	k. A.
Durchschnittliches Alter der Studenten	38
Internationale Studenten in %	5
Internationale Kooperationen	ja
Minimale Berufserfahrung in Jahren	3
Durchschnittliche Berufserfahrung in Jahren	8
Anteil Männer/Frauen in %	40/60
Fremdsprachenanteil in %	Englisch: 1–25
Studienblöcke (Anzahl)	12
Lehrmethode Case Study in %	30
Lehrmethode Vorlesung in %	5
Andere Lehrmethoden in %	Interaktive AGs, Präsentation, Fallarbeit
Abschlussarbeit erforderlich	ja
Erstmals angeboten	2004
Absolventen seit Beginn	32
Akkreditierung	
Akkreditiert laut Anbieter	ACQUIN

Jacobs University Bremen

Anschrift: Campus Ring 1, 28759 Bremen
Internet: www.jacobs-university.de/eum
Kontakt: Irene Klumbies, Tel.: +49-421-2003488, E-Mail: eum@jacobs-university.de

MBA-Programm

Name des Programms	**Executive MBA in European Utility Management**
Schwerpunkt	Management, Betriebswirtschaft, Engineering, Technologie, Luftverkehr, Energie, Logistics
Form des Programms	Executive
Start des Programms	September
Dauer des Programms in Monaten	24
Kosten	
Programmkosten in Euro	44.000
Einschreibegebühren in Euro	k. A.
Bewerbung	
Anmeldebeginn	laufend
Letzter Anmeldetag	30. Juni
1. Hochschulabschluss erforderlich	ja
Zulassungstest	ja, Interview
GMAT erforderlich	ja
TOEFL erforderlich	nein
Referenzen	ja, 2 Referenzschreiben
Rahmenbedingungen	
Workloads ECTS	120
Jährlich zugelassene Studenten	16
Durchschnittliches Alter der Studenten	37
Internationale Studenten in %	50
Internationale Kooperationen	ja
Minimale Berufserfahrung in Jahren	2
Durchschnittliche Berufserfahrung in Jahren	7
Anteil Männer/Frauen in %	75/25
Fremdsprachenanteil in %	Englisch: 51–100
Studienblöcke (Anzahl)	6
Lehrmethode Case Study in %	40
Lehrmethode Vorlesung in %	30
Andere Lehrmethoden in %	30
Abschlussarbeit erforderlich	ja
Erstmals angeboten	2004
Absolventen seit Beginn	68
Akkreditierung	
Akkreditiert laut Anbieter	k. A.

Allfinanz Akademie

Anschrift: Birkenstieg 4, 22359 Hamburg
Internet: www.allfinanzakademie.de
Kontakt: Prof.Dr. Lothar Streitferdt, MBA General Mgt., Tel.: +49-40-6095779, E-Mail: hamburg@allfinanzakademie.de
Anne Bitz, MBA Finanzmanagement, Tel.: +49-2331-9872977, E-Mail: hagen@allfinanzakademie.de

MBA-Programme

Name des Programms	**MBA General Management**	**MBA Finanzmanagement**
Schwerpunkt	Management, Betriebswirtschaft	Finance, Banking, Accounting, Audit, Versicherungen, Tax
Form des Programms	Fernstudium	Fernstudium
Start des Programms	SS/1. April, WS/1. Okt.	SS/1. April, WS/1. Okt.
Dauer des Programms in Monaten	24	24
Kosten		
Programmkosten in Euro	11.520	11.520
Einschreibegebühren in Euro	285	285
Bewerbung		
Anmeldebeginn	laufend	laufend
Letzter Anmeldetag	SS: 15. Febr., WS: 15. Aug.	SS: 15. Febr., WS: 15. Aug.
1. Hochschulabschluss erforderlich	ja, falls nicht vorhanden: Eignungstest	
Zulassungstest	nur, wenn kein 1. Hochschulabschluss vorliegt	
GMAT erforderlich	ja, 600 P.	ja, 600 P.
TOEFL erforderlich	ja, 550 P.	ja, 550 P.
Referenzen	ja	ja
Rahmenbedingungen		
Workloads ECTS	90	90
Jährlich zugelassene Studenten	120	120
Durchschnittliches Alter der Studenten	35	35
Internationale Studenten in %	10	10
Internationale Kooperationen	ja	ja
Minimale Berufserfahrung in Jahren	3	3
Durchschnittliche Berufserfahrung in Jahren	8	8
Anteil Männer/Frauen in %	70/30	70/30
Fremdsprachenanteil in %	1–25	1–25
Studienblöcke (Anzahl)	12	12
Lehrmethode Case Study in %	20	20
Lehrmethode Vorlesung in %	20	20
Andere Lehrmethoden in %	60	60
Abschlussarbeit erforderlich	ja	ja
Erstmals angeboten	1990	1990
Absolventen seit Beginn	1.025	1.025
Akkreditierung		
Akkreditiert laut Anbieter	BAC (London, UK)	BAC (London, UK)

Europäische Fernhochschule Hamburg
University of Applied Sciences

Profil der Hochschule

An der Euro-FH per Fernstudium zum internationalen Hochschulabschluss: Die staatlich anerkannte Europäische Fernhochschule Hamburg (Euro-FH) wurde 2003 gegründet und gehört zur Klett Gruppe, einem der größten europäischen Bildungsanbieter. Das FIBAA-akkreditierte Studienangebot der Euro-FH umfasst: International Mgt. – Master of Businesss Administration (MBA), Business Coaching und Change Mgt. – Master of Science, Europäische BWL – Bachelor of Arts/Dipl.-Kfm. (FH), BWL und Wirtschaftspsychologie – Bachelor of Arts, Wirtschaftsrecht – Bachelor of Laws, Logistikmanagement – Bachelor of Science

Besonderheiten des Studiengangs

Praxisnah neben dem Beruf zum MBA: Unser zweijähriger MBA-Fernstudiengang bietet eine fundierte und praxisbezogene Vorbereitung auf die Anforderungen gehobener Führungspositionen im nationalen und internationalen Management. Das MBA-Studium an der Euro-FH zeichnet sich durch einen außerordentlich hohen Praxisbezug aus: Ein hochkarätiges Kuratorium, das sich aus dem leitenden Personal namhafter Unternehmen (z. B. der Deutschen Bank, der Deutschen Bahn, Airbus) und Hochschulen (z. B. der ESB Reutlingen Business School) zusammensetzt, sowie Autoren, Tutoren und Professoren mit Berufs- und Managementerfahrung stellen sicher, dass sich das Studium eng an den aktuellen Anforderungen der Praxis orientiert. Ihr erworbenes Wissen können Sie unmittelbar im Beruf anwenden: Das Fernstudium lässt sich optimal neben dem Beruf absolvieren.

Optimaler Service und maximale Flexibilität: Individuelle Zeitplanung, eine Vielzahl alternativer Seminar- sowie monatliche Prüfungstermine und zwölf Prüfungszentren im deutschsprachigen Raum kommen den Anforderungen Berufstätiger sehr entgegen. Ihr Studium an der Euro-FH können Sie jederzeit starten und vier Wochen kostenlos testen!

Verschiedene Einstiegsmöglichkeiten: Für Akademiker ohne wirtschaftswissenschaftlichen Abschluss beträgt die Studiendauer 24 Monate. Besitzen Sie bereits einen wirtschaftswissenschaftlichen Hochschulabschluss, können Ihnen Studien- und Prüfungsleistungen anerkannt werden, die Ihr Studium auf bis zu 14 Monate reduzieren. Ihr Studium können Sie in jedem Fall um bis zu 50 Prozent der Regelstudienzeit kostenlos verlängern.

Mit dem MBA Zugang zum höheren Dienst: Im Zuge des Akkreditierungsverfahrens wurde vom Senat der Freien und Hansestadt Hamburg entschieden, dass der erfolgreiche Abschluss unseres MBA-Studiums den Zugang zum höheren Dienst eröffnet. Damit ist der MBA-Studiengang der Euro-FH denen an Universitäten rechtlich vollkommen gleichgestellt und ermöglicht so auch eine anschließende Promotion.

Zwölf Prüfungszentren in: Hamburg, Bremen, Göttingen, Berlin, Leipzig, Köln, Frankfurt a. M., Nürnberg, München, Reutlingen, Zürich und Wien.

Internationale Verbindungen

Herzstück der Euro-FH-Studiengänge ist eine obligatorische zweiwöchige Präsenzphase im Ausland. Die Euro-FH kooperiert hierfür weltweit mit renommierten Partnerhochschulen. Gegenwärtig bestehen Partnerschaften mit Hochschulen in Großbritannien, Polen, Dänemark, China und den USA. Aufgrund der zunehmenden wirtschaftlichen Bedeutung Chinas hat die Euro-FH ein eigenes Studienzentrum in Beijing gegründet.

**EUROPÄISCHE
FERNHOCHSCHULE
HAMBURG** UNIVERSITY OF APPLIED SCIENCES

Adresse der Hochschule

Anschrift: Doberaner Weg 20, 22143 Hamburg
Internet: www.Euro-FH.de
Kontakt: Thomas Vogel, Tel.: +49-800-3344377, E-Mail: thomas.vogel@Euro-FH.de

MBA-Programm

Name des Programms	**MBA International Management**
Schwerpunkt	European-/International-/Globalmgt., regionenorientiert
Form des Programms	Fernstudium
Start des Programms	jederzeit
Dauer des Programms in Monaten	24
Kosten	
Programmkosten in Euro	k. A.
Einschreibegebühren in Euro	0
Bewerbung	
Anmeldebeginn	jederzeit möglich
Letzter Anmeldetag	k. A.
1. Hochschulabschluss erforderlich	ja
Zulassungstest	k. A.
GMAT erforderlich	ja oder Telefoninterview in engl. Sprache
TOEFL erforderlich	ja oder Telefoninterview in engl. Sprache
Referenzen	ja, 2 Schreiben (z. B. Vorgesetzte, Professoren)
Rahmenbedingungen	
Workloads ECTS	120
Jährlich zugelassene Studenten	k. A.
Durchschnittliches Alter der Studenten	35
Internationale Studenten in %	10
Internationale Kooperationen	ja
Minimale Berufserfahrung in Jahren	2
Durchschnittliche Berufserfahrung in Jahren	6
Anteil Männer/Frauen in %	70/30
Fremdsprachenanteil in %	Englisch: 26–50
Studienblöcke (Anzahl)	10
Lehrmethode Case Study in %	25
Lehrmethode Vorlesung in %	10
Andere Lehrmethoden in %	65 (Fernstudium)
Abschlussarbeit erforderlich	ja
Erstmals angeboten	2004
Absolventen seit Beginn	134
Akkreditierung	
Akkreditiert laut Anbieter	FIBAA

HFH
Hamburger Fern-Hochschule

UNIVERSITY
OF APPLIED SCIENCES

Profil der Hochschule

Die HFH – Hamburger Fern-Hochschule wurde 1997 vom Senat der Freien und Hansestadt Hamburg staatlich anerkannt. An der Hochschule in privater Trägerschaft sind aktuell 8.000 Studierende in den Studiengängen Betriebswirtschaft, Wirtschaftsingenieurwesen, Facility Management, Pflegemanagement, Gesundheits- und Sozialmanagement sowie in den Master-Studiengängen immatrikuliert. Damit zählt die HFH – Hamburger Fern-Hochschule zu den größten privaten Hochschulen in Deutschland. Das bewährte HFH-Fernstudienkonzept verbindet individuelles Lernen am eigenen Schreibtisch mit dem Angebot regelmäßiger Präsenzlehrveranstaltungen in über 40 regionalen Studienzentren in Deutschland und Österreich. Eine Zulassung zu den Diplom- und Bachelor-Studiengängen ist gemäß dem hamburgischen Hochschulgesetz auch für Berufstätige ohne Abitur möglich.

Besonderheiten der Studiengänge

Im Fokus des MBA-Studienganges General Management steht die Entwicklung unternehmerischen Denkens und Handelns innerhalb der Rahmenbedingungen einer Organisation. Denn auch angestellte Managerinnen und Manager müssen heute als Unternehmer im Unternehmen, als Intrapreneur, agieren. Das Fernstudium ist überwiegend zeit- und ortsunabhängig angelegt, sodass Arbeitnehmer berufsbegleitend einen weiteren akademischen Abschluss erwerben können. Teile der Präsenzveranstaltungen, die an den HFH-Studienzentren Hamburg, Linz, München und Stuttgart besucht werden können, sind obligatorisch: Bei einem Unternehmensplanspiel wenden die Studierenden die neu angeeigneten Methoden und Instrumente in der Praxis an, außerdem stehen Fallstudien, komplexe Übungen und Rollenspiele auf dem Programm. Der Studiengang ist durch die Akkreditierungsagentur ACQUIN akkreditiert.

Der international angelegte MBA-Studiengang Global Business ist so konzipiert, dass die Studierenden ihren Abschluss innerhalb von nur 13,5 Monaten erwerben können. Sie sind an der amerikanischen University of Louisville, Kentucky (USA) eingeschrieben, die Rankings zufolge als eine der amerikanischen Top-Universitäten für Entrepreneurship gilt. Die Seminare finden sowohl in Deutschland als auch in den USA statt. Das Studium beginnt jeweils im Juni mit einer viereinhalbwöchigen Präsenzphase an der University of Louisville. Über das Jahr finden die Seminare in Deutschland statt. Hier stehen die HFH-Studienzentren Hamburg, München, Schloss Rheda in Rheda-Wiedenbrück und Bad Mergentheim (an der Akademie Würth) zur Wahl. Das Studium schließt mit einem weiteren viereinhalbwöchigen Aufenthalt an der University of Louisville ab. Dort werden optional Exkursionen zu namhaften US-amerikanischen Unternehmen angeboten, wie zum Beispiel General Motors, General Electrics, Ford und UPS. Das MBA-Studium Global Business beginnt fakultativ mit einem dreitägigen Intercultural Outdoor-Training in Detroit. Der Studiengang ist sowohl von der FIBAA als auch der AACSB akkreditiert.

Internationale Verbindungen
Kooperation mit der University of Louisville (UofL), Kentucky (USA)

Finanzielle Unterstützung/Stipendien
Ein steuerlicher Abzug der Studiengebühren ist im Rahmen der Werbungskosten möglich.

UNIVERSITY
OF APPLIED SCIENCES

Adresse der Hochschule

Anschrift: Alter Teichweg 19, 22081 Hamburg
Internet: www.hamburger-fh.de
Kontakt: Raphael Post, Tel.: +49-40-35094325, E-Mail: raphael.post@hamburger-fh.de

MBA-Programme

Name des Programms	**General Management**	**Global Business**
Schwerpunkt	Management, Betriebswirtschaft	European-/International-/Globalmgt., regionenorientiert
Form des Programms	Fernstudium	Teilzeit
Start des Programms	WS/SS	SS
Dauer des Programms in Monaten	24	14
Kosten		
Programmkosten in Euro	10.110	17.955
Einschreibegebühren in Euro	750	950
Bewerbung		
Anmeldebeginn	laufend	laufend
Letzter Anmeldetag	15. Mai u. 15. November	28. Februar
1. Hochschulabschluss erforderlich	ja	ja
Zulassungstest	ja, Pre-MBA-Semester bei nicht wirtsch.-wiss. Abschluss	ja, Pre-MBA
GMAT erforderlich	nein	nein
TOEFL erforderlich	ja, 80 P. internet based	ja, 80 P. internet based, alt.: Interview
Referenzen	ja	ja, zwei
Rahmenbedingungen		
Workloads ECTS	120	k. A.
Jährlich zugelassene Studenten	k. A.	32
Durchschnittliches Alter der Studenten	34	35
Internationale Studenten in %	k. A.	18
Internationale Kooperationen	nein	ja
Minimale Berufserfahrung in Jahren	1	3
Durchschnittliche Berufserfahrung in Jahren	k. A.	7
Anteil Männer/Frauen in %	55/45	80/20
Fremdsprachenanteil in %	Englisch: 1–25	Englisch: 51–100
Studienblöcke (Anzahl)	5	12
Lehrmethode Case Study in %	35	50
Lehrmethode Vorlesung in %	0	40
Andere Lehrmethoden in %	65	10
Abschlussarbeit erforderlich	ja	ja
Erstmals angeboten	2008	2004
Absolventen seit Beginn	k. A.	201
Akkreditierung		
Akkreditiert laut Anbieter	ACQUIN	AACSB (Partnerhochschule), FIBAA

Hamburg Media School

Anschrift: Finkenau 35, 22081 Hamburg
Internet: www.hamburgmediaschool.com
Kontakt: Christine Sänger, MBA in Media Mgt., Tel.: +49-40-41346818, E-Mail: c.saenger@hamburgmediaschool.com
Jutta Kehrer, Executive MBA, Tel.: +49-40-41346869, E-Mail: j.kehrer@hamburgmediaschool.com

MBA-Programme

Name des Programms	**MBA in Media Management**	**Exec. MBA in Media Management**
Schwerpunkt	Handel, Service Mgt., Consulting, PR, Medien, Kultur, Marketing	
Form des Programms	Vollzeit	Executive
Start des Programms	Oktober	Oktober
Dauer des Programms in Monaten	24	18
Kosten		
Programmkosten in Euro	25.000	32.000
Einschreibegebühren in Euro	0	0
Bewerbung		
Anmeldebeginn	ganzjährig	ganzjährig
Letzter Anmeldetag	15. Juli	—
1. Hochschulabschluss erforderlich	ja	ja
Zulassungstest	ja, Assessment-Center	ja, Einzelinterview
GMAT erforderlich	nein	nein
TOEFL erforderlich	ja	nein
Referenzen	ja	nein
Rahmenbedingungen		
Workloads ECTS	120	120
Jährlich zugelassene Studenten	25	20
Durchschnittliches Alter der Studenten	26	33
Internationale Studenten in %	10	0
Internationale Kooperationen	ja	ja
Minimale Berufserfahrung in Jahren	1	3
Durchschnittliche Berufserfahrung in Jahren	1	5
Anteil Männer/Frauen in %	50/50	50/50
Fremdsprachenanteil in %	Englisch: 1–25	Englisch: 1–25
Studienblöcke (Anzahl)	6	5
Lehrmethode Case Study in %	40	10
Lehrmethode Vorlesung in %	40	80
Andere Lehrmethoden in %	20	10
Abschlussarbeit erforderlich	ja	ja
Erstmals angeboten	2003	2005
Absolventen seit Beginn	70	12
Akkreditierung		
Akkreditiert laut Anbieter	ACQUIN	ACQUIN

Hochschule für Angewandte Wissenschaften Hamburg

Anschrift: Saarlandstraße 30, 22303 Hamburg
Internet: www.haw-hamburg.de
Kontakt: Kirsten Kock, Tel.: +49-40-428757078, E-Mail: soge@sp.haw-hamburg.de

MBA-Programm

Name des Programms	**MBA Sozial- und Gesundheitsmanagement**
Schwerpunkt	Gesundheit, Healthcare, Life Science, Sport
Form des Programms	Teilzeit
Start des Programms	SS/1. März
Dauer des Programms in Monaten	30
Kosten	
Programmkosten in Euro	5.900
Einschreibegebühren in Euro	k. A.
Bewerbung	
Anmeldebeginn	laufend
Letzter Anmeldetag	15. Januar
1. Hochschulabschluss erforderlich	ja
Zulassungstest	ja, Auswahlgespräch
GMAT erforderlich	nein
TOEFL erforderlich	nein
Referenzen	ja, vom Arbeitgeber
Rahmenbedingungen	
Workloads ECTS	90
Jährlich zugelassene Studenten	24
Durchschnittliches Alter der Studenten	35
Internationale Studenten in %	k. A.
Internationale Kooperationen	nein
Minimale Berufserfahrung in Jahren	2
Durchschnittliche Berufserfahrung in Jahren	5
Anteil Männer/Frauen in %	50/50
Fremdsprachenanteil in %	k. A.
Studienblöcke (Anzahl)	k. A.
Lehrmethode Case Study in %	30
Lehrmethode Vorlesung in %	0
Andere Lehrmethoden in %	70
Abschlussarbeit erforderlich	ja
Erstmals angeboten	2005
Absolventen seit Beginn	6
Akkreditierung	
Akkreditiert laut Anbieter	AHPGS

International Business School of Service Management

Profil der Hochschule

Dienstleistungen sind mittlerweile sowohl in entwickelten Märkten als auch in Wachstumsmärkten zu einem der dynamischsten Bereiche geworden. Für zahlreiche Unternehmen sind Services und Lösungen eine tragende Säule für Wachstum und Rentabilität. Um das Marktpotenzial von Services nutzen zu können, müssen Unternehmen ihre Kompetenzen im Service Management entwickeln – in ihrer Strategie, in ihren Prozessen und bei ihren Mitarbeitern. Die ISS International Business School of Service Management fördert Teilnehmer und Unternehmen darin, diese Kompetenzen auf der Grundlage neuester Forschungsergebnisse und der Erfahrungen erfolgreicher Marktführer auf diesem Gebiet gezielt auszubauen. Sie ist eine staatlich anerkannte Hochschule in privater Trägerschaft. Die B.A.- und MBA-Programme sind FIBAA-akkreditiert. Die ISS fördert die Entwicklung von Unternehmen im Bereich Service Management mit berufsbegleitenden und praxisrelevanten Studiengängen, maßgeschneiderten Unternehmensprogrammen sowie Beratung und Forschung. Einmalige Kundenorientierung, einschlägige Forschungsarbeit, aktive Beteiligung von Unternehmen sowie eine praxisorientierte Lehre, die begeistert, entwickeln die ISS zur führenden internationalen Business School of Service Management, die Fach- und Führungskräfte sowie Wachstum im Servicegeschäft gewinnbringend steuert. Die langjährige Erfahrung im Service Management sowie das Bestreben, jeden einzelnen Teilnehmer gezielt zu fördern, machen die ISS zur richtigen Wahl.

Besonderheiten des Studiengangs

Das englischsprachige, berufsbegleitende MBA-Programm verbindet intensive Präsenzstudienphasen mit modernem E-Learning-Support für hocheffektives Lernen. Der MBA Service Management eignet sich besonders für Fach- und Führungskrafte von Unternehmen, in denen Dienstleistungen eine strategische Rolle einnehmen. Die kompakte Studienstruktur ist ideal auf die Bedürfnisse von Leistungsträgern und Unternehmen ausgerichtet: Die Programmteilnehmer sind fünf Studienwochen pro Jahr auf dem Campus in Hamburg im Austausch mit führenden Köpfen aus Wissenschaft und Praxis – bei einer Studiendauer von vier Semestern sind dies zwei bis drei Präsenzphasen pro Semester.

Die Lehrinhalte berücksichtigen die persönliche Erfahrung, das Lernverhalten von Berufstätigen und die direkte Umsetzbarkeit des Erlernten in die Praxis: Lernen Sie, wichtige Leistungsindikatoren und entscheidende Fähigkeiten für Service-Exzellenz zu verstehen. Eignen Sie sich Wissen aus den Kursinhalten mit der Effektivität und der Effizienz einer privaten Business School an und übertragen Sie dies direkt auf Ihre Berufspraxis. Entwickeln Sie Geschäftsführungs- und Führungsqualitäten – mit dem zentralen Fokus auf Service Management. Bringen Sie Ihre Karriere innerhalb Ihrer Serviceorganisationen voran. Lernen Sie die Best Practices aus einer Vielzahl von Branchen kennen, die Sie zu Ihrem Vorteil nutzen können. Erreichen Sie eine persönliche Entwicklung durch Teamarbeit in kleinen Gruppen mit exzellenten Dozenten. Entscheidungsträger aus führenden Unternehmen stehen MBA-Studierenden im Top-Executive-Partner-Programm als Dozenten und Mentoren zur Seite. Das Students Office betreut die Teilnehmer intensiv und begleitet sie individuell durch das gesamte Studium.

Internationale Verbindungen

Zu dem internationalen Netzwerk der ISS gehören Professoren und Dozenten aus Schweden, Norwegen, England und den USA. Drei Studienwochen in Dublin (Irland) und Karlstad (Schweden) bereiten die Programmteilnehmer auf internationale Managementaufgaben vor.

Adresse der Hochschule

ISS INTERNATIONAL
BUSINESS SCHOOL OF
SERVICE MANAGEMENT

Anschrift: Hans-Henny-Jahnn-Weg 9, 22085 Hamburg
Internet: www.iss-hamburg.de
Kontakt: Beate Buchholz, Tel.: +49-40-53699132, E-Mail: buchholz@iss-hamburg.de
Dorian Seeliger, MBA, Tel.: +49-40-53699130, E-Mail: contact@iss-hamburg.de

MBA-Programm

Name des Programms	**MBA Service Management**
Schwerpunkt	Management, Betriebswirtschaft, Handel, Service Mgt., Consulting, PR, Medien, Kultur, Marketing
Form des Programms	Teilzeit
Start des Programms	8. Januar
Dauer des Programms in Monaten	24
Kosten	
Programmkosten in Euro	20.000
Einschreibegebühren in Euro	280
Bewerbung	
Anmeldebeginn	laufend
Letzter Anmeldetag	8. Januar
1. Hochschulabschluss erforderlich	ja
Zulassungstest	ja
GMAT erforderlich	nein
TOEFL erforderlich	ja, TOEFL-/TOEIC- o. IELTS-Test
Referenzen	ja, mind. dreijährige qualifizierte Berufspraxis
Rahmenbedingungen	
Workloads ECTS	70
Jährlich zugelassene Studenten	15
Durchschnittliches Alter der Studenten	35
Internationale Studenten in %	20
Internationale Kooperationen	ja
Minimale Berufserfahrung in Jahren	3
Durchschnittliche Berufserfahrung in Jahren	5
Anteil Männer/Frauen in %	20
Fremdsprachenanteil in %	Englisch: 51–100
Studienblöcke (Anzahl)	10
Lehrmethode Case Study in %	30
Lehrmethode Vorlesung in %	60
Andere Lehrmethoden in %	10
Abschlussarbeit erforderlich	ja
Erstmals angeboten	2008
Absolventen seit Beginn	4
Akkreditierung	
Akkreditiert laut Anbieter	FIBAA

NIT
Northern Institute of
Technology Management

Profil der Hochschule

The Hamburg University of Technology (TUHH) is one of the leading technical universities in Germany. Founded in 1978, TUHH has turned in a short time into a popular and internationally recognized center for research and teaching. With its International Master Programs TUHH provides an excellent engineering education for students from all parts of the world. In 1998, more than 30 professors and friends of TUHH founded the non-profit Northern Institute of Technology Management to offer a unique program for the very best engineering students worldwide.

Besonderheiten der Studiengänge

The Master Program at the NIT opens a door to an international alumni network, to global companies, to leadership positions and to groundbreaking opportunities. Within two years only, students earn an MBA or Master in Technology Management at NIT and a Master of Science in Engineering at TUHH. The Master Program in Technology Management consists of management skills, law, ethics, soft skills and a second foreign language to prepare a selected group of students for the challenges of technology management in a global economy.

The graduates will

- deepen their engineering know-how in the chosen area of specialization,
- acquire future-oriented management skills,
- obtain proficiency in German or in an another foreign language,
- form a valuable network of alumni and industry contacts through the globe.

Linked to leading industry, the NIT offers scholarships for highly motivated and outstanding individuals. By applying to the NIT every applicant is automatically considered for a scholarship. A full NIT scholarship covers all tuition for the management program, accomodation and TUHH semester enrolment fee. As an alternative, the NIT offers attractive student loan schemes to finance the tuition fee and living cost.

Our industrial partners are: ABB, Airbus, ArcelorMittal, Aurubis, Brose, Continental, Claussen-Simon-Stiftung, Daimler, Dräger, Eppendorf, Ferrostaal, Germanischer Lloyd, Glatfelter, Hako, Hamburg Airport, Hypo Vereinsbank, IBM, IMA, Jungheinrich, Körber, Kostal, Lufthansa, Lufthansa Technik, Lurgi, Thomas J.C. Matzen GmbH, Getriebebau Nord, Nordmetall-Stiftung, NXP, O2, Philips, Procter & Gamble, SAP, Siemens, SULO, tesa, ThyssenKrupp, Vattenfall, Veolia, VTG.

Adresse der Hochschule

Anschrift: Kasernenstraße 12, 21073 Hamburg
Internet: www.nithh.de
Kontakt: Gunter Menge, Tel.: +49-40-428783787, E-Mail: info@nithh.de

NiT — Northern Institute of Technology Management
THE UNIQUE COMBINATION

MBA-Programme

Name des Programms	**Master of Technology Mgt.**	**MBA in Technology Management**
Schwerpunkt	Leadership, HR, Entrepreneur, Unternehmensführung, Engineering, Technologie, Luftverkehr, Energie, Logistics	
Form des Programms	Vollzeit	Vollzeit
Start des Programms	1. Oktober	1. Oktober
Dauer des Programms in Monaten	24	24
Kosten		
Programmkosten in Euro	17.000	17.000
Einschreibegebühren in Euro	0	0
Bewerbung		
Anmeldebeginn	laufend	laufend
Letzter Anmeldetag	28. Februar	28. Februar
1. Hochschulabschluss erforderlich	ja, Bachelor in Engineer	ja, Bachelor in Engineer
Zulassungstest	ja, Interview	ja, Interview
GMAT erforderlich	nein, aber GRE	nein, aber GRE
TOEFL erforderlich	ja, 100 P. internet based, IELTS: 7.0 P.	ja, 100 P. internet based, IELTS: 7.0 P.
Referenzen	ja, zwei	ja, zwei
Rahmenbedingungen		
Workloads ECTS	60	60
Jährlich zugelassene Studenten	35	35
Durchschnittliches Alter der Studenten	24	26
Internationale Studenten in %	70	70
Internationale Kooperationen	ja	ja
Minimale Berufserfahrung in Jahren	0	2
Durchschnittliche Berufserfahrung in Jahren	1	3
Anteil Männer/Frauen in %	65/35	65/35
Fremdsprachenanteil in %	Englisch: 51–100	Englisch: 51–100
Studienblöcke (Anzahl)	10	10
Lehrmethode Case Study in %	20	20
Lehrmethode Vorlesung in %	20	20
Andere Lehrmethoden in %	60 (Blockveranst., Workshops, Übungen)	60 (Blockveranst., Workshops, Übungen)
Abschlussarbeit erforderlich	ja	ja
Erstmals angeboten	1999	1999
Absolventen seit Beginn	300	300
Akkreditierung		
Akkreditiert laut Anbieter	ACQUIN	ACQUIN

HSBA Hamburg School of Business Administration

Anschrift: Adolphsplatz 1, 20457 Hamburg
Internet: www.hsba.de
Kontakt: Sabine Mauermann, Tel.: +49-40-36138713, E-Mail: sabine.mauermann@hsba.de

MBA-Programm

Name des Programms	**Business Administration and Honourable Leadership**
Schwerpunkt	Mgt., Betriebswirtsch., Leadership, HR, Entrepreneur, Unternehmensführ.
Form des Programms	Teilzeit
Start des Programms	1. Oktober
Dauer des Programms in Monaten	24
Kosten	
Programmkosten in Euro	30.000
Einschreibegebühren in Euro	k. A.
Bewerbung	
Anmeldebeginn	laufend
Letzter Anmeldetag	31. Mai
1. Hochschulabschluss erforderlich	ja
Zulassungstest	ja, Interview und Vorbereitungskurs mit Prüfung
GMAT erforderlich	ja, 530 P.
TOEFL erforderlich	ja, 90 P. internet based
Referenzen	ja
Rahmenbedingungen	
Workloads ECTS	90
Jährlich zugelassene Studenten	24
Durchschnittliches Alter der Studenten	k. A.
Internationale Studenten in %	0
Internationale Kooperationen	ja
Minimale Berufserfahrung in Jahren	4
Durchschnittliche Berufserfahrung in Jahren	k. A.
Anteil Männer/Frauen in %	k. A.
Fremdsprachenanteil in %	Englisch: 51–100
Studienblöcke (Anzahl)	0
Lehrmethode Case Study in %	50
Lehrmethode Vorlesung in %	0
Andere Lehrmethoden in %	k. A.
Abschlussarbeit erforderlich	ja
Erstmals angeboten	2009
Absolventen seit Beginn	k. A.
Akkreditierung	
Akkreditiert laut Anbieter	FIBAA

Institut für Weiterbildung e.V./FAk. WISO – Universität Hamburg

Anschrift: Rentzelstraße 7, 20146 Hamburg
Internet: www.wiso.uni-hamburg.de
Kontakt: Stefanie Montag, Tel.: +49-40-428386370, E-Mail: Stefanie.Montag@wiso.uni-hamburg.de

MBA-Programm

Name des Programms	**MBA Gesundheitsmanagement**
Schwerpunkt	Finance, Banking, Accounting, Audit, Versicherungen, Tax
Form des Programms	Teilzeit
Start des Programms	SS/1. April
Dauer des Programms in Monaten	18
Kosten	
Programmkosten in Euro	9.300
Einschreibegebühren in Euro	242
Bewerbung	
Anmeldebeginn	laufend
Letzter Anmeldetag	14. Januar
1. Hochschulabschluss erforderlich	ja
Zulassungstest	ja, Auswahlgespräche
GMAT erforderlich	nein
TOEFL erforderlich	nein
Referenzen	ja, mind. 1 Jahr Berufserf. Sozial-/Gesundheitsbereich
Rahmenbedingungen	
Workloads ECTS	90
Jährlich zugelassene Studenten	20
Durchschnittliches Alter der Studenten	38
Internationale Studenten in %	0
Internationale Kooperationen	nein
Minimale Berufserfahrung in Jahren	1
Durchschnittliche Berufserfahrung in Jahren	10
Anteil Männer/Frauen in %	60/40
Fremdsprachenanteil in %	k. A.
Studienblöcke (Anzahl)	14
Lehrmethode Case Study in %	70
Lehrmethode Vorlesung in %	0
Andere Lehrmethoden in %	30
Abschlussarbeit erforderlich	ja
Erstmals angeboten	2005
Absolventen seit Beginn	40
Akkreditierung	
Akkreditiert laut Anbieter	ACQUIN

University of Applied Sciences – Fachbereich Wirtschaft (fbw)

Anschrift: Haardtring 100, 64295 Darmstadt
Internet: www.mba.h-da.de
Kontakt: Petra Vonhausen, Tel.: +49-6151-16-8420, E-Mail: weiterbildung@h-da.de

MBA-Programme

Name des Programms	Business Administration (MBA)	Energiewirtschaft (MBA)
Schwerpunkt	Management, Betriebswirtschaft	Engineering, Technologie, Luftverkehr, Energie, Logistics
Form des Programms	Teilzeit	Teilzeit
Start des Programms	März/September	WS
Dauer des Programms in Monaten	24	24
Kosten		
Programmkosten in Euro	11.200	13.500
Einschreibegebühren in Euro	0	0
Bewerbung		
Anmeldebeginn	jederzeit	15.07.2010
Letzter Anmeldetag	15. Juli/15. Januar	k. A.
1. Hochschulabschluss erforderlich	ja	ja
Zulassungstest	nein	nein
GMAT erforderlich	nein	nein
TOEFL erforderlich	ja	B2-Niveau Englisch
Referenzen	nein	ja
Rahmenbedingungen		
Workloads ECTS	90	90
Jährlich zugelassene Studenten	k. A.	k. A.
Durchschnittliches Alter der Studenten	30	k. A.
Internationale Studenten in %	24	0
Internationale Kooperationen	k. A.	k. A.
Minimale Berufserfahrung in Jahren	3	1
Durchschnittliche Berufserfahrung in Jahren	k. A.	k. A.
Anteil Männer/Frauen in %	k. A.	k. A.
Fremdsprachenanteil in %	Englisch: 51–100	0
Studienblöcke (Anzahl)	4	0
Lehrmethode Case Study in %	33	0
Lehrmethode Vorlesung in %	33	0
Andere Lehrmethoden in %	33	k. A.
Abschlussarbeit erforderlich	ja	ja
Erstmals angeboten	2007	2010
Absolventen seit Beginn	15	k. A.
Akkreditierung		
Akkreditiert laut Anbieter	FIBAA	FIBAA

Frankfurt School of Finance and Management

Anschrift: Sonnemannstraße 9–11, 60314 Frankfurt/Main
Internet: www.frankfurt-school.de
Kontakt: Bavani Ramasamy-Schmittmann, Tel.: +49-69-154008323, E-Mail: b.schmittmann@int.frankfurt-school.de

MBA-Programme

Name des Programms	Intl. Hospital and Healthcare Management (MBA)	Executive MBA
Schwerpunkt	Gesundheit, Healthcare, Life Science, Sport	Mgt., Betriebswirtschaft, Leadership, HR, Entrepreneur, Unternehmensführung
Form des Programms	Teilzeit	Teilzeit
Start des Programms	WS	Oktober
Dauer des Programms in Monaten	18	18
Kosten		
Programmkosten in Euro	28.000	19.500
Einschreibegebühren in Euro	k. A.	100
Bewerbung		
Anmeldebeginn	laufend	15. Juli
Letzter Anmeldetag	15. September	15. September
1. Hochschulabschluss erforderlich	ja	ja
Zulassungstest	ja, Interview	ja, Interview
GMAT erforderlich	nein	nein
TOEFL erforderlich	ja, 80 P. internet based	ja
Referenzen	ja	ja
Rahmenbedingungen		
Workloads ECTS	65	60
Jährlich zugelassene Studenten	20	k. A.
Durchschnittliches Alter der Studenten	35	k. A.
Internationale Studenten in %	90	0
Internationale Kooperationen	ja	ja
Minimale Berufserfahrung in Jahren	3	5
Durchschnittliche Berufserfahrung in Jahren	7	0
Anteil Männer/Frauen in %	60/40	k. A.
Fremdsprachenanteil in %	Englisch: 51–100	Englisch: 1–25
Studienblöcke (Anzahl)	10	11
Lehrmethode Case Study in %	20	70
Lehrmethode Vorlesung in %	50	15
Andere Lehrmethoden in %	30	15
Abschlussarbeit erforderlich	ja	ja
Erstmals angeboten	2003	2010
Absolventen seit Beginn	100	k. A.
Akkreditierung		
Akkreditiert laut Anbieter	FIBAA	FIBAA geplant

International Real Estate Business School an der Universität Regensburg

Profil der Hochschule

IREBS ist das größte universitäre Immobilienzentrum Europas und hat sich die Wertschätzung der Immobilienwirtschaft und einen hervorragenden Ruf in der Wissenschaft weltweit erworben. Das IREBS Institut für Immobilienwirtschaft deckt dabei alle fach- und branchenspezifischen Besonderheiten von Immobilien und Immobilienunternehmen ab. Es umfasst derzeit 19 Professuren verschiedener Spezifizierung. Das Studienangebot im Bereich der Immobilienwirtschaft erstreckt sich auf folgende Vollzeitstudiengänge: Bachelor of Science in Business Economics mit Immobilienschwerpunkt und Master of Science in Real Estate. Während sich das IREBS Institut für Immobilienwirtschaft auf die Bereiche Primärstudium und Forschung an der Universität Regensburg konzentriert, widmet sich die IREBS Immobilienakademie der berufsbegleitenden Weiterbildung von Führungs(nachwuchs)- und Fachkräften der Immobilienwirtschaft. An den Studienorten Eltville im Rhein-Main-Gebiet, Berlin, München und Essen wird das Kontaktstudium Immobilienökonomie durchgeführt, der „Klassiker" der Immobilienweiterbildung in Deutschland. Hinzu kommen die Intensivstudiengänge Handelsimmobilien, Real Estate Asset Management, zum CREA® – Certified Real Estate Investment Analyst und Corporate Real Estate Management, das Kompaktstudium Immobilienfachwisen für Juristen, Immobilien-Fachseminare, Firmenseminare sowie Immobilienexkursionen. Die IREBS Immobilienakademie hat den Status einer wissenschaftlichen Einrichtung (An-Institut) an der Universität Regensburg.

Besonderheiten des Studiengangs

Der Executive MBA Real Estate wurde mit dem Ziel konzipiert, eines der weltweit führenden Weiterbildungsprogramme für Real Estate Professionals zu werden. Der Studiengang richtet sich an Führungs- und Führungsnachwuchskräfte, die über einen ersten Hochschulabschluss (Primärstudium) verfügen, ein immobilienökonomisches bzw- wirtschaftliches Weiterbildungsstudium absolviert haben, mehrjährige Berufserfahrung aufweisen und die englische Sprache gut beherrschen. Ziele sind die Vermittlung zum einen von Führungswissen, das die Absolventen befähigt, Immobilienunternehmen erfolgreich zu leiten, und zum anderen von „State of the art"-Immobilien-Know-how und Marktkenntnissen im internationalen Kontext. Der Studiengang dauert berufsbegleitend zwölf Monate. Aufgrund des hohen internationalen Anspruchs dieses Führungskräfteprogramms wird ein Teil der Veranstaltungen, vor allem das Auslandsstudium, in englischer Sprache erfolgen. Nach erfolgreichem Abschluss der Prüfungsleistungen der drei Module sowie der Master-Arbeit wird von der Wirtschaftswissenschaftlichen Fakultät der Universität Regensburg der akademische Grad „Master of Business Administration" verliehen. Die Zahl der Teilnehmer ist auf 30 begrenzt.

Internationale Verbindungen

Ein Teil des Studium findet an drei renommierten Hochschulen im Ausland statt: University of Hongkong, Hongkong (China), University of Reading, Reading (U.K.), Harvard University, Cambridge/MA (USA)

Finanzielle Unterstützung/Stipendien

Die Studiengebühr beläuft sich auf 20.500 Euro (umsatzsteuerbefreit). Eine Preisermäßigung wird für Absolventen von Studiengängen der IREBS Immobilienakademie und der früheren ebs Immobilienakademie in Höhe von 1.000 Euro zzgl. MwSt. gewährt. Die Studiengebühren beinhalten nicht die Reise-, Unterkunfts- und Verpflegungskosten der Teilnehmer.

International Real Estate Business School
Universität Regensburg

Adresse der Hochschule

Anschrift: Kloster Eberbach , 65346 Eltville am Rhein
Internet: www.irebs.de
Kontakt: Prof. Dr. Karl-Werner Schulte, Tel.: +49-6723-9950-30, E-Mail: mba@irebs.de

MBA-Programm

Name des Programms	**Executive MBA Real Estate**
Schwerpunkt	Tourism, Hospitality, Real Estate, Immobilien
Form des Programms	Executive
Start des Programms	jährlich im März
Dauer des Programms in Monaten	12
Kosten	
Programmkosten in Euro	20.500
Einschreibegebühren in Euro	0
Bewerbung	
Anmeldebeginn	sofort
Letzter Anmeldetag	jährlich am 31. Januar
1. Hochschulabschluss erforderlich	ja
Zulassungstest	ja
GMAT erforderlich	nein
TOEFL erforderlich	ja
Referenzen	nein
Rahmenbedingungen	
Workloads ECTS	180
Jährlich zugelassene Studenten	30
Durchschnittliches Alter der Studenten	32
Internationale Studenten in %	1
Internationale Kooperationen	ja
Minimale Berufserfahrung in Jahren	1
Durchschnittliche Berufserfahrung in Jahren	10
Anteil Männer/Frauen in %	60/40
Fremdsprachenanteil in %	Englisch: 26–50
Studienblöcke (Anzahl)	3
Lehrmethode Case Study in %	10
Lehrmethode Vorlesung in %	90
Andere Lehrmethoden in %	0
Abschlussarbeit erforderlich	ja
Erstmals angeboten	2008
Absolventen seit Beginn	13
Akkreditierung	
Akkreditiert laut Anbieter	k. A.

Goethe Business School

Profil der Hochschule

Die 2004 gegründete Goethe Business School (GBS) ist eine Stiftung der Universität Frankfurt und eng mit dem Fachbereich Wirtschaftswissenschaften verbunden. Sie ist Teil des gerade errichteten House of Finance, das mit mehr als 180 Wissenschaftlern den Weg zur Spitzenforschung auf dem Gebiet der Finanzwirtschaft und der monetären Makroökonomie ebnet. Die mit neuester Technologie ausgestatteten Unterrichtsräume im House of Finance bieten den Studierenden einen kontinuierlichen Austausch zwischen Professoren, Unternehmensvertretern und Studierenden.

Zum Angebot der GBS gehören Master-Studiengänge, offene Seminare und maßgeschneiderte Programme für Unternehmen, wie zum Beispiel der Executive Master of Finance and Accounting, der zunächst ausschließlich Mitarbeitern von KPMG zur Verfügung stand und jetzt auch anderen High Potentials offensteht.

Besonderheiten der Studiengänge

EMBA: Seit Herbst wird der Goethe EMBA-Studiengang mit insgesamt drei Auslandsaufenthalten in China, Indien und den USA angeboten. Partnerhochschulen sind die Duke University in Durham, die Indian School of Business in Hyderabad und die Tongji University in Shanghai. Das Programm beinhaltet viele praxisnahe Elemente wie zum Beispiel ein Consulting und ein Entrepreneurial-Projekt. Hinzu kam seit Herbst 2009 ein stark erweitertes Angebot an über 30 Wahlkursen. Diese können selbstbestimmt über einen Zeitraum von 9 bis 21 Monaten absolviert werden. Ein weiteres Kernstück ist das Leadership-Development-Programm, das neben generellen Maßnahmen zum Ausbau von Führungsqualitäten auch individuelle Kompetenzanalysen und ein persönliches Leadership Coaching beinhaltet. Die Absolventen des Executive-MBA erhalten einen MBA-Titel von der Goethe-Universität und ein MBA-Zertifikat der Duke University mit vollem Alumni-Status beider Universitäten.

Full-Time MBA: Klassische MBA-Lerninhalte werden in diesem Programm mit praktischen Lernerfahrungen im Rahmen von realen Unternehmensprojekten und einem sechswöchigen Unternehmenspraktikum ergänzt. Neben der Vermittlung von Fachwissen steht im Rahmen dieses Programms insbesondere die umfassende individuelle Identifikation und Entwicklung der Kompetenzen der Studierenden im Hinblick auf ihre weitere berufliche Entwicklung im Mittelpunkt. Das Leadership-Development-Programm ist auf die Teilnehmer mit ersten Berufs- bzw. Führungserfahrungen zugeschnitten und stellt die Weichen für die erfolgreiche Bewältigung zukünftiger Führungsaufgaben.

Internationale Verbindungen

Das Executive-MBA-Programm wird von Professoren der Goethe-Universität Frankfurt sowie von der Fuqua School of Business der Duke University in Durham, der Indian School of Business in Hyderabat, der Tongji University in Shanghai und weiteren Professoren renommierter Business Schools unterrichtet.

Finanzielle Unterstützung/Stipendien

Unterstützung bei der Vermittlung von Studienkrediten und Teilstipendien für herausragende Kandidaten.

Adresse der Hochschule

Anschrift: Grüneburgplatz 1, 60323 Frankfurt/Main
Internet: www.gbs.uni-frankfurt.de
Kontakt: Tobias Eickelpasch, Tel.: +49-69-79833510,
E-Mail: info@gbs.uni-frankfurt.de

MBA-Programme

Name des Programms	**Goethe Executive MBA**	**Goethe Full-Time MBA**
Schwerpunkt	Management, Betriebswirtschaft	Management, Betriebswirtschaft
Form des Programms	Executive	Vollzeit
Start des Programms	September	September
Dauer des Programms in Monaten	18	13
Kosten		
Programmkosten in Euro	48.000	19.000
Einschreibegebühren in Euro	130	130
Bewerbung		
Anmeldebeginn	laufend	laufend
Letzter Anmeldetag	1. Juni	1. Juni
1. Hochschulabschluss erforderlich	ja	ja
Zulassungstest	ja, Interview	ja, Interview
GMAT erforderlich	nein	ja
TOEFL erforderlich	ja, 95 P. internet based	ja
Referenzen	ja, zwei	ja, zwei
Rahmenbedingungen		
Workloads ECTS	60	65
Jährlich zugelassene Studenten	60	k. A.
Durchschnittliches Alter der Studenten	34	28
Internationale Studenten in %	40	80
Internationale Kooperationen	ja	ja
Minimale Berufserfahrung in Jahren	4	2
Durchschnittliche Berufserfahrung in Jahren	9	5
Anteil Männer/Frauen in %	81/19	65/35
Fremdsprachenanteil in %	Englisch: 51–100	Englisch: 51–100
Studienblöcke (Anzahl)	8	7
Lehrmethode Case Study in %	30	30
Lehrmethode Vorlesung in %	50	50
Andere Lehrmethoden in %	20	20
Abschlussarbeit erforderlich	nein	ja
Erstmals angeboten	2005	2009
Absolventen seit Beginn	68	k. A.
Akkreditierung		
Akkreditiert laut Anbieter	AACSB	AACSB

Fachhochschule Frankfurt am Main – Fachbereich 3

Anschrift: Nibelungenplatz 1, 60318 Frankfurt am Main
Internet: www.fh-frankfurt.de/de/fh_ffm.html
Kontakt: Hella Findeklee, Tel.: +49-69-15332917, E-Mail: findeklee@fb3.fh-frankfurt.de
Prof. Dr. Yvonne Ziegler, E-Mail: yziegler@fb3.fh-frankfurt.de

MBA-Programm

Name des Programms	**MBA in Aviation Management**
Schwerpunkt	Management, Betriebswirtschaft, Engineering, Technologie, Luftverkehr, Energie, Logistics
Form des Programms	Teilzeit
Start des Programms	1. Januar
Dauer des Programms in Monaten	24
Kosten	
Programmkosten in Euro	22.900
Einschreibegebühren in Euro	k. A.
Bewerbung	
Anmeldebeginn	17. Mai
Letzter Anmeldetag	31. Oktober
1. Hochschulabschluss erforderlich	ja
Zulassungstest	ja, Auswahlgespräch
GMAT erforderlich	ja
TOEFL erforderlich	ja, z. B. TOEFL 90 P., IELTS 6.5
Referenzen	ja, Empfehlungsschreiben des Unternehmens
Rahmenbedingungen	
Workloads ECTS	90
Jährlich zugelassene Studenten	26
Durchschnittliches Alter der Studenten	k. A.
Internationale Studenten in %	35
Internationale Kooperationen	ja
Minimale Berufserfahrung in Jahren	3
Durchschnittliche Berufserfahrung in Jahren	k. A.
Anteil Männer/Frauen in %	k. A.
Fremdsprachenanteil in %	Englisch: 51–100
Studienblöcke (Anzahl)	8
Lehrmethode Case Study in %	0
Lehrmethode Vorlesung in %	0
Andere Lehrmethoden in %	E-Learning
Abschlussarbeit erforderlich	ja
Erstmals angeboten	2011
Absolventen seit Beginn	0
Akkreditierung	
Akkreditiert laut Anbieter	FIBAA beantragt

Philipps-Universität Marburg – Fachbereich Wirtschaftswissenschaften, Exec. MBA

Anschrift: Universitätsstraße 24, 35037 Marburg
Internet: www.uni-marburg.de/mba
Kontakt: Henrike Düerkop, Tel.: +49-6421-2826565, E-Mail: dueerkop@staff.uni-marburg.de

MBA-Programme

Name des Programms	Executive MBA Health Care Management	International Executive MBA General Management
Schwerpunkt	Gesundheit, Healthcare, Life Science, Sport	Management, Betriebswirtschaft
Form des Programms	Teilzeit	Teilzeit
Start des Programms	Herbst	Herbst
Dauer des Programms in Monaten	24	24
Kosten		
Programmkosten in Euro	23.725	23.725
Einschreibegebühren in Euro	k. A.	k. A.
Bewerbung		
Anmeldebeginn	laufend	laufend
Letzter Anmeldetag	28. August	28. August
1. Hochschulabschluss erforderlich	ja	ja
Zulassungstest	ja, 2 Std. Assessment	ja, 2 Std. Assessment
GMAT erforderlich	nein	nein
TOEFL erforderlich	ja	ja
Referenzen	ja	ja
Rahmenbedingungen		
Workloads ECTS	67	66
Jährlich zugelassene Studenten	30	30
Durchschnittliches Alter der Studenten	33	k. A.
Internationale Studenten in %	38	0
Internationale Kooperationen	ja	ja
Minimale Berufserfahrung in Jahren	5	3
Durchschnittliche Berufserfahrung in Jahren	10	k. A.
Anteil Männer/Frauen in %	60/40	k. A.
Fremdsprachenanteil in %	Englisch: 26–50	Englisch: 26–50
Studienblöcke (Anzahl)	8	8
Lehrmethode Case Study in %	20	20
Lehrmethode Vorlesung in %	50	50
Andere Lehrmethoden in %	30	30
Abschlussarbeit erforderlich	ja	ja
Erstmals angeboten	2004	2008
Absolventen seit Beginn	38	k. A.
Akkreditierung		
Akkreditiert laut Anbieter	FIBAA	FIBAA

FH Gießen-Friedberg

Profil der Hochschule

Der Fachbereich Wirtschaft zählt mit zurzeit 1.200 Studenten zu den großen Fachbereichen der Fachhochschule Gießen-Friedberg. In fünf betriebswirtschaftlichen Studiengängen werden Studierende für die Anforderungen der nationalen und internationalen Wirtschaft ausgebildet. Dabei wird Wert auf Praxisorientierung, Wissenschaftlichkeit und internationale Kompatibilität des Studienangebots gelegt. Großgeschrieben werden die Vermittlung von Handlungskompetenz und eine maßvolle Spezialisierung in ausgewählten Studienschwerpunkten. Eine besondere Bedeutung wird der Qualität und Internationalisierung beigemessen.

Die Studienangebote sind sorgfältig konzipiert, akkreditiert und werden kontinuierlich evaluiert und weiterentwickelt. Gießen und Friedberg bieten eine angenehme Studienatmosphäre und eine optimale Anbindung an das Rhein-Main-Gebiet.

Besonderheiten des Studiengangs

Der MBA der FH Gießen-Friedberg ist die internationale Qualifikation für Schlüsselfunktionen im Management. Der Fachbereich Wirtschaft der Fachhochschule Gießen-Friedberg bietet seit dem SS 2002 den englischsprachigen Weiterbildungsstudiengang „Master of Business Administration" (MBA) an. Dieser wurde bis 2012 durch die ZEvA reakkreditiert und richtet sich an berufstätige Akademiker, wie Ingenieure, Natur- und Geisteswissenschaftler, aber auch Wirtschaftswissenschaftler. Er vermittelt fundierte BWL-Kenntnisse und Management-Know-how im internationalen Bereich. Das MBA-Programm setzt den Fokus auf die Bereiche Marketing, Strategie und Sales. Mit den drei Wahlmodulen International Sales, Coaching und Financial Markets sind außerdem unterschiedliche Schwerpunkte möglich.

Das Studium erfolgt berufsbegleitend in 24 zweitägigen Blöcken (Freitagabend und Samstag, 14-tägig) am Standort in Friedberg. Hinzu kommen zwei einwöchigen Blöcke, davon einer zu Beginn des Studiums in Form eines strategischen Planspiels und einer in Form einer Blockwoche in den USA oder UK.

Termine für Bewerbungsfristen, Informationsveranstaltungen und Open Days finden Sie auf der Homepage. Ein Schnupperbesuch im laufenden MBA-Kurs ist jederzeit möglich. Jeweils im Frühjahr und Herbst können Sie uns in Frankfurt/Main auf der MBA Worldtour treffen.

Internationale Verbindungen

Eine einwöchiger USA-Aufenthalt an der Partnerhochschule in den USA (Pfeiffer University, Charlotte, North Carolina) oder der Napier University in Edinburgh (Schottland) sowie ein interkulturelles Projektwochenende in Italien (University of Bergamo) runden das Studium ab. Der Fachbereich Wirtschaft verfügt darüber hinaus über weitere Kooperationen mit Universitäten und Business Schools in Europa, den USA und Australien.

Finanzielle Unterstützung/Stipendien

Als „executive programme" ist der MBA-Kurs von normalen Scholarship-Programmen ausgenommen. Die Kursgebühren von 3 × 4.300 Euro sind über drei Steuerjahre absetzbar.

Adresse der Hochschule

Anschrift: Wiesenstraße 14, 35390 Gießen
Internet: www.mba-school.de
Kontakt: Rieke Feierabend, Tel.: +49-641-3092707, E-Mail: info@mba-school.de

FACHHOCHSCHULE
GIESSEN FRIEDBERG
UNIVERSITY OF APPLIED SCIENCES

MBA-Programm

Name des Programms	**Executive MBA**
Schwerpunkt	Management, Betriebswirtschaft
Form des Programms	Executive
Start des Programms	WS, bridge SS
Dauer des Programms in Monaten	24
Kosten	
Programmkosten In Euro	12.900
Einschreibegebühren in Euro	k. A.
Bewerbung	
Anmeldebeginn	laufend
Letzter Anmeldetag	15. September
1. Hochschulabschluss erforderlich	nein
Zulassungstest	nein
GMAT erforderlich	nein
TOEFL erforderlich	ja, 79 P. internet based, 213 P. computer based
Referenzen	ja
Rahmenbedingungen	
Workloads ECTS	90
Jährlich zugelassene Studenten	20
Durchschnittliches Alter der Studenten	36
Internationale Studenten in %	10
Internationale Kooperationen	ja
Minimale Berufserfahrung in Jahren	2
Durchschnittliche Berufserfahrung in Jahren	7
Anteil Männer/Frauen in %	70/30
Fremdsprachenanteil in %	Englisch: 51–100
Studienblöcke (Anzahl)	10
Lehrmethode Case Study in %	40
Lehrmethode Vorlesung in %	40
Andere Lehrmethoden in %	20
Abschlussarbeit erforderlich	ja
Erstmals angeboten	2002
Absolventen seit Beginn	122
Akkreditierung	
Akkreditiert laut Anbieter	ZEvA

European Business School (EBS)
International University, Schloss Reichartshausen

European ☰ Business School
International University · Schloss Reichartshausen

Profil der Hochschule

Die European Business School (EBS) ist die älteste staatlich anerkannte private wissenschaftliche Hochschule für Betriebswirtschaftslehre in Deutschland mit Bachelor- und Master-Programmen. Als eine der führenden Business Schools in Deutschland versteht sich die EBS als unternehmerisch handelnde Universität mit einem globalen Netzwerk in Wissenschaft, Wirtschaft und Gesellschaft. Neben Lehre und Forschung hat die EBS auch bei der Managementweiterbildung ihr Angebot erweitert und setzt immer neue Qualitätsstandards. Für Fach- und Führungskräfte mit mehrjähriger Berufserfahrung bietet die EBS Executive Education ein breites Weiterbildungsprogramm.

Besonderheiten der Studiengänge

Der 18-monatige EBS Full-time MBA qualifiziert die Teilnehmer für die Übernahme internationaler Managementfunktionen. Die ersten zwei Semester umfassen ein intensives General-Management-Programm. Kleingruppen-Sprachkurse und interkulturelles Training bereiten auf den anschließenden Auslandsaufenthalt an einer Business School in Osteuropa, Asien, Südamerika oder Afrika sowie ein optionales Praktikum vor. Eigenverantwortete Firmenprojekte, ein individuelles Coachingkonzept sowie Soft-Skills- und Leadership-Seminare sind wesentlicher Bestandteil der EBS-Managementausbildung. Zusätzlich haben Sie die Möglichkeit, einen Doppelabschluss – MBA plus Master of Engineering in Logistics & Supply Chain Management – in Kooperation mit dem renommierten MIT-Zaragoza International Logistics Programme in Spanien zu erwerben.

Jeweils im Januar startet der 24-monatige AMBA-akkreditierte Executive MBA in Kooperation mit der renommierten Durham Business School (DBS), Großbritannien. Teilnehmer des Programms profitieren von der Kombination aus angloamerikanischen und kontinental-europäischen Managementansätzen und -tools. Das berufsbegleitende Programm mit Doppelabschluss umfasst 60 Präsenztage. Diese setzen sich zusammen aus sieben Kernmodulen, fünf Wahlmodulen und zwei einwöchigen Intensivseminaren an der Durham Business School in Großbritannien. Optional bietet das Programm eine sechstägige International Study Week. Die Bearbeitung realler Projektaufträge sowie die Präsentation vor Führungskräften internationaler Unternehmen sind wichtige Bausteine dieses praxisorientierten Studiums.

Der 24-monatige, FIBAA-akkreditierte Executive MBA Health Care Management richtet sich an Fach- und Führungskräfte des Gesundheitswesens (Mediziner, Pharmazeuten, Juristen). Das Programm vermittelt praxisnahes, anwenderorientiertes Know-how in den Bereichen General Management und Health Care Management, sodass die Teilnehmer komplexe Zusammenhänge und Problemstellungen im Gesundheitssystem erfassen, Ideen im Umgang mit veränderten Rahmenbedingungen entwickeln und konkrete Lösungen ableiten können. Der MBA besteht aus zwei Studienblöcken: zehn Monate Studienblock 1 (Gesundheitsökonomie) und 14 Monate Studienblock 2.

Internationale Verbindungen

Die Programme finden in Kooperation mit Universitäten in Großbritannien, Südamerika, Asien, Osteuropa und Südafrika statt.

Finanzielle Unterstützung/Stipendien

Für qualifizierte Bewerber des EBS Full-time MBA gibt es Voll- und Teilstipendien. Für den DBS & EBS Executive MBA gibt es für Ingenieure die Möglichkeit der finanziellen Unterstützung über den Festo Bildungsfonds (www.festo-bildungsfonds.de).

Adresse der Hochschule

European ☰ Business School
International University · Schloss Reichartshausen

Anschrift: Rheingaustraße 1, 65375 Oestrich-Winkel
Internet: www.ebs.edu
Kontakt: Amada Hänel, MBA, EMBA, Tel.: +49-6723-69 170, E-Mail: amada.haenel@ebs.edu
Claudia Hirning, EMBA HCM, Tel.: +49-6723-8888 522, E-Mail: claudia.hirning@ebs.edu

MBA-Programme

Name des Programms	EBS Full-time MBA	DBS & EBS Executive MBA	Executive MBA Health Care Management
Schwerpunkt	Management, Betriebswirtschaft	Management, Betriebswirtschaft	Gesundheit, Healthcare, Life Science, Sport
Form des Programms	Vollzeit	Executive	Executive
Start des Programms	30. August	Januar	Januar u. Juni
Dauer des Programms in Monaten	18	24	24
Kosten			
Programmkosten in Euro	19.500	29.500	32.400
Einschreibegebühren in Euro	495	1.000	k. A.
Bewerbung			
Anmeldebeginn	laufend	laufend	laufend
Letzter Anmeldetag	30. Juni	30. November	4 Wochen v. Studienbeg.
1. Hochschulabschluss erforderlich	ja	ja	ja
Zulassungstest	ja, Interview	ja, Interview	ja, Interview
GMAT erforderlich	ja	je nach Qual./Berufserf. erfor.	nein
TOEFL erforderlich	ja	ja	ja
Referenzen	ja	ja	ja
Rahmenbedingungen			
Workloads ECTS	k. A.	k. A.	80
Jährlich zugelassene Studenten	k. A.	k. A.	k. A.
Durchschnittliches Alter der Studenten	26	37	40
Internationale Studenten in %	70	10	0
Internationale Kooperationen	ja	ja	ja
Minimale Berufserfahrung in Jahren	3	5	5
Durchschn. Berufserfahrung in Jahren	4	10	8
Anteil Männer/Frauen in %	70/30	80/20	50/50
Fremdsprachenanteil in %	Englisch: 51–100	Englisch: 51–100	Englisch: 1–25
Studienblöcke (Anzahl)	0	0	2
Lehrmethode Case Study in %	0	30	40
Lehrmethode Vorlesung in %	0	70	40
Andere Lehrmethoden in %	k. A.	Simulat., Präsent., Assignm.	20
Abschlussarbeit erforderlich	ja	ja	ja
Erstmals angeboten	2008	2008	2004
Absolventen seit Beginn	k. A.	k. A.	47
Akkreditierung			
Akkreditiert laut Anbieter	FIBAA	AMBA	FIBAA

Hochschule Wismar

Profil der Hochschule

Die Hochschule Wismar, University of Technology, Business and Design ist die größte staatliche Fachhochschule in Mecklenburg-Vorpommern. Die Wismar Business School ist mit fast 50 Professoren und ca. 1.400 Studenten die größte Fakultät an der Hochschule Wismar. Die Hochschule Wismar gehört mit aktuell ca. 2.300 Fernstudenten zu den führenden Fernstudienanbietern in Deutschland. Jeder Fernstudent wird als regulär an der Hochschule Wismar eingeschriebener Student durch die Wismar International Graduation Services (WINGS) GmbH, die eine hundertprozentige Tochter der Hochschule Wismar ist, umfassend und speziell auf die spezifischen Anforderungen an ein Fernstudium abgestimmt betreut.

Besonderheiten der Studiengänge

Der Master-Fernstudiengang Business Consulting bietet Ihnen vielfältige berufliche und persönliche Optionen. Nach Abschluss des Studiums sind Sie in der Lage, sämtliche relevante betriebswirtschaftliche Beratungsfelder zu bearbeiten und tragfähige Lösungen für Ihr Unternehmen bzw. Ihren Mandanten zu finden und zu implementieren. Dieses Know-how qualifiziert Sie unmittelbar für eine Aufgabe mit Managementverantwortung bzw. bietet Ihnen die Chance, Ihre Mandantenbeziehung zu stärken und zu intensivieren.

Die Übertragbarkeit der fachlichen Inhalte des Studiums in Ihr unmittelbares betriebliches Umfeld sichert unser praxisorientierter Ansatz. Das Studium basiert in Anlehnung an das Konzept amerikanischer Business Schools zu einem wesentlichen Teil auf Fallstudien, die Sie in Gruppen bearbeiten. Unser Anspruch ist es, dass die vermittelten Inhalte und Konzepte bereits „am nächsten Tag" ohne relevante Übertragungskosten eingesetzt werden können.

Ihr Abschluss „Master of Business Consulting (M.BC.)" ist ein vollwertig akkreditierter, von der Hochschule Wismar vergebener staatlicher Studienabschluss. Mit dem „Master of Business Consulting" erwerben Sie einen Titel, der Ihr Engagement für eine persönliche Weiterbildung zeigt, gegenüber Externen eine hohe betriebswirtschaftliche Kompetenz vermittelt und zudem sämtliche weitere akademische Optionen bis hin zu einer Promotion eröffnet.

Internationale Verbindungen

Im Rahmen einer Kooperation mit der Wirtschaftsuniversität Bratislava bieten wir hervorragenden Absolventen des MBC-Programms die Möglichkeit an, ein deutsch-englischsprachiges Promotionsprogramm zu absolvieren. Dieses Programm ist voll akkreditiert – während des Promotionsfernstudiums werden Sie von Professoren aus Bratislava und Wismar umfassend betreut.

Finanzielle Unterstützung/Stipendien

Durch eine Kooperation mit einem Kreditinstitut besteht die Möglichkeit zur Aufnahme eines Studienkredites. Sie können bis zu 500 Euro im Monat bzw. einmalig bis zu 5.000 Euro erhalten. Des Weiteren bieten wir an, den Semesterbeitrag in monatlichen Raten zu zahlen.

Adresse der Hochschule

Anschrift: Philipp- Müller-Straße 14, 23966 Wismar, Frankfurt, München, Essen, Wien und Zürich
Internet: www.consulting-master.de
Kontakt: Cindy Block, Tel.: +49-3841-753473, E-Mail: c.block@wings.hs-wismar.de

MBA-Programm

Name des Programms	**Master of Business Consulting**
Schwerpunkt	Management, Betriebswirtschaft, Handel, Service Mgt., Consulting, PR, Medien, Kultur, Marketing
Form des Programms	Fernstudium
Start des Programms	WS/1. Oktober
Dauer des Programms in Monaten	24
Kosten	
Programmkosten in Euro	10.800
Einschreibegebühren in Euro	0
Bewerbung	
Anmeldebeginn	laufend
Letzter Anmeldetag	31. August
1. Hochschulabschluss erforderlich	ja
Zulassungstest	nein
GMAT erforderlich	nein
TOEFL erforderlich	nein
Referenzen	nein
Rahmenbedingungen	
Workloads ECTS	90
Jährlich zugelassene Studenten	25
Durchschnittliches Alter der Studenten	33
Internationale Studenten in %	10
Internationale Kooperationen	ja
Minimale Berufserfahrung in Jahren	1
Durchschnittliche Berufserfahrung in Jahren	7
Anteil Männer/Frauen in %	75/25
Fremdsprachenanteil in %	0
Studienblöcke (Anzahl)	4
Lehrmethode Case Study in %	20
Lehrmethode Vorlesung in %	30
Andere Lehrmethoden in %	50 (Selbststudium, Online-Telefonkonf.)
Abschlussarbeit erforderlich	ja
Erstmals angeboten	2005
Absolventen seit Beginn	120
Akkreditierung	
Akkreditiert laut Anbieter	FIBAA

PFH Private Fachhochschule Göttingen

Anschrift: Weender Landstr. 3–7, 37073 Göttingen
Internet: www.pfh.de
Kontakt: Katharina Ruwisch, , Tel.: +49-551-54700 - 501, E-Mail: fernstudium@pfh.de

MBA-Programm

Name des Programms	**Fernstudium Master Business Administration, MBA**
Schwerpunkt	Management, Betriebswirtschaft, Leadership, HR, Entrepreneur, Unternehmensführung
Form des Programms	Fernstudium
Start des Programms	1. Jan./1. April/1. Juli/1. Okt.
Dauer des Programms in Monaten	18
Kosten	
Programmkosten in Euro	k. A.
Einschreibegebühren in Euro	0
Bewerbung	
Anmeldebeginn	jederzeit
Letzter Anmeldetag	k. A.
1. Hochschulabschluss erforderlich	ja
Zulassungstest	nein
GMAT erforderlich	nein
TOEFL erforderlich	nein
Referenzen	nein
Rahmenbedingungen	
Workloads ECTS	60
Jährlich zugelassene Studenten	k. A.
Durchschnittliches Alter der Studenten	k. A.
Internationale Studenten in %	0
Internationale Kooperationen	k. A.
Minimale Berufserfahrung in Jahren	2
Durchschnittliche Berufserfahrung in Jahren	k. A.
Anteil Männer/Frauen in %	k. A.
Fremdsprachenanteil in %	k. A.
Studienblöcke (Anzahl)	0
Lehrmethode Case Study in %	0
Lehrmethode Vorlesung in %	0
Andere Lehrmethoden in %	k. A.
Abschlussarbeit erforderlich	ja
Erstmals angeboten	2010
Absolventen seit Beginn	k. A.
Akkreditierung	
Akkreditiert laut Anbieter	ZEvA

GISMA Business School

Anschrift: Feodor-Lynen-Straße 27, 30625 Hannover
Internet: www.gisma.com
Kontakt: Monika Bär, Tel.: +49-511-546090, E-Mail: info@gisma.com

MBA-Programme

Name des Programms	International Master's in Management (IMM)	Weekend MBA	Full-time MBA
Schwerpunkt	Management, Betriebswirtschaft, Leadership, HR, Entrepreneur, Unternehmensführung		
Form des Programms	Executive	Teilzeit	Vollzeit
Start des Programms	Februar	Januar	August
Dauer des Programms in Monaten	22	24	11
Kosten			
Programmkosten in Euro	52.500	28.000	30.000
Einschreibegebühren in Euro			
Bewerbung			
Anmeldebeginn	laufend	ganzjährig	ganzjährig
Letzter Anmeldetag	31. Dezember	31. Dezember	30. Juni
1. Hochschulabschluss erforderlich	ja	ja	ja
Zulassungstest	nein	nein	nein
GMAT erforderlich	empfohlen	ja	ja
TOEFL erforderlich	ja	ja	ja, TOEFL/IELTS
Referenzen	ja	ja	ja
Rahmenbedingungen			
Workloads ECTS	48	k. A.	k. A.
Jährlich zugelassene Studenten	60	k. A.	k. A.
Durchschnittliches Alter der Studenten	36	30	28
Internationale Studenten in %	75	26	85
Internationale Kooperationen	ja	ja	ja
Minimale Berufserfahrung in Jahren	5	2	2
Durchschn. Berufserfahrung in Jahren	11	7	5
Anteil Männer/Frauen in %	80/20	21/79	60/40
Fremdsprachenanteil in %	Englisch: 51–100	Englisch: 51–100	Englisch: 51–100
Studienblöcke (Anzahl)	3	5	5
Lehrmethode Case Study in %	50	50	40
Lehrmethode Vorlesung in %	10	30	40
Andere Lehrmethoden in %	40 (Fernstudium)	20	20
Abschlussarbeit erforderlich	nein	ja	nein
Erstmals angeboten	2003	2010	1999
Absolventen seit Beginn	165	k. A.	500
Akkreditierung			
Akkreditiert laut Anbieter	AACSB (Partnerhochsch.), AMBA ZEvA		AACSB

Leuphana Universität Lüneburg – Professional School

Anschrift: Scharnhorststraße 1, 21335 Lüneburg
Internet: www.leuphana.de
Kontakt: Oliver Zelle, Tel.: +49-4131-6772240, E-Mail: ps@uni.leuphana.de
Teresa Mangold, Tel.: +49-4131-6772235, E-Mail: mangold@uni.leuphana.de

MBA-Programme

Name des Programms	Manufacturing Management	Performance Management	MBA Sustainability Management	MBA Sustainability Management
Schwerpunkt	Industrie, Dienstleistungen, Landwirtschaft	Mgt., Betriebswirtschaft, Leadership, HR, Entrepreneur, Unternehmensführung	Leadership, HR, Entrepreneur, Unternehmensführung	Leadership, HR, Entrepreneur, Unternehmensführung
Form des Programms	Teilzeit	Teilzeit	Teilzeit	Vollzeit
Start des Programms	April	April	k. A.	k. A.
Dauer des Programms in Monaten	18	18	24	12
Kosten				
Programmkosten in Euro	14.000	14.000	11.880	11.880
Einschreibegebühren in Euro	660	660	130	k. A.
Bewerbung				
Anmeldebeginn	laufend	laufend	k. A.	k. A.
Letzter Anmeldetag	31. Jan.	31. Jan.	30. Sept.	30. Sept.
1. Hochschulabschluss erforderlich	ja	ja	ja	ja
Zulassungstest	ja, Interview	ja, Interview	nein	nein
GMAT erforderlich	nein	nein	nein	nein
TOEFL erforderlich	ja, 80 P. internet based oder Äquivalent			
Referenzen	nein	nein	k.A.	k.A.
Rahmenbedingungen				
Workloads ECTS	60	60	60	60
Jährlich zugelassene Studenten	25	25	50	50
Durchschnittliches Alter der Studenten	33	k. A.	38	38
Internationale Studenten in %	10	0	10	10
Internationale Kooperationen	ja	nein	k. A.	k. A.
Minimale Berufserfahrung in Jahren	2	2	2	2
Durchschn. Berufserfahrung in Jahren	7	k. A.	5	5
Anteil Männer/Frauen in %	80/20	k. A.	k. A.	k. A.
Fremdsprachenanteil in %	Englisch: 1–25	Englisch: 1–25	Englisch: 1–25	Englisch: 1–25
Studienblöcke (Anzahl)	9	9	0	0
Lehrmethode Case Study in %	60	20	0	0
Lehrmethode Vorlesung in %	30	40	0	0
Andere Lehrmethoden in %	10 (Multimediales, E-Learning)	40 (Proj., Video-Feedb., E-Learning)	k. A.	k. A.
Abschlussarbeit erforderlich	ja	ja	ja	ja
Erstmals angeboten	2005	2009	k. A.	k. A.
Absolventen seit Beginn	10	k. A.	k. A.	k. A.
Akkreditierung				
Akkreditiert laut Anbieter	FIBAA, ZEvA	FIBAA	FIBAA	FIBAA

Carl von Ossietzky Universität Oldenburg – C3L Center für Lebenslanges Lernen

Anschrift: Ammerländer Heerstraße 114–118, 26129 Oldenburg
Internet: www.uni-oldenburg.de
Kontakt: Tim Zentner, Tel.: +49-441-7984433, E-Mail: mba-info@uni-oldenburg.de
Anja Oltmanns, Tel.: +49-441-7984274, E-Mail: mba-info@uni-oldenburg.de

MBA-Programm

Name des Programms	**Masterstudiengang Bildungsmanagement (MBA)**
Schwerpunkt	Management, Betriebswirtschaft, Handel, Service Mgt., Consulting, PR, Medien, Kultur, Marketing
Form des Programms	Teilzeit
Start des Programms	WS/15. September
Dauer des Programms in Monaten	36
Kosten	
Programmkosten in Euro	13.600
Einschreibegebühren in Euro	0
Bewerbung	
Anmeldebeginn	Mai
Letzter Anmeldetag	1. September
1. Hochschulabschluss erforderlich	ja, Bachelor (180 KP)
Zulassungstest	ja, Zulassungsausschuss
GMAT erforderlich	nein
TOEFL erforderlich	nein
Referenzen	ja
Rahmenbedingungen	
Workloads ECTS	120
Jährlich zugelassene Studenten	25
Durchschnittliches Alter der Studenten	38
Internationale Studenten in %	15
Internationale Kooperationen	ja
Minimale Berufserfahrung in Jahren	2
Durchschnittliche Berufserfahrung in Jahren	10
Anteil Männer/Frauen in %	35/65
Fremdsprachenanteil in %	Englisch: 1–25
Studienblöcke (Anzahl)	17
Lehrmethode Case Study in %	50
Lehrmethode Vorlesung in %	5
Andere Lehrmethoden in %	45 (Projektstudium und Online-Phasen)
Abschlussarbeit erforderlich	ja
Erstmals angeboten	2003
Absolventen seit Beginn	30
Akkreditierung	
Akkreditiert laut Anbieter	ACQUIN

Fachhochschule Osnabrück – Fakultät Wirtschafts- und Sozialwissenschaften

Anschrift: Caprivistraße 30a, 49076 Osnabrück
Internet: www.wiso.fh-osnabrueck.de
Kontakt: Studieninfobüro, Tel.: +49-541-9692934, E-Mail: studieninfo@fh-osnabrueck.de

MBA-Programme

Name des Programms	MBA International Supply Chain Mgt.	Executive MBA Gesundheitsmgt.	Hochschul- und Wissenschaftsmgt.
Schwerpunkt	Mgt., Betriebswirtschaft, Engineering, Technologie, Luftverkehr, Energie, Logistics	Gesundheit, Healthcare, Life Science, Sport	Mgt., Betriebswirt., Handel, Service Mgt., Consulting, PR, Medien, Kultur, Marketing
Form des Programms	Teilzeit	Teilzeit	Teilzeit
Start des Programms	SS/März, WS/Sept.	SS	März
Dauer des Programms in Monaten	30	30	24
Kosten			
Programmkosten in Euro	15.100	13.200	8.400
Einschreibegebühren in Euro	k. A.	230	230
Bewerbung			
Anmeldebeginn	laufend	laufend	laufend
Letzter Anmeldetag	SS: 31. Januar, WS: 31. Juli	15. Februar	Ende Januar
1. Hochschulabschluss erforderlich	ja	ja	ja
Zulassungstest	nein	ja	nein
GMAT erforderlich	nein	nein	nein
TOEFL erforderlich	ja, Sprachnachw. Niveau B1	nein	nein
Referenzen	nein, mind. 2 J. Berufserf.	ja	ja, HS-Zugangsber., Arbeitszeug.
Rahmenbedingungen			
Workloads ECTS	120	90	120
Jährlich zugelassene Studenten	25	15	25
Durchschnittliches Alter der Studenten	31	38	40
Internationale Studenten in %	8	0	1
Internationale Kooperationen	ja	ja	ja
Minimale Berufserfahrung in Jahren	2	2	2
Durchschn. Berufserfahrung in Jahren	6	6	10
Anteil Männer/Frauen in %	84/16	69/31	50/50
Fremdsprachenanteil in %	Englisch: 26–50	k. A.	Englisch: 1–25
Studienblöcke (Anzahl)	12	11	19
Lehrmethode Case Study in %	11	0	20
Lehrmethode Vorlesung in %	22	0	20
Andere Lehrmethoden in %	67 (Selbststudium)	k. A.	Selbststud. (blended learning)
Abschlussarbeit erforderlich	ja	ja	ja
Erstmals angeboten	2007	2003	2003
Absolventen seit Beginn	7	35	47
Akkreditierung			
Akkreditiert laut Anbieter	NVAO, ZEvA	ZEvA	ACQUIN gepl., aktuell ZeVA

Fachhochschule Braunschweig/Wolfenbüttel – Trainings- & Weiterbildungszent. Wolfenbüttel e.V.

Anschrift: Am Exer 9, 38302 Wolfenbüttel
Internet: www.masterstudium-wf.de
Kontakt: Britta Mai, MBA: Umwelt- u. Qualitätsmgm., Tel.: +49-5331-9397005, E-Mail: b.mai@fh-wolfenbuettel.de
Andreas Brüling, MBA: Vertriebsmgm., Tel.: +49-5331-9397010, E-Mail: a.brueling@fh-wolfenbuettel.de

MBA-Programme

Name des Programms	Umwelt- und Qualitätsmgt.	Vertriebsmanagement
Schwerpunkt	Handel, Service Mgt., Consulting, PR, Medien, Kultur, Marketing	
Form des Programms	Fernstudium	Fernstudium
Start des Programms	WS/1. September	SS/1. März
Dauer des Programms in Monaten	24	24
Kosten		
Programmkosten in Euro	6.358	6.358
Einschreibegebühren in Euro	990	990
Bewerbung		
Anmeldebeginn	laufend	laufend
Letzter Anmeldetag	15. Juli	15. Januar
1. Hochschulabschluss erforderlich	ja	ja
Zulassungstest	nein	nein
GMAT erforderlich	nein	nein
TOEFL erforderlich	nein	nein
Referenzen	nein	nein
Rahmenbedingungen		
Workloads ECTS	120	120
Jährlich zugelassene Studenten	20	20
Durchschnittliches Alter der Studenten	36	36
Internationale Studenten in %	20	20
Internationale Kooperationen	nein	nein
Minimale Berufserfahrung in Jahren	2	2
Durchschnittliche Berufserfahrung in Jahren	5	6
Anteil Männer/Frauen in %	60/40	80/20
Fremdsprachenanteil in %	1–25	1–25
Studienblöcke (Anzahl)	8	9
Lehrmethode Case Study in %	30	30
Lehrmethode Vorlesung in %	15	15
Andere Lehrmethoden in %	55 (Fernstudium)	55
Abschlussarbeit erforderlich	ja	ja
Erstmals angeboten	2002	1998
Absolventen seit Beginn	128	148
Akkreditierung		
Akkreditiert laut Anbieter	ZEvA	ZEvA

RWTH Aachen und Fraunhofer Academy

Profil der Hochschule

Die Rheinisch-Westfälische Technische Hochschule (RWTH) Aachen, bekannt für ihre erstklassige Ingenieursausbildung, übernimmt in diesem Programm die Verantwortung für die Lerninhalte zum Thema Technologiemanagement. Angeboten und betreut wird der Master-Studiengang von der RWTH International Academy, die zum Ausbau und zur Professionalisierung des Weiterbildungsangebotes der RWTH Aachen gegründet wurde. Die Fraunhofer Academy bietet Fach- und Führungskräften exzellente Weiterbildung auf der Basis der Forschungstätigkeit der Fraunhofer-Institute in Kooperation mit ausgewählten und renommierten Partneruniversitäten und Partnerhochschulen an. Hier sind die Weiterbildungsmöglichkeiten der Fraunhofer-Gesellschaft unter einem Dach gebündelt und bieten damit einen einzigartigen Wissenstransfer aus der Fraunhofer-Forschung in die Unternehmen.

Besonderheiten des Studiengangs

Interdisziplinär angesiedelt zwischen Management, Technologie und Betriebspsychologie, ist der Executive MBA für Technologiemanager gemeinsam von der RWTH Aachen und der Universität St. Gallen (HSG) konzipiert worden, um technisch versierte Manager zu befähigen, Innovationen auf internationalen Märkten zu positionieren. Um den Praxisbezug zu stärken, wurde die Allianz zwischen der Universität St. Gallen und der RWTH Aachen im Jahr 2006 durch die Fraunhofer Academy erweitert. Seit 2008 wird der Executive MBA für Technologiemanager exklusiv von der RWTH Aachen und der Fraunhofer Academy betreut.

Die renommierten Dozenten der RWTH Aachen, der Fraunhofer-Gesellschaft und der Universität St. Gallen vermitteln den Teilnehmerinnen und Teilnehmern die erforderlichen theoretischen und praktischen Kompetenzen. Inhalte und Zusammenhänge werden gemeinsam und kontextbezogen erschlossen. Die Studierenden profitieren ebenfalls von den Diskussionen und dem Erfahrungsaustausch mit Dozentinnen und Dozenten, Verantwortlichen aus Unternehmen und Teilnehmenden sowie dem daraus entstehenden Netzwerk.

Der Aufbau des Programms deckt das gesamte Kompetenzspektrum einer Führungskraft in einem produzierenden wie auch in einem beratenden Unternehmen ab. Inhaltliche Schwerpunkte bilden dabei die fünf Themenfelder Technologiemanagement, Strategie, betriebliche Prozesse, Führung und soziale Kompetenz sowie Finanzen. Der Studiengang ist so konzipiert, dass neben den 20 Modulwochen keine Vor- und Nachbereitung erwartet wird – abgesehen vom aktiven, selbstständigen Anwenden des Erlernten im Berufsalltag.

Internationale Verbindungen

Neben den renommierten Dozentinnen und Dozenten der RWTH Aachen und der Fraunhofer-Gesellschaft betreuen die Professoren der Universität St. Gallen, eine der führenden Wirtschaftsuniversitäten Europas, Unterrichtsmodule. Diese finden somit in Aachen (D) und in St. Gallen (CH) statt. Der Executive MBA für Technologiemanager schließt mit einer Studienreise nach Asien ab.

Finanzielle Unterstützung/Stipendien

Die RWTH vergibt jährlich zwei Frauenstipendien in Höhe von 16.000 Euro. Der Festo Bildungsfonds (www.festo-bildungsfonds.de) bietet Absolventen technischer und ingenieurwissenschaftlicher Fachrichtung die Möglichkeit eines Studienkredits.

Adresse der Hochschule

Anschrift: Steinbachstraße 25, 52074 Aachen
Internet: www.emba.rwth-aachen.de
Kontakt: Dagmar Dirzus, Tel.: +49-241-8020010, E-Mail: info@emba.rwth-aachen.de
Dr. Roman Götter, Tel.: + 49-89-1205 1515, E-Mail: roman.goetter@fraunhofer.de

MBA-Programm

Name des Programms	**Executive MBA für Technologiemanager**
Schwerpunkt	Mgt., Betriebswirt., Engineering, Technologie, Luftverkehr, Energie, Logistics
Form des Programms	Teilzeit
Start des Programms	September
Dauer des Programms in Monaten	22
Kosten	
Programmkosten in Euro	32.000
Einschreibegebühren in Euro	0
Bewerbung	
Anmeldebeginn	laufend
Letzter Anmeldetag	30. Juli
1. Hochschulabschluss erforderlich	ja
Zulassungstest	ja, dreistufiges Assessment
GMAT erforderlich	nein
TOEFL erforderlich	nein
Referenzen	ja, 2 private, 1 berufliche Referenz
Rahmenbedingungen	
Workloads ECTS	60
Jährlich zugelassene Studenten	20
Durchschnittliches Alter der Studenten	36
Internationale Studenten in %	13
Internationale Kooperationen	ja
Minimale Berufserfahrung in Jahren	5
Durchschnittliche Berufserfahrung in Jahren	8
Anteil Männer/Frauen in %	85/15
Fremdsprachenanteil in %	Englisch: 1–25
Studienblöcke (Anzahl)	20
Lehrmethode Case Study in %	40
Lehrmethode Vorlesung in %	30
Andere Lehrmethoden in %	30 (Diskuss. m. Unternehmen, Dozierenden)
Abschlussarbeit erforderlich	ja
Erstmals angeboten	2004
Absolventen seit Beginn	85
Akkreditierung	
Akkreditiert laut Anbieter	FIBAA geplant, AACSB-Akkred. im Prozess

Fachhochschule des Mittelstands (FHM)

Profil der Hochschule

Die staatlich anerkannte private Fachhochschule des Mittelstands (FHM) wurde im Jahr 2000 vom Mittelstand für den Mittelstand gegründet. Ziel ist die praxisnahe Qualifizierung von Fach- und Führungskräften mit betriebswirtschaftlichem Know-how für die mittelständische Wirtschaft. In enger Zusammenarbeit mit Unternehmen, Verbänden und öffentlichen Einrichtungen entwickelt und realisiert die FHM in diesem Sinne wissenschaftlich fundierte Studien- und Weiterbildungsangebote sowie Forschungs- und Entwicklungsprojekte.

Das Studienangebot umfasst staatlich und international anerkannte Bachelor- und Master-Studiengänge in den Bereichen Wirtschaft, Medien und Personal/Gesundheit/Soziales. Das Studienkonzept der FHM beinhaltet eine hohe Berufsorientierung, eine individuelle Betreuung und kleine Studiengruppen. Weitere Schwerpunkte setzt die FHM mit ihren Instituten in der wissenschaftlichen Weiterbildung sowie in den Bereichen Wirtschaftsförderung, Existenzgründung und Unternehmensnachfolge im In- und Ausland.

Besonderheiten der Studiengänge

Mit dem MBA Unternehmensführung in der mittelständischen Wirtschaft stellt die Fachhochschule des Mittelstands (FHM) die Mittelstandsthematik bewusst in das Zentrum von Lehre und angewandter Forschung. Fragen der Führung, Organisation und Finanzierung stellen sich in KMUs beispielsweise durchaus anders als in Großbetrieben. Auch Strategie und Marketing bedürfen einer spezifischen mittelständischen Justierung. Führungskräfte im Mittelstand müssen sich zu Allroundern und Mehrkämpfern entwickeln. Flexibilität, unternehmerisches Denken und Handeln sowie Eigeninitiative sind als Schlüsselkompetenzen unerlässlich.

Der MBA Umweltmanagement im Mittelstand qualifiziert Fach- und Führungskräfte für die Leitung und Führung von Unternehmen der Umweltwirtschaft sowie die Umsetzung eines erfolgreichen Umweltmanagements. Im Rahmen des weiterbildenden Studiengangs werden umweltspezifische Elemente des General Management mit besonderen Aspekten der Umweltbranche kombiniert, internationale und interkulturelle Aspekte aufgegriffen und wichtige Führungs- und Sozialkompetenzen vermittelt.

Das Studium ist modular aufgebaut, wird in Vollzeit bzw. berufsbegleitend durchgeführt und dauert 20 Monate. Die Lehrveranstaltungen finden ein- bis zweimal pro Monat, in der Regel an einem Freitag und Samstag, statt.

Internationale Verbindungen

Im Rahmen von zwei Auslandsexkursionen werden systematisch internationale Fragestellungen behandelt. Mit Polen (Academy of European Integration Scczecin), China (Universität Suzhou) bzw. wahlweise den USA (Universität Quincy) wurden damit Länder ausgewählt, die aus Sicht des Mittelstands besonders interessant sind.

Finanzielle Unterstützung/Stipendien

Aufgrund des Teilzeitcharakters werden circa 50 Prozent der Studierenden durch entsendende Unternehmen unterstützt. Eine Studienfinanzierung seitens verschiedener Banken ist möglich.

Adresse der Hochschule

Anschrift: Ravensberger Straße 10g, 33602 Bielefeld
Internet: www.fhm-mittelstand.de
Kontakt: Prof. Dr. Gerald Wogatzki, MBA Unterneh.führ., Tel.: +49-521-9665510,
E-Mail: wogatzki@fhm-mittelstand.de
Prof. Dr. Christoph Brake, MBA Umweltmanagement, Tel.: +49-521-9665510, E-Mail: brake@fhm-mittelstand.de

MBA-Programme

Name des Programms	Unternehmensführung in der mittelständ. Wirtschaft	Umweltmanagement im Mittelstand
Schwerpunkt	Mgt., Betriebswirtschaft, Leadership, HR, Entrepreneur, Unternehmensführung	Management, Betriebswirtschaft
Form des Programms	Teilzeit	Teilzeit
Start des Programms	WS/Oktober	WS/Oktober
Dauer des Programms in Monaten	20	13
Kosten		
Programmkosten in Euro	10.800	13.910
Einschreibegebühren in Euro	150	150
Bewerbung		
Anmeldebeginn	laufend	laufend
Letzter Anmeldetag	30. August	30. August
1. Hochschulabschluss erforderlich	ja	ja
Zulassungstest	ja, KODE-Kompetenztest und Interview	ja, KODE-Kompetenztest und Interview
GMAT erforderlich	ja, 500 P., ggf. FHM-EFT: 500 P.	ja, 500 P., ggf. FHM-EFT: 500 P.
TOEFL erforderlich	ja bzw. C1 Europäisches Sprachlevel	ja bzw. C1 Europäisches Sprachlevel
Referenzen	ja	ja
Rahmenbedingungen		
Workloads ECTS	60	60
Jährlich zugelassene Studenten	20	20
Durchschnittliches Alter der Studenten	37	k. A.
Internationale Studenten in %	10	0
Internationale Kooperationen	ja	k. A.
Minimale Berufserfahrung in Jahren	1	0
Durchschnittliche Berufserfahrung in Jahren	8	0
Anteil Männer/Frauen in %	60/40	k. A.
Fremdsprachenanteil in %	Englisch: 1–25	k. A.
Studienblöcke (Anzahl)	26	0
Lehrmethode Case Study in %	18	0
Lehrmethode Vorlesung in %	10	0
Andere Lehrmethoden in %	72	k. A.
Abschlussarbeit erforderlich	ja	ja
Erstmals angeboten	2003	2009
Absolventen seit Beginn	16	k. A.
Akkreditierung		
Akkreditiert laut Anbieter	FIBAA	FIBAA

Fachhochschule Bielefeld – University of Applied Sciences

Anschrift: Universitätsstraße 25, 33615 Bielefeld
Internet: www.fh-bielefeld.de/fb5/tbw
Kontakt: Bettina Rendigs-Bahro, Verbundstudium, Tel.: +49-521-106-5068, E-Mail: verbundstudium@fh-bielefeld.de

MBA-Programm

Name des Programms	**Technische Betriebswirtschaft (MBA)**
Schwerpunkt	Management, Betriebswirtschaft
Form des Programms	Teilzeit
Start des Programms	SS
Dauer des Programms in Monaten	30
Kosten	
Programmkosten in Euro	5.475
Einschreibegebühren in Euro	0
Bewerbung	
Anmeldebeginn	15. November
Letzter Anmeldetag	15. Februar
1. Hochschulabschluss erforderlich	ja
Zulassungstest	nein
GMAT erforderlich	nein
TOEFL erforderlich	nein
Referenzen	nein
Rahmenbedingungen	
Workloads ECTS	120
Jährlich zugelassene Studenten	30
Durchschnittliches Alter der Studenten	32
Internationale Studenten in %	0
Internationale Kooperationen	k. A.
Minimale Berufserfahrung in Jahren	2
Durchschnittliche Berufserfahrung in Jahren	4
Anteil Männer/Frauen in %	90/10
Fremdsprachenanteil in %	Englisch: 1–25
Studienblöcke (Anzahl)	19
Lehrmethode Case Study in %	10
Lehrmethode Vorlesung in %	30
Andere Lehrmethoden in %	70 (Lernbriefe)
Abschlussarbeit erforderlich	ja
Erstmals angeboten	2006
Absolventen seit Beginn	20
Akkreditierung	
Akkreditiert laut Anbieter	AQAS

Hochschule Bochum

Anschrift: Lennershofstraße 140, 44801 Bochum
Internet: www.mba-verbundstudium.de
Kontakt: Hede Uhe, Tel.: +49-2331-9330762, E-Mail: uhe.h@fh-swf.de

MBA-Programm

Name des Programms	**Master of Business Administration**
Schwerpunkt	Management, Betriebswirtschaft
Form des Programms	Teilzeit
Start des Programms	nur zum SS
Dauer des Programms in Monaten	30
Kosten	
Programmkosten in Euro	5.475
Einschreibegebühren in Euro	k. A.
Bewerbung	
Anmeldebeginn	Dezember/Januar
Letzter Anmeldetag	15. Februar
1. Hochschulabschluss erforderlich	ja, Ingenieur/Naturwiss.
Zulassungstest	nein
GMAT erforderlich	nein
TOEFL erforderlich	nein
Referenzen	k. A.
Rahmenbedingungen	
Workloads ECTS	120
Jährlich zugelassene Studenten	60
Durchschnittliches Alter der Studenten	32
Internationale Studenten in %	10
Internationale Kooperationen	k. A.
Minimale Berufserfahrung in Jahren	2
Durchschnittliche Berufserfahrung in Jahren	4
Anteil Männer/Frauen in %	80/20
Fremdsprachenanteil in %	1–25
Studienblöcke (Anzahl)	22
Lehrmethode Case Study in %	15
Lehrmethode Vorlesung in %	15
Andere Lehrmethoden in %	70 (Lernbriefe)
Abschlussarbeit erforderlich	ja
Erstmals angeboten	2006
Absolventen seit Beginn	2.008
Akkreditierung	
Akkreditiert laut Anbieter	AQAS

Hochschule der Sparkassen-Finanzgruppe
University of Applied Sciences – Bonn

Profil der Hochschule

Die Hochschule der Sparkassen-Finanzgruppe – University of Applied Sciences – Bonn versteht sich als Kompetenzzentrum für den Führungskräftenachwuchs der Finanzwirtschaft. Sie hat ihr Studienangebot mit Blick auf die steigenden Qualifikationsanforderungen von Finanzdienstleistungsunternehmen entwickelt. Der Finanzdienstleistungsbereich steht damit im Mittelpunkt von Lehre und Forschung. Als Fachhochschule ist dabei die Anwendungsorientierung wesentliches strukturbildendes Element. Die berufsbegleitende Studienkonzeption basiert auf einer kontinuierlichen Rückkoppelung zum beruflichen Umfeld im Finanzdienstleistungsbereich.

Es stehen zurzeit drei berufs- und ausbildungsintegrierte Bachelor-Studiengänge (Finance, Financial Information Systems und Corporate Banking) sowie der berufsintegrierte MBA-Studiengang Management of Financial Institutions zur Wahl.

Besonderheiten des Studiengangs

Der MBA-Studiengang Management of Financial Institutions zeichnet sich durch seine Ausrichtung des General Management auf die Kredit- und Versicherungswirtschaft aus. Er richtet sich an angehende Führungskräfte aus Kreditinstituten, Versicherungsunternehmen und größeren Wirtschaftsunternehmen mit Bezug auf Finanzdienstleistungen. Das Studienprogramm vermittelt die Kompetenzen, die zum Führen einzelner großer oder mehrerer Betriebsteile bis hin zur Übernahme der Gesamtverantwortung von Finanzdienstleistungsunternehmen erforderlich sind.

Neben dem Schwerpunkt auf Finanzdienstleistungen ist die von Studienbeginn an enge Verzahnung zur betrieblichen Praxis der Studierenden eine Besonderheit der Studienkonzeption. Insbesondere die zu erstellende Projektarbeit, die die Studierenden an strategische Managementfragen ihrer Arbeitgeber heranführen soll, sichert einen hohen Anwendungsbezug des Studiums.

Internationale Verbindungen

Den MBA-Studierenden steht eine breite Auswahl an renommierten ausländischen Universitäten offen, an denen Sie Ihr Auslandsstudium absolvieren können. Dies ermöglicht die enge Zusammenarbeit der Hochschule der Sparkassen-Finanzgruppe mit der Mercator School of Management der Universität Duisburg-Essen.

Folgende Partneruniversitäten stehen zur Wahl:

- Indiana, Pennsylvania (USA): Indiana University of Pennsylvania
- Starkville, Mississippi (USA): Mississippi State University
- Bethlehem, Philadelphia (USA): Leligh University – Iacocca Institute
- Tokyo (Japan): Sophia University
- Hong Kong (China): Baptist University
- Washington D.C. (USA): American University, Kogod School of Management
- Hoboken, New Jersey (USA): Stevens Institute of Technology
- Neu Delhi (Indien): Indian Institute of Planing and Management
- Bangalore (Indien): Peoples Education Society
- Almaty (Kasachstan): Kazakhstan Institute of Economics and Strategic Research

Adresse der Hochschule

Anschrift: Simrockstraße 4, 53113 Bonn
Internet: www.s-hochschule.de
Kontakt: Prof. Dr. Dieter Rohrmeier, Tel.: +49-228-204 934, E-Mail: dieter.rohrmeier@dsgv.de

MBA-Programm

Name des Programms	**Management of Financial Institutions**
Schwerpunkt	Finance, Banking, Accounting, Audit, Versicherungen, Tax
Form des Programms	Vollzeit
Start des Programms	WS
Dauer des Programms in Monaten	24

Kosten

Programmkosten in Euro	18.000
Einschreibegebühren in Euro	1.200

Bewerbung

Anmeldebeginn	laufend
Letzter Anmeldetag	31. Mai
1. Hochschulabschluss erforderlich	ja, Note mind. C/2,7
Zulassungstest	ja, Auswahlverfahren
GMAT erforderlich	ja, mind. 500 P.
TOEFL erforderlich	ja, 83 P. internet based o. anderer Test Niveau C
Referenzen	ja, Studierender bestimmt Mentor, betriebl. Projekt

Rahmenbedingungen

Workloads ECTS	120
Jährlich zugelassene Studenten	30
Durchschnittliches Alter der Studenten	32
Internationale Studenten in %	30
Internationale Kooperationen	ja
Minimale Berufserfahrung in Jahren	2
Durchschnittliche Berufserfahrung in Jahren	10
Anteil Männer/Frauen in %	70/30
Fremdsprachenanteil in %	Englisch: 26–50
Studienblöcke (Anzahl)	4
Lehrmethode Case Study in %	20
Lehrmethode Vorlesung in %	25
Andere Lehrmethoden in %	20 (Online), 10 (Planspiele), 15 (Gruppe), 10 (Supervision)
Abschlussarbeit erforderlich	ja
Erstmals angeboten	2007
Absolventen seit Beginn	15

Akkreditierung

Akkreditiert laut Anbieter	FIBAA

TiasNimbas Business School

TILBURG UNIVERSITY
In association with:
Eindhoven University of Technology

Profil der Hochschule

Die TiasNimbas Business School, die gemeinsame Business School der Universität Tilburg und der Technischen
Universtität Eindhoven, wurde 1986 gegründet und zählt
zu den Pionieren in Europa. Durch ihre Internationalität und ihre langjährige Erfahrung hat TiasNim-
bas eine führende Rolle im europäischen Markt erreicht und wird zu den TOP-50 weltweit gezählt
(Handelsblatt, März 2009). Neben den MBA-Programmen bietet TiasNimbas Master-Programme, maßgeschneiderte Programme für Unternehmen und Organisationen sowie ein Doktoranden-Programm
(DBA) an. TiasNimbas setzt auf Internationalität sowohl bei den Programmen als auch hinsichtlich der
Teilnehmer und der Dozenten. Die Programme sind englischsprachig (MBA der Universität Bradford,
UK). Als Dozenten wirken international angesehene Professoren mit, die aktuelles Forschungswissen
mit langjähriger Praxiserfahrung verbinden. Dabei handelt es sich um Fachspezialisten aus verschiedenen international renommierten Hochschulen wie Bradford, Cambridge, Manchester, Liverpool etc.
Fallstudien, Planspiele und konkrete Unternehmensprojekte erzeugen einen interaktiven und dynamischen Lernprozess, in dem die Teilnehmer konkret anwendbares Wissen erwerben.

Besonderheiten der Studiengänge

Der Erfolg der Programme liegt u. a. auch in der unterschiedlichen Herkunft der Teilnehmer. Austausch
und Persönlichkeitsentwicklung sind wesentliche Bausteine der Programme (Corporate Social Responsibility).

Der zweijährige berufsbegleitende MBA-Studiengang in Bonn erlaubt es den Teilnehmern, Berufstätigkeit und Studium miteinander zu verbinden. Die Verknüpfung von Präsenz- und Selbstlernphasen
reduziert die Abwesenheit vom Arbeitsplatz (Wochenende). Das Programm ist flexibel. So können ver-
passte Module an den anderen MBA-Standorten (Tilburg, Utrecht, Bradford) nachgeholt werden. Studierende und Arbeitgeber profitieren bereits während des Studiums davon, das erlernte neue Wissen
unmittelbar in der eigenen Unternehmenspraxis umsetzen zu können.

Das einjährige Vollzeit-MBA-Programm bietet ein praxisorientiertes Studium am Campus in Utrecht.
Die Teilnehmer erwerben aktuelles Management-Wissen, das sie aktiv in konkreten Unternehmensprojekten anwenden. Sie lernen effektiv in Teams zu arbeiten und Verantwortung für Managemententschei-
dungen zu übernehmen. Nach dem erfolgreichen Studienabschluss wird ein Doppel-Degree erteilt: Der
MBA-Titel der renommierten University of Bradford (Großbritannien) und der Universität Tilburg, die
als einzige Universität in Europa unter den 100 besten der Welt geführt wird (UTDallas Ranking).

Das Executive-MBA-Programm „IMM" – International Master's in Management – wurde speziell für
Manager in verantwortungsvoller Position entwickelt. Akademische Partner sind Business Schools in
den USA, Ungarn und Deutschland. Das Programm hat rotierende Präsenzphasen an allen Partneruniversitäten sowie einer weiteren an der CEIBS Business School, Shanghai (China). Im weltweiten Ranking der Financial Times (Mai 2009) kam dieses Programm auf Platz 1 hinsichtlich der „International
Course Experience".

Internationale Verbindungen

Im Part-Time- und Vollzeit MBA-Programm ist die Britische University of Bradford der akademische
Partner. Im IMM erhalten die Absolventen einen Dual-Degree der Purdue University und – wahlweise –
von TiasNimbas oder der Central European University, Budapest (Ungarn). Mit mehr als 7.000 Alumni
weltweit bietet TiasNimbas seinen Ehemaligen ein Netzwerk ganz im Sinne des „Lifelong Learning".

Adresse der Hochschule

Anschrift: Kurfürstenallee 2–3, 53177 Bonn
Internet: www.tiasnimbas.edu/
Kontakt: Yumi Anne Michalski, Programme Adviser, Tel.: +31-13-4663940,
E-Mail: y.michalski@tiasnimbas.edu

TiasNimbas
Business School

TILBURG UNIVERSITY
In association with:
Eindhoven University of Technology

MBA-Programme

Name des Programms	**Part-Time MBA Bonn**	**Int. Fulltime MBA**	**Executive MBA „IMM"**
Schwerpunkt	Management, Betriebswirtschaft	European-/International-/ Globalmgt., regionenorientiert	Management, Betriebswirtschaft
Form des Programms	Teilzeit	Vollzeit	Executive
Start des Programms	September	September	März
Dauer des Programms in Monaten	24	12	18
Kosten			
Programmkosten in Euro	38.950	32.950	58.000
Einschreibegebühren in Euro	100	100	k. A.
Bewerbung			
Anmeldebeginn	ganzjährig	ganzjährig	ganzjährig
Letzter Anmeldetag	August	August	Dez./Jan.
1. Hochschulabschluss erforderlich	ja	ja	ja
Zulassungstest	ja, Einzelinterview	ja, Einzelinterview	ja, Einzelinterview
GMAT erforderlich	ja, 550 P.	ja, 550 P.	ja, 550 P.
TOEFL erforderlich	ja, 90 P.	ja, 90 P.	ja, 90 P.
Referenzen	ja, 2 Schreiben	ja, 2 Schreiben	ja, 2 Schreiben
Rahmenbedingungen			
Workloads ECTS	180	180	180
Jährlich zugelassene Studenten	25	45	40
Durchschnittliches Alter der Studenten	34	29	40
Internationale Studenten in %	45	80	100
Internationale Kooperationen	ja	ja	ja
Minimale Berufserfahrung in Jahren	3	3	10
Durchschn. Berufserfahrung in Jahren	8	5	14
Anteil Männer/Frauen in %	50/50	65/35	80/20
Fremdsprachenanteil in %	Englisch: 51–100	Englisch: 51–100	Englisch: 51–100
Studienblöcke (Anzahl)	14	14	6
Lehrmethode Case Study in %	65	55	55
Lehrmethode Vorlesung in %	35	30	30
Andere Lehrmethoden in %	15	15	15
Abschlussarbeit erforderlich	ja	ja	nein
Erstmals angeboten	1993	1990	1999
Absolventen seit Beginn	700	1.084	370
Akkreditierung			
Akkreditiert laut Anbieter		AMBA, EFMD/EQUIS/EPAS	

International School of Management (ISM)

Profil der Hochschule

Die International School of Management (ISM), eine private, staatlich anerkannte Hochschule mit Campi in Dortmund, Frankfurt/Main, München und seit September 2010 auch in Hamburg, bildet seit 1990 Nachwuchsführungskräfte für die globale Wirtschaft aus. Das Studienangebot umfasst fünf Bachelor-Studiengänge, fünf konsekutive Master-Studiengänge und drei MBA-Studiengänge mit unterschiedlichen Spezialisierungsmöglichkeiten. Internationalität, Praxisorientierung und ein kompaktes Studium gehören ebenso zu den Erfolgsfaktoren der ISM wie die Vermittlung fachlicher und sozialer Kompetenzen sowie eine persönliche Atmosphäre. Die Qualität der Ausbildung bestätigen Personalmanager, ISM-Studierende und Ehemalige in zahlreichen Rankings: Die ISM belegt dort seit Jahren konstant vorderste Plätze.

Besonderheiten der Studiengänge

Ziel des MBA General Management ist es, Ingenieure, Naturwissenschaftler und Betriebswirte auf verantwortungsvolle Managementaufgaben vorzubereiten. Aufbauend auf dem jeweiligen akademischen und beruflichen Vorwissen, eignen sich die Studierenden in einem wissenschaftlich fundierten und zugleich anwendungsorientierten Programm betriebswirtschaftliches Know-how und Managementkompetenzen an. Dabei erhalten sie intensive Einblicke in die Unternehmensbereiche Markets, Finance, Corporate Intelligence, Organization/Human Resources und Activities/Processes.

Mit dem MBA Pharma Management qualifiziert die ISM Pharmazeuten, Mediziner und andere Naturwissenschaftler berufsbegleitend für kaufmännische Aufgaben in der Arzneimittelversorgung. Neben dem allgemeinen betriebswirtschaftlichen Know-how, gegliedert in die vier Perspektiven Markets, Activities & Processes, Organization & Human Resources und Finance, wird das Studium um fachspezifische Fächer der Pharmabranche ergänzt. So beschäftigen sich die Teilnehmer mit Gesundheitsökonomie, Finanzbuchhaltung und Category- und Vertriebsmanagement sowie mit Fragen der strategischen Positionierung von Pharmaprodukten.

Der MBA Energy Management gibt einen umfassenden Überblick über die Managementaufgaben in der Energiebranche. Dabei werden die Studierenden sowohl auf die Anforderungen des Elektrizitäts- als auch des Gasmarktes vorbereitet. Im Rahmen des Studiums wird die gesamte Wertschöpfungskette der Energiewirtschaft beleuchtet. Interessenten beschäftigen sich mit der Produktion ebenso wie mit dem Handel von Energie und Gas, dem Personalmanagement und den Finanzierungsoptionen. Besonders wichtig sind hier die neuen Finanzinstrumente wie Energieoptionen, die im Energiehandel eine zentrale Rolle spielen.

Internationale Verbindungen

Die ISM legt besonderen Wert auf eine internationale Ausbildung. Zentraler Bestandteil aller Studiengänge sind daher die Auslandssemester bzw. -module, die an einer der über 120 Partnerhochschulen absolviert werden. Je nach Studiengang stehen ausgewählte Hochschulen zur Wahl, an denen die Bachelor- und Master-Studierenden die integrierten Auslandssemester verbringen. Auch im Rahmen der MBA-Programme sind Auslandsaufenthalte vorgesehen. So verbringen die Studierenden des MBA General Management ein 14-tägiges Modul an der Business School der renommierten University of Stellenbosch in Südafrika, wo sie Intensivseminare auf Postgraduate Level belegen. Auch in den MBA Energy Management und den MBA Pharma Management sind Auslandsmodule bzw. -exkursionen integriert.

Adresse der Hochschule

Anschrift: Otto-Hahn-Straße 19, 44227 Dortmund
Internet: www.ism.de
Kontakt: Jessica Werner, Tel.: +49-231-97513942,
E-Mail: jessica.werner@ism.de

ISM
INTERNATIONAL
SCHOOL OF MANAGEMENT

MBA-Programme

Name des Programms	**MBA General Mgt.**	**MBA Pharma Mgt.**	**MBA Energy Mgt.**
Schwerpunkt	Management, Betriebswirtschaft	Gesundheit, Healthcare, Life Science, Sport	Management, Betriebswirtschaft
Form des Programms	Teilzeit	Teilzeit	Teilzeit
Start des Programms	WS	WS	WS
Dauer des Programms in Monaten	18	24	24
Kosten			
Programmkosten in Euro	15.625	13.200	19.350
Einschreibegebühren in Euro	k. A.	k. A.	k. A.
Bewerbung			
Anmeldebeginn	laufend	laufend	laufend
Letzter Anmeldetag	31. August	31. August	31. August
1. Hochschulabschluss erforderlich	ja	ja	ja
Zulassungstest	ja, Bewerbungsgespräch	ja, Bewerbungsgespräch	ja, Bewerbungsgespräch
GMAT erforderlich		abhängig vom Erststudium	
TOEFL erforderlich	ja	ja	ja
Referenzen	ja	ja	ja
Rahmenbedingungen			
Workloads ECTS	60	60	60
Jährlich zugelassene Studenten	15	15	15
Durchschnittliches Alter der Studenten	29	32	28
Internationale Studenten in %	12	9	10
Internationale Kooperationen	ja	ja	ja
Minimale Berufserfahrung in Jahren	2	1	2
Durchschn. Berufserfahrung in Jahren	6	4	3
Anteil Männer/Frauen in %	81/19	75/25	60/40
Fremdsprachenanteil in %	Englisch: 26–50	Englisch: 1–25	Englisch: 26–50
Studienblöcke (Anzahl)	20	10	9
Lehrmethode Case Study in %	20	30	25
Lehrmethode Vorlesung in %	30	30	30
Andere Lehrmethoden in %	50	40	45
Abschlussarbeit erforderlich	ja	ja	ja
Erstmals angeboten	2004	2007	2009
Absolventen seit Beginn	61	k. A.	k. A.
Akkreditierung			
Akkreditiert laut Anbieter	FIBAA	FIBAA	FIBAA

AcIAS (Aachen Institute of Applied Sciences) e. V.

Anschrift: Markt 2, 52349 Düren
Internet: www.mba-entrepreneurship.com
Kontakt: Marion Huthmacher-Kirschall, Tel.: +49-2421-251010, E-Mail: ht@mba-entrepreneurship.com

MBA-Programme

Name des Programms	Entrepreneurship (für Diplom mit 240 ECTS)	Entrepreneurship (für Bachelor mit 180 ECTS)
Schwerpunkt	Leadership, HR, Entrepreneur, Unternehmensführung	
Form des Programms	Teilzeit	Teilzeit
Start des Programms	WS/ca. September	WS/ca. September
Dauer des Programms in Monaten	18	39
Kosten		
Programmkosten in Euro	18.000	24.000
Einschreibegebühren in Euro	0	0
Bewerbung		
Anmeldebeginn	laufend	laufend
Letzter Anmeldetag	ca. 14 Tage vor Beginn	ca. 14 Tage vor Beginn
1. Hochschulabschluss erforderlich	ja	ja
Zulassungstest	nein	nein
GMAT erforderlich	nein	nein
TOEFL erforderlich	nein	nein
Referenzen	nein	nein
Rahmenbedingungen		
Workloads ECTS	60	120
Jährlich zugelassene Studenten	25	k. A.
Durchschnittliches Alter der Studenten	34	k. A.
Internationale Studenten in %	6	0
Internationale Kooperationen	ja	k. A.
Minimale Berufserfahrung in Jahren	3	3
Durchschnittliche Berufserfahrung in Jahren	10	k. A.
Anteil Männer/Frauen in %	88/12	k. A.
Fremdsprachenanteil in %	Englisch: 1–25	Englisch: 1–25
Studienblöcke (Anzahl)	8	11
Lehrmethode Case Study in %	20	20
Lehrmethode Vorlesung in %	60	60
Andere Lehrmethoden in %	20	20
Abschlussarbeit erforderlich	ja	ja
Erstmals angeboten	2002	2010
Absolventen seit Beginn	62	k. A.
Akkreditierung		
Akkreditiert laut Anbieter	AQAS, zertifiziert durch TÜV	AQAS, zertifiziert durch TüV

IST-Studieninstitut GmbH

Anschrift: Moskauer Str. 25, 40227 Düsseldorf
Internet: www.ist.de
Kontakt: Marco Gensmüller, MBA Sportmanagement, Tel.: +49-211-86668-0, E-Mail: mgensmueller@ist.de
Ulrike Meislahn, MBA Tourismus und Hospitality, Tel.: +49-211-86668-0, E-Mail: umeislahn@ist.de

MBA-Programme

Name des Programms	MBA Sportmanagement	MBA Tourismus und Hospitality
Schwerpunkt	Management, Betriebswirtschaft, Gesundheit, Healthcare, Life Science, Sport	Management, Betriebswirtschaft, Tourism, Hospitality, Real Estate, Immobilien
Form des Programms	Fernstudium	Fernstudium
Start des Programms	Oktober	Oktober
Dauer des Programms in Monaten	30	30
Kosten		
Programmkosten in Euro	12.800	12.800
Einschreibegebühren in Euro	0	0
Bewerbung		
Anmeldebeginn	jederzeit	jederzeit
Letzter Anmeldetag	1. November	1. November
1. Hochschulabschluss erforderlich	ja	ja
Zulassungstest	nein	nein
GMAT erforderlich	nein	nein
TOEFL erforderlich	nein	nein
Referenzen	nein	nein
Rahmenbedingungen		
Workloads ECTS	90	k. A.
Jährlich zugelassene Studenten	30	k. A.
Durchschnittliches Alter der Studenten	35	k. A.
Internationale Studenten in %	5	0
Internationale Kooperationen	ja	ja
Minimale Berufserfahrung in Jahren	2	2
Durchschnittliche Berufserfahrung in Jahren	6	4
Anteil Männer/Frauen in %	80/20	50/50
Fremdsprachenanteil in %	k. A.	k. A.
Studienblöcke (Anzahl)	15	15
Lehrmethode Case Study in %	10	10
Lehrmethode Vorlesung in %	10	10
Andere Lehrmethoden in %	80 (Lehrmaterialien, Online-Campus)	80 (Lehrmaterialien, Online-Campus)
Abschlussarbeit erforderlich	ja	ja
Erstmals angeboten	2009	2009
Absolventen seit Beginn	k. A.	k. A.
Akkreditierung		
Akkreditiert laut Anbieter	FIBAA	FIBAA

Düsseldorf Business School an der Heinrich-Heine-Universität

Anschrift: Urdenbacher Allee 6, 40593 Düsseldorf
Internet: www.duesseldorf-business-school.de
Kontakt: Helen Steinrück, Tel.: +49-211-7119222, E-Mail: Helen.steinrueck@duesseldorf-business-school.de

MBA-Programme

Name des Programms	MBA General Management (in deutscher Sprache)	MBA General Management (in englischer Sprache)
Schwerpunkt	Management, Betriebswirtschaft	Management, Betriebswirtschaft
Form des Programms	Executive	Executive
Start des Programms	Januar	Oktober
Dauer des Programms in Monaten	21	21
Kosten		
Programmkosten in Euro	22.500	22.500
Einschreibegebühren in Euro	k. A.	k. A.
Bewerbung		
Anmeldebeginn	laufend	laufend
Letzter Anmeldetag	–	–
1. Hochschulabschluss erforderlich	ja	ja
Zulassungstest	nein, es erfolgt ein persönliches Auswahlgespräch	
GMAT erforderlich	nein	nein, kann aber Sprachtest ersetzen
TOEFL erforderlich	nein	ja, Kenntnisse auch im Auswahlgespräch feststellbar
Referenzen	ja, Nachweis über hinreichend einschlägige Berufserf.	
Rahmenbedingungen		
Workloads ECTS	60	60
Jährlich zugelassene Studenten	30	30
Durchschnittliches Alter der Studenten	36	36
Internationale Studenten in %	30	54
Internationale Kooperationen	ja	ja
Minimale Berufserfahrung in Jahren	2	2
Durchschnittliche Berufserfahrung in Jahren	10	10
Anteil Männer/Frauen in %	70/30	70/30
Fremdsprachenanteil in %	Englisch: 26–50	Englisch: k. A.
Studienblöcke (Anzahl)	4	4
Lehrmethode Case Study in %	50	50
Lehrmethode Vorlesung in %	50	50
Andere Lehrmethoden in %	kein Fernstudium	kein Fernstudium
Abschlussarbeit erforderlich	ja	ja
Erstmals angeboten	2003	2006
Absolventen seit Beginn	160	24
Akkreditierung		
Akkreditiert laut Anbieter	AQAS	FIBAA

Haus der Technik
Anschrift: Hollestraße 1, 45127 Essen
Internet: www.hdt-university.de
Kontakt: Dr. F. D. Erbslöh, Tel.: +49-201-1803316, E-Mail: f.d.erbsloeh@hdt-essen.de

MBA-Programme

Name des Programms	Energiewirtschaft M.Sc.	Logistik M.Sc.
Schwerpunkt	Engineering, Technologie, Luftverkehr, Energie, Logistics	
Form des Programms	Teilzeit	Teilzeit
Start des Programms	SS	SS
Dauer des Programms in Monaten	24	24
Kosten		
Programmkosten in Euro	25.000	26.000
Einschreibegebühren in Euro	200	200
Bewerbung		
Anmeldebeginn	1. Oktober	1. Mai
Letzter Anmeldetag	30. April	15. September
1. Hochschulabschluss erforderlich	ja	ja
Zulassungstest	ja, Interview	ja, Interview
GMAT erforderlich	nein	nein
TOEFL erforderlich	nein	nein
Referenzen	ja	ja
Rahmenbedingungen		
Workloads ECTS	120	120
Jährlich zugelassene Studenten	30	25
Durchschnittliches Alter der Studenten	31	k. A.
Internationale Studenten in %	5	0
Internationale Kooperationen	nein	ja
Minimale Berufserfahrung in Jahren	0	0
Durchschnittliche Berufserfahrung in Jahren	5	3
Anteil Männer/Frauen in %	90/10	k. A.
Fremdsprachenanteil in %	Englisch: 1–25	Englisch: 1–25
Studienblöcke (Anzahl)	12	16
Lehrmethode Case Study in %	20	20
Lehrmethode Vorlesung in %	30	30
Andere Lehrmethoden in %	50 (Kontaktstudium)	50 (Kontaktstudium)
Abschlussarbeit erforderlich	ja	ja
Erstmals angeboten	2007	2010
Absolventen seit Beginn	50	k. A.
Akkreditierung		
Akkreditiert laut Anbieter	ASIIN, ASIIN 2006	ASIIN 2008

FOM Hochschule für Oekonomie & Management

Profil der Hochschule

Die FOM Hochschule für Oekonomie & Management bereitet an 19 Standorten Berufstätige zielgerichtet auf Führungsaufgaben in Unternehmen vor. 1993 als private, gemeinnützige Hochschule in der Trägerschaft von Wirtschaftsverbänden gegründet, ergänzt sie die Hochschullandschaft, indem sie die Parallelität von Studium und Berufstätigkeit ermöglicht. Als praxisorientierte Hochschule leistet die FOM den Transfer zwischen Wissenschaft und Unternehmen. Erfahrene Dozenten aus Wirtschaft und Wissenschaft bieten Studiengänge, die aufgrund ihrer Präsenzzeiten und Inhalte optimal auf die Bedürfnisse berufstätiger Studierender zugeschnitten sind. Die FOM ist vom Wissenschaftsrat als Institution akkreditiert. Sämtliche Studiengänge verfügen zusätzlich über eine Akkreditierung der FIBAA.

Besonderheiten des Studiengangs

Das MBA-Studium an der FOM ist geprägt durch die enge Bindung der FOM Graduate School an die Wirtschaft. Die Vorlesungen finden zwei- bis dreimal monatlich freitagabends und samstags statt. Das Programm richtet sich an Hochschulabsolventen aller Fachrichtungen mit mindestens zweijähriger Berufserfahrung. Während Ingenieure, Naturwissenschaftler, Juristen sowie Geistes- und Sozialwissenschaftler ihr Fachwissen um wirtschaftswissenschaftliches Know-how erweitern, profitieren Diplomkaufleute von zusätzlichen Kompetenzen im internationalen Management. Zentrales Ziel des MBA-Studiums an der FOM ist das integrative, praxisorientierte Denken und Handeln, das stets die Gesamtheit der betrieblichen Abläufe im Blick behält. Die erfolgreiche Steuerung betrieblicher Abläufe wird anhand verschiedener Unternehmenssituationen trainiert, indem eigene Führungsqualitäten reflektiert und qualitativ weiterentwickelt werden.

Das MBA-Studium an der FOM ist als generalistisches Managementstudium konzipiert – im Mittelpunkt steht immer die unternehmerische Entscheidung. Das eigens für den MBA-Studiengang der FOM entwickelte ITM-Konzept (Integral Total Management) ist zentrales Unterrichtsinstrument. Es verlangt von den Studierenden rasche Perspektivenwechsel, um die Beziehungen zwischen den einzelnen Funktionsbereichen in Unternehmen zu verstehen und zu verinnerlichen. Spezielle Analysetechniken und Checklisten unterstützen diese Methode. Eine isolierte Betrachtung einzelner Managementdisziplinen wird dadurch vermieden. Zum MBA-Alltag an der FOM gehören Diskussionen, Präsentationen sowie Plan- und Rollenspiele. Dabei finden die Vorlesungen überwiegend in englischer Sprache statt. Ein Nachweis über entsprechende Sprachkenntnisse ist daher bei der Anmeldung Pflicht.

Aus insgesamt zwölf Modulen setzt sich das MBA-Studium an der FOM zusammen. Acht dieser Module vermitteln im ersten und zweiten Semester die Grundlagen für ein umfassendes Management-Know-how – von Economics und Marketing über Financial Management und Business Law bis hin zu Research Methods und Strategic Corporate Management. Studierenden, die zuvor kein wirtschaftswissenschaftliches Studium absolviert haben, vermittelt der Crashkurs Betriebswirtschaftslehre einen Überblick über das Fach und die notwendige Terminologie, sodass alle Teilnehmer über eine gemeinsame Basis verfügen. Außerdem wird ein Crashkurs zur Einführung in wissenschaftliches Arbeiten angeboten. Im dritten Semester erweitern die Studierenden ihre Kompetenzen in der Gestaltung allgemeinunternehmerischer Ziele im internationalen Kontext. Alle Module der ersten drei Semester fördern durch Gruppen- und Einzelpräsentationen die Teamfähigkeit und den individuellen Ausbau von Führungskompetenzen. Im vierten Semester findet kein Präsenzunterricht statt: Im Zentrum steht die Erstellung der Master-Thesis, die anschließend verteidigt wird.

Adresse der Hochschule

Anschrift: Leimkugelstraße 6, 45141 Essen
Internet: www.fom-graduate-school.de?_ext=mba-guide.de
Kontakt: Zentrale Studienberatung, Tel.: +49-01801-810048, E-Mail: studienberatung@fom.de

Hochschule
für Oekonomie & Management
University of Applied Sciences

MBA-Programm

Name des Programms	**MBA Master of Business Administration**
Schwerpunkt	Management, Betriebswirtschaft
Form des Programms	Teilzeit
Start des Programms	SS März/WS September
Dauer des Programms in Monaten	24
Kosten	
Programmkosten in Euro	9.670
Einschreibegebühren in Euro	1.580
Bewerbung	
Anmeldebeginn	laufend
Letzter Anmeldetag	15. Januar/15. Juli
1. Hochschulabschluss erforderlich	ja, alle Fachrichtungen
Zulassungstest	nein
GMAT erforderlich	nein
TOEFL erforderlich	ja, 550 P./213 P./79 P., TOEIC: 700 P.
Referenzen	ja, Arbeitgeberzeugnisse
Rahmenbedingungen	
Workloads ECTS	60
Jährlich zugelassene Studenten	30
Durchschnittliches Alter der Studenten	33
Internationale Studenten in %	15
Internationale Kooperationen	ja
Minimale Berufserfahrung in Jahren	2
Durchschnittliche Berufserfahrung in Jahren	7
Anteil Männer/Frauen in %	65/35
Fremdsprachenanteil in %	Englisch: 51–100
Studienblöcke (Anzahl)	4
Lehrmethode Case Study in %	30
Lehrmethode Vorlesung in %	20
Andere Lehrmethoden in %	50 (u. a. semin. Unterricht, Projekte)
Abschlussarbeit erforderlich	ja
Erstmals angeboten	2001
Absolventen seit Beginn	k. A.
Akkreditierung	
Akkreditiert laut Anbieter	FIBAA

Fachhochschule Südwestfalen

Anschrift: Haldener Straße 182, 58095 Hagen
Internet: www.mba-verbundstudium.de
Kontakt: Isabell Bentz, Tel.: +49-2331-9874923, E-Mail: bentz@fh-swf.de

MBA-Programm

Name des Programms	**Master of Business Administration**
Schwerpunkt	Management, Betriebswirtschaft
Form des Programms	Teilzeit
Start des Programms	nur zum SS
Dauer des Programms in Monaten	30
Kosten	
Programmkosten in Euro	5.475
Einschreibegebühren in Euro	k. A.
Bewerbung	
Anmeldebeginn	Dezember/Januar
Letzter Anmeldetag	15. Februar
1. Hochschulabschluss erforderlich	ja, Ingenieur/Naturwiss.
Zulassungstest	nein
GMAT erforderlich	nein
TOEFL erforderlich	nein
Referenzen	k. A.
Rahmenbedingungen	
Workloads ECTS	120
Jährlich zugelassene Studenten	25
Durchschnittliches Alter der Studenten	32
Internationale Studenten in %	10
Internationale Kooperationen	k. A.
Minimale Berufserfahrung in Jahren	2
Durchschnittliche Berufserfahrung in Jahren	4
Anteil Männer/Frauen in %	80/20
Fremdsprachenanteil in %	1–25
Studienblöcke (Anzahl)	22
Lehrmethode Case Study in %	15
Lehrmethode Vorlesung in %	15
Andere Lehrmethoden in %	70 (Lernbriefe)
Abschlussarbeit erforderlich	ja
Erstmals angeboten	2006
Absolventen seit Beginn	k. A.
Akkreditierung	
Akkreditiert laut Anbieter	AQAS

Cologne Business School der EUFH GmbH

Anschrift: Hardefuststr. 1, 50677 Köln
Internet: www.cbs-edu.de
Kontakt: Christine Berke, Tel.: +49-221-93180928, E-Mail: mba@cbs-edu.de

MBA-Programm

Name des Programms	**Executive MBA in International Business**
Schwerpunkt	European-/International-/Globalmgt., regionenorientiert
Form des Programms	Executive
Start des Programms	Juni
Dauer des Programms in Monaten	24
Kosten	
Programmkosten in Euro	24.500
Einschreibegebühren in Euro	120
Bewerbung	
Anmeldebeginn	laufend
Letzter Anmeldetag	15. Mai
1. Hochschulabschluss erforderlich	ja
Zulassungstest	nein
GMAT erforderlich	nein
TOEFL erforderlich	ja, 550 P. paper based, 79 P. internet based; IELTS min. 6.0
Referenzen	ja, vom Arbeitgeber
Rahmenbedingungen	
Workloads ECTS	80
Jährlich zugelassene Studenten	25
Durchschnittliches Alter der Studenten	35
Internationale Studenten in %	50
Internationale Kooperationen	ja
Minimale Berufserfahrung in Jahren	5
Durchschnittliche Berufserfahrung in Jahren	7
Anteil Männer/Frauen in %	80/20
Fremdsprachenanteil in %	Englisch: 51–100
Studienblöcke (Anzahl)	7
Lehrmethode Case Study in %	70
Lehrmethode Vorlesung in %	30
Andere Lehrmethoden in %	0
Abschlussarbeit erforderlich	ja
Erstmals angeboten	2007
Absolventen seit Beginn	15
Akkreditierung	
Akkreditiert laut Anbieter	AMBA, ACBSP, IACBE

Rheinische Fachhochschule Köln

Anschrift: Schaevenstrasse 1 a–b, 50676 Köln
Internet: www.rfh-koeln.de
Kontakt: Prof. Dr. H. Goldbecker, Tel.: +49-221-2030220, E-Mail: goldbecker@rfh-koeln.de

MBA-Programm

Name des Programms	**MBA International Business**
Schwerpunkt	European-/International-/Globalmgt., regionenorientiert
Form des Programms	Teilzeit
Start des Programms	März/September
Dauer des Programms in Monaten	24
Kosten	
Programmkosten in Euro	12.720
Einschreibegebühren in Euro	k. A.
Bewerbung	
Anmeldebeginn	laufend
Letzter Anmeldetag	Januar/Juli
1. Hochschulabschluss erforderlich	ja
Zulassungstest	nein
GMAT erforderlich	nein
TOEFL erforderlich	ja
Referenzen	ja
Rahmenbedingungen	
Workloads ECTS	180
Jährlich zugelassene Studenten	40
Durchschnittliches Alter der Studenten	27
Internationale Studenten in %	30
Internationale Kooperationen	ja
Minimale Berufserfahrung in Jahren	k. A.
Durchschnittliche Berufserfahrung in Jahren	3
Anteil Männer/Frauen in %	50/50
Fremdsprachenanteil in %	Englisch: 51–100
Studienblöcke (Anzahl)	6
Lehrmethode Case Study in %	60
Lehrmethode Vorlesung in %	40
Andere Lehrmethoden in %	0
Abschlussarbeit erforderlich	ja
Erstmals angeboten	2000
Absolventen seit Beginn	300
Akkreditierung	
Akkreditiert laut Anbieter	in UK akkreditiert

Hochschule Ostwestfalen-Lippe – Business School
Anschrift: Am Lindenhaus 22, 32657 Lemgo
Internet: www.bs-owl.de
Kontakt: Prof. Dr. Reinhard Doleschal, Tel.: +49-5261-287811, E-Mail: reinhard.doleschal@bs-owl.de

MBA-Programm

Name des Programms	**MBA General Management and Leadership**
Schwerpunkt	Industrie, Dienstleistungen, Landwirtschaft
Form des Programms	Teilzeit
Start des Programms	SS
Dauer des Programms in Monaten	24
Kosten	
Programmkosten in Euro	15.000
Einschreibegebühren in Euro	k. A.
Bewerbung	
Anmeldebeginn	laufend
Letzter Anmeldetag	k. A.
1. Hochschulabschluss erforderlich	ja
Zulassungstest	nein
GMAT erforderlich	ja
TOEFL erforderlich	ja
Referenzen	ja
Rahmenbedingungen	
Workloads ECTS	60
Jährlich zugelassene Studenten	20
Durchschnittliches Alter der Studenten	k. A.
Internationale Studenten in %	0
Internationale Kooperationen	ja
Minimale Berufserfahrung in Jahren	1
Durchschnittliche Berufserfahrung in Jahren	k. A.
Anteil Männer/Frauen in %	50/50
Fremdsprachenanteil in %	Englisch: 26–50
Studienblöcke (Anzahl)	0
Lehrmethode Case Study in %	40
Lehrmethode Vorlesung in %	20
Andere Lehrmethoden in %	k. A.
Abschlussarbeit erforderlich	ja
Erstmals angeboten	2009
Absolventen seit Beginn	k. A.
Akkreditierung	
Akkreditiert laut Anbieter	FIBAA

International Business School Lippstadt

Overseas Center der University of Surrey (UK)

Profil der Hochschule

University of Surrey (UK)/International Business School Lippstadt

Die International Business School Lippstadt (IBS) arbeitet nach angloamerikanischem Vorbild und bildet als private Alternative zur Universität Internationale Betriebswirte mit den Fachspezialisierungen General Management, Hotel- und Tourismusmanagement, Medien-, Kultur- und Eventmanagement, Sportmanagement, Immobilienmanagement und Wirtschaftspsychologie aus. Absolventen der Bildungsinstitution sind mittlerweile in Führungspositionen internationaler Unternehmen wie OBI, Daimler AG, General Electric, IBM oder Renault tätig. Neben dem Managementstudium an der IBS besteht die Möglichkeit, in Lippstadt nach drei Jahren Berufspraxis ein berufsbegleitendes Studium zum Master of Business Administration (MBA) bzw. Doctor of Business Administration (DBA) der AACSB-International-akkreditierten University of Surrey (UK) zu absolvieren.

School of Management, University of Surrey (UK)

The School of Management at the University of Surrey, which has been delivering its Master of Business Administration in Germany for four years, was recently rated as one of the top 32 distance learning and online MBA providers in the world by the Financial Times, making this the third accolade the School has received in recent months. The Surrey MBA recently appeared at number seven in the world in the QS TopMBA Scorecard ranking for Strength of Faculty, published in the Daily Telegraph newspaper. This ranking is a big vote of confidence in the quality of teaching on the University of Surrey's MBA programmes. All modules on Surrey MBA programmes are led by a member of our professorial staff, a boast that few MBA providers can make! This ensures that participants in our programmes have a renowned and respected academic lead on each element of their studies. The University of Surrey, School of Management prides itself on its high teaching standards and research excellence, and its academic staff plays leading roles in many professional, industrial and academic organisations, and publish in world-leading journals. Best for Jobs – Top of the graduate employment league tables for 6 successive years (The Sunday Times). "Less than 15 % of the world's business schools are accredited by the AACSB; so the School of Management is especially proud to join the elite group of less than 80 business schools in Europe, and only ten in the UK, holding AACSB accreditation."

Besonderheiten der Studiengänge

- 40 years of experience in teaching and researching a broad spectrum of management disciplines.
- One out of 11 UK universities holding simultaneously double accreditations from the prestigious American Association to Advanced Collegiate Schools of Business (AACSB) and the Association of MBAs (AMBA).
- Ranked in the top 20 UK universities for business studies.
- Achieved ,excellent' rating for its teaching in the HEFCE Teaching Quality Audit.
- Highly ranked in the Research Assessment Exercise.

Internationale Verbindungen

University of Surrey (UK), Reims Mgt. School (France), Several Overseas Centres all over the World.

Finanzielle Unterstützung/Stipendien

Ext. Studienkredite möglich.

Adresse der Hochschule

Anschrift: Im Eichholz 10, 59556 Lippstadt
Internet: www.ibs-lippstadt.de
Kontakt: Dr. Matthias Zünkler, Tel.: +49-2941-944444,
E-Mail: info@ibs-lippstadt.de

MBA-Programme

Name des Programms	Master of Business Administration (MBA)	Doctor of Business Administration (DBA)
Schwerpunkt	Management, Betriebswirtschaft	Management, Betriebswirtschaft
Form des Programms	Teilzeit	Teilzeit
Start des Programms	April	Oktober
Dauer des Programms in Monaten	24	48
Kosten		
Programmkosten in Euro	12.700	43.000
Einschreibegebühren in Euro	245	275
Bewerbung		
Anmeldebeginn	laufend	laufend
Letzter Anmeldetag	k. A.	k. A.
1. Hochschulabschluss erforderlich	ja	ja, Diplom, Master
Zulassungstest	nein	nein
GMAT erforderlich	nein	nein
TOEFL erforderlich	ja, wenn kein englischsprachiger Hochschulabschluss vorliegt	
Referenzen	ja	ja
Rahmenbedingungen		
Workloads ECTS	k. A.	k. A.
Jährlich zugelassene Studenten	15	10
Durchschnittliches Alter der Studenten	30	35
Internationale Studenten in %	10	20
Internationale Kooperationen	ja	ja
Minimale Berufserfahrung in Jahren	3	3
Durchschnittliche Berufserfahrung in Jahren	k. A.	k. A.
Anteil Männer/Frauen in %	70/30	
Fremdsprachenanteil in %	Englisch: 51–100	Englisch: 51–100
Studienblöcke (Anzahl)	10	5
Lehrmethode Case Study in %	50	0
Lehrmethode Vorlesung in %	0	20
Andere Lehrmethoden in %	50	80
Abschlussarbeit erforderlich	ja	ja
Erstmals angeboten	1990	2006
Absolventen seit Beginn	1.200	k. A.
Akkreditierung		
Akkreditiert laut Anbieter	AACSB (Partnerhochschule), AMBA	AACSB (Partnerhochschule)

Hochschule Niederrhein – Fachbereich Wirtschaftswissenschaften

Anschrift: Webschulstraße 41–43, 41065 Mönchengladbach
Internet: www.mba.hs-niederrhein.de
Kontakt: Prof. Dr. Harald Vergossen, Tel.: +49-2161-1866367, E-Mail: harald.vergossen@hs-niederrhein.de

MBA-Programm

Name des Programms	**Management**
Schwerpunkt	Management, Betriebswirtschaft
Form des Programms	Teilzeit
Start des Programms	September
Dauer des Programms in Monaten	24
Kosten	
Programmkosten in Euro	11.500
Einschreibegebühren in Euro	0
Bewerbung	
Anmeldebeginn	1. November bzw. 1. April
Letzter Anmeldetag	15. Januar bzw. 15. Juli
1. Hochschulabschluss erforderlich	ja, Fachrichtung beliebig
Zulassungstest	ja, nur für Nicht-BWLer
GMAT erforderlich	nein
TOEFL erforderlich	ja oder anderer B2-Nachweis
Referenzen	nein
Rahmenbedingungen	
Workloads ECTS	90
Jährlich zugelassene Studenten	30
Durchschnittliches Alter der Studenten	32
Internationale Studenten in %	0
Internationale Kooperationen	nein
Minimale Berufserfahrung in Jahren	1
Durchschnittliche Berufserfahrung in Jahren	5
Anteil Männer/Frauen in %	60/40
Fremdsprachenanteil in %	Englisch: 26–50
Studienblöcke (Anzahl)	17
Lehrmethode Case Study in %	33
Lehrmethode Vorlesung in %	33
Andere Lehrmethoden in %	34
Abschlussarbeit erforderlich	ja
Erstmals angeboten	2009
Absolventen seit Beginn	0
Akkreditierung	
Akkreditiert laut Anbieter	FIBAA

Marketing Centrum Münster – Marketing Executive Program

Anschrift: Am Stadtgraben 13–15, 48143 Münster
Internet: www.marketing-centrum.de/mep
Kontakt: Dr. Kristin Große-Bölting, Tel.: +49-251-8322035, E-Mail: mep@marketing-centrum.de

MBA-Programm

Name des Programms	**Marketing Executive Program (MEP VII)**
Schwerpunkt	Management, Betriebswirtschaft, Handel, Service Mgt., Consulting, PR, Medien, Kultur, Marketing
Form des Programms	Teilzeit
Start des Programms	WS
Dauer des Programms in Monaten	18
Kosten	
Programmkosten in Euro	14.800
Einschreibegebühren in Euro	0
Bewerbung	
Anmeldebeginn	1. Oktober
Letzter Anmeldetag	–
1. Hochschulabschluss erforderlich	ja
Zulassungstest	ja, Bewerbungsgespräch/Englischtest
GMAT erforderlich	nein
TOEFL erforderlich	nein
Referenzen	nein
Rahmenbedingungen	
Workloads ECTS	60
Jährlich zugelassene Studenten	25
Durchschnittliches Alter der Studenten	30
Internationale Studenten in %	8
Internationale Kooperationen	ja
Minimale Berufserfahrung in Jahren	3
Durchschnittliche Berufserfahrung in Jahren	5
Anteil Männer/Frauen in %	70/30
Fremdsprachenanteil in %	Englisch: 1–25
Studienblöcke (Anzahl)	6
Lehrmethode Case Study in %	30
Lehrmethode Vorlesung in %	40
Andere Lehrmethoden in %	30
Abschlussarbeit erforderlich	ja
Erstmals angeboten	1999
Absolventen seit Beginn	144
Akkreditierung	
Akkreditiert laut Anbieter	AACSB geplant, ZEvA

Westfälische Wilhelms-Universität

Anschrift: Universitätsstraße 14–16, 48143 Münster
Internet: www.cur-muenster.de
Kontakt: Gabriele Planing, Tel.: +49-251-8322017, E-Mail: info@cur-muenster.de

MBA-Programme

Name des Programms	Executive MBA in Accounting & Controlling	Executive MBA Business Management
Schwerpunkt	Finance, Banking, Accounting, Audit, Versicherungen, Tax	Mgt., Betriebswirtschaft, Leadership, HR, Entrepreneur, Unternehmensführung
Form des Programms	Executive	Executive
Start des Programms	WS/September	September
Dauer des Programms in Monaten	18	18
Kosten		
Programmkosten in Euro	10.950	13.950
Einschreibegebühren in Euro	0	0
Bewerbung		
Anmeldebeginn	laufend	laufend
Letzter Anmeldetag	15. August	15. August
1. Hochschulabschluss erforderlich	ja	ja
Zulassungstest	nein	nein
GMAT erforderlich	nein	nein
TOEFL erforderlich	nein	nein
Referenzen	nein	nein
Rahmenbedingungen		
Workloads ECTS	60	60
Jährlich zugelassene Studenten	25	25
Durchschnittliches Alter der Studenten	35	35
Internationale Studenten in %	10	10
Internationale Kooperationen	nein	nein
Minimale Berufserfahrung in Jahren	3	2
Durchschnittliche Berufserfahrung in Jahren	4	4
Anteil Männer/Frauen in %	80/20	80/20
Fremdsprachenanteil in %	k. A.	k. A.
Studienblöcke (Anzahl)	8	8
Lehrmethode Case Study in %	40	40
Lehrmethode Vorlesung in %	40	40
Andere Lehrmethoden in %	20	20
Abschlussarbeit erforderlich	ja	ja
Erstmals angeboten	2000	2000
Absolventen seit Beginn	75	75
Akkreditierung		
Akkreditiert laut Anbieter	ZEvA	AQAS

Westfälische Wilhelms-Universität Münster – JurGrad gGmbH

Anschrift: Picassoplatz 3, 48143 Münster
Internet: www.uni-muenster-llm.de
Kontakt: Jürgen Schäfer, Tel.: +49-251-620770, E-Mail: juergen.schaefer@uni-muenster.de

MBA-Programme

Name des Programms	Masterstudiengang Mergers & Acquisitions	Masterstudiengang Steuerwissenschaften	Masterstudiengang Private Wealth Mgt.
Schwerpunkt	Mgt., Betriebswirtschaft, Leadership, HR, Entrepreneur, Unternehmensführung	Finance, Banking, Accounting, Audit, Versicherungen, Tax	Leadership, HR, Entrepreneur, Unternehmensführung
Form des Programms	Teilzeit	Teilzeit	Teilzeit
Start des Programms	Oktober	Oktober	September
Dauer des Programms in Monaten	18	18	17
Kosten			
Programmkosten in Euro	14.700	10.500	12.600
Einschreibegebühren in Euro	k. A.	k. A.	k. A.
Bewerbung			
Anmeldebeginn	laufend	laufend	laufend
Letzter Anmeldetag	15. Juli	15. Juli	15. Juli
1. Hochschulabschluss erforderlich	ja	ja	ja
Zulassungstest	nein	nein	nein
GMAT erforderlich	nein	nein	nein
TOEFL erforderlich	nein	nein	nein
Referenzen	nein	k. A.	k. A.
Rahmenbedingungen			
Workloads ECTS	60	60	60
Jährlich zugelassene Studenten	40	40	40
Durchschnittliches Alter der Studenten	35	35	35
Internationale Studenten in %	5	5	5
Internationale Kooperationen	k. A.	k. A.	k. A.
Minimale Berufserfahrung in Jahren	1	1	1
Durchschn. Berufserfahrung in Jahren	5	3	4
Anteil Männer/Frauen in %	75/25	60/40	70/30
Fremdsprachenanteil in %	Englisch: 1–25	Englisch: 1–25	k. A.
Studienblöcke (Anzahl)	15	16	17
Lehrmethode Case Study in %	40	30	40
Lehrmethode Vorlesung in %	40	70	35
Andere Lehrmethoden in %	20	k. A.	25
Abschlussarbeit erforderlich	ja	ja	ja
Erstmals angeboten	2002	2002	2007
Absolventen seit Beginn	240	240	40
Akkreditierung			
Akkreditiert laut Anbieter	AQAS	AQAS	AQAS

Fachhochschule der Wirtschaft (FHDW)

UNIVERSITY OF APPLIED SCIENCES

FHDW

FACHHOCHSCHULE DER WIRTSCHAFT
STAATLICH ANERKANNT

Profil der Hochschule

Die private, staatlich anerkannte Fachhochschule der Wirtschaft (FHDW) bietet Bachelor- und Master-Studiengänge in dualer und berufsbegleitender Form in Betriebswirtschaft, International Business, Wirtschaftsinformatik und Wirtschaftsrecht an. Im dualen Studium wechseln die Studierenden regelmäßig zwischen Hochschule und Partnerunternehmen. So entwickeln viele Unternehmen in enger Zusammenarbeit mit der FHDW ihren künftigen Führungsnachwuchs. Neben der engen Verzahnung von wissenschaftlicher Lehre und unternehmerischer Praxis zählen die internationale Ausrichtung und die Informatikkompetenz zu ihren Besonderheiten. Die FHDW wurde 1993 in Paderborn gegründet und unterhält heute weitere Standorte in Bielefeld, Mettmann und Bergisch Gladbach.

Besonderheiten des Studiengangs

Das berufsbegleitende Studium General Management führt zum Abschluss Master of Business Administration (MBA). Fach- und Führungskräfte mit mindestens zweijähriger Praxiserfahrung qualifizieren sich mit dem Studium für das Topmanagement. In 18 Monaten entwickeln die Teilnehmer Kompetenzen und Kenntnisse, die heute erforderlich sind, um Menschen, Geschäfte und Organisationen unter Berücksichtigung interner und externer Veränderungsdynamiken erfolgreich zu führen.

Der FHDW-MBA verknüpft etablierte MBA-Elemente mit wichtigen Themenbereichen wie Personal Development, Leadership und Globalization sowie intensivem Feedback. Das Studium ist international ausgerichtet und vermittelt mehr als 30 Prozent des gesamten Stoffes in Englisch. Durch moderne Lernmethoden wie Action Learning und eine Business-Simulation werden neue Maßstäbe gesetzt. Auf zwei einwöchigen Exkursionen nach Shanghai (China) und Hyderabad (Indien) erleben die Teilnehmer Globalisierung hautnah und vor Ort.

Internationale Verbindungen

Mit mehreren Institutionen in Europa, Asien und Amerika pflegt die FHDW eine intensive Partnerschaft. Dabei geht es sowohl um die Abstimmung in den Lehrinhalten als auch um den Austausch von Dozenten und Studierenden. Die einzelnen Partnerschaften haben spezifische Besonderheiten, die den Studierenden vielfältige Möglichkeiten aufzeigen, zum Beispiel die Teilnahme an Sprachkursen oder die Absolvierung einzelner Studiengebiete bzw. Studienabschnitte.

Finanzielle Unterstützung/Stipendien

Die FHDW erhebt Studiengebühren, die sich je nach Studiengang zwischen 400 und 850 Euro pro Monat bewegen. Viele Firmen übernehmen bei fester Kooperation ganz oder teilweise die Studiengebühren. In Zusammenarbeit mit verschiedenen Banken bietet die FHDW ihren Studierenden Finanzierungsmöglichkeiten mit besonders günstigen Konditionen an. Auf diese Weise können sie einen individuell gestaltbaren Teil der Studiengebühren und Lebenshaltungskosten über ein zinsgünstiges Darlehen abdecken.

Adresse der Hochschule

Anschrift: Fürstenallee 3-5, 33102 Paderborn
Internet: www.fhdw.de
Kontakt: Dr. Frank Strikker, Tel.: +49-5251-301172, E-Mail: info-pb@fhdw.de

UNIVERSITY OF APPLIED SCIENCES

FHDW

FACHHOCHSCHULE DER WIRTSCHAFT
STAATLICH ANERKANNT

MBA-Programm

Name des Programms	**General Management**
Schwerpunkt	Management, Betriebswirtschaft
Form des Programms	Teilzeit
Start des Programms	April
Dauer des Programms in Monaten	18
Kosten	
Programmkosten in Euro	17.100
Einschreibegebühren in Euro	0
Bewerbung	
Anmeldebeginn	laufend
Letzter Anmeldetag	15. März
1. Hochschulabschluss erforderlich	ja
Zulassungstest	ja, Interview
GMAT erforderlich	nur für Nichtbetriebswirte
TOEFL erforderlich	ja, 550 P. paper based o. äquiv. Test: IELTS, TOEIC
Referenzen	nein
Rahmenbedingungen	
Workloads ECTS	65
Jährlich zugelassene Studenten	24
Durchschnittliches Alter der Studenten	38
Internationale Studenten in %	10
Internationale Kooperationen	ja
Minimale Berufserfahrung in Jahren	2
Durchschnittliche Berufserfahrung in Jahren	8
Anteil Männer/Frauen in %	75/25
Fremdsprachenanteil in %	Englisch: 26–50
Studienblöcke (Anzahl)	4
Lehrmethode Case Study in %	40
Lehrmethode Vorlesung in %	30
Andere Lehrmethoden in %	30 (E-Learning)
Abschlussarbeit erforderlich	ja
Erstmals angeboten	2005
Absolventen seit Beginn	31
Akkreditierung	
Akkreditiert laut Anbieter	FIBAA

Hochschule Bonn-Rhein-Sieg – Fachbereich Wirtschaft Rheinbach

Anschrift: Von-Liebig-Straße 20, 53359 Rheinbach
Internet: www.mba-rheinbach.de
Kontakt: Karsten Heinrich, Tel.: +49-2241-865445, E-Mail: karsten.heinrich@h-brs.de

MBA-Programme

Name des Programms	MBA im strategischen Management	Non Governmental Organisation (NGO) Management
Schwerpunkt	Management, Betriebswirtschaft	European-/International-/Globalmgt., regionenorientiert
Form des Programms	Teilzeit	Teilzeit
Start des Programms	Ende Sept./Ende März	WS
Dauer des Programms in Monaten	24	18
Kosten		
Programmkosten in Euro	11.600	k. A.
Einschreibegebühren in Euro	k. A.	k. A.
Bewerbung		
Anmeldebeginn	laufend	laufend
Letzter Anmeldetag	15. Januar/15. Juli	31. Mai
1. Hochschulabschluss erforderlich	ja	ja
Zulassungstest	ja, Interview/Case Study	ja, Interview
GMAT erforderlich	ja	nein
TOEFL erforderlich	nein	ja, 557 P. pb, 220 P. computer based
Referenzen	falls vorhanden	falls vorhanden
Rahmenbedingungen		
Workloads ECTS	90	90
Jährlich zugelassene Studenten	25	30
Durchschnittliches Alter der Studenten	35	33
Internationale Studenten in %	29	43
Internationale Kooperationen	ja	k. A.
Minimale Berufserfahrung in Jahren	2	1
Durchschnittliche Berufserfahrung in Jahren	5	5
Anteil Männer/Frauen in %	70/30	25/75
Fremdsprachenanteil in %	Englisch: 26–50	Englisch: 51–100
Studienblöcke (Anzahl)	3	2
Lehrmethode Case Study in %	40	0
Lehrmethode Vorlesung in %	50	0
Andere Lehrmethoden in %	10	k. A.
Abschlussarbeit erforderlich	ja	ja
Erstmals angeboten	2003	2009
Absolventen seit Beginn	55	k. A.
Akkreditierung		
Akkreditiert laut Anbieter	FIBAA	FIBAA

Südwestfälische Akademie für den Mittelstand – Ein Institut der Universität Siegen

Anschrift: 57076 Siegen
Internet: www.akademie-mittelstand.de
Kontakt: horchler@akademie-mittelstand.de

MBA-Programm

Name des Programms	**Executive MBA**
Schwerpunkt	Management, Betriebswirtschaft
Form des Programms	Teilzeit
Start des Programms	WS
Dauer des Programms in Monaten	12
Kosten	
Programmkosten in Euro	15.000
Einschreibegebühren in Euro	0
Bewerbung	
Anmeldebeginn	28. Juni
Letzter Anmeldetag	Anmeldung jederzeit möglich
1. Hochschulabschluss erforderlich	ja, individ. Beratung
Zulassungstest	nein
GMAT erforderlich	nein
TOEFL erforderlich	nein
Referenzen	ja, 5 Jahre Führungserfahrung
Rahmenbedingungen	
Workloads ECTS	60
Jährlich zugelassene Studenten	40
Durchschnittliches Alter der Studenten	35
Internationale Studenten in %	0
Internationale Kooperationen	k. A.
Minimale Berufserfahrung in Jahren	5
Durchschnittliche Berufserfahrung in Jahren	k. A.
Anteil Männer/Frauen in %	k. A.
Fremdsprachenanteil in %	k. A.
Studienblöcke (Anzahl)	5
Lehrmethode Case Study in %	20
Lehrmethode Vorlesung in %	40
Andere Lehrmethoden in %	40 (Studienbriefe, E-Learning)
Abschlussarbeit erforderlich	ja
Erstmals angeboten	2010
Absolventen seit Beginn	k. A.
Akkreditierung	
Akkreditiert laut Anbieter	AQAS geplant, Abschluss 08/2010

Fachhochschule Münster

Anschrift: Bismarckstraße 11, 48565 Steinfurt
Internet: www.fh-muenster.de/itb
Kontakt: G. Wieskamp, Tel.: +49-2551-962362, E-Mail: itb-tbw@fh-muenster.de

MBA-Programm

Name des Programms	Master of Business Administration	Master of Business Administration and Engineering
Schwerpunkt	Management, Betriebswirtschaft	Mgt., Betriebswirtschaft, Engineering, Technologie, Luftverkehr, Energie, Logistics
Form des Programms	Teilzeit	Fernstudium
Start des Programms	nur zum SS	jedes Semester
Dauer des Programms in Monaten	30	30
Kosten		
Programmkosten in Euro	5.475	5.475
Einschreibegebühren in Euro	k. A.	1.095
Bewerbung		
Anmeldebeginn	Dezember/Januar	k. A.
Letzter Anmeldetag	15. Februar	k. A.
1. Hochschulabschluss erforderlich	ja, Ingenieur/Naturwiss.	ja
Zulassungstest	nein	nein
GMAT erforderlich	nein	nein
TOEFL erforderlich	nein	nein
Referenzen	k. A.	nein
Rahmenbedingungen		
Workloads ECTS	120	120
Jährlich zugelassene Studenten	25	30
Durchschnittliches Alter der Studenten	32	25
Internationale Studenten in %	10	0
Internationale Kooperationen	k. A.	nein
Minimale Berufserfahrung in Jahren	2	1
Durchschnittliche Berufserfahrung in Jahren	k. A.	2
Anteil Männer/Frauen in %	80/20	k. A.
Fremdsprachenanteil in %	1–25	Englisch: 1–25
Studienblöcke (Anzahl)	22	18
Lehrmethode Case Study in %	30	12
Lehrmethode Vorlesung in %	30	0
Andere Lehrmethoden in %	70 (Lernbriefe)	Selbstlernbriefe + Übungen
Abschlussarbeit erforderlich	ja	ja
Erstmals angeboten	2006	2010
Absolventen seit Beginn	k. A.	k. A.
Akkreditierung		
Akkreditiert laut Anbieter	AQAS	Systemakkreditierung FH Münster

Transatlantik-Institut – FH Ludwigshafen/FH Worms
Anschrift: Turmstraße 8, 67059 Ludwigshafen am Rhein
Internet: www.transatlantik-institut.de
Kontakt: Kathrin Paul, Tel.: +49-621-5918510, E-Mail: ti@fh-ludwigshafen.de

MBA-Programme

Name des Programms	Executive MBA in General and International Management	Executive MBA
Schwerpunkt	Management, Betriebswirtschaft	Management, Betriebswirtschaft
Form des Programms	Executive	Fernstudium
Start des Programms	Januar	k. A.
Dauer des Programms in Monaten	18	k. A.
Kosten		
Programmkosten in Euro	16.500	k. A.
Einschreibegebühren in Euro	0	k. A.
Bewerbung		
Anmeldebeginn	laufend	k. A.
Letzter Anmeldetag	30. Oktober	k. A.
1. Hochschulabschluss erforderlich	ja	k. A.
Zulassungstest	ja, Interview	k. A.
GMAT erforderlich	ja, 450 P.	k. A.
TOEFL erforderlich	ja, 79/80 P.	k. A.
Referenzen	ja	k. A.
Rahmenbedingungen		
Workloads ECTS	k. A.	k. A.
Jährlich zugelassene Studenten	15	k. A.
Durchschnittliches Alter der Studenten	30	k. A.
Internationale Studenten in %	6	0
Internationale Kooperationen	ja	k. A.
Minimale Berufserfahrung in Jahren	2	0
Durchschnittliche Berufserfahrung in Jahren	8	0
Anteil Männer/Frauen in %	60/40	k. A.
Fremdsprachenanteil in %	Englisch: 51–100	k. A.
Studienblöcke (Anzahl)	10	0
Lehrmethode Case Study in %	25	0
Lehrmethode Vorlesung in %	25	0
Andere Lehrmethoden in %	25 (Teamwork), 25 (Paper Writing)	k. A.
Abschlussarbeit erforderlich	nein	k. A.
Erstmals angeboten	1999	k. A.
Absolventen seit Beginn	84	k. A.
Akkreditierung		
Akkreditiert laut Anbieter	AACSB (Partnerhochschule)	k. A.

Zentralstelle für Fernstudien an Fachhochschulen

Profil der Hochschule

Die ZFH – Zentralstelle für Fernstudien an Fachhochschulen ist der bundesweit größte Anbieter von Fernstudiengängen an Fachhochschulen mit akademischem Abschluss. Sie ist eine zentrale wissenschaftliche Einrichtung der Länder Hessen, Rheinland-Pfalz und Saarland mit Sitz in Koblenz und kooperiert mit den 13 Fachhochschulen dieser Bundesländer. Der ZFH-Fernstudienverbund besteht seit zwölf Jahren – das Repertoire umfasst über 20 Fernstudienangebote betriebswirtschaftlicher, technischer und sozialwissenschaftlicher Fachrichtungen, darunter sieben akkreditierte MBA-Studiengänge unterschiedlicher Ausrichtung, von denen wir Ihnen hier vier vorstellen.

Besonderheiten der Studiengänge

MBA Unternehmensführung: Das Fernstudium ebnet Akademikern ohne wirtschaftswissenschaftliche Vorbildung den Weg in das gehobene Management, zur Unternehmensführung oder -nachfolge.

MBA & Engineering Wirtschaftsingenieurwesen: Das akademische Fernstudium Wirtschaftsingenieurwesen eröffnet Ihnen ein breites Einsatzgebiet in der Industrie, in Handels- und Dienstleistungsunternehmen. Es vermittelt Schnittstellenkompetenzen zwischen betriebswirtschaftlichen und technischen Unternehmensbereichen und ermöglicht kompetente Einschätzung komplexer unternehmerischer Aufgaben. Zu den Studieninhalten im Basisstudium zählen beispielsweise Managementgrundlagen, betriebliche Leistungsprozesse, Soft Skills, Finanz- und Rechnungswesen. Im dritten Semester stehen vier Studienschwerpunkte zur Wahl: Controlling, Facility Management, Marketing, Supply Chain Management.

MBA Betriebswirtschaftslehre: Das Fernstudium MBA Betriebswirtschaft zeigt Akademikern mit einer wirtschaftswissenschaftlichen Vorbildung anhand des angebotenen Curriculums den Weg in das gehobene Management, zur Unternehmensführung oder -nachfolge auf.

MBA Logistik-Management & Consulting: Durch die konzentrierte Vermittlung von betriebswirtschaftlichen Kernkompetenzen ist dieser Fernstudiengang explizit für alle Fachrichtungen offen und auch für Bewerber ohne wirtschaftswissenschaftliche Vorkenntnisse geeignet. Er ebnet mit aktuellem und relevantem Management-Know-how den Weg in die oberen Führungsebenen von Logistikunternehmen.

Blended Learning – Der richtige Mix macht's: Das Fernstudienkonzept der ZFH entspricht dem didaktischen Ansatz des Blended Learning, einer abwechslungsreichen Mischung aus Selbststudium, virtuellen Lernkomponenten und Präsenzphasen. Die Studierenden erarbeiten die Studieninhalte zunächst anhand von Studienbriefen bzw. Lernsoftware und werden beim Selbststudium über eine Lernplattform fachlich begleitet und unterstützt. Auf der Lernplattform stehen Lehrinhalte, themenbezogene Foren, eine Chat-Umgebung sowie Test-Tools zur Verfügung. Ca. drei bis vier Präsenzwochenenden pro Semester dienen der Vertiefung und Anwendung des selbst erworbenen Wissens, der Klärung offener Fragen und dem persönlichen Kontakt.

Finanzielle Unterstützung/Stipendien

Aufwendungen für berufliche Weiterbildung können in der Regel steuerlich abgesetzt werden (Studiengebühren, Nebenkosten wie zum Beispiel Reisekosten). Zudem besteht die Möglichkeit, dass Arbeitgeber die Weiterbildungskosten ihrer Mitarbeiter übernehmen, da auch sie von ihren studierenden Mitarbeitern profitieren. Auf unserer Website www.zfh.de haben wir unter der Rubrik „Beratung" Fördermöglichkeiten zusammengestellt.

Adresse der Hochschule

Anschrift: Konrad-Zuse-Straße 1, 56075 Koblenz
Internet: www.zfh.de
Kontakt: Susanne Senft, Tel.: +49-261-91538 38, E-Mail: fernstudium@zfh.de

ZFH
Zentralstelle für
Fernstudien an
Fachhochschulen

MBA-Programme

Name des Programms	MBA Unter-nehmensführung	MBA Betriebs-wirtschaftslehre	MBA Logistik-Management & Consulting	MBA & Enginee-ring Wirtschafts-ingenieurwesen
Schwerpunkt	Management, Betriebswirtschaft, Leadership, HR, Entrepreneur, Unternehmensführung		Management, Betriebswirtschaft, Engineering, Technologie, Luftverkehr, Energie, Logistics	
Form des Programms	Fernstudium	Fernstudium	Fernstudium	Fernstudium
Start des Programms	WS	WS	SS/WS	SS/WS
Dauer des Programms in Monaten	30	30	30	24
Kosten				
Programmkosten in Euro	9.000	9.000	9.000	8.500
Einschreibegebühren in Euro	90	90	k. A.	k. A.
Bewerbung				
Anmeldebeginn	1. Mai	1. Mai	SS 1.Nov. / WS 1.Mai	SS 1.Nov. / WS 1.Mai
Letzter Anmeldetag	15. Juli	15. Juli	SS: 15. Jan./WS: 15. Aug.	SS: 15. Jan./WS: 15. Juli
1. Hochschulabschluss erforderlich	ja, nicht Wirtschaft	ja, Wirtschaft	ja	ja, Ing.od. Naturwiss.
Zulassungstest	ja, wenn Hochschulabschl. schlechter als 2,5			nein
GMAT erforderlich	nein	nein	nein	nein
TOEFL erforderlich	nein	nein	nein	nein
Referenzen	nein	nein	nein	nein
Rahmenbedingungen				
Workloads ECTS	120	120	120	120
Jährlich zugelassene Studenten	30	20	20	60
Durchschnittliches Alter der Studenten	33	32	36	36
Internationale Studenten in %	10	0	14	0
Internationale Kooperationen	k. A.	k. A.	k. A.	k. A.
Minimale Berufserfahrung in Jahren	1	2	1	2
Durchschn. Berufserfahrung in Jahren	5	5	3	11
Anteil Männer/Frauen in %	75/25	75/25	70/30	70/30
Fremdsprachenanteil in %	Englisch: k. A.	Englisch: k. A.	k. A.	k. A.
Studienblöcke (Anzahl)	16	18	25	10
Lehrmethode Case Study in %	10	10	30	5
Lehrmethode Vorlesung in %	20	20	30	25
Andere Lehrmethoden in %	70 (Selbststudium im Blackboard)	70 (Selbststudium im Blackboard)	40	ca. 70 (Selbstst., Lehrbriefe/E-Learning)
Abschlussarbeit erforderlich	ja	ja	ja	ja
Erstmals angeboten	2005	2009	2009	2008
Absolventen seit Beginn	35	k. A.	k. A.	k. A.
Akkreditierung				
Akkreditiert laut Anbieter	AQAS	AQAS	AQAS	AQAS

Fachhochschule Mainz, Univ. of Applied Sciences – Fachbereich Wirtschaft

Anschrift: Lucy-Hillebrand-Straße 2, 55128 Mainz
Internet: www.fh-mainz.de
Kontakt: Bernd D. Wieth, WIN-MBA, Tel.: +49-6131-628-3259, E-Mail: bernd-d.wieth@wiwi.fh-mainz.de
Holger Heinbuch, Business Law, Tel.: +49-6131-628-3222, E-Mail: llm@wiwi.fh-mainz.de

MBA-Programme

Name des Programms	MBA Ingenieure u. Nicht-Wirtschafts- wiss. (WIN-MBA)	Weiterbildungsstu- diengang Business Law (LL.M.)	Konsekutiver Master Wirtschafts- recht (LL.M.)	Master of Science International Business
Schwerpunkt	Engineering, Tech- nologie, Luftverkehr, Energie, Logistics	Handel, Service Mgt., Consulting, PR, Medien, Kultur, Marketing		European-/Interna- tional-/Globalmgt., regionenorientiert
Form des Programms	Teilzeit	Teilzeit	Vollzeit	Vollzeit
Start des Programms	September	WS	WS	20. September
Dauer des Programms in Monaten	24	18	24	15
Kosten				
Programmkosten in Euro	12.000	5.600	800	0
Einschreibegebühren in Euro	k. A.	k. A.	k. A.	100
Bewerbung				
Anmeldebeginn	laufend	laufend	laufend	laufend
Letzter Anmeldetag	Juni	31. Juli	15. Juli	30. Juni
1. Hochschulabschluss erforderlich	ja, k. Wirtschaftswiss.	ja	ja	k. A.
Zulassungstest	ja, Interview	im Ausnahmefall	nein	ja, Interv., schriftl. Engl.-Test
GMAT erforderlich	nein	nein	nein	nein
TOEFL erforderlich	ja, 75 P. ib oder TOEIC: 675 P.	nein	im Ausnahmefall	ja, 237 P./100 P., IELTS: 6,5 P., TOEIC: 701 P.
Referenzen	nein	ja	nein	ja
Rahmenbedingungen				
Workloads ECTS	120	60	120	90
Jährlich zugelassene Studenten	20	35	30	20
Durchschnittliches Alter der Studenten	30	33	k. A.	27
Internationale Studenten in %	20	10	0	70
Internationale Kooperationen	ja	nein	nein	ja
Minimale Berufserfahrung in Jahren	2	1	0	0
Durchschn. Berufserfahrung in Jahren	4	5	0	4
Anteil Männer/Frauen in %	80/20	70/30	k. A.	50/50
Fremdsprachenanteil in %	Englisch: 26–50	Englisch: 26–50	Englisch: 1–25	Englisch: 51–100
Studienblöcke (Anzahl)	18	14	19	12
Lehrmethode Case Study in %	30	30	30	30
Lehrmethode Vorlesung in %	40	40	50	50
Andere Lehrmethoden in %	30	30	20	20
Abschlussarbeit erforderlich	ja	ja	ja	ja
Erstmals angeboten	2002	2004	2008	2001
Absolventen seit Beginn	100	95	k. A.	180
Akkreditierung				
Akkreditiert laut Anbieter	ACQUIN	ACQUIN	AQAS	HEFC, Great Britain

Fachhochschule Worms – University of Applied Sciences
Anschrift: Erenburgerstr. 19, 67549 Worms
Internet: www.fh-worms.de/touristik
Kontakt: Prof. Dr. Hans Rück, Dekan des Fachbereichs, Tel.: +49-6241-509121, E-Mail: rueck@fh-worms.de
Prof. Dr. Andreas Wilbers, Studiengangsleiter MBA, Tel.: +49-6241-509211, E-Mail: wilbers@fh-worms.de

MBA-Programm

Name des Programms	**MBA in Business Travel Management**
Schwerpunkt	Mgt., Betriebswirtschaft, Tourism, Hospitality, Real Estate, Immobilien
Form des Programms	Teilzeit
Start des Programms	SS
Dauer des Programms in Monaten	24
Kosten	
Programmkosten in Euro	19.200
Einschreibegebühren in Euro	0
Bewerbung	
Anmeldebeginn	jederzeit
Letzter Anmeldetag	15. Oktober, Spätanmeldungen möglich
1. Hochschulabschluss erforderlich	nein, Eignungsprüfung
Zulassungstest	ja, Aufnahme- bzw. Eignungsprüfung
GMAT erforderlich	nein
TOEFL erforderlich	ja, 80 P. internet based o. Europa Level B1
Referenzen	ja
Rahmenbedingungen	
Workloads ECTS	90
Jährlich zugelassene Studenten	15
Durchschnittliches Alter der Studenten	37
Internationale Studenten in %	15
Internationale Kooperationen	nein
Minimale Berufserfahrung in Jahren	2
Durchschnittliche Berufserfahrung in Jahren	12
Anteil Männer/Frauen in %	60/40
Fremdsprachenanteil in %	Englisch: 1–25
Studienblöcke (Anzahl)	10
Lehrmethode Case Study in %	10
Lehrmethode Vorlesung in %	40
Andere Lehrmethoden in %	50 (Online Campus)
Abschlussarbeit erforderlich	ja
Erstmals angeboten	2010
Absolventen seit Beginn	0
Akkreditierung	
Akkreditiert laut Anbieter	FIBAA

Johannes Gutenberg-Universität Mainz

Profil der Hochschule

Der Executive-MBA-Studiengang der Universität Mainz wendet sich an die Leistungseliten in Wirtschaftsunternehmen und öffentlichen Einrichtungen, an Selbstständige und Freiberufler. Er versteht erfolgreiches Management als gelungene Führung und Führung als Haltung, die in Einsicht und Urteilfähigkeit gründet und sich in der Übernahme von Verantwortung äußert. Unter dieser Voraussetzung verfolgt sein General-Management-Programm den Zweck,

- die Teilnehmer für Führungsaufgaben internationalen Zuschnitts zu qualifizieren,
- in funktionsübergreifendem Denken und Handeln zu schulen,
- ihr Verständnis für die Chancen und die Risiken des globalen Wettbewerbs zu vertiefen und
- ihr Bewusstsein der Mitverantwortung für das Wohl des Unternehmens und der Gesellschaft zu schärfen.

Die besondere Qualität des Studienganges ergibt sich aus dem Zusammentreffen berufserfahrener und hoch motivierter Studierender mit fachlich hervorragenden und persönlich engagierten Dozenten. Die Mehrzahl der Dozenten wird außerhalb der Universität Mainz gewonnen. Alle gehören zu den Besten ihres Fachs und besitzen ausgedehnte Erfahrungen mit berufsbegleitender wissenschaftlicher Weiterbildung. Bei der Auswahl der Studierenden achtet die Programmleitung nicht nur auf hohes intellektuelles Niveau und integrative Persönlichkeitsmerkmale der einzelnen Teilnehmer, sondern auch auf mögliche Vielfalt der akademischen Kenntnisse und beruflichen Erfahrungen in der Gruppe.

Besonderheiten der Studiengänge

Das wissenschaftlich fundierte, praxisgerechte Programm erstreckt sich über zwei Jahre und besteht aus zehn Modulen mit je drei Kursen. Jeder Kurs umfasst 21 akademische Stunden und findet von Freitag 14.00 Uhr bis Sonntag 13.00 Uhr statt. Dem ersten Modul geht eine Einführungswoche voraus. Das erste Studienjahr schließt mit einem Studienaufenthalt in der University of Finance and Economics in Dalian (China); das zweite Studienjahr beginnt mit einem Studienaufenthalt in der McCombsSchool of Business an der University of Texas at Austin. Nach Abschluss der Kurse haben die Teilnehmerinnen und Teilnehmer noch die Möglichkeit, an einem Kursprogramm an der Adelaide Graduate School of Business der University of Adelaide teilzunehmen. Inhalt und Ablauf des Studienprogramms finden Sie unter: www.emba-mainz.de.

In jedem Modul erhalten die Studierenden bei sogenannten Kamingesprächen die Gelegenheit zum Austausch mit hochrangigen Vertretern der Wirtschaft, der Politik und des kulturellen Lebens. EMBA Mainz nahm den Studienbetrieb im September 2001 auf. Seither haben 181 Absolventinnen und Absolventen das Programm in sechs Jahrgängen erfolgreich durchlaufen. Derzeit studieren 52 Teilnehmerinnen und Teilnehmer im achten und neunten Jahrgang. Eine Absolventenvereinigung fördert den Zusammenhalt der Ehemaligen und der Aktiven sowie deren Engagement füreinander und für den Studiengang.

Adresse der Hochschule

Anschrift: Jakob-Welder Weg 4, 55099 Mainz
Internet: www.emba-mainz.de
Kontakt: Stefanie Best-Klossok, Tel.: +49-6131-3922136,
E-Mail: emba@uni-mainz.de

MBA-Programm

Name des Programms	**Executive MBA-Studiengang (EMBA Mainz)**
Schwerpunkt	Management, Betriebswirtschaft
Form des Programms	Executive
Start des Programms	13. September
Dauer des Programms in Monaten	24
Kosten	
Programmkosten in Euro	24.000
Einschreibegebühren in Euro	0
Bewerbung	
Anmeldebeginn	laufend
Letzter Anmeldetag	15. Juli
1. Hochschulabschluss erforderlich	ja, Ausnahmen möglich
Zulassungstest	nein, Eignungsprüfung bei fehlendem Hochschulabschluss
GMAT erforderlich	nein
TOEFL erforderlich	nein
Referenzen	ja, wenn mögl., Empfehlungsschreiben v. Arbeitgeber
Rahmenbedingungen	
Workloads ECTS	90
Jährlich zugelassene Studenten	30
Durchschnittliches Alter der Studenten	35
Internationale Studenten in %	15
Internationale Kooperationen	ja
Minimale Berufserfahrung in Jahren	3
Durchschnittliche Berufserfahrung in Jahren	7
Anteil Männer/Frauen in %	80/20
Fremdsprachenanteil in %	Englisch: 1–25
Studienblöcke (Anzahl)	2
Lehrmethode Case Study in %	33
Lehrmethode Vorlesung in %	33
Andere Lehrmethoden in %	33 (Gruppenarbeiten)
Abschlussarbeit erforderlich	ja
Erstmals angeboten	2001
Absolventen seit Beginn	181
Akkreditierung	
Akkreditiert laut Anbieter	FIBAA

Fachhochschule Koblenz
RheinAhrCampus Remagen

Profil der Hochschule

Der RheinAhrCampus ist ein Standort der Fachhochschule Koblenz und wurde 1998 in Betrieb genommen. Derzeit sind über 2.600 Studierende eingeschrieben. Sie werden von rund 100 Beschäftigten und 50 Professoren betreut. Der RheinAhrCampus hat sich auf Schnittstellenstudiengänge spezialisiert, sodass z. B. die Betriebswirtschaftslehre mit verschiedenen anderen Themenfeldern (z. B. Sozial-, Sport-, Ingenieurwissenschaften) verknüpft wird.

Besonderheiten des Studiengangs

Das MBA-Fernstudienprogramm bietet eine hervorragende Möglichkeit, betriebswirtschaftliches Know-how und Managementkompetenz aufzubauen. In den ersten beiden Semestern werden die Inhalte der Basismodule vermittelt. Das dritte und vierte Semester umfasst das jeweilige Aufbaumodul. Das fünfte Semester dient der Erstellung der Master-Thesis. Die Prüfungen erfolgen studienbegleitend zum Semesterende. Durch die Kombination von Pflicht-Basismodulen und frei wählbaren Aufbaumodulen wird eine praxisorientierte und berufsqualifizierende Weiterbildung auf der Basis neuester wissenschaftlicher Erkenntnisse gewährleistet. Die Lehre wird mit der von den Studierenden gewonnenen Berufserfahrung auf optimale Weise miteinander verknüpft. Die Studienstruktur bietet ein Höchstmaß an Flexibilität und Vereinbarkeit mit Beruf und Familie. Zum Studium muss man nicht unbedingt an die Hochschule kommen. Der größte Teil der Stoffvermittlung findet im Selbststudium unter Einsatz einer online-gestützten Lernplattform statt. Hinzu kommen Präsenzangebote, i. d. R. vier bis fünf Tage pro Semester zzgl. der ein bis drei Prüfungstage pro Semester (alles an Samstagen), die das Fernstudienkonzept ergänzen. Mit Wirkung vom 24. April 2009 wurde das MBA-Fernstudienprogramm von der AQAS bis 2014 nach aktuellsten, internationalen Qualitätsstandards akkreditiert. Der 90 ECTS umfassende Studienabschluss befähigt zur Zulassung zum höheren Dienst in der öffentlichen Verwaltung und berechtigt zur Promotion. Für Bachelor mit Regelstudienzeit unter sieben Semestern (unter 210 ECTS) wird ermöglicht, bis zum MBA-Abschluss die zur Vergabe des akademischen Grades erforderlichen 300 ECTS zu erreichen.

Basismodule (erstes und zweites Semester): Economics, Führung und Organisation, Wirtschafts- und Arbeitsrecht, Management und Controlling (zwei Semester), externe Rechnungslegung und Besteuerung, Human Resource Management, Informationsmanagement/E-Business/E-Commerce, internationale Kompetenzen (zwei Semester).

Aufbaumodule nach Wahl (drittes und viertes Semester): Marketing, Logistikmanagement, Produktionsmanagement, Sanierungs- und Insolvenzmanagement, Gesundheits- und Sozialwirtschaft, Freizeit- und Tourismuswirtschaft, Unternehmensführung/Finanzmanagement (neu seit WS 2009–2010).

Internationale Verbindungen

Der internationale Bezug des Fernstudienprogramms wird durch entsprechende Inhalte sichergestellt. Der RheinAhrCampus mit seinem Bereich Sprachen/Internationales stellt sämtliche internationale Lehr- und Betreuungsangebote auch den Studierenden des MBA-Fernstudienprogramms zur Verfügung inkl. Nutzung der vorhandenen digitalen und medialen Lernressourcen unter Berücksichtigung neuester didaktischer Ansätze und Einsatz von Video- und Computertechnologie für interaktiven Spracherwerb.

Finanzielle Unterstützung/Stipendien

Anrechnung Studienkontenguthaben aus RLP, Firmenkundenrabatt

Adresse der Hochschule

Anschrift: Südallee 2, 53424 Remagen
Internet: www.mba-fernstudienprogramm.de
Kontakt: Julia Heigrodt, Tel.: +49-2642-932388,
E-Mail: heigrodt@rheinahrcampus.de
Sabine Beck, Tel.: +49-2642-932413, E-Mail: beck@rheinahrcampus.de

RheinAhr Campus

MBA-Programm

Name des Programms	**MBA Fernstudienprogramm**
Schwerpunkt	Management, Betriebswirtschaft
Form des Programms	Fernstudium
Start des Programms	SS/WS
Dauer des Programms in Monaten	30
Kosten	
Programmkosten in Euro	9.600
Einschreibegebühren in Euro	0
Bewerbung	
Anmeldebeginn	1. Mai/1. November
Letzter Anmeldetag	regulär: 15. Juli/15. Januar
1. Hochschulabschluss erforderlich	ja, sonst Eignungsprüf.
Zulassungstest	nein, nur bei Eignungspr./bei 5 J. Führungserfahr., HZB
GMAT erforderlich	nein
TOEFL erforderlich	nein
Referenzen	nein
Rahmenbedingungen	
Workloads ECTS	90
Jährlich zugelassene Studenten	180
Durchschnittliches Alter der Studenten	34
Internationale Studenten in %	4
Internationale Kooperationen	k. A.
Minimale Berufserfahrung in Jahren	1
Durchschnittliche Berufserfahrung in Jahren	6
Anteil Männer/Frauen in %	73/27
Fremdsprachenanteil in %	1–25
Studienblöcke (Anzahl)	5
Lehrmethode Case Study in %	8
Lehrmethode Vorlesung in %	2
Andere Lehrmethoden in %	90 (Selbststudium)
Abschlussarbeit erforderlich	ja
Erstmals angeboten	2003
Absolventen seit Beginn	380
Akkreditierung	
Akkreditiert laut Anbieter	AQAS (bis 2014)

Universität Trier

Profil der Hochschule

Die Universität Trier mit ca. 14.600 Studierenden und über 900 Mitarbeitern bietet in sechs Fachbereichen über 30 Studienfächer an und ist auf Geistes- und Sozialwissenschaften fokussiert. Die Lehre im Fachbereich IV (Wirtschafts- und Sozialwissenschaften, Mathematik, Informatik und Wirtschaftsinformatik) der Universität Trier baut auf einer empirischen, praxisorientierten Konzeption auf, die durch intensive persönliche Kommunikation von Lehrenden und Lernenden geprägt ist. Die Lage im Vierländereck mit Luxemburg, Frankreich und Belgien lässt die Moselmetropole zum Treffpunkt für Menschen aus der ganzen Welt werden. Die älteste Stadt Deutschlands bietet ein ideales Umfeld für die Weiterbildung von Führungskräften in den Studiengängen Executive MBA Health Care Management und International Executive MBA General Management an.

Besonderheiten der Studiengänge

Der Executive MBA Health Care Management soll Führungskräften aus allen Bereichen des Gesundheitswesens Schlüsselqualifikationen vermitteln, die es ermöglichen, die wesentlichen Probleme im Gesundheitswesen aus sozioökonomischer, aber auch ethischer Sicht zu analysieren und zu bewältigen. Der Studiengang wendet sich an alle, die eine Qualifikation zur Führungskraft anstreben oder ihre Kompetenzen systematisch erweitern wollen. Das Programm wurde vom Internationalen Health Care Management Institut (IHCI) der Universität Trier, dem Health Care Management e.V. – Institut an der Philipps-Universität Marburg und der SMBS – University of Salzburg Business School in Kooperation erarbeitet. Durch die Einbeziehung von erfahrenen, erfolgreichen Praktikern und die problembasierten sowie fallstudienorientierten Lehrmethoden wird sichergestellt, dass Sie sich auf Ihre Rolle als Entscheidungsträger im Health Care Management optimal vorbereiten können.

Der International Executive MBA General Management vermittelt auf wissenschaftlicher Grundlage die erforderlichen analytischen Fähigkeiten sowie die notwendigen Handlungskompetenzen für eine erfolgreiche Tätigkeit im Bereich des General Managements. Dieses MBA-Studium richtet sich an Führungskräfte und Führungsnachwuchskräfte, die ihre Kompetenzen mit neuen Methoden und Ideen ergänzen wollen. Ziel ist die Vermittlung erforderlicher Fähigkeiten sowie Handlungskompetenzen für eine erfolgreiche Führung von Menschen und Unternehmen.

Internationale Verbindungen

Der Executive MBA Health Care Management findet an vier internationalen Veranstaltungsorten statt. Der Studiengang wird vom IHCI der Universität Trier in Kooperation mit dem Fachbereich Wirtschaftswissenschaften der Phillips-Universität Marburg, der SMBS – University of Salzburg Business School, der Paracelsus Medizinische Privatuniversität Salzburg und der Joseph L. Rotman School of Management – University of Toronto durchgeführt.

Die Internationalität des International Executive MBA General Management wird durch die Veranstaltungsorte Trier (Universität Trier), Marburg (Philipps-Universität Marburg), London (University of Westminster), Toronto (Joseph L. Rotman School of Management) und Shanghai (Fudan University) eindeutig hervorgehoben. Die Möglichkeit, neben Trier und Marburg an drei weiteren Standorten mit renommierten Kooperationspartnern auf drei Kontinenten zu studieren, zeichnet in besonderem Maße die Internationalität und im gewissen Sinne die Einmaligkeit des Studienganges aus.

Adresse der Hochschule

Anschrift: Campus II, Behringstraße , 54286 Trier
Internet: www.ihci.uni-trier.de
Kontakt: Maria Huggenberger, MBA Health Care Management,
Tel.: +49-651-201-4164, E-Mail: huggenbe@uni-trier.de
Margot Löwenberg, MBA General Management,
Tel.: +49-651-201-2605, E-Mail: mba@uni-trier.de

Internationales Health Care
Management Institut - IHCI

Universität Trier

MBA-Programme

Name des Programms	Executive MBA Health Care Mgt.	Int. Executive MBA General Mgt.
Schwerpunkt	Management, Betriebswirtschaft, Gesundheit, Healthcare, Life Science, Sport	Management, Betriebswirtschaft
Form des Programms	Teilzeit	Teilzeit
Start des Programms	WS	WS
Dauer des Programms in Monaten	24	24
Kosten		
Programmkosten in Euro	23.725	23.725
Einschreibegebühren in Euro	k. A.	k. A.
Bewerbung		
Anmeldebeginn	laufend	laufend
Letzter Anmeldetag	28. August	28. August
1. Hochschulabschluss erforderlich	k. A.	k. A.
Zulassungstest	ja, Auswahlgespräch	ja
GMAT erforderlich	nein	nein
TOEFL erforderlich	ja	ja
Referenzen	ja, Empfehlungsschreiben	ja
Rahmenbedingungen		
Workloads ECTS	67	66
Jährlich zugelassene Studenten	25	k. A.
Durchschnittliches Alter der Studenten	33	k. A.
Internationale Studenten in %	38	0
Internationale Kooperationen	ja	ja
Minimale Berufserfahrung in Jahren	5	5
Durchschnittliche Berufserfahrung in Jahren	10	10
Anteil Männer/Frauen in %	60/40	k. A.
Fremdsprachenanteil in %	Englisch: 1–25	Englisch: 26–50
Studienblöcke (Anzahl)	8	8
Lehrmethode Case Study in %	20	20
Lehrmethode Vorlesung in %	50	50
Andere Lehrmethoden in %	30	30
Abschlussarbeit erforderlich	ja	ja
Erstmals angeboten	2004	2009
Absolventen seit Beginn	38	k. A.
Akkreditierung		
Akkreditiert laut Anbieter	FIBAA	FIBAA

WHU –
Otto Beisheim School of Management
MBA-Office

Profil der Hochschule

Die WHU – Otto Beisheim School of Management ist eine private, staatlich anerkannte Hochschule. Sie ist 1984 aus einer Privatinitiative entstanden. Neben der Erstausbildung engagiert sich die WHU in der Managementweiterbildung. Die zurzeit 27 Lehrstühle und mehr als 40 externen Dozenten aus dem In- und Ausland sind Garanten praxisorientierter, dabei aber wissenschaftlich unabhängiger Lehre und Forschung. Das große Angebot unterschiedlicher Programme und die sehr gute Qualität in Lehre und Forschung haben zu einer großen Zahl von Top-Platzierungen der WHU in nationalen und internationalen Rankings geführt. Die WHU erhielt als erste deutsche Universität bereits 1998 die EQUIS-Akkreditierung und ist als einzige private Hochschule Mitglied der deutschen Forschungsgemeinschaft (DFG). Kürzlich wurde dem MBA-Programm der WHU das FIBAA-Premium-Siegel verliehen.

Besonderheiten der Studiengänge

Ziel des MBA-Programms ist es, Teilnehmern aus aller Welt die notwendigen Fähigkeiten zu vermitteln, um Strategien, Veränderungen und Wettbewerbssituationen im internationalen Kontext zu erkennen und zu beherrschen, sowie ihre Karriere zu fördern. Die Kursgröße von 30 Studenten garantiert ein interdisziplinäres und sehr kommunikatives Lernfeld. Der WHU-MBA ist kein betriebswirtschaftliches Aufbaustudium, sondern speziell auf die Anforderungen in der Managementpraxis zugeschnitten. Im Rahmen der General-Management-Ausbildung bietet die Programmstruktur die Möglichkeit, sich in den Bereichen Marketing & Sales, Finance & Accounting, Leadership & Personal Development, Strategy und Value Chain Management zu spezialisieren. Teamwork ist ein essentieller Bestandteil unserer Lehrmethode. In Gruppen von fünf bis sechs Studierenden werden Kursinhalte diskutiert und im Rahmen praxisorientierter Projekte, Konzepte und Tools zur Anwendung gebracht. Das Programm wird von erfahrenen WHU-Professoren geleitet und durchgeführt. Dieses Konzept ist sowohl EQUIS- als auch FIBAA-Premium-akkreditiert. Die Akkreditierung durch die AACSB ist in Vorbereitung.

Internationale Verbindungen

Innerhalb des 16-monatigen Studiums absolvieren die Studenten drei obligatorische Auslandsaufenthalte. Aktuell studieren die MBA-Studenten im ersten Auslandsmodul an der Northwestern University, Kellogg School of Management, in Evanston, Chicago (USA). Die weiteren Auslandsmodule absolvieren die Studenten für jeweils zwei Wochen in Indien (Indian Institute of Management in Bangalore) und anschließend in China (CEIBS Shanghai und Peking). In den internationalen Modulen beschäftigen sich die Teilnehmer mit Fragen des internationalen Managements und lernen Geschäftschancen sowie Managementherausforderungen in den jeweiligen Ländern kennen. Das Programm besteht aus Vorlesungen durch erfahrene Professoren der Partneruniversitäten sowie Unternehmensbesichtigungen und einem Gruppenprojekt.

Finanzielle Unterstützung/Stipendien

Die WHU bietet Ihren Bewerbern die Möglichkeit, sich parallel für ein Stipendium zu bewerben: Leadership Scholarship, Globalization Scholarship, Diversity Scholarship, Scholarship for Participants from Developing Countries, Entrepreneurship Scholarship, Scholarship for Women in Business, Scholarship for Excellent GMAT Result, Scholarship für e-fellows Alumni. Weitere Informationen über die Scholarships und weitere Finanzierungsmöglichkeiten finden Sie unter: www.whu.edu/mba.

Adresse der Hochschule
Anschrift: Burgplatz 2, 56179 Vallendar
Internet: www.whu.edu/mba
Kontakt: Heidrun Hoffmann, Tel.: +49-261-6509-141, E-Mail: mba@whu.edu

Otto Beisheim School of Management

MBA-Programme

Name des Programms	**MBA Programm**
Schwerpunkt	Management, Betriebswirtschaft
Form des Programms	Vollzeit
Start des Programms	März
Dauer des Programms in Monaten	16
Kosten	
Programmkosten in Euro	35.000
Einschreibegebühren in Euro	95
Bewerbung	
Anmeldebeginn	laufend
Letzter Anmeldetag	15. Jan., wenn Visum nötig: 15. Dez.
1. Hochschulabschluss erforderlich	ja
Zulassungstest	ja, Interview
GMAT erforderlich	ja, 600 P.
TOEFL erforderlich	ja, 100 P.
Referenzen	ja, 2 Empfehlungsschreiben
Rahmenbedingungen	
Workloads ECTS	100
Jährlich zugelassene Studenten	30
Durchschnittliches Alter der Studenten	28
Internationale Studenten in %	50
Internationale Kooperationen	ja
Minimale Berufserfahrung in Jahren	2
Durchschnittliche Berufserfahrung in Jahren	4
Anteil Männer/Frauen in %	50/50
Fremdsprachenanteil in %	Englisch: 51–100
Studienblöcke (Anzahl)	4
Lehrmethode Case Study in %	30
Lehrmethode Vorlesung in %	50
Andere Lehrmethoden in %	20 (Firmenbesuche, Gastvorträge)
Abschlussarbeit erforderlich	ja
Erstmals angeboten	2005
Absolventen seit Beginn	107
Akkreditierung	
Akkreditiert laut Anbieter	AACSB geplant, EFMD/EQUIS/EPAS, FIBAA-Premium-Akkreditierung

WHU –
Otto Beisheim School of Management

Profil der Hochschule

Die WHU – Otto Beisheim School of Management ist eine private, staatlich anerkannte Hochschule mit Sitz in Vallendar bei Koblenz. Sie ist 1984 aus einer Privatinitiative entstanden. Neben der Erstausbildung engagiert sich die WHU in der Managementweiterbildung. Die zurzeit 27 Lehrstühle und mehr als 40 externen Dozenten aus dem In- und Ausland sind Garanten praxisorientierter, dabei aber wissenschaftlich unabhängiger Lehre und Forschung. Das große Angebot unterschiedlicher Programme und die sehr gute Qualität in Lehre und Forschung haben zu einer großen Zahl von Top-Platzierungen der WHU in nationalen und internationalen Rankings geführt. Die WHU erhielt als erste deutsche Universität bereits 1998 die EQUIS-Akkreditierung und ist als einzige private Hochschule Mitglied der deutschen Forschungsgemeinschaft (DFG).

Besonderheiten der Studiengänge

Das Part-time MBA Programm ist für Nachwuchskräfte konzipiert, die über einen ersten Hochschulabschluss in einer wirtschaftswissenschaftlichen oder nicht wirtschaftswissenschaftlichen Fachrichtung sowie über mindestens zwei Jahre Berufserfahrung verfügen und ihre Kenntnisse in den Bereichen Betriebswirtschaft und Ökonomie ergänzen, vertiefen oder aufbauen möchten. Generell ist dieser Studiengang auf eine internationale Zielgruppe ausgerichtet, die beruflich in Düsseldorf oder der breiteren Rhein-/Ruhr Region tätig ist. Es handelt sich um eine qualitativ hochwertige General Management Ausbildung mit besonderem Fokus auf den Bereich Führung und persönliche Entwicklung. Die Grundidee des Programms ist es, junge Unternehmenstalente im Laufe des international angelegten Programms in ihren Führungsfertigkeiten zu trainieren und sie so auf Führungspositionen in ihren Unternehmen vorzubereiten. Die Jahrgangsgröße von 35 bis 40 Studenten garantiert ein interdisziplinäres und sehr kommunikatives Lernfeld. Der Unterricht findet an Samstagen in Düsseldorf statt. Die Teilnehmer unterziehen sich während des Studiums einer Leistungskontrolle in Form von Fallstudien, Projektarbeiten und Präsentationen sowie schriftlichen Modulendprüfungen. Spätestens im Oktober des letzten Programmjahres muss jeder Teilnehmer eine praxisorientierte oder theoretisch ausgerichtete Abschlussarbeit (Master Thesis) fertiggestellt haben.

Internationale Verbindungen

Das zweijährige Studium umfasst drei obligatorische Auslandsaufenthalte. Das erste Auslandsmodul absolvieren die Part-time-MBA-Studenten an der Columbia Business School New York City in USA. Zwei weitere zusammenhängende Studienwochen verbringen die Teilnehmer an der China Europe International Business School (CEIBS) in Shanghai/China und dem Indian Institute of Management (IIM) in Bangalore/Indien. Während dieser drei Präsenzwochen im Ausland lernen die Studenten die Chancen, Herausforderungen und Risiken des internationalen Managements kennen. Die einwöchigen Aufenthalte umfassen Vorlesungen, Unternehmensbesichtigungen sowie ein Gruppenprojekt.

Finanzielle Unterstützung

Es bestehen folgende Finanzierungsmöglichkeiten:
Bankdarlehen für Studierende: Das örtliche Bankinstitut bietet Darlehen für Studierende der WHU an.
WHU Brain Capital GmbH: Die WHU Brain Capital GMBH bietet ein spezielles Finanzierungskonzept im Rahmen eines umgekehrten Generationsvertrags an. Weitere Informationen finden Sie unter www.whubraincapital.de
Stipendien: In besonderen Fällen kann ein Teilstipendium beantragt werden.

Adresse der Hochschule

Anschrift: Burgplatz 2, 56179 Vallendar
Internet www.whu.edu/pt-mba
Kontakt Ursula Opper, Tel.: +49-261-6509670, E-Mail: part-time.mba@whu.edu
Christina Happel, Tel.: +49-261-6509672, E-Mail: part-time.mba@whu.edu

Otto Beisheim School of Management

MBA-Programm

Name des Programms	**Part-time MBA Program**
Schwerpunkt	Management, Betriebswirtschaft
Form des Programms	Teilzeit
Start des Programms	September
Dauer des Programms in Monaten	24 Monate
Kosten	
Programmkosten in Euro	35.000
Einschreibegebühren in Euro	95
Bewerbung	
Anmeldebeginn	01. September
Letzter Anmeldetag	30. Juli
1. Hochschulabschluss erforderlich	ja
Zulassungstest	ja, Interview
GMAT erforderlich	ja, mind. 600 P.
TOEFL erforderlich	ja, mind. 100 P.
Referenzen	ja, 1 Empfehlungsschreiben
Rahmenbedingungen	
Workloads ECTS	100
Jährlich zugelassene Studenten	35
Durchschnittliches Alter der Studenten	30
Internationale Studenten in %	37
Internationale Kooperationen	ja
Minimale Berufserfahrung in Jahren	2
Durchschnittliche Berufserfahrung in Jahren	4
Anteil Männer/Frauen in %	73/27
Fremdsprachenanteil in %	Englisch: 26–50
Studienblöcke (Anzahl)	4
Lehrmethode Case Study in %	30
Lehrmethode Vorlesung in %	40
Andere Lehrmethoden in %	30
Abschlussarbeit erforderlich	ja
Erstmals angeboten	2010
Absolventen seit Beginn	31
Akkreditierung	
Akkreditiert laut Anbieter	AACSB geplant, EFMD/EQUIS/EPAS, FIBAA

Kellogg-WHU
Executive MBA Programm

Profil der Hochschule

The Kellogg School of Management at Northwestern University was founded in 1908 and is widely recognized as a global leader in management education. The school, located just outside of Chicago, is home to a renowned, research-based faculty and MBA students from around the globe. For more than a century, the Kellogg School has made strong leaders stronger. Our professors are preeminent scholars and passionate teachers. They direct research centers and author the books that are used to teach business students the world over. As a result, our alumni are successful senior leaders in business, government, education and virtually all fields. The Kellogg School of Management's academic portfolio includes the Full-Time, Part- Time and Executive MBA Programs, the PhD Program, and the non-degree Executive Education Program. In addition to campuses in Chicago and Evanston, Illinois, the Kellogg School offers an Executive MBA Program in Miami and has alliances with business schools around the world such as the Kellogg-WHU Executive MBA program.

WHU was founded in 1984 as one of the first private business schools in Germany growing to become a leader in management research and education in an international arena. The traditional yet innovative approach continues to result in many milestones including: Launching the Kellogg Executive MBA partnership in 1997; earning the international quality label and accreditation approval of EQUIS in 1998; earning the superior accreditation approval of FIBAA premium in 2010; establishing an extraordinary worldwide network of over 150 universities covering all continents. Not surprisingly, the school is consistently ranked by leading publications as one of the top management schools in the German-speaking area. The primary mission of the WHU is both research- and practice-based education of general managers and entrepreneurs who excel in leadership, business and civil society roles. Located between Frankfurt and Cologne, one of the most vibrant areas of Europe, the school can easily be reached from any region worldwide. As a result of the quaint location, one also has the benefit of a close-knit community while obtaining world class education.

Besonderheiten der Studiengänge

The Kellogg-WHU Program puts strong emphasis on teamwork and study groups, and many class projects are assigned to study groups, rather than individual students. When assigning study groups, every effort is made to provide a diversity of skills among participants and create opportunities for peer tutoring.

Our teaching approach relies, to a good part, on the case study method, allowing students to work in interdisciplinary groups A mix of additional methods is used to draw on the participants' own professional experience, creating an interactive learning environment and promoting an exchange of ideas between students and faculty.

Internationale Verbindungen

The program consists of 600 class hours (45 minutes per class session): Twelve weekends and six live-in weeks, including 3 Weeks in Vallendar, 2 Weeks in Evanston/Chicago and 1 week with a global partner in Miami, Toronto, Tel Aviv or Hong Kong . The program is divided into 11 modules and comprises 30 courses.

Adresse der Hochschule

Anschrift: Burgplatz 2, 56179 Vallendar
Internet www.kellogg.de
Kontakt Beate Allar, Tel.: +49-261-6509186, E-Mail: beate.allar@whu.edu

MBA-Programm

Name des Programms	**Kellogg-WHU Executive Program**
Schwerpunkt	Management, Betriebswirtschaft
Form des Programms	Executive
Start des Programms	September
Dauer des Programms in Monaten	24 Monate
Kosten	
Programmkosten in Euro	70.000
Einschreibegebühren in Euro	200
Bewerbung	
Anmeldebeginn	laufend
Letzter Anmeldetag	31. Juli
1. Hochschulabschluss erforderlich	ja
Zulassungstest	ja, Interview
GMAT erforderlich	nein
TOEFL erforderlich	ja
Referenzen	ja
Rahmenbedingungen	
Workloads ECTS	k.A.
Jährlich zugelassene Studenten	50
Durchschnittliches Alter der Studenten	36
Internationale Studenten in %	55
Internationale Kooperationen	ja
Minimale Berufserfahrung in Jahren	5
Durchschnittliche Berufserfahrung in Jahren	10
Anteil Männer/Frauen in %	70/30
Fremdsprachenanteil in %	Englisch: 51–100
Studienblöcke (Anzahl)	11
Lehrmethode Case Study in %	33
Lehrmethode Vorlesung in %	33
Andere Lehrmethoden in %	33
Abschlussarbeit erforderlich	ja
Erstmals angeboten	1997
Absolventen seit Beginn	700
Akkreditierung	
Akkreditiert laut Anbieter	AACSB, EFMD/EQUIS/EPAS, FIBAA

Fachhochschule Kaiserslautern – Standort Zweibrücken

Anschrift: Amerikastraße 1, 66482 Zweibrücken
Internet: http://ving.bw.fh-kl.de
Kontakt: Martina Fremgen, Tel.: +49-6332-914509, E-Mail: fremgen@ed-media.org

MBA-Programme

Name des Programms	**MBA Vertriebsingenieur**	**MBA Marketing-Management**
Schwerpunkt	Handel, Service Mgt., Consulting, PR, Medien, Kultur, Marketing	
Form des Programms	Fernstudium	Fernstudium
Start des Programms	WS/SS	WS/SS
Dauer des Programms in Monaten	24	24
Kosten		
Programmkosten in Euro	7.800	7.800
Einschreibegebühren in Euro	2	2
Bewerbung		
Anmeldebeginn	1. Mai/1. November	1. Mai/1. November
Letzter Anmeldetag	15. Juli/15. Januar	15. Juli/15. Januar
1. Hochschulabschluss erforderlich	ja od. Eignungsprüfung	ja od. Eignungsprüfung
Zulassungstest	ggf. Eignungsprüfung	ggf. Eignungsprüfung
GMAT erforderlich	nein	nein
TOEFL erforderlich	nein	nein
Referenzen	nein	nein
Rahmenbedingungen		
Workloads ECTS	90	90
Jährlich zugelassene Studenten	30	30
Durchschnittliches Alter der Studenten	34	34
Internationale Studenten in %	11	11
Internationale Kooperationen	ja	ja
Minimale Berufserfahrung in Jahren	2	2
Durchschnittliche Berufserfahrung in Jahren	8	8
Anteil Männer/Frauen in %	80/20	80/20
Fremdsprachenanteil in %	Englisch: 1–25	Englisch: 1–25
Studienblöcke (Anzahl)	3	3
Lehrmethode Case Study in %	50	50
Lehrmethode Vorlesung in %	10	10
Andere Lehrmethoden in %	40	40
Abschlussarbeit erforderlich	ja	ja
Erstmals angeboten	2008	2008
Absolventen seit Beginn	k. A.	k. A.
Akkreditierung		
Akkreditiert laut Anbieter	AQAS	AQAS

Universität des Saarlandes, MBA School – Europa-Institut

Anschrift: Campus Geb. A5 4, 66123 Saarbrücken
Internet: www.mba-europe.de
Kontakt: Dr. Eva Bamberger, Tel.: +49-681-302-2553, E-Mail: eva.bamberger@mba-europe.de

MBA-Programme

Name des Programms	**MBA European Management**	**MBA European Management**
Schwerpunkt	Management, Betriebswirtschaft	Management, Betriebswirtschaft
Form des Programms	Vollzeit	Teilzeit
Start des Programms	Oktober	Oktober
Dauer des Programms in Monaten	12	24
Kosten		
Programmkosten in Euro	12.000	14.500
Einschreibegebühren in Euro	140	140
Bewerbung		
Anmeldebeginn	laufend	laufend
Letzter Anmeldetag	15. Juli	15. Juli
1. Hochschulabschluss erforderlich	ja	ja
Zulassungstest	ja, Interview	ja, Interview
GMAT erforderlich	ja, 400 P.	ja, 400 P.
TOEFL erforderlich	ja oder vgl. Nachweis	ja oder vgl. Nachweis
Referenzen	ja	ja
Rahmenbedingungen		
Workloads ECTS	60	60
Jährlich zugelassene Studenten	k. A.	k. A.
Durchschnittliches Alter der Studenten	28	28
Internationale Studenten in %	50	50
Internationale Kooperationen	ja	ja
Minimale Berufserfahrung in Jahren	1	2
Durchschnittliche Berufserfahrung in Jahren	4	4
Anteil Männer/Frauen in %	50/50	50/50
Fremdsprachenanteil in %	Englisch: 51–100	Englisch: 51–100
Studienblöcke (Anzahl)	2	15
Lehrmethode Case Study in %	40	40
Lehrmethode Vorlesung in %	40	40
Andere Lehrmethoden in %	20	20
Abschlussarbeit erforderlich	ja	ja
Erstmals angeboten	1990	1990
Absolventen seit Beginn	595	595
Akkreditierung		
Akkreditiert laut Anbieter	FIBAA, Mitglied EFMD	FIBAA, Mitglied EFMD

Dresden International University

Anschrift: Chemnitzer Straße 46b, 01187 Dresden
Internet: www.di-uni.de
Kontakt: Christiane Laumann, Studienorganisation, Tel.: +49-351-46332326, E-Mail: christiane.laumann@di-uni.de
Stefan Erbe, Marketing & Kommunikation, Tel.: +49-351-46337800, E-Mail: stefan.erbe@di-uni.de

MBA-Programme

Name des Programms	Wirtschaft und Recht	MBA Unternehmensführung	Logistik für deu. Fach- und Führ.kr.	MBA Health Care Management
Schwerpunkt	Handel, Service Mgt., Consulting, PR, Medien, Kultur, Marketing	Leadership, HR, Entrepreneur, Unternehmensführung	Engineering, Technologie, Luftverkehr, Energie, Logistics	Gesundheit, Healthcare, Life Science, Sport
Form des Programms	Teilzeit	Teilzeit	Teilzeit	Teilzeit
Start des Programms	September/März	20. September	27. September	12. November
Dauer des Programms in Monaten	24	24	24	24
Kosten				
Programmkosten in Euro	12.500	15.000	17.800	17.000
Einschreibegebühren in Euro	0	0	0	0
Bewerbung				
Anmeldebeginn	laufend	laufend	laufend	laufend
Letzter Anmeldetag	k. A.	15. Juli	k. A.	15. August
1. Hochschulabschluss erforderlich	ja	ja	ja	ja
Zulassungstest	nein	ja, Interview	ja, Interview	bei Bedarf Zul.gespr.
GMAT erforderlich	nein	nein	nein	nein
TOEFL erforderlich	nein	nein	nein	nein
Referenzen	ja	k. A.	ja	ja
Rahmenbedingungen				
Workloads ECTS	60	60	60	60
Jährlich zugelassene Studenten	15	20	10	15
Durchschnittliches Alter der Studenten	30	31	37	35
Internationale Studenten in %	10	5	10	10
Internationale Kooperationen	nein	nein	nein	ja
Minimale Berufserfahrung in Jahren	1	1	2	3
Durchschn. Berufserfahrung in Jahren	5	7	7	9
Anteil Männer/Frauen in %	50/50	85/15	70/30	60/40
Fremdsprachenanteil in %	Englisch: 1–25	Englisch: 1–25	Englisch: 1–25	Englisch: 1–25
Studienblöcke (Anzahl)	6	48	12	28
Lehrmethode Case Study in %	25	40	30	40
Lehrmethode Vorlesung in %	50	20	45	20
Andere Lehrmethoden in %	25 (Projektarbeiten)	40 (Fernstudium)	25 (Selbststudium)	40 (Fernst.: Haus-, Modularbeiten)
Abschlussarbeit erforderlich	ja	ja	ja	ja
Erstmals angeboten	2003	2007	2006	2002
Absolventen seit Beginn	80	k. A.	20	63
Akkreditierung				
Akkreditiert laut Anbieter	ZEvA geplant	ZEvA	ZEvA, ELA (European Logistics Association)	k. A.

Handelshochschule Leipzig (HHL)

Anschrift: Jahnallee 59, 04109 Leipzig
Internet: www.hhl.de
Kontakt: Jana Vogel, Tel.: +49-341-9851611, E-Mail: jana.vogel@hhl.de

MBA-Programme

Name des Programms	MBA International Management	MBA International Management	Euro MBA
Schwerpunkt	European-/International-/Globalmgt., regionenorientiert		Mgt., Betriebswirtschaft
Form des Programms	Vollzeit	Teilzeit	Fernstudium
Start des Programms	September	Januar	September/Januar
Dauer des Programms in Monaten	18	24	24
Kosten			
Programmkosten in Euro	22.500	27.000	25.500
Einschreibegebühren in Euro	0	0	125
Bewerbung			
Anmeldebeginn	laufend	laufend	laufend
Letzter Anmeldetag	30. Juni	15. Oktober	20. Juni/15. Nov.
1. Hochschulabschluss erforderlich	ja	ja	ja
Zulassungstest	nein	nein	nein
GMAT erforderlich	ja, 550 P.	ja, alternativ HHL-Test	ja
TOEFL erforderlich	ja	ja oder Alternative	ja oder Interview
Referenzen	ja	ja	ja
Rahmenbedingungen			
Workloads ECTS	120	120	k. A.
Jährlich zugelassene Studenten	30	30	30
Durchschnittliches Alter der Studenten	29	34	36
Internationale Studenten in %	70	25	100
Internationale Kooperationen	ja	ja	ja
Minimale Berufserfahrung in Jahren	1	3	5
Durchschn. Berufserfahrung in Jahren	5	8	10
Anteil Männer/Frauen in %	70/30	80/20	70/30
Fremdsprachenanteil in %	Englisch: 51–100	Englisch: 51–100	Englisch: 51–100
Studienblöcke (Anzahl)	0	0	0
Lehrmethode Case Study in %	30	40	20
Lehrmethode Vorlesung in %	40	30	20
Andere Lehrmethoden in %	30	30	60
Abschlussarbeit erforderlich	nein	ja	ja
Erstmals angeboten	2000	2004	1996
Absolventen seit Beginn	300	120	300
Akkreditierung			
Akkreditiert laut Anbieter	AACSB	AACSB	AMBA

Technische Universität Chemnitz
TUCed – Programmträger der TU Chemnitz

Profil der Hochschule

Die Technische Universität Chemnitz zeichnet sich durch ein breites Fächerspektrum und zahlreiche interdisziplinäre, teilweise außergewöhnliche und einmalige Studienangebote aus. Durch die Vernetzung von Ingenieur- und Naturwissenschaften mit Sozial-, Geistes- und Wirtschaftswissenschaften entstehen Kompetenzen und Innovationen in Technik, Management und Kommunikation.

Die Universität ist fest in der regionalen Wirtschaft verankert. Dies unterstützt ein forschungsnahes und praxisorientiertes Studium. Neben verschiedenen Bachelor-Studiengängen und konsekutiven Master-Abschlüssen bietet die Universität für spezielle Zielgruppen entwickelte berufsbegleitende Master-Studiengänge an, bei denen der Zugang mit jedem ersten Hochschulabschluss möglich ist. Die TU Chemnitz versteht sich als Ort des lebenslangen Lernens, an dem auch die Weiterbildung einen festen Bestandteil des Bildungsauftrages einnimmt.

Besonderheiten der Studiengänge

Production Management richtet sich an Fach- und Führungskräfte aus produzierenden Unternehmen des Maschinen-, Anlagen- und Fahrzeugbaus, der verarbeitenden Industrie sowie deren Zulieferindustrie. Das Studienprogramm ist interdisziplinär aufgebaut und greift Wissensinhalte aus den Bereichen Management/Betriebswirtschaft, Produktionstechnik/-technologie und Kommunikation auf und ist inhaltlich und methodisch so aufgebaut, dass sowohl Ingenieure und Naturwissenschaftler als auch Fachkräfte mit betriebswirtschaftlicher oder geisteswissenschaftlicher Ausbildung teilnehmen können. Kontakt: Elke Naumann, elke.naumann@mb.tu-chemnitz.de

Beziehungsmarketing/CRM richtet sich an alle Interessierten, die ihre Zukunft als Fach- bzw. Führungskraft im professionellen Kundenbeziehungsmanagement sehen. Die systematische und individuelle Planung und Realisierung von Kundenbeziehungen hat inzwischen in nahezu allen Branchen eine hohe Relevanz. Die Absolventen erlangen insbesondere betriebswirtschaftliche Kompetenzen im Beziehungsmanagement zur Entwicklung von marketingorientierten CRM-Konzepten bis hin zur Gestaltung der Geschäftsprozesse & IT-Unterstützung. Das Studium befähigt, diese Konzepte unter Berücksichtigung von Wirtschaftlichkeitsbetrachtungen in die Unternehmensstrategie zu integrieren. Das Ziel ist, CRM wissenschaftlich und praktisch zu fundieren.

Der Studiengang Eventmarketing richtet sich an alle Interessierten, die ihre Zukunft in der erlebnisorientierten Live-Kommunikation sehen. Eventmarketing ist aus der modernen Marketing-Kommunikation nicht mehr wegzudenken. Nach unseren Erfahrungen profitieren inzwischen nahezu alle Branchen von den positiven Wirkungen dieses Kommunikationsinstruments. Die Absolventen sind in der Lage, eine Eventstrategie passgenau an den übergeordneten Unternehmenszielen auszurichten und in die weiteren Kommunikationsinstrumente (z. B. PR, Sponsoring, Messen, Promotion usw.) zu integrieren. Ziel ist es, Eventmarketing von der Planung über die operative Umsetzung bis zum Controlling wissenschaftlich und praktisch zu fundieren.

Der M.A.-Studiengang Integrative Lerntherapie – Ressourcenmanagement für Lern- und Entwicklungsförderung im Kindes- und Jugendalter richtet sich an Fachleute bzw. Lehrer in lerntherapeutischen und psychiatrischen Praxen, Beratungsstellen, Schulen etc. Hier wird wissenschaftlich fundiertes Grundlagen- und Vertiefungswissen in den Bereichen Ressourcenmanagement für Lern- und Entwicklungsförderung vermittelt sowie die Befähigung zum erfolgreichen Transfer in die Praxis erreicht.

Adresse der Hochschule

Anschrift: Reichenhainer Straße 29, 09126 Chemnitz
Internet: www.tuced.de
Kontakt: M. Wenisch, MBA CRM +MBA Eventm., Tel.: +49-371-909490, E-Mail: michael.wenisch@wirtschaft.tu-chemnitz.de
Dr. A. Götze, M.A. Integr. Lernth., Tel.: +49-371-909490, E-Mail: alexandra.goetze@psychologie.tu-chemnitz.de

TECHNISCHE UNIVERSITÄT
CHEMNITZ

MBA-Programme

Name des Programms	Production Mgt./ Produktionsmgt. (MBA)	Beziehungsmar- keting/Customer Relationship Mgt.	Eventmarketing/ Live-Kommunika- tion (MBA)	Integrative Lerntherapie (M.A.)
Schwerpunkt	Mgt., Betriebswirtsch., Engineering, Tech- nologie, Luftverkehr, Energie, Logistics	Management, Betriebswirtschaft, Handel, Service Mgt., Consulting, PR, Medien, Kultur, Marketing		Gesundheit, Healthcare, Life Science, Sport
Form des Programms	Teilzeit	Teilzeit	Teilzeit	Teilzeit
Start des Programms	WS	WS	WS	WS
Dauer des Programms in Monaten	24	24	24	24
Kosten				
Programmkosten in Euro	14.000	11.840	11.840	9.600
Einschreibegebühren in Euro	0	0	0	0
Bewerbung				
Anmeldebeginn	fortlaufend	fortlaufend	fortlaufend	fortlaufend
Letzter Anmeldetag	kein Stichtag	kein Stichtag	kein Stichtag	kein Stichtag
1. Hochschulabschluss erforderlich	ja	ja	ja	ja
Zulassungstest	nein, evtl. Eignungsgespräch			nein
GMAT erforderlich	nein	nein	nein	nein
TOEFL erforderlich	nein	nein	nein	nein
Referenzen	ja, Zeugnisse	ja, Zeugnisse	ja, Zeugnisse	ja, Zeugnisse
Rahmenbedingungen				
Workloads ECTS	120	120	120	120
Jährlich zugelassene Studenten	20	20	20	25
Durchschnittliches Alter der Studenten	29	30	28	38
Internationale Studenten in %	20	20	5	1
Internationale Kooperationen	ja	ja	ja	nein
Minimale Berufserfahrung in Jahren	1	1	1	1
Durchschn. Berufserfahrung in Jahren	5	4	3	10
Anteil Männer/Frauen in %	70/30	50/50	40/60	10/90
Fremdsprachenanteil in %	k. A.	Englisch: 1–25	Englisch: 1–25	k. A.
Studienblöcke (Anzahl)	4	4	4	4
Lehrmethode Case Study in %	10	10	10	30
Lehrmethode Vorlesung in %	50	50	50	20
Andere Lehrmethoden in %	40	40	40	50
Abschlussarbeit erforderlich	ja	ja	ja	ja
Erstmals angeboten	2008	2007	2005	2007
Absolventen seit Beginn	28	40	83	51
Akkreditierung				
Akkreditiert laut Anbieter	Sächs. Minist. f. Wissenschaft und Kunst			

Universität Leipzig – Institut für Versicherungswissenschaften e. V.

IfVW Institut für Versicherungswissenschaften e.V. an der Universität Leipzig

Profil der Hochschule

Die 1409 gegründete Alma mater Lipsiensis ist die zweitälteste Universität Deutschlands. Auf dem Gebiet der Versicherungswissenschaften blickt Leipzig auf eine langjährige Tradition zurück. Bereits 1905 wurden hier Fragen der allgemeinen Versicherungslehre untersucht. Das „Institut für Versicherungswissenschaften e. V. an der Universität Leipzig" gehört heute zu den renommiertesten Einrichtungen im deutschsprachigen Raum für die Forschung und Lehre in der Versicherungsbetriebslehre. In der Grundlagen- und Anwendungsforschung wird intensiv mit Unternehmen der Assekuranz zusammengearbeitet. Das IfVW verfügt somit über die Kompetenz, neueste Entwicklungen und Forschungsergebnisse praxisorientiert in die Inhalte der Studiengänge einfließen zu lassen. Eine weitere intensive Verbindung zur Praxis besteht über den Förderkreis des IfVW, der aus zahlreichen Versicherungsunternehmen, Beratungsunternehmen sowie Dienstleistern aus dem IT-Umfeld besteht. Er gibt insbesondere Impulse, welche Themen die Praxis aktuell interessieren. Der Austausch wird durch regelmäßige Veranstaltungen und Konferenzen des IfVW zusätzlich gefördert. Der „Vorlesungstag an der Universität Leipzig" – einer der Branchen-Events – führt jährlich hochrangige Assekuranz-Vertreter und Brancheninteressierte aus ganz Deutschland und dem benachbarten Ausland nach Leipzig.

Besonderheiten der Studiengänge

Der MBA-Insurance wird von der Universität Leipzig angeboten und vom Institut für Versicherungswissenschaft e.V. an der Universität Leipzig durchgeführt. Der Aufbaustudiengang ermöglicht eine umfassende Spezialisierung auf Themen der Versicherungsbranche und richtet sich damit vor allem an berufserfahrene und ambitionierte, zukünftige Führungskräfte. Der Studiengang ist berufsbegleitend konzipiert und besteht aus intensiven Präsenzwochen, die durch Phasen des onlinegestützten Selbststudiums ergänzt werden. Die Teilnehmer erwerben Kenntnisse und Fähigkeiten in den versicherungswirtschaftlich relevanten Bereichen „Unternehmensführung", „Controlling & Rechnungswesen", „Marketing Management",„Finance & Risk Management",„Organisations- & Human Resource Management" und „Operations- und Informationsmanagement". Neben dem Erfahrungsaustausch und der Vernetzung unter den Studierenden, bieten die Veranstaltungen zahlreiche Möglichkeiten praxisnah zu lernen und weitere Kontakte innerhalb der Branche zu knüpfen. Das Dozententeam setzt sich aus renommierten Wissenschaftlern und erfahrenen Führungskräften der Versicherungswirtschaft und anderen Finanzdienstleistungsbranchen zusammen. Die wissenschaftlichen Dozenten weisen allesamt hohe fachliche Kompetenz und Lehrerfahrung auf und haben sich durch Publikationen in ihrem jeweiligen Fachgebiet ausgezeichnet. Unterstützt werden sie durch Praktiker, die neben fachlicher Kompetenz über eine hohe Reputation sowie Erfahrung verfügen. Ergänzend treten Gastreferenten auf, oft sind dies Vorstandsmitglieder, die aktuelle Herausforderungen aus der Managementperspektive aufgreifen und mit den Studenten diskutieren.

Internationale Verbindungen

Das IfVW pflegt Kontakte zu einer Vielzahl internationaler Versicherungsunternehmen sowie Institutionen. Dieses Netzwerk erlaubt es dem Institut im Rahmen der Durchführung des MBA-Studiengangs international aufgestellte Versicherungsunternehmen und Finanzdienstleister im Ausland zu besuchen. Aus erster Hand erfahren die Studierenden mehr über die Herausforderungen dieser Unternehmen und lernen deren Geschäftsmodelle und Vertriebsstrategien kennen.

Universität Leipzig –
Institut für Versicherungswissenschaften e.V.

 Institut für Versicherungswissenschaften e.V. an der Universität Leipzig

Anschrift: Gottschedstraße 12, 04109 Leipzig
Internet: www.ifvw.de
Kontakt: Susan Wassermann, Projektleit. MBA-Insur., Tel.: +49-341-35530554, E-Mail: wassermann@mba-insurance.de

MBA-Programm

Name des Programms	**MBA-Insurance**
Schwerpunkt	Mgt., Betriebswirtsch., Finance, Banking, Accounting, Audit, Versicher., Tax
Form des Programms	Teilzeit
Start des Programms	Mai
Dauer des Programms in Monaten	24
Kosten	
Programmkosten in Euro	21.500
Einschreibegebühren in Euro	0
Bewerbung	
Anmeldebeginn	k. A.
Letzter Anmeldetag	k. A.
1. Hochschulabschluss erforderlich	ja
Zulassungstest	ja
GMAT erforderlich	nein
TOEFL erforderlich	nein
Referenzen	ja, Empfehlungsschreiben des Arbeitgebers
Rahmenbedingungen	
Workloads ECTS	90
Jährlich zugelassene Studenten	k. A.
Durchschnittliches Alter der Studenten	32
Internationale Studenten in %	0
Internationale Kooperationen	ja
Minimale Berufserfahrung in Jahren	2
Durchschnittliche Berufserfahrung in Jahren	7
Anteil Männer/Frauen in %	80/20
Fremdsprachenanteil in %	Englisch: 1–25
Studienblöcke (Anzahl)	6
Lehrmethode Case Study in %	25
Lehrmethode Vorlesung in %	45
Andere Lehrmethoden in %	20 (moderierte Übung), 10 (Simulationen)
Abschlussarbeit erforderlich	ja
Erstmals angeboten	2005
Absolventen seit Beginn	48
Akkreditierung	
Akkreditiert laut Anbieter	FIBAA geplant, ZEvA

Hochschule Anhalt (FH)

Anschrift: Strenzfelder Allee 28, 06406 Bernburg
Internet: http://mbaint.wi.hs-anhalt.de
Kontakt: Prof. Dr. Cornelia Scott, MBA Programme Director, Tel.: +49-3471-3551344, E-Mail: scott@wi.hs-anhalt.de

MBA-Programme

Name des Programms	**MBA International Trade**	**Agrarmanagement**
Schwerpunkt	Leadership, HR, Entrepreneur, Unternehmensführung, Handel, Service Mgt., Consulting, PR, Medien, Kultur, Marketing	Industrie, Dienstleistungen, Landwirtschaft
Form des Programms	Vollzeit	Teilzeit
Start des Programms	WS	k. A.
Dauer des Programms in Monaten	18	30
Kosten		
Programmkosten in Euro	k. A.	k. A.
Einschreibegebühren in Euro	45	k. A.
Bewerbung		
Anmeldebeginn	laufend	k. A.
Letzter Anmeldetag	15. Juli	k. A.
1. Hochschulabschluss erforderlich	ja	k. A.
Zulassungstest	bei Bedarf Interview	k. A.
GMAT erforderlich	ja, bei Bewerbern ohne BWL-Kenntnisse	k. A.
TOEFL erforderlich	ggf., nicht zwingend; Sprachnachw. (Eng./D)	k. A.
Referenzen	nein	k. A.
Rahmenbedingungen		
Workloads ECTS	90	k. A.
Jährlich zugelassene Studenten	25	k. A.
Durchschnittliches Alter der Studenten	25	k. A.
Internationale Studenten in %	80	k. A.
Internationale Kooperationen	ja	k. A.
Minimale Berufserfahrung in Jahren	2	k. A.
Durchschnittliche Berufserfahrung in Jahren	2	k. A.
Anteil Männer/Frauen in %	60/40	k. A.
Fremdsprachenanteil in %	Englisch: 51–100	k. A.
Studienblöcke (Anzahl)	13	k. A.
Lehrmethode Case Study in %	60	k. A.
Lehrmethode Vorlesung in %	30	k. A.
Andere Lehrmethoden in %	10	k. A.
Abschlussarbeit erforderlich	ja	k. A.
Erstmals angeboten	1998	k. A.
Absolventen seit Beginn	120	k. A.
Akkreditierung		
Akkreditiert laut Anbieter	FIBAA	k. A.

Otto-von-Guericke-Universität Magdeburg – Business School Magdeburg GmbH
Anschrift: Postfach 41 20, 39016 Magdeburg
Internet: www.mba.uni-magdeburg.de
Kontakt: Prof.Dr. Joachim Weimann, E-Mail: Joachim.Weimann@ww.uni-magdeburg.de

MBA-Programme

Name des Programms	**Master of Business Administration**	**Deutsches MBA-Programm Moskau**
Schwerpunkt	Management, Betriebswirtschaft	Management, Betriebswirtschaft
Form des Programms	Teilzeit	Vollzeit
Start des Programms	WS/Oktober	k. A.
Dauer des Programms in Monaten	24	24
Kosten		
Programmkosten in Euro	12.000	20.000
Einschreibegebühren in Euro	k. A.	k. A.
Bewerbung		
Anmeldebeginn	laufend	k. A.
Letzter Anmeldetag	31. August	k. A.
1. Hochschulabschluss erforderlich	ja	k. A.
Zulassungstest	ja, Auswahlgespräch/Interview	k. A.
GMAT erforderlich	nein	k. A.
TOEFL erforderlich	nein	k. A.
Referenzen	u. U.	k. A.
Rahmenbedingungen		
Workloads ECTS	115	k. A.
Jährlich zugelassene Studenten	30	k. A.
Durchschnittliches Alter der Studenten	35	k. A.
Internationale Studenten in %	k. A.	k. A.
Internationale Kooperationen	ja	k. A.
Minimale Berufserfahrung in Jahren	k. A.	k. A.
Durchschnittliche Berufserfahrung in Jahren	9	k. A.
Anteil Männer/Frauen in %	67/33	k. A.
Fremdsprachenanteil in %	k. A.	k. A.
Studienblöcke (Anzahl)	6	k. A.
Lehrmethode Case Study in %	10	k. A.
Lehrmethode Vorlesung in %	75	k. A.
Andere Lehrmethoden in %	15 (Online-Übungen im Selbststudium)	k. A.
Abschlussarbeit erforderlich	ja	k. A.
Erstmals angeboten	2003	k. A.
Absolventen seit Beginn	23	k. A.
Akkreditierung		
Akkreditiert laut Anbieter	KM Sachsen-Anhalt, Otto-von-Guericke-U.	k. A.

Nordakademie
Hochschule der Wirtschaft

Profil der Hochschule

Die 1992 gegründete NORDAKADEMIE gehört mit über 1.000 Studierenden zu den größten privaten Hochschulen in Deutschland. Sie befindet sich in verkehrsgünstiger Lage vor den Toren Hamburgs auf einem parkähnlichen Campus und bietet neben dem berufsbegleitenden MBA-Studiengang noch drei duale Bachelor-Studiengänge in Betriebswirtschaftslehre, Wirtschaftsingenieurwesen und Wirtschaftsinformatik an. Zu den mehr als 500 Kooperationsunternehmen der Hochschule gehören z. B. Airbus, der Axel Springer Verlag, Daimler, Dräger, EDS, Ethicon, ExxonMobil, Gruner+Jahr, Hauni, Lufthansa, Otto, Philips, PwC und Yamaha.

Mit ihrer dualen Ausbildung belegt die NORDAKADEMIE in mehreren Hochschulrankings Spitzenplätze, sodass sich die gemeinsam mit der Wirtschaft konzipierten Studiengänge in den letzten Jahren zu einem hervorragenden Karrieresprungbrett entwickelt haben. Die Hochschule ist von staatlichen Zuschüssen unabhängig und finanziert sich ausschließlich über Studiengebühren und Spenden.

Besonderheiten des Studiengangs

Management-Know-how auf höchstem Niveau – dafür steht der MBA-Studiengang der NORDAKADEMIE. Das MBA-Programm bietet erstklassige, mit dem Premium-Siegel der FIBAA ausgezeichnete Weiterbildung. Spitzenplätze im Ranking des Centrums für Hochschulentwicklung (CHE) belegen ebenfalls die hervorragenden Studienbedingungen an der Hochschule der Wirtschaft.

Sie lernen effektiv in kleinen Gruppen unter der Leitung von Dozenten mit weltweiter Lehr- und Praxiserfahrung. Über den obligatorischen General-Management-Teil hinaus bietet Ihnen unser MBA-Programm interessante, individuelle Wahlmöglichkeiten. Besondere Highlights sind die International Weeks in China, Russland und Amerika, z. B. an der IPADE Business School in Mexico City, ein attraktives Studium Generale mit Vorträgen von Experten aus dem In- und Ausland sowie ein „Live & Learn in Balance"-Programm mit Angeboten aus den Bereichen Ernährung, Bewegung und Entspannung.

Das MBA-Office garantiert Ihnen eine individuelle Betreuung und ist Ihr kompetenter Ansprechpartner in allen Fragen rund um das Studium. Nicht zuletzt sorgt der großzügig und naturnah angelegte Campus der „Hochschule im Park" für eine angenehme und entspannte Atmosphäre, in der das Studieren Spaß macht. Insbesondere für die Nichtökonomen unter den Teilnehmern (z. B. Ingenieure, Juristen, Ärzte und Naturwissenschaftler) findet ein spezieller Einführungskurs zu den Grundlagen der Betriebswirtschaftslehre statt.

Internationale Verbindungen

Im MBA-Programm unterrichten u. a. praxis- und lehrerfahrene Dozenten aus Frankreich, Großbritannien, Österreich, Portugal, der Schweiz, Spanien und den USA, von denen einige bei Interesse auch an der fachlichen Betreuung der Masterthesis mitwirken. Das Programm beinhaltet weiterhin die Möglichkeit, an International Weeks mit Lehrveranstaltungen und Firmenbesuchen in Amerika, China und Russland teilzunehmen. Internationale Kontakte ergeben sich weiterhin über das Alumni-Netzwerk der NORDAKADEMIE.

Finanzielle Unterstützung/Stipendien

Eine Reihe von Arbeitgebern unterstützt das Studium durch einen Zuschuss zu den Studiengebühren oder Sonderurlaub. Die jahrgangsbesten Absolventen erhalten Preise. Ausländische Staatsbürger können sich zudem für ein Stipendium der NORDMETALL-Stiftung bewerben.

Adresse der Hochschule

NORDAKADEMIE
HOCHSCHULE DER WIRTSCHAFT

Anschrift: Köllner Chaussee 11, 25337 Elmshorn
Internet: www.nordakademie.de
Kontakt: Prof. Dr. Gerd Schmidt, Tel.: +49-4121-409080, E-Mail: mba-office@nordakademie.de
Renate Langmaack, Tel.: +49-4121-409081, E-Mail: mba-office@nordakademie.de

MBA-Programm

Name des Programms	**Master of Business Administration (MBA)**
Schwerpunkt	Management, Betriebswirtschaft
Form des Programms	Teilzeit
Start des Programms	August
Dauer des Programms in Monaten	24
Kosten	
Programmkosten in Euro	15.000
Einschreibegebühren in Euro	0
Bewerbung	
Anmeldebeginn	laufend
Letzter Anmeldetag	je nach Verfügbarkeit
1. Hochschulabschluss erforderlich	ja
Zulassungstest	ja
GMAT erforderlich	nein, nur falls pers. Auswahlgespräch nicht mögl.
TOEFL erforderlich	hochschulinterner Sprachtest
Referenzen	nein
Rahmenbedingungen	
Workloads ECTS	90
Jährlich zugelassene Studenten	25
Durchschnittliches Alter der Studenten	33
Internationale Studenten in %	22
Internationale Kooperationen	ja
Minimale Berufserfahrung in Jahren	1
Durchschnittliche Berufserfahrung in Jahren	6
Anteil Männer/Frauen in %	81/19
Fremdsprachenanteil in %	Englisch: 26–50
Studienblöcke (Anzahl)	5
Lehrmethode Case Study in %	30
Lehrmethode Vorlesung in %	25
Andere Lehrmethoden in %	45
Abschlussarbeit erforderlich	ja
Erstmals angeboten	2001
Absolventen seit Beginn	213
Akkreditierung	
Akkreditiert laut Anbieter	FIBAA-Premium-Siegel

Hochschule Harz

Anschrift: Friedrichstraße 57–59, 38855 Wernigerode
Internet: www.hs-harz.de
Kontakt: Marco Lipke, , Tel.: +49-3943-659290, E-Mail: mlipke@hs-harz.de

MBA-Programme

Name des Programms	Strategisches Touristikmanagement	Kulturmanagement/- marketing	Aufbaustudium BWL (MBA)
Schwerpunkt	Tourism, Hospitality, Real Estate, Immobilien	Handel, Service Mgt., Consult., PR, Medien, Kultur, Marketing	Management, Betriebswirtschaft
Form des Programms	Teilzeit	Teilzeit	Teilzeit
Start des Programms	WS/1. Oktober	WS/1. Oktober	SS/WS
Dauer des Programms in Monaten	k. A.	36	30
Kosten			
Programmkosten in Euro	k. A.	9.850	9.900
Einschreibegebühren in Euro	k. A.	k. A.	0
Bewerbung			
Anmeldebeginn	jederzeit	jederzeit	jederzeit
Letzter Anmeldetag	30. September	30. September	31. August
1. Hochschulabschluss erforderlich	ja	ja	ja
Zulassungstest	nein	nein	ja, Interview
GMAT erforderlich	nein	nein	nein
TOEFL erforderlich	nein	nein	nein
Referenzen	ja, Berufserfahrung	ja, Berufserfahrung	ja, Berufserfahrung
Rahmenbedingungen			
Workloads ECTS	90	120	120
Jährlich zugelassene Studenten	40	10	18
Durchschnittliches Alter der Studenten	35	38	30
Internationale Studenten in %	10	10	5
Internationale Kooperationen	nein	nein	nein
Minimale Berufserfahrung in Jahren	1	2	1
Durchschn. Berufserfahrung in Jahren	5	10	5
Anteil Männer/Frauen in %	25/75	25/75	50 / 50
Fremdsprachenanteil in %	Englisch: 1–25	Englisch: 1–25	0
Studienblöcke (Anzahl)	8	24	30
Lehrmethode Case Study in %	50	50	50
Lehrmethode Vorlesung in %	25	25	25
Andere Lehrmethoden in %	25	25	25
Abschlussarbeit erforderlich	ja	ja	ja
Erstmals angeboten	2010	2004	2009
Absolventen seit Beginn	0	12	k. A.
Akkreditierung			
Akkreditiert laut Anbieter	ACQUIN geplant, Verfahren in Planung	ACQUIN	ACQUIN gepl., Verfahren 2010 begonnen

Fachhochschule Kiel/Universidad Cantabria – FB W

Anschrift: Sokratesplatz 2, 24149 Kiel
Internet: www.international-mba.de
Kontakt: Prof.Dr. Matthias Dressler, Tel.: +49-40-51326448, E-Mail: mba@wirtschaft.fh-kiel.de

MBA-Programm

Name des Programms	**MBA in International Management**
Schwerpunkt	European-/International-/Globalmgt., regionenorientiert
Form des Programms	Vollzeit
Start des Programms	WS/1. Oktober
Dauer des Programms in Monaten	18
Kosten	
Programmkosten in Euro	11.000
Einschreibegebühren in Euro	k. A.
Bewerbung	
Anmeldebeginn	laufend
Letzter Anmeldetag	15. August
1. Hochschulabschluss erforderlich	ja
Zulassungstest	nein
GMAT erforderlich	nein
TOEFL erforderlich	ja, 477 P. paper based, 53 P. internet based
Referenzen	ja, vom Arbeitgeber
Rahmenbedingungen	
Workloads ECTS	75
Jährlich zugelassene Studenten	15
Durchschnittliches Alter der Studenten	32
Internationale Studenten in %	8
Internationale Kooperationen	ja
Minimale Berufserfahrung in Jahren	2
Durchschnittliche Berufserfahrung in Jahren	3
Anteil Männer/Frauen in %	50/50
Fremdsprachenanteil in %	Spanisch: 51–100
Studienblöcke (Anzahl)	3
Lehrmethode Case Study in %	30
Lehrmethode Vorlesung in %	40
Andere Lehrmethoden in %	30
Abschlussarbeit erforderlich	ja
Erstmals angeboten	2003
Absolventen seit Beginn	65
Akkreditierung	
Akkreditiert laut Anbieter	FIBAA

Friedrich-Schiller-Universität Jena – Sportökonomie

Anschrift: Seidelstraße 20, 07749 Jena
Internet: www.mba-sportmanagement.com
Kontakt: Benedikt Römmelt, MBA Koordinator, Tel.: +49-3641-31 31 51, E-Mail: benedikt.roemmelt@uni-jena.de
Dr. Katja Hüfner, Master-Service-Zentrum, Tel.: +49-3641-93 11-26 und -27, E-Mail: master@uni-jena.de

MBA-Programm

Name des Programms	**MBA Sportmanagement**
Schwerpunkt	Management, Betriebswirtschaft, Gesundheit, Healthcare, Life Science, Sport
Form des Programms	Teilzeit
Start des Programms	Oktober
Dauer des Programms in Monaten	24
Kosten	
Programmkosten in Euro	13.000
Einschreibegebühren in Euro	0
Bewerbung	
Anmeldebeginn	jederzeit
Letzter Anmeldetag	15. September
1. Hochschulabschluss erforderlich	ja
Zulassungstest	ja, lokales Auswahlverfahren
GMAT erforderlich	nein
TOEFL erforderlich	nein
Referenzen	nein
Rahmenbedingungen	
Workloads ECTS	120
Jährlich zugelassene Studenten	25
Durchschnittliches Alter der Studenten	33
Internationale Studenten in %	10
Internationale Kooperationen	ja
Minimale Berufserfahrung in Jahren	2
Durchschnittliche Berufserfahrung in Jahren	8
Anteil Männer/Frauen in %	70/30
Fremdsprachenanteil in %	k. A.
Studienblöcke (Anzahl)	12
Lehrmethode Case Study in %	25
Lehrmethode Vorlesung in %	50
Andere Lehrmethoden in %	25
Abschlussarbeit erforderlich	ja
Erstmals angeboten	2009
Absolventen seit Beginn	0
Akkreditierung	
Akkreditiert laut Anbieter	ACQUIN geplant, bei Reakkreditierung best. Studiengänge

Mehr Durchblick im MBA-Dickicht

Wo bekommt man mehr Master fürs Geld, findet sich die richtige Studienspezialisierung oder die passende Programmform: Antworten auf diese Fragen finden Sie in einer neuen Online-Datenbank. Das Online-Portal **www.MBA-Guide.de** ist das Ergänzungsangebot zum Ratgeber „MBA-Guide 2011" aus dem Luchterhand Verlag. Die komfortable Suchmaske ermöglicht den Abruf und Vergleich von mehr als 350 verschiedenen MBA-Programmen in Deutschland, Österreich und der Schweiz. Filtern Sie Studiengänge anhand individueller Suchkriterien, wie

- Programmform
- Spezialisierung/Vertiefung
- Land
- Studienkosten
- Prozentualer Fremdsprachenanteil

Ob Sie einen berufsbegleitenden Studiengang, Vollzeitprogramm, Executive MBA oder Fernstudium suchen, hier finden Sie den richtigen MBA für Ihren Geschmack.

www.MBA-Guide.de

International Business School Styria

Anschrift: Karmeliterplatz 8, A-8010 Graz
Internet: www.ibss.co.at
Kontakt: Betsey Jansen, Tel.: +43-316-8446000, E-Mail: emba@ibss.co.at

MBA-Programm

Name des Programms	**Trans-Global Executive MBA Program**
Schwerpunkt	Management, Betriebswirtschaft
Form des Programms	Teilzeit
Start des Programms	Oktober
Dauer des Programms in Monaten	12
Kosten	
Programmkosten in Euro	30.000
Einschreibegebühren in Euro	75
Bewerbung	
Anmeldebeginn	laufend
Letzter Anmeldetag	15. September
1. Hochschulabschluss erforderlich	ja
Zulassungstest	ja, Interview
GMAT erforderlich	nein
TOEFL erforderlich	ja, 550 P. paper based
Referenzen	ja
Rahmenbedingungen	
Workloads ECTS	56
Jährlich zugelassene Studenten	25
Durchschnittliches Alter der Studenten	34
Internationale Studenten in %	40
Internationale Kooperationen	ja
Minimale Berufserfahrung in Jahren	5
Durchschnittliche Berufserfahrung in Jahren	10
Anteil Männer/Frauen in %	60/40
Fremdsprachenanteil in %	Englisch: 51–100
Studienblöcke (Anzahl)	14
Lehrmethode Case Study in %	50
Lehrmethode Vorlesung in %	20
Andere Lehrmethoden in %	30
Abschlussarbeit erforderlich	ja
Erstmals angeboten	2007
Absolventen seit Beginn	50
Akkreditierung	
Akkreditiert laut Anbieter	AACSB geplant, WASC

M/O/T Management School

Anschrift: Universitätsstraße 65–67, A-9020 Klagenfurt
Internet: www.mot.ac.at
Kontakt: Prof. Dr. Robert Neumann, Tel.: +43-463-27004062, E-Mail: robert.neumann@uni-klu.ac.at

MBA-Programme

Name des Programms	Postgraduate Program Int. Executive MBA	Integrated Management MBA	Advanced Academic Business Mgt. MBA	Finance and Accounting MBA
Schwerpunkt	Management, Betriebswirtschaft	Management, Betriebswirtschaft	Management, Betriebswirtschaft	Finance, Banking, Accounting, Audit, Versicherungen, Tax
Form des Programms	Teilzeit	Teilzeit	Teilzeit	Teilzeit
Start des Programms	jederzeit	jederzeit	WS/ Sept.	WS/Sept.
Dauer des Programms in Monaten	24	24	24	24
Kosten				
Programmkosten in Euro	33.000	27.000	13.900	16.980
Einschreibegebühren in Euro	0	0	0	k. A.
Bewerbung				
Anmeldebeginn	laufend	laufend	laufend	laufend
Letzter Anmeldetag			15. August	15. August
1. Hochschulabschluss erforderlich	ja bzw. postsekundär		nein	nein
Zulassungstest	ja, Aufnahmegespräch			
GMAT erforderlich	nein	nein	nein	nein
TOEFL erforderlich	ja TOEFL, CAMBRIDGE	nein	ja TOEFL, CAMBRIDGE	B2-Niveau
Referenzen	ja	ja	ja	ja
Rahmenbedingungen				
Workloads ECTS	120	120	120	120
Jährlich zugelassene Studenten	25	25	25	20
Durchschnittliches Alter der Studenten	36	35	35	35
Internationale Studenten in %	20	20	20	20
Internationale Kooperationen	ja	ja	ja	ja
Minimale Berufserfahrung in Jahren	8	3	5	5
Durchschn. Berufserfahrung in Jahren	10	5	8	8
Anteil Männer/Frauen in %	70/30	70/30	70/30	70/30
Fremdsprachenanteil in %	Englisch: 51–100	Englisch: 1–25	Englisch: 26–50	Englisch: 26–50
Studienblöcke (Anzahl)	13	9	11	5
Lehrmethode Case Study in %	50	50	40	40
Lehrmethode Vorlesung in %	30	30	40	40
Andere Lehrmethoden in %	20 (Fernstudienmodule)		20 (Kamingespräche, Managementforen)	
Abschlussarbeit erforderlich	ja	ja	ja	ja
Erstmals angeboten	2009	2009	2004	2009
Absolventen seit Beginn	k. A.	k. A.	200	k. A.
Akkreditierung				
Akkreditiert laut Anbieter	EFMD/EQUIS/EPAS geplant			

MCI
Management Center Innsbruck

Profil der Hochschule

Das MCI hat seit seiner Gründung Mitte der 90er-Jahre in enger Zusammenarbeit mit der Universität Innsbruck und renommierten Partnern aus aller Welt eine Reihe hochkarätiger Management-Lehrgänge für Führungskräfte und Nachwuchsführungskräfte entwickelt und mit großem Erfolg im Markt verankert. Zahlreiche Absolventen und Studierende bestätigen die herausragende Qualität dieser praxisorientierten Management-Fortbildung und profitieren von dem erworbenen Wissen, dem Netzwerk, den gewonnenen Erfahrungen und der von der Wirtschaft entgegengebrachten Wertschätzung.

Besonderheiten der Studiengänge

Mit zunehmender Globalisierung und steigendem Wettbewerbsdruck wächst in der Wirtschaft die Nachfrage nach international ausgebildeten Führungskräften, die sich sicher in einem komplexen und kompetitiven Umfeld bewegen. Die Anforderungen sind hoch: Neben Fach- und Methodenwissen sind soziale Kompetenz, Führungs-Know-how, unternehmerisches Denken und Entscheidungsfreudigkeit gefragt. Der vorliegende MBA-Studiengang stellt eine praxisnahe Fortbildung dar, die diesen Ansprüchen gerecht wird.

Zielsetzung des General Management Executive MBA: die Vermittlung einer hochstehenden, wissenschaftlich fundierten und zugleich praxisbezogenen Aus- und Fortbildung für gehobene Führungs- bzw. Managementpositionen und die Bewältigung internationaler Herausforderungen. Unternehmerisches Denken, Entscheiden und Handeln im internationalen Wettbewerb stehen im Mittelpunkt dieses postgradualen Fortbildungsprogramms.

Inhalte und Aufbau des General Management Executive MBA sind auf die spezifischen Erwartungen und Bedürfnisse berufstätiger Führungskräfte und der entsendenden Unternehmen bzw. Organisationen zugeschnitten.

Der Master-Studiengang ist modular aufgebaut. Stufe II sieht eine berufsfeldbezogene Spezialisierung in einer Kernfunktion des Managements vor, wobei die Möglichkeit zur Auswahl aus dem aktuellen Angebot der funktionalen MCI-Management-Lehrgänge besteht. Derzeit ist ein Spezialisierung in Banking & Finance, Controlling, Innovationsmanagement, Marketing, Patent- und Lizenzmanagement, Personalmanagement, Tourismus- und Freizeitmanagement, Unternehmenskommunikation sowie Wirtschafts- und Unternehmensrecht möglich.

Internationale Verbindungen

Die Stufe III des MBA-Programms stellt das International Management Program (IMP) dar. Dieser Teil wird zur Gänze von internationalen Vortragenden in englischer Sprache unterrichtet und beinhaltet Intensiv-Studienaufenthalte an renommierten Partnerhochschulen im Ausland (Cranfield University, School of Management und The Carroll School of Management at Boston College).

Finanzielle Unterstützung

Informationen zu Fördermöglichkeiten finden Sie unter: www.mci.edu/foerdermoeglichkeiten/index.html.

Adresse der Hochschule

Anschrift: Universitätsstraße 15, A-6020 Innsbruck
Internet: www.mci.edu
Kontakt: Claudia Kanetscheider, Tel.: +43-512-2070-2122,
E-Mail: office@mci.edu

MBA-Programm

Name des Programms	**General Management Executive MBA**
Schwerpunkt	Management, Betriebswirtschaft
Form des Programms	Executive
Start des Programms	WS
Dauer des Programms in Monaten	24
Kosten	
Programmkosten in Euro	27.250
Einschreibegebühren in Euro	k. A.
Bewerbung	
Anmeldebeginn	laufend
Letzter Anmeldetag	k. A.
1. Hochschulabschluss erforderlich	ja, Ausnahmen möglich
Zulassungstest	ja, MBA-Test und Einzelgespräch
GMAT erforderlich	ja, 580 P. innerhalb der letzten 3 Jahre
TOEFL erforderlich	ja, > 92 P.
Referenzen	ja, internationales Advisory Board
Rahmenbedingungen	
Workloads ECTS	90
Jährlich zugelassene Studenten	25
Durchschnittliches Alter der Studenten	37
Internationale Studenten in %	0
Internationale Kooperationen	ja
Minimale Berufserfahrung in Jahren	5
Durchschnittliche Berufserfahrung in Jahren	10
Anteil Männer/Frauen in %	50/50
Fremdsprachenanteil in %	Englisch: 26–50
Studienblöcke (Anzahl)	4
Lehrmethode Case Study in %	20
Lehrmethode Vorlesung in %	60
Andere Lehrmethoden in %	20 (Projektarbeiten/Assignments)
Abschlussarbeit erforderlich	ja
Erstmals angeboten	2003
Absolventen seit Beginn	50
Akkreditierung	
Akkreditiert laut Anbieter	FIBAA

Donau-Universität Krems – Zentrum für Gesundheitsförderung und Sport

Anschrift: Dr. Karl-Dorrek-Straße 30, A-3500 Krems
Internet: www.donau-uni.ac.at/zgf
Kontakt: Dr. C. Fischer, Tourismus, Wirtsch.psych., Tel.: +43-2732-893-2816, E-Mail: christiane.fischer@donau-uni.ac.at
C. Caruso, Sport- und Eventmanagement, Tel.: +43-2732-893-2741, E-Mail: claudia.caruso@donau-uni.ac.at

MBA-Programme

Name des Programms	MBA Tourismus, Wellness, Veranstaltungsmgt.	MA Wirtschafts- und Organisationspsychologie	MBA Sport- und Event- management	Social Management, MSc
Schwerpunkt	Management, Betriebswirtschaft, Tourism, Hospitality, Real Estate, Immobilien	Mgt., Betriebswirtsch., Handel, Service Mgt., Consulting, PR, Medien, Kultur, Marketing	Management, Betriebswirtschaft, Gesundheit, Healthcare, Life Science, Sport	
Form des Programms	Fernstudium	Fernstudium	Fernstudium	Fernstudium
Start des Programms	September	September	September	Oktober
Dauer des Programms in Monaten	30	30	30	30
Kosten				
Programmkosten in Euro	10.900	10.900	10.900	7.900
Einschreibegebühren in Euro	0	0	0	0
Bewerbung				
Anmeldebeginn	laufend	laufend	laufend	laufend
Letzter Anmeldetag	k. A.	k. A.	k. A.	k. A.
1. Hochschulabschluss erforderlich	ja, Ausnahmen möglich			
Zulassungstest	ja, wenn kein erster Hochschulabschluss vorhanden			
GMAT erforderlich	nein	nein	nein	nein
TOEFL erforderlich	nein	nein	nein	nein
Referenzen	nein	nein	nein	nein
Rahmenbedingungen				
Workloads ECTS	120	120	120	120
Jährlich zugelassene Studenten	40	40	40	40
Durchschnittliches Alter der Studenten	30	32	30	30
Internationale Studenten in %	0	0	0	0
Internationale Kooperationen	ja	k. A.	k. A.	k. A.
Minimale Berufserfahrung in Jahren	2	2	2	2
Durchschn. Berufserfahrung in Jahren	k. A.	k. A.	k. A.	k. A.
Anteil Männer/Frauen in %	50/50	50/50	50/50	50/50
Fremdsprachenanteil in %	k. A.	k. A.	k. A.	k. A.
Studienblöcke (Anzahl)	12	12	12	12
Lehrmethode Case Study in %	30	30	30	30
Lehrmethode Vorlesung in %	20	20	20	20
Andere Lehrmethoden in %	50	50	50	50
Abschlussarbeit erforderlich	ja	ja	ja	ja
Erstmals angeboten	2007	2009	2009	2007
Absolventen seit Beginn	0	k. A.	k. A.	9
Akkreditierung				
Akkreditiert laut Anbieter	AHPGS gepl.	AHPGS gepl.	AHPGS gepl.	k. A.

Montanuniversität Leoben – Wirtschafts- und Betriebswissenschaften

Anschrift: Franz-Josef-Straße 18, A-8700 Leoben
Internet: http://mba.unileoben.ac.at
Kontakt: Margit Ambrosch, Tel.: +43-3842-402 6001, E-Mail: wbw@unileoben.ac.at

MBA-Programm

Name des Programms	**Generic Management MBA**
Schwerpunkt	Management, Betriebswirtschaft
Form des Programms	Teilzeit
Start des Programms	WS/November
Dauer des Programms in Monaten	24
Kosten	
Programmkosten in Euro	19.600
Einschreibegebühren in Euro	0
Bewerbung	
Anmeldebeginn	laufend
Letzter Anmeldetag	30. September
1. Hochschulabschluss erforderlich	ja
Zulassungstest	ja, kommissionelles Aufnahmegespräch
GMAT erforderlich	nein
TOEFL erforderlich	nein
Referenzen	ja, 2
Rahmenbedingungen	
Workloads ECTS	90
Jährlich zugelassene Studenten	20
Durchschnittliches Alter der Studenten	30
Internationale Studenten in %	10
Internationale Kooperationen	nein
Minimale Berufserfahrung in Jahren	2
Durchschnittliche Berufserfahrung in Jahren	5
Anteil Männer/Frauen in %	75/25
Fremdsprachenanteil in %	Englisch: 1–25
Studienblöcke (Anzahl)	7
Lehrmethode Case Study in %	30
Lehrmethode Vorlesung in %	20
Andere Lehrmethoden in %	50
Abschlussarbeit erforderlich	ja
Erstmals angeboten	2000
Absolventen seit Beginn	100
Akkreditierung	
Akkreditiert laut Anbieter	FIBAA

Donau-Universität Krems
Danube Business School

Profil der Hochschule

Lebenslanges Lernen ist für verantwortungsvolle Führungskräfte in einer sich rasant verändernden Welt unabdingbar. Die Danube Business School legt großen Wert auf einen Learning-by-Doing-Ansatz und ein innovatives Umfeld für hochkarätige Weiterbildung und Trainings. Die internationalen und multikulturellen Referenten und Studierenden sowie Auslandsprogramme an Partneruniversitäten in Asien, Osteuropa oder Nordamerika machen die Danube-MBA-Programme zu einem Sprungbrett für eine internationale Karriere. Durch ihre zentrale Lage im Herzen Europas ist die Danube Business School eine hervorragende Schnittstelle für Kooperationen zwischen den ost- und westeuropäischen Ländern.

Besonderheiten der Studiengänge

Die Danube MBA Programs sind als berufsbegleitende postgraduale Programme konzipiert und zeichnen sich durch ihren modularen Aufbau und die flexible Programmgestaltung aus. Die drei Lehrgangsformate sind auf die jeweiligen Bedürfnisse der Teilnehmer abgestimmt und bieten sowohl langjährigen Führungskräften und Manager/-innen als auch Jungakademiker/-innen das richtige Weiterbildungsprogramm. Der englischsprachige Danube MBA bietet eine General-Management-Ausbildung zur Vorbereitung auf zukünftige Management- und Führungsaufgaben für Jungakademiker/-innen aus Studienrichtungen ohne wirtschaftswissenschaftlichen Anteil und Einstiegsmanager/-innen. Der Danube Executive MBA bietet eine General-Management-Ausbildung, die speziell den Bedürfnissen europäischer Führungskräfte entspricht. Ziel ist es, mit der Vermittlung des wirtschaftswissenschaftlichen Wissens und des Management-Know-hows die persönlichen und unternehmerischen Potenziale der Studierenden zu stärken und jene Fähigkeiten zu erweitern, die ein erfolgreiches Wirtschaften in einem globalen wirtschaftlichen Umfeld ermöglichen. Der Danube Professional MBA ist ein nach internationalen Standards konzipiertes Programm für Manager/-innen in oder auf dem Weg zu Führungspositionen. Es vermittelt – aufbauend auf einer General-Management-Ausbildung – ein profundes branchenspezifisches, wirtschaftliches Wissen in speziellen Interessengebieten: Accounting/Controlling & Finance, Aviation, Biotech & Pharmaceutical Management, Corporate Responsibility & Business Ethics, Customized, Business Ethics, Business Intelligence, Energy and Carbon Management, Enterprise Project Management, Entrepreneurship & Innovation Management, Finance, Financial Planning, Human Resource Management, Industrial Management, International Business, Logistics & Supply Chain Management, Management von KMUs, Marketing & Sales, Organizational Tranformation, Strategic Management & Organizational Change, Sustainable Mobility Management.

Internationale Verbindungen

Im Danube MBA und Danube Executive MBA finden Auslandsmodule an Partneruniversitäten in Asien oder Nordamerika statt. Die jährlich stattfindende Studienreise nach Moskau, Hongkong, Shanghai oder Vancouver kann von allen Studierenden besucht werden.

Finanzielle Unterstützung/Stipendien

Danube MBA: ein Drittel Frauenstipendium, 50 Prozent Stipendium für Teilnehmer/-innen aus Ländern mit „Emerging Markets". **Danube Executive MBA:** 100 Prozent „Trend"-Stipendium, ein Drittel Frauenstipendium, 50 Prozent Stipendium für Teilnehmer/-innen aus Ländern mit „Emerging Markets". **Danube Professional MBA:** ein Drittel Frauenstipendien, 50 Prozent Stipendium für Teilnehmer/-innen aus Ländern mit „Emerging Markets".

Adresse der Hochschule

Anschrift: Dr.-Karl-Dorrek-Straße 30, A-3500 Krems
Internet: www.mba-krems.at
Kontakt: E-Mail: helga.wannerer@donau-uni.ac.at

MBA-Programme

Name des Programms	Danube MBA	Danube Executive MBA	Danube Professional MBA	Danube Professional MBA
Schwerpunkt	Management, Betriebswirtschaft	Management, Betriebswirtschaft	Management, Betriebswirtschaft	Management, Betriebswirtschaft
Form des Programms	Teilzeit	Teilzeit	Teilzeit	Vollzeit
Start des Programms	Herbst	Herbst	Herbst bzw. jederzeit	
Dauer des Programms in Monaten	24	24	24	24
Kosten				
Programmkosten in Euro	19.700	29.200	23.900	23.900
Einschreibegebühren in Euro	k. A.	k. A.	k. A.	k. A.
Bewerbung				
Anmeldebeginn	laufend	laufend	laufend	laufend
Letzter Anmeldetag	–	–	–	–
1. Hochschulabschluss erforderlich	ja	ja oder gleichw. Qualifikation		
Zulassungstest	ja, Multiple-Choice-Test und Aufnahmeinterview			
GMAT erforderlich	nein	nein	nein	nein
TOEFL erforderlich	nein	nein	nein	nein
Referenzen	k. A.	k. A.	nein	nein
Rahmenbedingungen				
Workloads ECTS	90	90	90	90
Jährlich zugelassene Studenten	20	20	150	150
Durchschnittliches Alter der Studenten	k. A.	37	30	30
Internationale Studenten in %	0	20	20	20
Internationale Kooperationen	k. A.	ja	ja	ja
Minimale Berufserfahrung in Jahren	0	8	5	5
Durchschn. Berufserfahrung in Jahren	0	8	5	5
Anteil Männer/Frauen in %	k. A.	80/20	80/20	80/20
Fremdsprachenanteil in %	Englisch: 51–100	Englisch: 26–50	Englisch: 51–100	Englisch: 51–100
Studienblöcke (Anzahl)	10	10	11	11
Lehrmethode Case Study in %	25	25	25	25
Lehrmethode Vorlesung in %	25	25	25	25
Andere Lehrmethoden in %	25	50 (Praxisw., Anwend.)	25	25
Abschlussarbeit erforderlich	ja	ja	ja	ja
Erstmals angeboten	2005	1991	2000	2000
Absolventen seit Beginn	37	321	518	518
Akkreditierung				
Akkreditiert laut Anbieter	FIBAA	FIBAA	FIBAA	FIBAA

LIMAK
Austrian Business School

 Johannes Kepler University Business School

Profil der Hochschule

Die LIMAK Austrian Business School ist die erste Business School Österreichs und das Kompetenzzentrum für Führungskräfteentwicklung. Getragen von LIMAK, Johannes Kepler Universität Linz und Fachhochschule Oberösterreich, werden am renommierten Standort des Bergschlößl Linz seit Jahren Unternehmen und Führungskräfte in ihrer strategischen Ausrichtung und Qualifizierung begleitet. Die LIMAK bietet langfristige, berufsbegleitende, praxisorientierte und internationale Weiterbildungsprogramme für Führungskräfte an. Zur Gewährleistung der Qualität im internationalen Bereich wird eng mit renommierten Partneruniversitäten in einem Bildungsnetzwerk zusammengearbeitet. Ziel der LIMAK ist es, Führungskräften und Manager/-innen die Möglichkeit zu geben, ihre fachliche sowie soziale und Selbstkompetenz weiterzuentwickeln und das erworbene Wissen zugunsten des Unternehmens umzusetzen.

Besonderheiten der Studiengänge

Global Executive MBA (Global): Das Global-Executive-MBA-Programm bietet eine fundierte General-Management-Weiterbildung für erfahrene Führungskräfte. Das Programm zeichnet sich durch eine ganzheitliche Themenvernetzung und eine starke Anwendungsorientierung in die eigene Praxis aus. In Auslandstrainings auf drei Kontinenten – USA, Asien und Europa – entwickeln die Teilnehmer/-innen interkulturelle Managementkompetenzen.

International Strategic Management Executive MBA (ISM): ein Corporate-MBA-Programm mit Schwerpunkt General Management und internationaler Ausrichtung, ein Executive-MBA entwickelt für die Leadershipanforderungen von international agierenden Unternehmen im B2B-Bereich.

Master-Programm Innovationsmanagement (MSc): Es wird jenes Managementwissen für den Innovationsprozess vermittelt, das notwendig ist, um Innovationsprojekte systematisch und effizient gestalten zu können. Alle Schlüsselthemen werden bearbeitet, allerdings mit der Fokussierung auf den Innovationsprozess und unter dem Aspekt einer ganzheitlichen Sichtweise. Jedes der drei Semester ist schwerpunktmäßig auf eine bestimmte Perspektive ausgerichtet – resource based view, market based view, relational view.

Creative Process Leadership Professional MBA: Dieses in Europa einzigartige Programm vermittelt das Know-how zur Optimierung der Potenziale im kreativen Wertschöpfungsprozess. Die eigene Kreativität zu entwickeln, kreative Prozesse in Teams zu steuern und Management, Marketing, Innovation und Gestaltung in ein gemeinsames Prozessdenken zusammenführen, sind die Schwerpunkte. Die international orientierte Trainerfakultät beleuchtet den Kreativprozess aus verschiedensten Perspektiven: Organisationstheorie, Konsumentenverhalten, internationaler Wettbewerb, Kultur- und Medientheorie, Strategie, Marketing, Führungsstile und Trendforschung.

Internationale Verbindungen

Internationale Verbindungen bestehen mit der Emory University, Atlanta (USA), der Carroll School of Management, Boston College (USA), der Ivey Business School, Toronto (Kanada), der Kyiv Mohyla Business School (Ukraine), der City University Hongkong (China), dem Fraunhofer Institut, Stuttgart (Deutschland) und der Tsinghua University, Peking (China).

Finanzielle Unterstützung/Stipendien

Es werden maßgeschneiderte Finanzierungsmodelle angeboten. Regelmäßig werden Stipendien vergeben.

Adresse der Hochschule

●●● **LIMAK**

Anschrift: Bergschlößlgasse 1, A-4020 Linz
Internet: www.limak.at
Kontakt: Maria Kalt, Global Executive MBA, Tel.: +43-732-6699440, E-Mail: limak@jku.at
Doris Kühberger, ISM Executive MBA, Tel.: +43-732-6699440, E-Mail: limak@jku.at

MBA-Programme

Name des Programms	Global Executive MBA	Int. Strategic Management Executive MBA	MSc Innovations- management	Creative Process Leadership Pro- fessional MBA
Schwerpunkt	Mgt., Betriebswirtsch., European-/Interna- tional-/Globalmgt., regionenorientiert	European-/Interna- tional-/Globalmgt., regionenorientiert	IT, Computer Science, E-Management	Mgt., Betriebswirtsch., Leadership, HR, Entrepreneur, Unter- nehmensführung
Form des Programms	Executive	Executive	Executive	Executive
Start des Programms	WS	WS	SS	WS
Dauer des Programms in Monaten	18	18	18	18
Kosten				
Programmkosten in Euro	34.300	0	13.200	19.900
Einschreibegebühren in Euro	k. A.	k. A.	k. A.	k. A.
Bewerbung				
Anmeldebeginn	laufend	laufend	laufend	laufend
Letzter Anmeldetag	Oktober	Ant. Sept.	Januar	Oktober
1. Hochschulabschluss erforderlich	ja	ja	ja	ja
Zulassungstest	ja, Interview, Englischtest		ja, Interview	ja, Interv., Englischtest
GMAT erforderlich	nein	nein	nein	nein
TOEFL erforderlich	ja, 250 P. oder interner Test		nein	ja, 250 P. o. int. Test
Referenzen	ja	ja	ja	ja
Rahmenbedingungen				
Workloads ECTS	75	80	60	43
Jährlich zugelassene Studenten	25	22	20	15
Durchschnittliches Alter der Studenten	37	38	36	k. A.
Internationale Studenten in %	20	30	0	0
Internationale Kooperationen	ja	ja	ja	ja
Minimale Berufserfahrung in Jahren	5	5	5	5
Durchschn. Berufserfahrung in Jahren	14	16	10	k. A.
Anteil Männer/Frauen in %	75/25	70/30	k. A.	k. A.
Fremdsprachenanteil in %	Englisch: 51–100	Englisch: 51–100	k. A.	Englisch: 51–100
Studienblöcke (Anzahl)	17	9	16	15
Lehrmethode Case Study in %	40	40	20	40
Lehrmethode Vorlesung in %	20	20	40	20
Andere Lehrmethoden in %	40	40	40	40
Abschlussarbeit erforderlich	ja	ja	ja	ja
Erstmals angeboten	1995	2003	1995	2010
Absolventen seit Beginn	400	81	180	0
Akkreditierung				
Akkreditiert laut Anbieter	FIBAA	FIBAA	FIBAA	k. A.

IfM – Institut für Management GmbH

Profil der Hochschule

Ihr Erfolg ist unser Ziel: Der ständige Wandel und immer neue
Herausforderungen in der Unternehmensorganisation stellen
höhere Anforderungen an das Wissen von Führungskräften.
Umfassendes betriebswirtschaftliches Know-how, Denken in komplexen Zusammenhängen, hohe soziale Kompetenz und interkulturelle Managementerfahrungen sind die Kernanforderungen an moderne Führungspersönlichkeiten. Qualifikationen, die Sie in unserem Executive MBA-Programm in General Management praxisgerecht erwerben.

Akademisches Expertenwissen und die Erfahrungen erfolgreicher Entscheidungsträger, nationale und internationale Unternehmenskontakte sowie ein intensiver Austausch während der Ausbildung sind Basis und Garant für Ihre Qualifikation und Ihren langfristigen Erfolg.

Besonderheiten des Studiengangs

Die Teilnehmer unseres MBA-Programms sollen ein Verständnis für die Theorie- und Modellbildung der allgemeinen Unternehmensführung sowie deren Anwendungsmöglichkeiten in der Praxis erlernen. Eine ausgewogene Ausbildung in den Bereichen der Hard und Soft Skills soll die Studierenden befähigen, in Führungsaufgaben hineinzuwachsen bzw. diese optimal auszufüllen.

Individualität und Flexibilität: Unser Executive MBA in General Management richtet sich an Personen, die sich berufsbegleitend ein fundiertes Wirtschaftswissen aneignen und einen akademischen Abschluss vorweisen wollen. Berufsbegleitend bedeutet für das IfM:

- Das Studium kann jederzeit gestartet werden.
- Ein modularer Aufbau ermöglicht eine individuelle Studienplanung.
- Prüfungstermine können individuell vereinbart werden.
- Intensives Arbeiten und Lernen in kleinen Gruppen mit max. 16 Teilnehmer/-innen

Durch eine individuelle Betreuung durch die Dozenten und eine professionelle organisatorische Hilfestellung durch das IfM-Team unterstützen wir unsere Kunden, neben beruflichen und privaten Herausforderungen ein qualitativ hochstehendes und anspruchsvolles postgraduales Studium zu absolvieren.

Leading you to success. Nicht nur Philosophie, sondern unser Versprechen an unsere Kunden. Nicht nur ein Motto, sondern gelebte Realität.

Internationale Verbindungen

Das IfM zeichnet sich durch eine international renommierte Fakultät aus. Der Aufbau und die Erweiterung eines persönlichen Netzwerkes sind für unsere Teilnehmer eine große Bereicherung und werden vom IfM sehr stark gefördert. Wichtige Aspekte sind die Nähe zur Dozentenschaft und deren internationaler Background sowie der intensive Wissens- und Erfahrungsaustausch im Kreise der Alumni, zwischen den Teilnehmern und Geschäftspartnern.

Im Rahmen des MBA-Programms sind interkulturelle Studienaufenthalte wahlweise in Deutschland, England, USA und China eingeplant, wobei das Kennenlernen fremder Kulturen und das Networking mit Geschäftsführern und Topmanagern internationaler Konzerne im Vordergrund stehen.

Finanzielle Unterstützung/Stipendien

Für Fragen zur finanziellen Unterstützung und zu Stipendien steht Ihnen das IfM-Team als kompetenter Ansprechpartner sehr gerne in einem persönlichen Beratungsgespräch zur Verfügung.

Adresse der Hochschule

Anschrift: Birkenstraße 2, A-5300 Salzburg/Hallwang
Internet: www.ifm.ac
Kontakt: Mag. Ulrike Reinbacher, Tel.: +43-662-21 80 280, E-Mail: office@ifm.ac

Institut für Management

MBA-Programm

Name des Programms	**Executive MBA-Programm in General Management**
Schwerpunkt	Management, Betriebswirtschaft
Form des Programms	Executive
Start des Programms	jederzeit
Dauer des Programms in Monaten	18
Kosten	
Programmkosten in Euro	24.800
Einschreibegebühren in Euro	0
Bewerbung	
Anmeldebeginn	laufend
Letzter Anmeldetag	–
1. Hochschulabschluss erforderlich	ja
Zulassungstest	ja, Interview
GMAT erforderlich	nein
TOEFL erforderlich	nein
Referenzen	nein
Rahmenbedingungen	
Workloads ECTS	60
Jährlich zugelassene Studenten	30
Durchschnittliches Alter der Studenten	38
Internationale Studenten in %	15
Internationale Kooperationen	ja
Minimale Berufserfahrung in Jahren	5
Durchschnittliche Berufserfahrung in Jahren	15
Anteil Männer/Frauen in %	80/20
Fremdsprachenanteil in %	Englisch: 1–25
Studienblöcke (Anzahl)	14
Lehrmethode Case Study in %	40
Lehrmethode Vorlesung in %	20
Andere Lehrmethoden in %	40 (Hausarbeiten, Klausuren)
Abschlussarbeit erforderlich	ja
Erstmals angeboten	2004
Absolventen seit Beginn	100
Akkreditierung	
Akkreditiert laut Anbieter	FIBAA seit 2006

SMBS –
University of Salzburg
Business School

Profil der Hochschule

Die SMBS als Business School der Universität Salzburg bietet seit dem Jahr 2001 nationalen und internationalen Führungskräften Executive-, Master- und MBA-Programme auf höchstem Niveau. Das garantieren mehr als 300 Top-Vortragende aus Praxis und Wissenschaft, die auf ihrem jeweiligen Fachgebiet international anerkannt sind und einen hervorragenden Ruf genießen. Rund 1.500 (Nachwuchs-)Führungskräfte aus dem In- und Ausland haben bereits ein MBA- bzw. Master-Programm an der SMBS erfolgreich abgeschlossen. Eine Besonderheit aller angebotenen Programme der Universität Salzburg ist – neben der internationalen Ausrichtung und der FIBAA-Akkreditierung – die wirtschaftliche Relevanz und Aktualität aller Lehrinhalte und die Integration der Malik-Management-Systeme als Grundlage aller MBA-Ausbildungsprogramme.

Besonderheiten der Studiengänge

Zwei Studienabschnitte: Core Subjects und Electives

Die Fächer des ersten Studienabschnitts – die „Core Subjects" – thematisieren General-Management-Themen, die sich auf die Malik-Management-Systeme stützen. Zu den gewohnten Fächern wie Strategy and Leadership, Ethics, Social Competencies and HR, Economic and Law, Finance and Controlling konnten Advanced Topics in Applied and Strategic Management integriert werden. Die bisherigen sechs MBA-Programme werden ab jetzt als International Executive MBA geführt: Eigene Transfersicherungen für die gewählte Schwerpunktsetzung garantieren von Anfang an die Integration des gewählten Schwerpunkts.

Der zweite Abschnitt – die „Electives" – ist der jeweiligen Schwerpunktsetzung vorbehalten. Weiterhin werden sechs Schwerpunkte angeboten: International Management, Project and Process Management, Tourism and Leisure Management, Health Care Management, Public Management, Arts Management.

Die Electives konzentrieren sich ausschließlich auf aktuelle Themen der jeweiligen Schwerpunktsetzung und sichern mit praxisorientierten Lernformen die effiziente Umsetzung in die berufliche Praxis.

Internationale Verbindungen

Die SMBS legt Wert auf ein internationales und lebendiges Netzwerk mit renommierten Kooperationspartnern. So können wir unseren Studierenden nicht nur aktuelle Managementansätze, sondern auch globale Perspektiven eröffnen. Angeführt ist eine Auswahl unserer wichtigsten Kooperationspartner: Fudan University (Shanghai), Lomonossov University (Moskau), Next Level Consulting (Wien), Paracelsus Medizinische Privatuniversität (Salzburg), Rotman School of Management – University of Toronto, Simon Fraser University (Vancouver), Universität Salzburg, Rechtswissenschaftliche Fakultät (Salzburg), University of Marburg, Health Care Management Institut (Marburg), University of Trier, International Health Care Management Institut (Trier), University Potsdam, Institut for Public Management (Potsdam), University St. Gallen, Westminster University (London).

Finanzielle Unterstützung/Stipendien

Vereinzelt können Stipendien vergeben werden.

Adresse der Hochschule

Anschrift: Schlossallee 9, A-5412 Puch bei Salzburg
Internet: www.smbs.at
Kontakt: Mag. Bernhard Sams, Tel.: +43-676-88222203, E-Mail: bernhard.sams@smbs.at

salzburg management

smbs

UNIVERSITY OF SALZBURG
BUSINESS SCHOOL

MBA-Programme

Name des Programms	International Executive MBA	International Executive MBA – General Mgt.	International Executive MBA – Projekt-Prozessmgt.	International Executive MBA – Public Mgt.
Schwerpunkt	Mgt., Betriebswirtsch., European-/International-/Globalmgt., regionenorientiert	Mgt., Betriebswirtsch., Leadership, HR, Entrepreneur, Unternehmensführung	Engineering, Technologie, Luftverkehr, Energie, Logistics, IT, Computer Science, E-Mgt.	Mgt., Betriebswirtsch., European-/International-/Globalmgt., regionenorientiert
Form des Programms	Executive	Executive	Executive	Executive
Start des Programms	Herbst	Herbst	Herbst	Herbst
Dauer des Programms in Monaten	20	20	20	20
Kosten				
Programmkosten in Euro	24.525	24.525	24.525	24.525
Einschreibegebühren in Euro	0	0	0	0
Bewerbung				
Anmeldebeginn	Januar	Januar	Januar	Januar
letzter Anmeldetag	31. August	31. August	31. August	31. August
1. Hochschulabschluss erforderlich	nein, adäquate Berufserfahrung			
Zulassungstest	ja, Assessment	ja, Assessment	ja, Assessment	ja, Assessment
GMAT erforderlich	nein	nein	nein	nein
TOEFL erforderlich	Englischtest	Englischtest	Englischtest	Englischtest
Referenzen	ja	ja	ja	ja
Rahmenbedingungen				
Workloads ECTS	90	90	90	90
Jährlich zugelassene Studenten	70	25	25	25
Durchschnittliches Alter der Studenten	38	39	37	39
Internationale Studenten in %	40	45	40	25
Internationale Kooperationen	ja	ja	ja	ja
Minimale Berufserfahrung in Jahren	5	5	5	5
Durchschn. Berufserfahrung in Jahren	12	13	12	11
Anteil Männer/Frauen in %	65/35	70/30	65/35	60/40
Fremdsprachenanteil in %	Englisch: 26–50	Englisch: 26–50	Englisch: 1–25	Englisch: 1–25
Studienblöcke (Anzahl)	8	8	8	8
Lehrmethode Case Study in %	40	40	40	40
Lehrmethode Vorlesung in %	40	40	40	40
Andere Lehrmethoden in %	20	20	20	20
Abschlussarbeit erforderlich	ja	ja	ja	ja
Erstmals angeboten	2003	2005	2003	2001
Absolventen seit Beginn	438	65	97	107
Akkreditierung				
Akkreditiert laut Anbieter	FIBAA, FIBAA-Re-Akkreditierung			

Privatuniversität Schloss Seeburg

Anschrift: Seeburgstraße 8, A-5201 Seekirchen am Wallersee/Salzburg
Internet: www.uni-seeburg.at
Kontakt: Studierendenkanzlei, Tel.: +43-6212-2626, E-Mail: info@uni-seeburg.at

MBA-Programme

Name des Programms	MBA General Management	MBA Public Management	MBA Business Psychology
Schwerpunkt	Management, Betriebswirtschaft	Handel, Service Mgt., Consulting, PR, Medien, Kultur, Marketing	Industrie, Dienstleistungen, Landwirtschaft
Form des Programms	Fernstudium	Fernstudium	Fernstudium
Start des Programms	WS	WS	WS
Dauer des Programms in Monaten	18	18	18
Kosten			
Programmkosten in Euro	14.900	14.900	14.900
Einschreibegebühren in Euro	290	290	290
Bewerbung			
Anmeldebeginn	laufend	laufend	laufend
Letzter Anmeldetag	31. Juli, Nachmeldefrist: 30. September		
1. Hochschulabschluss erforderlich	ja, im Wert von 180 ECTS		
Zulassungstest	nein	nein	nein
GMAT erforderlich	nein	nein	nein
TOEFL erforderlich	nein	nein	nein
Referenzen	ja, 2-jährige Berufserfahrung im Führungsbereich		
Rahmenbedingungen			
Workloads ECTS	90	90	90
Jährlich zugelassene Studenten	20	20	20
Durchschnittliches Alter der Studenten	36	k. A.	k. A.
Internationale Studenten in %	k. A.	k. A.	k. A.
Internationale Kooperationen	ja	ja	ja
Minimale Berufserfahrung in Jahren	2	2	2
Durchschn. Berufserfahrung in Jahren	8	k. A.	k. A.
Anteil Männer/Frauen in %	60/40	k. A.	k. A.
Fremdsprachenanteil in %	Englisch: 26–50	Englisch: 26–50	Englisch: 26–50
Studienblöcke (Anzahl)	9	9	9
Lehrmethode Case Study in %	30	30	30
Lehrmethode Vorlesung in %	20	20	20
Andere Lehrmethoden in %	50 (Fernstudium)	50 (Fernstudium)	50 (Fernstudium)
Abschlussarbeit erforderlich	ja	ja	ja
Erstmals angeboten	2008	2008	2008
Absolventen seit Beginn	k. A.	k. A.	k. A.
Akkreditierung			
Akkreditiert laut Anbieter	Österreichischer Akkreditierungsrat		

ARGE Bildungsmanagement

Anschrift: Friedstraße 23, A-1210 Wien
Internet: www.bildungsmanagement.at
Kontakt: M. Bernard, MBA Leadership, MBA Event, Tel.: +43-1-2632312-12, E-Mail: office@bildungsmanagement.at
G. Karl-Langer, MBA Projektmanagement, Tel.: +43-1-2632312-24, E-Mail: karl@bildungsmanagement.at

MBA-Programme

Name des Programms	MBA Eventmanagement	MBA Projektmanagement	MBA Leadership und Soziales Management
Schwerpunkt	Handel, Service Mgt., Consulting, PR, Medien, Kultur, Marketing	Mgt., Betriebswirtschaft, Handel, Service Mgt., Consulting, PR, Medien, Kultur, Marketing	Leadership, HR, Entrepreneur, Unternehmensführung
Form des Programms	Teilzeit	Teilzeit	Teilzeit
Start des Programms	19.–21. Nov.	5.–7. Nov.	18.–21. Nov.
Dauer des Programms in Monaten	24	24	24
Kosten			
Programmkosten in Euro	9.204	10.339	10.699
Einschreibegebühren in Euro	k. A.	k. A.	k. A.
Bewerbung			
Anmeldebeginn	laufend	laufend	laufend
Letzter Anmeldetag	Oktober	Oktober	Oktober
1. Hochschulabschluss erforderlich	ja	ja	ja
Zulassungstest	nein	nein	nein
GMAT erforderlich	nein	nein	nein
TOEFL erforderlich	nein	nein	nein
Referenzen	nein	nein	nein
Rahmenbedingungen			
Workloads ECTS	120	120	120
Jährlich zugelassene Studenten	40	40	40
Durchschnittliches Alter der Studenten	33	35	40
Internationale Studenten in %	10	20	10
Internationale Kooperationen	nein	nein	nein
Minimale Berufserfahrung in Jahren	0	3	3
Durchschn. Berufsfahrung in Jahren	10	10	10
Anteil Männer/Frauen in %	45/55	80/20	35/65
Fremdsprachenanteil in %	k. A.	k. A.	k. A.
Studienblöcke (Anzahl)	19	21	18
Lehrmethode Case Study in %	0	0	0
Lehrmethode Vorlesung in %	0	0	0
Andere Lehrmethoden in %	praxisorient. Methodenmix; kein Fernstudium		
Abschlussarbeit erforderlich	ja	ja	ja
Erstmals angeboten	2006	2006	2006
Absolventen seit Beginn	90	75	45
Akkreditierung			
Akkreditiert laut Anbieter	Bundesmin. Bildung, Wissenschaft, Kultur		

Fachhochschule St. Pölten GmbH
Bereich Wirtschaft

/fh///
st.pölten

Profil der Hochschule

Lebenslanges Lernen und Weiterbildung stellen wichtige Faktoren für den beruflichen Erfolg dar. In einer sich rasant verändernden Welt sind Wissensdrang und Neugierde besonders wichtige Eigenschaften, um mit den aktuellen Entwicklungen Schritt halten zu können. Mit dem Weiterbildungsangebot der Fachhochschule St. Pölten unterstreichen wir unsere Exzellenz-Initiative, qualitätsvolle Angebote auch in Form von Weiterbildung zu entwickeln und anzubieten. Employability unserer Absolvent/-innen hat für uns höchsten Stellenwert – darauf ist unser Weiterbildungsprogramm ausgerichtet. Die vermittelten Inhalte werden die Chancen der Absolvent/-innen am Arbeitsmarkt steigern.

Besonderheiten des Studiengangs

Executive-MBA-Programm – MBA Media Management: Klassisches Medienmanagement durchläuft klassische Ausbildungsgänge. Aktuell fehlt es aber an berufsbegleitenden Angeboten, um für den tief greifenden Transformationsprozess in den Medien auch entsprechend vorbereitete qualifizierte Akteure und Mitarbeiter zu finden. Die FH St. Pölten wird sich in den nächsten Jahren verstärkt darum bemühen, Medienmanagerinnen und Medienmanager mit einer Orientierung auf das Transformationsmanagement so auszubilden, dass sie durch das Studium von Best-Practice-Situationen selbst auf entsprechende Aufgaben in dynamischen Tätigkeitsfeldern vorbereitet sind. Die Fachhochschule St. Pölten bietet österreichweit den bislang einzigen postgradualen Lehrgang im Bereich Medienmanagement an.

Ziel: Gerade in Zeiten der Wirtschaftskrise wird nach neuen Paradigmen und neuen Rettern gerufen. MedienTransformationsManagement (MTM) ist aber primär kein Krisenmanagement. Ist die Krise erst einmal eingetroffen, so ist es häufig für weitsichtige Strukturveränderungen bereits zu spät. Medienunternehmen durchlaufen einen kontinuierlichen Anpassungsprozess, der heutzutage allerdings eine rigide Beschleunigung erfährt. Nicht nur ältere Entscheider können mit der Geschwindigkeit der sich wandelnden Ansprüche an ihr jeweiliges Praxisfeld kaum mithalten. Dabei ist eine gewisse Auszeit zur Reflektion und Selbstbespiegelung des eigenen Berufs- und Wirtschaftsumfeldes wichtiger denn je. Gerade berufsbegleitende Weiterbildungslehrgänge wie der MBA an der FH St. Pölten können hier eine effektive und vollständig neu konzipierte Weiter- und Höherqualifizierung anbieten, die die eigene Managementpraxis mit weiterführenden Ideen und Konzepten konfrontiert. Moderne Contentmanagement- und Redaktionssysteme können in den nächsten Jahren in St. Pölten in einer so bisher kaum angebotenen Form während des Studiums im eigenen Hause kennengelernt und erprobt werden. Transmedia, Crossmedia und Multimedia bleiben für unsere Absolventen keine Chimäre mehr, sondern sind zugleich Teil eines vollintegrierten Arbeits- und Ausbildungsprozesses.

Internationale Verbindungen

Exkursionen: Die Medienindustrie ist laufenden Veränderungen unterworfen. In Zeiten der Globalisierung der Märkte sehen sich Medienschaffende zunehmend mit der Herausforderung konfrontiert, in interkulturellen Teams zu arbeiten und auf dem internationalen Markt zu bestehen. Um die Teilnehmer/-innen des MBA-Programms auf diese Anforderungen vorzubereiten, sind Exkursionen zu den Triade-Märkten ein fester Bestandteil der Ausbildung. In Modul 3 wird auf die Besonderheiten des Mediensektors in den USA, Asien und im EU-Raum mittels Unterricht vor Ort eingegangen.

Adresse der Hochschule

Anschrift: Matthias Corvinus-Straße 15, A-3100 St. Pölten
Internet: www.fhstp.ac.at/fhstp/content/weiterbildung/mbamediamanagement
Kontakt: Mag. Gudrun Zwetzbacher, Tel.: + 43-2742-313 228 - 407,
E-Mail: mba@fh-stpoelten.ac.at

MBA-Programm

Name des Programms	**MBA Media Management**
Schwerpunkt	Management, Betriebswirtschaft, Handel, Service Mgt., Consulting, PR, Medien, Kultur, Marketing
Form des Programms	Executive
Start des Programms	September
Dauer des Programms in Monaten	24
Kosten	
Programmkosten in Euro	15.000
Einschreibegebühren in Euro	100
Bewerbung	
Anmeldebeginn	ab sofort
Letzter Anmeldetag	k. A.
1. Hochschulabschluss erforderlich	ja oder 5 J. geh. Mgt.
Zulassungstest	nein, evtl. Gespräch mit Lehrgangsleitung
GMAT erforderlich	nein
TOEFL erforderlich	nein
Referenzen	ja, Lebenslauf, Hochschulabschlusszeugnis
Rahmenbedingungen	
Workloads ECTS	120
Jährlich zugelassene Studenten	k. A.
Durchschnittliches Alter der Studenten	37
Internationale Studenten in %	10
Internationale Kooperationen	ja
Minimale Berufserfahrung in Jahren	2
Durchschnittliche Berufserfahrung in Jahren	5
Anteil Männer/Frauen in %	70/30
Fremdsprachenanteil in %	Englisch: 1–25
Studienblöcke (Anzahl)	11
Lehrmethode Case Study in %	30
Lehrmethode Vorlesung in %	30
Andere Lehrmethoden in %	40 (integrierte LVs + E-Learning)
Abschlussarbeit erforderlich	ja
Erstmals angeboten	2006
Absolventen seit Beginn	19
Akkreditierung	
Akkreditiert laut Anbieter	k. A.

Continuing Education Center – Technische Universität Wien

Anschrift: Operngasse 11/017, A-1040 Wien
Internet: http://cec.tuwien.ac.at
Kontakt: Petra Aigner, Tel.: +43-1-58801-41704, E-Mail: office@cec.tuwien.ac.at

MBA-Programme

Name des Programms	Executive MBA Mergers & Acquisitions	General Management MBA	Professional MBA Entrepreneurship & Innovation	Professional MBA Facility Management
Schwerpunkt	Finance, Banking, Accounting, Audit, Versicherungen, Tax	Management, Betriebswirtschaft	Leadership, HR, Entrepreneur, Unternehmensführung	Tourism, Hospitality, Real Estate, Immobilien
Form des Programms	Executive	Teilzeit	Teilzeit	Teilzeit
Start des Programms	März	Oktober	Oktober	November
Dauer des Programms in Monaten	18	24	24	24
Kosten				
Programmkosten in Euro	28.000	20.900	25.000	19.500
Einschreibegebühren in Euro	k. A.	k. A.	k. A.	k. A.
Bewerbung				
Anmeldebeginn	laufend	laufend	laufend	laufend
Letzter Anmeldetag	Dezember	laufend	Juni	Oktober
1. Hochschulabschluss erforderlich	ja	ja	ja	k. A.
Zulassungstest	ja, Interview	ja, Interv. u. Eng.test	ja, Interview	ja, Interview
GMAT erforderlich	optional	optional	optional	optional
TOEFL erforderlich	optional	optional	optional	optional
Referenzen	nein	nein	ja	nein
Rahmenbedingungen				
Workloads ECTS	68	90	90	90
Jährlich zugelassene Studenten	20	25	25	25
Durchschnittliches Alter der Studenten	38	32	30	30
Internationale Studenten in %	25	20	20	20
Internationale Kooperationen	ja	ja	ja	ja
Minimale Berufserfahrung in Jahren	5	2	3	3
Durchschn. Berufserfahrung in Jahren	10	6	6	4
Anteil Männer/Frauen in %	80/20	80/20	70/30	60/40
Fremdsprachenanteil in %	Englisch: 51–100	Englisch: 26–50	Englisch: 51–100	Englisch: 26–50
Studienblöcke (Anzahl)	7	14	16	11
Lehrmethode Case Study in %	40	30	40	40
Lehrmethode Vorlesung in %	30	40	40	40
Andere Lehrmethoden in %	30 (Fernstudium)		20 (Fernstudium)	
Abschlussarbeit erforderlich	ja	ja	ja	ja
Erstmals angeboten	2007	2000	2006	2007
Absolventen seit Beginn	k. A.	220	20	k. A.
Akkreditierung				
Akkreditiert laut Anbieter	FIBAA	k. A.	FIBAA	FIBAA

IMADEC

Anschrift: Hietzinger Hauptstraße 41, A-1130 Wien
Internet: www.imadec.ac.at
Kontakt: Dr. Christian Joksch, Tel.: +43-1-72747-0, E-Mail: office@imadec.ac.at

MBA-Programm

Name des Programms	**Executive MBA**
Schwerpunkt	Management, Betriebswirtschaft
Form des Programms	Executive
Start des Programms	laufend
Dauer des Programms in Monaten	12
Kosten	
Programmkosten in Euro	42.000
Einschreibegebühren in Euro	0
Bewerbung	
Anmeldebeginn	laufend
Letzter Anmeldetag	—
1. Hochschulabschluss erforderlich	ja
Zulassungstest	ja, Interview mit Academic Director
GMAT erforderlich	nein
TOEFL erforderlich	ja, 650 P.
Referenzen	nein
Rahmenbedingungen	
Workloads ECTS	76
Jährlich zugelassene Studenten	25
Durchschnittliches Alter der Studenten	40
Internationale Studenten in %	42
Internationale Kooperationen	ja
Minimale Berufserfahrung in Jahren	4
Durchschnittliche Berufserfahrung in Jahren	16
Anteil Männer/Frauen in %	84/16
Fremdsprachenanteil in %	Englisch: 51–100
Studienblöcke (Anzahl)	13
Lehrmethode Case Study in %	30
Lehrmethode Vorlesung in %	30
Andere Lehrmethoden in %	40
Abschlussarbeit erforderlich	ja
Erstmals angeboten	1995
Absolventen seit Beginn	622
Akkreditierung	
Akkreditiert laut Anbieter	Wissenschaftsmin. (BGB/53. Verordnung)

SMA –
Sales Manager Akademie

www.sales-manager.at

Profil der Hochschule

Die Sales Manager Akademie (SMA) kann auf nahezu
30 Jahre Praxis in der Erwachsenenbildung zurückgreifen. Die SMA hat zur Zeit über 1.000 aktive Studenten und Studentinnen und bereits mehr als 580 Absolventen und Absolventinnen. Ziel der Ausbildungen ist die ausdrücklich praxisbezogene Aus- und Weiterbildung, um damit den Absolventen und Absolventinnen die Grundlage für eine entscheidende Verbesserung ihrer professionellen Fertigkeiten und damit Aufstiegschancen in Führungspositionen zu schaffen.

Besonderheiten der Studiengänge

Dieses berufsbegleitende Weiterbildungsprogramm ist zeitlich und inhaltlich flexibel. Das Studium umfasst sechs Pflichtfächer (Module), deren Reihenfolge auf die persönlichen Ziele und Interessen der Studierenden und deren Zeitbudget abgestimmt werden kann.

Von den sechs Modulen sind vier als Pflichtfächer im Rahmen des Executive Mangement Diploms zu absolvieren, zwei weitere werden aus den 21 Wahlpflichtfächern des MBA Aufbaustudiums ausgesucht. Auf diese Weise kann ein persönlicher Studienschwerpunkt gesetzt werden.

Oberste Priorität hat die praktische Umsetzbarkeit der Lehrinhalte:

- Einstieg jederzeit möglich
- deutschsprachig
- zwei- oder dreitägige Blockveranstaltungen
- praxisorientierte Lehrinhalte
- hochwertiges Bildungsangebot

Adresse der Hochschule

Anschrift: Geweygasse 4a, A-1190 Wien
Internet: www.sales-manager.at
Kontakt: Mag. Sasa Djordjevic, Tel.: +43-1-370887712,
E-Mail: sasa.djordjevic@sales-manager.at
Mag. Sonja Losert, Tel.: +43-1-370887798

www.sales-manager.at

MBA-Programm

Name des Programms	**Execitve MBA**
Schwerpunkt	Handel, Service Mgt., Consulting, PR, Medien, Kultur, Marketing
Form des Programms	Executive
Start des Programms	laufend
Dauer des Programms in Monaten	12
Kosten	
Programmkosten in Euro	20.900
Einschreibegebühren in Euro	k. A.
Bewerbung	
Anmeldebeginn	k. A.
Letzter Anmeldetag	k. A.
1. Hochschulabschluss erforderlich	nein
Zulassungstest	nein
GMAT erforderlich	nein
TOEFL erforderlich	nein
Referenzen	nein
Rahmenbedingungen	
Workloads ECTS	60
Jährlich zugelassene Studenten	200
Durchschnittliches Alter der Studenten	35
Internationale Studenten in %	20
Internationale Kooperationen	ja
Minimale Berufserfahrung in Jahren	4
Durchschnittliche Berufserfahrung in Jahren	15
Anteil Männer/Frauen in %	70/30
Fremdsprachenanteil in %	k. A.
Studienblöcke (Anzahl)	6
Lehrmethode Case Study in %	50
Lehrmethode Vorlesung in %	50
Andere Lehrmethoden in %	0
Abschlussarbeit erforderlich	ja
Erstmals angeboten	2001
Absolventen seit Beginn	1.000
Akkreditierung	
Akkreditiert laut Anbieter	AMBA gepl., FIBAA gepl., österr. staatl. Akkreditierung

PEF Privatuniversität für Management, Wien
international anerkannte Privatuniversität

Profil der Hochschule

PEF steht für Personal-Entwicklung und -Förderung mit dem Ziel, Menschen zu fordern und zu fördern. Die PEF Unternehmensgruppe besteht aus zwei Geschäftsfeldern: der PEF Privatuniversität für Management und der PEF Consulting, einer Unternehmensberatung der besonderen Art, aus deren Erfahrungen unsere Kunden profitieren. Wir sehen unsere Privatuniversität als kleine, feine, ja sogar familiäre Bildungseinrichtung der Sozial- und Wirtschaftswissenschaften, die sich um berufsbegleitende Wissensvermittlung „im menschlichen Maß" bemüht. Als unabhängige Privatuniversität und Karriereschmiede für Führungskräfte, Manager und Unternehmer ist die PEF Privatuniversität für Management ausschließlich ihren Kunden, also Studenten und Absolventen, verpflichtet. Unsere Professoren und Lehrenden zählen zu den Besten ihres Faches. Sie müssen neben wissenschaftlichen Qualifikationen in Lehre und Forschung auch Erfahrungen aus dem Berufsalltag einbringen. Die Qualität der PEF Privatuniversität für Management wird durch die Akkreditierungen des Österreichischen Akkreditierungsrates und der FIBAA bestätigt. Das Leitbild der PEF Gruppe:

- Wissen entsteht durch Kreativität, Vielfalt und Kommunikation.
- Unsere Universität fördert integratives Management in Lehre und Forschung.
- Unser Bildungskonzept orientiert sich an den Herausforderungen der Zeit.
- Wir erfüllen Ausbildungs- und Bildungsaufgaben.
- Unsere Universität ist mit dem regionalen Umfeld vernetzt.
- Universitäre Lehre ist nicht in der Masse, sondern nur in der Gruppe sinnvoll.
- Wir entwickeln unser Leitbild weiter.

(www.akkreditierungsrat.at, www.pef.at)

Besonderheiten der Studiengänge

Wir bieten berufsbegleitende Studiengänge, modular aufgebaut:

- akkreditiert druch den österreichischen Akkreditierungsrat ■ Teilzeit- und Vollzeitangebote ■ 90 ECTS-Punkte ■ Für alle Studiengänge gilt Matura/Abitur und Abschluss eines Diplomstudiums oder einer gleichwertigen Qualifikation, wie z. B. Abschluss an einer deutschen Verwaltungsakademie. ■ Studienorte: Wien, Graz und Deidesheim ■ Sprache: Deutsch und Englisch (HR 10 Prozent, MBA 25 Prozent) ■ klein, fein und familiär ■ beschränkte Teilnehmerzahlen ■ Unterricht im Klassensystem, unterstützt durch die Lernplattform ■ persönliche Kompetenzentwicklung als wesentlicher Bestandteil des Studienangebotes ■ hohe Individualität und Betreuungsqualität durch fünffache Betreuung durch den Studiengangsmanager, den Wissenschaftlichen Leiter, den Akademischen Leiter sowie durch den Kompetenzentwickler und den MT-Betreuer ■ Führungslab (als Outdoorveranstaltung) ■ Internationale Studienwoche (Englisch, optional für MBA und MSc Bau) ■ Nutzung der Synergien zwischen der PEF Consulting mit den Schwerpunkten strategische Personal- und Organisationsentwicklung, Bildungscontrolling und Human Resource Management und der Lehre und Forschung der Universität ■ erwiesener Karriereerfolg unserer Absolventen.

Internationale Verbindungen

NPI Niederländisches Pädagogisches Institut, Management Akademie Heidelberg gemeinnützige GmbH, ASB Management-Zentrum-Heidelberg e.V., Fachhochschule Ludwigshafen am Rhein – Hochschule für Wirtschaft

Adresse der Hochschule

Anschrift: Brahmsplatz 3, A-1040 Wien
Internet: www.pef.at
Kontakt: Gabriela Thorwartl, Koordination, Tel.: +43-1-53439 DW 12, E-Mail: gabriela.thorwartl@pef.co.at
Nina Aspalter, MSc HRM & OD, Tel.: +43-1-53439 DW 23, E-Mail: nina.aspalter@pef.co.at

MBA-Programme

Name des Programms	MSc in Construction Management	MSc in HR-Mgt. and Organizational Developmt.	MBA Intra- and Entrepreneurship
Schwerpunkt	Mgt., Betriebswirtschaft, Leadership, HR, Entrepreneur, Unternehmensführung	Leadership, HR, Entrepreneur, Unternehmensführung	Mgt., Betriebswirtschaft, Leadership, HR, Entrepreneur, Unternehmensführung
Form des Programms	Teilzeit	Teilzeit	Executive
Start des Programms	auf Anfrage	auf Anfrage	auf Anfrage
Dauer des Programms in Monaten	20	21	21
Kosten			
Programmkosten in Euro	22.000	24.000	30.000
Einschreibegebühren in Euro	k. A.	k. A.	k. A.
Bewerbung			
Anmeldebeginn	laufend	laufend	laufend
Letzter Anmeldetag	auf Anfrage	auf Anfrage	auf Anfrage
1. Hochschulabschluss erforderlich	ja od. äquiv. Qualifik.	ja od. äquiv. Qualifik.	ja od. äquiv. Qualifik.
Zulassungstest	nein, Aufnahmegespräch mit dem Wissenschaftlichen Leiter		
GMAT erforderlich	nein	nein	nein
TOEFL erforderlich	nein	nein	nein
Referenzen	nein	nein	nein
Rahmenbedingungen			
Workloads ECTS	90	90	90
Jährlich zugelassene Studenten	50	50	50
Durchschnittliches Alter der Studenten	35	35	38
Internationale Studenten in %	10	10	10
Internationale Kooperationen	ja	ja	ja
Minimale Berufserfahrung in Jahren	2	2	5
Durchschn. Berufserfahrung in Jahren	10	10	12
Anteil Männer/Frauen in %	70/30	40/60	60/40
Fremdsprachenanteil in %	0	Englisch: 1–25	Englisch: 1–25
Studienblöcke (Anzahl)	19	17	16
Lehrmethode Case Study in %	30	30	30
Lehrmethode Vorlesung in %	30	30	30
Andere Lehrmethoden in %	40 (z. B. Gruppenarbeiten, Exkursionen etc.)		40
Abschlussarbeit erforderlich	ja	ja	ja
Erstmals angeboten	2002	2000	2002
Absolventen seit Beginn	80	150	110
Akkreditierung			
Akkreditiert laut Anbieter	Österr. Akkreditierungsrat	FIBAA, Österreichischer Akkreditierungsrat	

WU Executive Academy, Wirtschaftsuniversität Wien

Anschrift: Nordbergstraße 15, A-1090 Wien
Internet: www.executiveacademy.at
Kontakt: Mag. Sabine Prillmann, Executive MBA, Tel.: +43-1-313364327, E-Mail: emba@wu.ac.at
Mag. René Voglmayr, Professional MBA, Tel.: +43-1-313364442, E-Mail: pmba@wu.ac.at

MBA-Programme

Name des Programms	Executive MBA	Profess. MBA (10 Spezialisie-rungsoptionen)	LLM International Tax Law	Master of Business Law (Corporate Law)
Schwerpunkt	Mgt., Betriebswirtsch., Leadership, HR, Entrepreneur, Unternehmensführung	Leadership, HR, Entrepreneur, Unternehmensführung, Finance, Banking, Accounting, Audit, Versicherungen, Tax	Finance, Banking, Accounting, Audit, Versicherungen, Tax	Management, Betriebswirtschaft
Form des Programms	Executive	Teilzeit	Teilzeit	Teilzeit
Start des Programms	März	Herbst	September	Oktober
Dauer des Programms in Monaten	14	18	24	14
Kosten				
Programmkosten in Euro	39.000	25.000	9.950	15.000
Einschreibegebühren in Euro	200	100	k. A.	100
Bewerbung				
Anmeldebeginn	laufend	laufend	laufend	laufend
Letzter Anmeldetag	1. März	30. Juni	30. April	30. Juni
1. Hochschulabschluss erforderlich	ja	ja	ja	ja
Zulassungstest	ja, Interview	ja, Interview	nein	ja, pers. Interv.
GMAT erforderlich	nein	nein	nein	nein
TOEFL erforderlich	nein	nein	nein	nein
Referenzen	ja	ja	nein	ja
Rahmenbedingungen				
Workloads ECTS	60	90	90	60
Jährlich zugelassene Studenten	40	220	25	30
Durchschnittliches Alter der Studenten	37	37	30	35
Internationale Studenten in %	60	38	80	5
Internationale Kooperationen	ja	ja	nein	nein
Minimale Berufserfahrung in Jahren	5	3	0	1
Durchschn. Berufserfahrung in Jahren	13	12	3	9
Anteil Männer/Frauen in %	70/30	70/30	60/40	80/20
Fremdsprachenanteil in %	Englisch: 51–100	Englisch: 51–100	Englisch: 51–100	0
Studienblöcke (Anzahl)	13	11	40	16
Lehrmethode Case Study in %	50	50	50	50
Lehrmethode Vorlesung in %	30	30	50	30
Andere Lehrmethoden in %	20	20	0	20
Abschlussarbeit erforderlich	ja	ja	ja	ja
Erstmals angeboten	1999	2005	1999	2009
Absolventen seit Beginn	300	700	306	30
Akkreditierung				
Akkreditiert laut Anbieter	AACSB (Partnerhoch.), AMBA, EFMD/EQUIS/ EPAS, FIBAA	AMBA, EFMD/EQUIS/ EPAS, FIBAA, FIBAA f. bestimmte Spezial.	EFMD/EQUIS/EPAS	AMBA, EFMD/EQUIS/ EPAS

MODUL University Vienna

Anschrift: Am Kahlenberg 1, A-1190 Wien
Internet: www.modul.ac.at
Kontakt: Dr. Markus Bernhard, Admissions Coordinator, Tel.: +43-1-3203555202, E-Mail: admissions@modul.ac.at

MBA-Programme

Name des Programms	MBA in Tourism Management	MBA in Public Governance and Mgt.	MBA in New Media Technology and Mgt.
Schwerpunkt	Management, Betriebswirtschaft, Tourism, Hospitality, Real Estate, Immobilien	Mgt., Betriebswirtschaft, European-/International-/ Globalmgt., regionenorientiert	Handel, Service Mgt., Consulting, PR, Medien, Kultur, Marketing, IT, Computer Science, E-Mgt.
Form des Programms	Teilzeit	Teilzeit	Teilzeit
Start des Programms	WS/Oktober	WS/Oktober	WS/Oktober
Dauer des Programms in Monaten	24	24	24
Kosten			
Programmkosten in Euro	28.000	28.000	28.000
Einschreibegebühren in Euro	k. A.	k. A.	k. A.
Bewerbung			
Anmeldebeginn	laufend	laufend	laufend
Letzter Anmeldetag	30. September	30. September	30. September
1. Hochschulabschluss erforderlich	ja	ja	ja
Zulassungstest	ja, Interview	ja, Interview	ja, Interview
GMAT erforderlich	nein	nein	nein
TOEFL erforderlich	ja, 570 P. paper based, 230 P. computer based, 88 P. internet based		
Referenzen	ja	ja	ja
Rahmenbedingungen			
Workloads ECTS	90	90	92
Jährlich zugelassene Studenten	30	30	30
Durchschnittliches Alter der Studenten	30	k. A.	34
Internationale Studenten in %	70	90	40
Internationale Kooperationen	ja	ja	ja
Minimale Berufserfahrung in Jahren	2	2	2
Durchschn. Berufserfahrung in Jahren	4	4	7
Anteil Männer/Frauen in %	30/70	20/80	70/30
Fremdsprachenanteil in %	Englisch: 51–100	Englisch: 51–100	Englisch: 51–100
Studienblöcke (Anzahl)	16	16	16
Lehrmethode Case Study in %	100	100	100
Lehrmethode Vorlesung in %	0	0	0
Andere Lehrmethoden in %	k. A.	k. A.	k. A.
Abschlussarbeit erforderlich	ja	ja	ja
Erstmals angeboten	2007	2008	2009
Absolventen seit Beginn	7	k. A.	k. A.
Akkreditierung			
Akkreditiert laut Anbieter	AMBA, EFMD/EQUIS/EPAS,		
	Österreichischer Akkreditierungsrat		

Universität Educatis – Educatis Graduate School of Management

Anschrift: Herrengasse 12, CH-6460 Altdorf
Internet: www.educatis.org
Kontakt: Patrizia von Hettlingen, Tel.: +41-41-8720520, E-Mail: info@educatis.ch

MBA-Programme

Name des Programms	MBA General Management	MBA Marketing	MBA HRM	MBA Wiwi
Schwerpunkt	Management, Betriebswirtschaft	Handel, Service Mgt., Consulting, PR, Medien, Kultur, Marketing	Leadership, HR, Entrepreneur, Unternehmensführung	Management, Betriebswirtschaft
Form des Programms	Fernstudium	Fernstudium	Fernstudium	Fernstudium
Start des Programms	jederzeit	jederzeit	jederzeit	jederzeit
Dauer des Programms in Monaten	30	30	30	30
Kosten				
Programmkosten in Euro	9.950	9.950	9.950	9.950
Einschreibegebühren in Euro	k. A.	k. A.	k. A.	k. A.
Bewerbung				
Anmeldebeginn	laufend	laufend	laufend	laufend
Letzter Anmeldetag	–	–	–	–
1. Hochschulabschluss erforderlich	ja	ja	ja	ja
Zulassungstest	nein	nein	nein	nein
GMAT erforderlich	ja, 500 P.	ja, 500 P.	ja, 500 P.	ja, 500 P.
TOEFL erforderlich	ja, 80 P. internet based			
Referenzen	ja	ja	ja	ja
Rahmenbedingungen				
Workloads ECTS	90	90	90	90
Jährlich zugelassene Studenten	k. A.	25	20	20
Durchschnittliches Alter der Studenten	34	34	34	36
Internationale Studenten in %	80	90	80	60
Internationale Kooperationen	ja	ja	ja	ja
Minimale Berufserfahrung in Jahren	2	2	2	2
Durchschn. Berufserfahrung in Jahren	5	5	4	7
Anteil Männer/Frauen in %	70/30	70/30	60/40	70/30
Fremdsprachenanteil in %	Englisch: 1–25	Englisch: 1–25	Englisch: 1–25	Englisch: 1–25
Studienblöcke (Anzahl)	0	0	0	0
Lehrmethode Case Study in %	10	10	10	10
Lehrmethode Vorlesung in %	5	5	5	5
Andere Lehrmethoden in %	85	85	85	85
Abschlussarbeit erforderlich	ja	ja	ja	ja
Erstmals angeboten	2002	2006	2006	2003
Absolventen seit Beginn	25	25	25	25
Akkreditierung				
Akkreditiert laut Anbieter	FIBAA	FIBAA	FIBAA	FIBAA

Berner Fachhochschule Wirtschaft und Verwaltung

Anschrift: Morgartenstraße 2c, CH-3000 Bern 22
Internet: www.wirtschaft.bfh.ch
Kontakt: Sarah Wälchli, EMBA Integrated Mgm., Tel.: +41-31-8483412, E-Mail: sarah.waelchli@bfh.ch
Karin Kipfer, EMBA Contr./Cons., EMBA HR, Tel.: +41-31-8483411, E-Mail: karin.kipfer@bfh.ch

MBA-Programme

Name des Programms	EMBA Integrated Management	EMBA Controlling & Consulting	EMBA Human Resources Mgt.	EMBA Public Management
Schwerpunkt	Leadership, HR, Entrepreneur, Unternehmensführung	Handel, Service Mgt., Consulting, PR, Medien, Kultur, Marketing	Leadership, HR, Entrepreneur, Unternehmensführung	Management, Betriebswirtschaft
Form des Programms	Teilzeit	Teilzeit	Teilzeit	Teilzeit
Start des Programms	Januar	April	April	Januar
Dauer des Programms in Monaten	21	24	22	18
Kosten				
Programmkosten in Euro	17.500	16.200	17.200	15.600
Einschreibegebühren in Euro	k. A.	k. A.	k. A.	k. A.
Bewerbung				
Anmeldebeginn	laufend	laufend	laufend	laufend
Letzter Anmeldetag	31. Okt.	31. Jan.	30. Nov.	15. Sept.
1. Hochschulabschluss erforderlich	nein, nicht zwingend			
Zulassungstest	nein	Eignungsabklärung		
GMAT erforderlich	nein	nein	nein	nein
TOEFL erforderlich	nein	nein	nein	nein
Referenzen	nein	nein	ja, Arbeitgeberempf.	nein
Rahmenbedingungen				
Workloads ECTS	60	60	60	60
Jährlich zugelassene Studenten	27	26	27	26
Durchschnittliches Alter der Studenten	38	39	38	38
Internationale Studenten in %	k. A.	2	k. A.	k. A.
Internationale Kooperationen	ja	nein	nein	nein
Minimale Berufserfahrung in Jahren	3	2	2	2
Durchschn. Berufserfahrung in Jahren	6	13	13	k. A.
Anteil Männer/Frauen in %	80/20	80/20	40/60	k. A.
Fremdsprachenanteil in %	26–50	k. A.	Englisch: 1–25	k. A.
Studienblöcke (Anzahl)	5	3	3	4
Lehrmethode Case Study in %	40	40	45	k. A.
Lehrmethode Vorlesung in %	30	20	25	k. A.
Andere Lehrmethoden in %	30	40	35	k. A.
Abschlussarbeit erforderlich	ja	ja	ja	ja
Erstmals angeboten	1999	2006	2004	2001
Absolventen seit Beginn	550	21	44	k. A.
Akkreditierung				
Akkreditiert laut Anbieter	OAQ	OAQ	OAQ	OAQ

Rochester-Bern
Executive MBA Program

Rochester–Bern

Executive MBA Program

Simon School

University of Rochester

IFM Universität Bern

Profil der Hochschule

Hinter dem Programm stehen zwei Universitäten, die University of Rochester, New York (USA) und die Universität Bern. Die Hauptverantwortung für die Gestaltung des Programms liegt bei der Simon School of Business Administration (University of Rochester), die seit 1966 von AACSB akkreditiert ist. Gemäß dem aktuellen Financial Times Ranking liegt sie weltweit auf Platz fünf in Finance und ist eine der besten 50 Business Schools. Unter ihren Professoren und Alumni sind acht Nobelpreis- und zwölf Pulitzerpreisträger zu finden.

Besonderheiten des Studiengangs

Das Rochester-Bern Executive MBA ist ein erstklassiges General-Management-Programm für Führungskräfte in mittleren und höheren Positionen. Die Ausbildung bietet Führungskräften die Möglichkeit, parallel zu ihrer Karriere die Instrumente kennenzulernen, die für die Analyse, das Design, die Implementierung und das Management von erfolgreichen Geschäftsstrategien nötig sind.

Sämtliche Kurse stellen die Anwendbarkeit des erworbenen Wissens in den Vordergrund: Sowohl in den Diskussionen im Unterricht als auch in Projektarbeiten geht es um reale Beispiele aus dem eigenen und anderen Unternehmen. Die Dozierenden und Gastreferenten aus ganz Europa, Asien und der University of Rochester, New York (USA) stehen in ihrem Fach weltweit an der Spitze und bringen praktische Erfahrung aus der Führung und Beratung von Unternehmen mit.

Die Studierenden stammen aus den verschiedensten Ländern und Branchen, arbeiten in allen Funktionsbereichen von Unternehmen und verfügen über mehrere Jahre Managementerfahrung. Dies gewährleistet Klassen- und Teamdiskussionen auf höchstem Niveau. Den Abschluss des Programms bildet ein Businessplan-Projekt, bei dem die Teilnehmenden alle Komponenten des Programms (Strategie, Marketing, Finance, Human Resources …) im internationalen Kontext praktisch anwenden.

Internationale Verbindungen

Die Teilnehmenden studieren nicht nur in der Schweiz, sondern auch im Ausland (sechs Wochen in Rochester, eine Woche in Shanghai). Während dieser Aufenthalte arbeiten die Teilnehmenden intensiv mit Führungskräften und Studierenden der ausländischen Partnerprogramme zusammen und erleben so aktiv, was es heißt, im Ausland geschäftlich tätig zu sein. Beim Abschluss erhalten die Absolventen den MBA der Universität Rochester, der in Europa, Asien und den USA ein hohes Ansehen genießt, sowie den Executive-MBA der Universität Bern.

Das Rochester-Bern Executive MBA eröffnet den Studierenden neue Perspektiven und ändert den Blick für die (Geschäfts-)Welt. Hierfür steht der Slogan des Programms: We'll change the way you think.

Adresse der Hochschule

Anschrift: Engehaldenstraße 4, CH-3012 Bern
Internet: www.executive-mba.ch
Kontakt: Dr. Petra Joerg, Tel.: +41-31-6313477, E-Mail: info@executive-mba.ch

MBA-Programm

Name des Programms	**Rochester-Bern Executive MBA Program**
Schwerpunkt	Management, Betriebswirtschaft
Form des Programms	Executive
Start des Programms	Januar
Dauer des Programms in Monaten	18
Kosten	
Programmkosten in Euro	60.000
Einschreibegebühren in Euro	0
Bewerbung	
Anmeldebeginn	laufend
Letzter Anmeldetag	laufend, 31. Oktober empfohlen
1. Hochschulabschluss erforderlich	ja, Ausnahmen möglich
Zulassungstest	ja, 2 Interviews, CV-Check
GMAT erforderlich	nein
TOEFL erforderlich	ja, Interview in Englisch
Referenzen	ja, 2
Rahmenbedingungen	
Workloads ECTS	90
Jährlich zugelassene Studenten	40
Durchschnittliches Alter der Studenten	35
Internationale Studenten in %	15
Internationale Kooperationen	ja
Minimale Berufserfahrung in Jahren	5
Durchschnittliche Berufserfahrung in Jahren	15
Anteil Männer/Frauen in %	31/3
Fremdsprachenanteil in %	Englisch: 51–100
Studienblöcke (Anzahl)	0
Lehrmethode Case Study in %	30
Lehrmethode Vorlesung in %	40
Andere Lehrmethoden in %	30
Abschlussarbeit erforderlich	ja
Erstmals angeboten	1995
Absolventen seit Beginn	531
Akkreditierung	
Akkreditiert laut Anbieter	AACSB (University of Rochester)

Hochschule für Technik und Wirtschaft HTW Chur

Anschrift: Pulvermühlestraße 57, CH-7004 Chur
Internet: www.htwchur.ch/management-weiterbildung
Kontakt: Bettina Tromm, Executive MBA, Tel.: +41-(0)81-286 24 32, E-Mail: mangement-weiterbildung@htwchur.ch

MBA-Programm

Name des Programms	**Executive MBA in Business Administration**
Schwerpunkt	Management, Betriebswirtschaft
Form des Programms	Executive
Start des Programms	September
Dauer des Programms in Monaten	10
Kosten	
Programmkosten in Euro	12.000
Einschreibegebühren in Euro	k. A.
Bewerbung	
Anmeldebeginn	laufend
Letzter Anmeldetag	k. A.
1. Hochschulabschluss erforderlich	ja
Zulassungstest	ja, persönliches Aufnahmegespräch
GMAT erforderlich	k. A.
TOEFL erforderlich	nein
Referenzen	k. A.
Rahmenbedingungen	
Workloads ECTS	60
Jährlich zugelassene Studenten	28
Durchschnittliches Alter der Studenten	35
Internationale Studenten in %	15
Internationale Kooperationen	ja
Minimale Berufserfahrung in Jahren	5
Durchschnittliche Berufserfahrung in Jahren	k. A.
Anteil Männer/Frauen in %	70/30
Fremdsprachenanteil in %	Englisch: 1–25
Studienblöcke (Anzahl)	0
Lehrmethode Case Study in %	10
Lehrmethode Vorlesung in %	60
Andere Lehrmethoden in %	30
Abschlussarbeit erforderlich	ja
Erstmals angeboten	k. A.
Absolventen seit Beginn	k. A.
Akkreditierung	
Akkreditiert laut Anbieter	OAQ

Verbandsmanagement Institut (VMI) – Universität Freiburg/Schweiz

Anschrift: Postfach 15 59, CH-1701 Freiburg
Internet: www.vmi.ch
Kontakt: Sarah Bürgisser, Tel.: +41-26-3008400, E-Mail: info@vmi.ch

MBA-Programme

Name des Programms	Executive MBA in NPO-Mgt.	ICT Management	ICT Management	Utility Management
Schwerpunkt	Management, Betriebswirtschaft	Handel, Service Mgt., Consulting, PR, Medien, Kultur, Marketing		Tourism, Hospitality, Real Estate, Immobilien
Form des Programms	Executive	Vollzeit	Teilzeit	Teilzeit
Start des Programms	November	k. A.	k. A.	k. A.
Dauer des Programms in Monaten	40	12	24	24
Kosten				
Programmkosten in Euro	27.000	28.000	28.000	28.000
Einschreibegebühren in Euro	k. A.	k. A.	k. A.	k. A.
Bewerbung				
Anmeldebeginn	laufend	k. A.	k. A.	k. A.
Letzter Anmeldetag				
1. Hochschulabschluss erforderlich	ja	k. A.	k. A.	k. A.
Zulassungstest	nein	k. A.	k. A.	k. A.
GMAT erforderlich	nein	k. A.	k. A.	k. A.
TOEFL erforderlich	nein	k. A.	k. A.	k. A.
Referenzen	ja, 2 Empf.schr.	k. A.	k. A.	k. A.
Rahmenbedingungen				
Workloads ECTS	90	90	90	90
Jährlich zugelassene Studenten	k. A.	30	30	30
Durchschnittliches Alter der Studenten	41	34	34	34
Internationale Studenten in %	12	0	0	0
Internationale Kooperationen	ja	k. A.	k. A.	k. A.
Minimale Berufserfahrung in Jahren	3	0	0	0
Durchschn. Berufserfahrung in Jahren	15	7	7	7
Anteil Männer/Frauen in %	67/33	k. A.	k. A.	k. A.
Fremdsprachenanteil in %	1–25	Englisch: 51–100	Englisch: 51–100	Englisch: 51–100
Studienblöcke (Anzahl)	15	0	0	0
Lehrmethode Case Study in %	20	0	0	0
Lehrmethode Vorlesung in %	70	0	0	0
Andere Lehrmethoden in %	10	k. A.	k. A.	k. A.
Abschlussarbeit erforderlich	ja	k. A.	k. A.	k. A.
Erstmals angeboten	2001	k. A.	k. A.	k. A.
Absolventen seit Beginn	43	k. A.	k. A.	k. A.
Akkreditierung				
Akkreditiert laut Anbieter	OAQ	OAQ	OAQ	OAQ

iimt – int. institute of management in technology – Universität Fribourg/Schweiz

Anschrift: Bd de Pérolles 90, CH-1700 Fribourg
Internet: www.iimt.ch
Kontakt: Kirstin Stadelmann, Tel.: +41-26-3008430, E-Mail: iimt@unifr.ch

MBA-Programme

Name des Programms	Executive MBA in ICT Management		Executive MBA in Utility Management	
Schwerpunkt	IT, Computer Science, E-Management		Engineering, Technologie, Luftverkehr, Energie, Logistics	
Form des Programms	Teilzeit	Vollzeit	Teilzeit	Vollzeit
Start des Programms	jederzeit	jederzeit	jederzeit	jederzeit
Dauer des Programms in Monaten	36	12	36	12
Kosten				
Programmkosten in Euro	28.000	28.000	28.000	28.000
Einschreibegebühren in Euro	0	0	0	0
Bewerbung				
Anmeldebeginn	jederzeit	jederzeit	jederzeit	jederzeit
Letzter Anmeldetag	jederzeit	jederzeit	jederzeit	jederzeit
1. Hochschulabschluss erforderlich	ja	ja	ja	ja
Zulassungstest	nein	nein	nein	nein
GMAT erforderlich	nein	nein	nein	nein
TOEFL erforderlich	nein	nein	nein	nein
Referenzen	nein	nein	nein	nein
Rahmenbedingungen				
Workloads ECTS	90	90	90	90
Jährlich zugelassene Studenten	30	30	30	30
Durchschnittliches Alter der Studenten	35	35	34	34
Internationale Studenten in %	20	20	10	20
Internationale Kooperationen	ja	ja	ja	ja
Minimale Berufserfahrung in Jahren	3	3	3	3
Durchschn. Berufserfahrung in Jahren	7	7	7	7
Anteil Männer/Frauen in %	95/5	95/5	98/2	98/2
Fremdsprachenanteil in %	Englisch: 51–100	Englisch: 51–100	Englisch: 51–100	Englisch: 51–100
Studienblöcke (Anzahl)	15	15	15	15
Lehrmethode Case Study in %	40	40	40	40
Lehrmethode Vorlesung in %	40	40	40	40
Andere Lehrmethoden in %	20	20	20	20
Abschlussarbeit erforderlich	ja	ja	ja	ja
Erstmals angeboten	1995	1995	2006	2006
Absolventen seit Beginn	350	350	k. A.	k. A.
Akkreditierung				
Akkreditiert laut Anbieter	OAQ, SUK (Schw. Universitätskonferenz)			

Université de Genève (Universität Genf)

Anschrift: Chemin de la Voie-Creuse 16, CH-1202 Genf
Internet: www.iomba.ch
Kontakt: Daniele Alesani, Tel.: +41-22-3798120, E-Mail: iomba@hec.unige.ch

MBA-Programm

Name des Programms	**International Organizations MBA (IOMBA)**
Schwerpunkt	Leadership, HR, Entrepreneur, Unternehmensführung
Form des Programms	Vollzeit
Start des Programms	WS/1. September
Dauer des Programms in Monaten	18
Kosten	
Programmkosten in Euro	25.000
Einschreibegebühren in Euro	75
Bewerbung	
Anmeldebeginn	laufend
Letzter Anmeldetag	15. Nov./1. März/15. Mai
1. Hochschulabschluss erforderlich	ja
Zulassungstest	nein
GMAT erforderlich	ja, 550/800 P.
TOEFL erforderlich	ja, 600/250/100 P.
Referenzen	ja
Rahmenbedingungen	
Workloads ECTS	90
Jährlich zugelassene Studenten	40
Durchschnittliches Alter der Studenten	31
Internationale Studenten in %	100
Internationale Kooperationen	ja
Minimale Berufserfahrung in Jahren	3
Durchschnittliche Berufserfahrung in Jahren	6
Anteil Männer/Frauen in %	50/50
Fremdsprachenanteil in %	0
Studienblöcke (Anzahl)	3
Lehrmethode Case Study in %	60
Lehrmethode Vorlesung in %	30
Andere Lehrmethoden in %	10 (Workshops, Seminare)
Abschlussarbeit erforderlich	ja
Erstmals angeboten	2004
Absolventen seit Beginn	100
Akkreditierung	
Akkreditiert laut Anbieter	AMBA, APSIA

Lorange
Institute of Business Zurich

The Lorange Institute of Business Zurich brings together the worlds of global business practice and academic theory. The result: sound, creative innovations for an ever more complex business world. The Lorange Institute of Business Zurich offers graduate degree programs for decision makers from middle and upper management. It offers short advanced management programs that give qualified executives the chance to upgrade to a full degree program and custom corporate programs for companies around the world.

Lorange Institute of Business Zurich programs equip students to anticipate and manage change and to develop unified solutions for complex, international management challenges. Designed for the needs of leaders who have professional experience, all our programs are structured in modules that allow participants to stay „on the job" while they complete the syllabus. Several years of management experience is required to enroll in Lorange Institute's executive-level Masters of Business Administration (MBA) and six Master of Science Programs, such as MSc in Modern Marketing, Wealth Management and Modern Banking, Shipping and Logistics Management, Business Driven Information Management, Sports and Entertainment Management, Talent and Intellectual Capital Management.

The Living Case is a central feature of Lorange Institute's Executive Master Programs. It is an action learning concept that benefits Lorange Institute's participants and the sponsoring companies. In each Living Case consulting project a team of Lorange Institute's participants works with a client organization on a project that improves business performance. These projects train our participants how to analyze a complex business situation, understand the reasons for the current state of affairs, and recommend relevant actions to generate value and achieve sustainable results. Living Case projects also develop social skills. The presentation of the recommendations to the professors and the management of Living Case's client is a course requirement which serves as an exam.

Four qualities make Lorange Institute of Business Zurich unique. Instead of full-time faculty, top-tier international academics team-up across traditional disciplines to offer state-of-the-art, highly relevant learning experiences. We accept only part-time participants with strong intellectual capabilities and rich cultural and business experience. Managing business cycles is vital to business success, so we focus on helping participants master the business cycles in their businesses. Lorange Institute of Business Zurich is a global hub: we are open to the world.

The history of the Lorange Institute of Business Zurich dates back to 1968, when it was established, under another name, as a study group for coordinating economic and science studies. Approximately 900 students participate in the Lorange Institute courses each year. The campus is located directly on Lake Zurich in Horgen, Switzerland.

Adresse der Hochschule

Lorange
Institute of Business Zurich

Anschrift: Hirsackerstraße 46, CH-8810 Horgen
Internet: www.lorange.org
Kontakt: Prof. Dr. Peter Lorange, Präsident und CEO, Tel.: +41-44-7289999, E-Mail: p.lorange@lorange.org
Prof. Dr. Ulf Lindgren, Executive Director, Tel.: +41-44-7289999, E-Mail: u.lindgren@lorange.org

MBA-Programm

Name des Programms	**Executive MBA**
Schwerpunkt	Industrie, Dienstleistungen, Landwirtschaft
Form des Programms	Executive
Start des Programms	4 x p. a.
Dauer des Programms in Monaten	24

Kosten

Programmkosten in Euro	46.000
Einschreibegebühren in Euro	k. A.

Bewerbung

Anmeldebeginn	jederzeit
Letzter Anmeldetag	k. A.
1. Hochschulabschluss erforderlich	ja, MSc/BBA o. Ä
Zulassungstest	nein, Assessment
GMAT erforderlich	ja, Modul wird angeboten
TOEFL erforderlich	ja, Modul wird angeboten
Referenzen	ja

Rahmenbedingungen

Workloads ECTS	180
Jährlich zugelassene Studenten	60
Durchschnittliches Alter der Studenten	35
Internationale Studenten in %	75
Internationale Kooperationen	ja
Minimale Berufserfahrung in Jahren	5
Durchschnittliche Berufserfahrung in Jahren	7
Anteil Männer/Frauen in %	75/25
Fremdsprachenanteil in %	51–100
Studienblöcke (Anzahl)	7
Lehrmethode Case Study in %	70
Lehrmethode Vorlesung in %	15
Andere Lehrmethoden in %	15
Abschlussarbeit erforderlich	ja
Erstmals angeboten	1985
Absolventen seit Beginn	1.100

Akkreditierung

Akkreditiert laut Anbieter	AACSB geplant

Business School Lausanne
Anschrift: Av. Dapples 38, CH-1006 Lausanne
Internet: www.bsl-lausanne.ch
Kontakt: Dr. Katrin Muff, Tel.: +41-21-619 06 06, E-Mail: info@bsl-lausanne.ch

MBA-Programme

Name des Programms	MBA Executive	MBA
Schwerpunkt	Management, Betriebswirtschaft	Management, Betriebswirtschaft
Form des Programms	Executive	Vollzeit
Start des Programms	Sept., Nov. ,Febr., Mai	Sept., Febr.
Dauer des Programms in Monaten	12	12
Kosten		
Programmkosten in Euro	19.400	25.800
Einschreibegebühren in Euro	130	130
Bewerbung		
Anmeldebeginn	laufend	laufend
Letzter Anmeldetag	3 Monate v. Programmbeginn	3 Monate v. Programmbeginn
1. Hochschulabschluss erforderlich	nein	ja
Zulassungstest	nein	nein
GMAT erforderlich	nein	nein
TOEFL erforderlich	ja, 550 P.	ja, 550 P.
Referenzen	ja, vom Arbeitgeber	ja, vom Arbeitgeber
Rahmenbedingungen		
Workloads ECTS	0	0
Jährlich zugelassene Studenten	20	15
Durchschnittliches Alter der Studenten	34	26
Internationale Studenten in %	50	90
Internationale Kooperationen	ja	ja
Minimale Berufserfahrung in Jahren	5	1
Durchschnittliche Berufserfahrung in Jahren	10	2
Anteil Männer/Frauen in %	70/30	60/40
Fremdsprachenanteil in %	Englisch: 51–100	Englisch: 51–100
Studienblöcke (Anzahl)	12	18
Lehrmethode Case Study in %	0	0
Lehrmethode Vorlesung in %	0	0
Andere Lehrmethoden in %	k. A.	k. A.
Abschlussarbeit erforderlich	ja	ja
Erstmals angeboten	1987	1987
Absolventen seit Beginn	k. A.	k. A.
Akkreditierung		
Akkreditiert laut Anbieter	ACBSP	ACBSP

Executive School of Management, Technology and Law – ES-HSG

Anschrift: Holzstraße 15, CH-9010 St. Gallen
Internet: www.es.unisg.ch
Kontakt: Dr. Markus Seitz, Weiterbild.beratung, EMBA, Tel.: +41-71-224-2702 o. -2110, E-Mail: markus.seitz@unisg.ch
Peggy van der Wallen, MBA, Tel.: +41-71-224-2478, E-Mail: mba@unisg.ch

MBA-Programme

Name des Programms	Omnium Global Executive MBA	MBA-HSG	MBA-HSG	Executive MBA HSG
Schwerpunkt	Europ.-/Int.-/Globalmgt., regionenorientiert, Leadership, HR, Entrepreneur, Unternehmensführung	Management, Betriebswirtschaft	Management, Betriebswirtschaft	Mgt., Betriebswirtschaft, Leadership, HR, Entrepreneur, Unternehmensführung
Form des Programms	Executive	Vollzeit	Teilzeit	Executive
Start des Programms	August	1. Sept.	1. Aug.	März/Sept.
Dauer des Programms in Monaten	18	12	20	18
Kosten				
Programmkosten in Euro	54.000	38.800	43.300	42.000
Einschreibegebühren in Euro	190	3.900	4.500	0
Bewerbung				
Anmeldebeginn	laufend	laufend	laufend	laufend
Letzter Anmeldetag	30. Juni	1. Juni	10. Juli	31. Jan./30. Juni
1. Hochschulabschluss erforderlich	nein, aber erwünscht	ja	ja	ja, Univ. /FH-Abschl.
Zulassungstest	ja, Interv. u. EDT-Test	nein	nein	ja, Online-Assessment
GMAT erforderlich	wenn k. FH-/Univ.-Abschl. (> 500 P.)	ja, 650 P.	ja, 600 P.	nein
TOEFL erforderlich	ja, 580 P. pb, 93 P. ib	ja, 110 P. ib	ja, 110 P. ib	nein
Referenzen	ja	ja, 2 Referenzschr.	ja	
Rahmenbedingungen				
Workloads ECTS	k. A.	90	90	75
Jährlich zugelassene Studenten	35	50	40	80
Durchschnittliches Alter der Studenten	35	30	32	38
Internationale Studenten in %	100	90	92	20
Internationale Kooperationen	ja	ja	ja	nein
Minimale Berufserfahrung in Jahren	5	3	3	5
Durchschn. Berufserfahrung in Jahren	12	6	7	12
Anteil Männer/Frauen in %	77/23	80/20	60/40	75/25
Fremdsprachenanteil in %	Englisch: 51–100	Englisch: 51–100	Englisch: 51–100	Englisch: 1–25
Studienblöcke (Anzahl)	6	6	10	0
Lehrmethode Case Study in %	30	30	30	25
Lehrmethode Vorlesung in %	35	60	60	35
Andere Lehrmethoden in %	35 (Team Proj., Dist. Learning)	10 (externe Gastreferenten u. a.)		20 (Team Proj.), 20 (Simul./Exper. Learn.)
Abschlussarbeit erforderlich	nein	ja	ja	ja
Erstmals angeboten	2004	2005	2008	1987
Absolventen seit Beginn	120	123	k. A.	1900
Akkreditierung				
Akkreditiert laut Anbieter	AACSB, EFMD/EQUIS/EPAS			

FHS St.Gallen – Management-Weiterbildungszentrum

Anschrift: Teufener Straße 2, Postfach 630, CH-9001 St. Gallen
Internet: www.fhsg.ch/management-weiterbildung
Kontakt: Regula Umbricht, Leiterin Zentrum, Tel.: +41-71-228 63 28, E-Mail: regula.umbricht@fhsg.ch
Prof. Dr. Lukas Scherer, Studienleiter Executive MBA, Tel.: +41-71-228 63 28, E-Mail: lukas.scherer@fhsg.ch

MBA-Programm

Name des Programms	**Executive MBA**
Schwerpunkt	Management, Betriebswirtschaft
Form des Programms	Executive
Start des Programms	jederzeit möglich
Dauer des Programms in Monaten	k. A.
Kosten	
Programmkosten in Euro	k. A.
Einschreibegebühren in Euro	0
Bewerbung	
Anmeldebeginn	jederzeit möglich
Letzter Anmeldetag	–
1. Hochschulabschluss erforderlich	k. A.
Zulassungstest	k. A.
GMAT erforderlich	k. A.
TOEFL erforderlich	nein
Referenzen	k. A.
Rahmenbedingungen	
Workloads ECTS	60
Jährlich zugelassene Studenten	k. A.
Durchschnittliches Alter der Studenten	40
Internationale Studenten in %	0
Internationale Kooperationen	nein
Minimale Berufserfahrung in Jahren	5
Durchschnittliche Berufserfahrung in Jahren	k. A.
Anteil Männer/Frauen in %	k. A.
Fremdsprachenanteil in %	0
Studienblöcke (Anzahl)	0
Lehrmethode Case Study in %	0
Lehrmethode Vorlesung in %	0
Andere Lehrmethoden in %	k. A.
Abschlussarbeit erforderlich	ja
Erstmals angeboten	k. A.
Absolventen seit Beginn	k. A.
Akkreditierung	
Akkreditiert laut Anbieter	FIBAA

Universität St. Gallen – Executive Master of Business Engineering

Anschrift: Müller-Friedberg-Straße 8, CH-9000 St. Gallen
Internet: www.embe.unisg.ch
Kontakt: Dr. Jochen Müller, Tel.: +41-71-2242190, E-Mail: jochen.mueller@unisg.ch

MBA-Programm

Name des Programms	**Executive Master of Business Engineering**
Schwerpunkt	Management, Betriebswirtschaft, Leadership, HR, Entrepreneur, Unternehmensführung
Form des Programms	Executive
Start des Programms	Februar
Dauer des Programms in Monaten	16
Kosten	
Programmkosten in Euro	40.000
Einschreibegebühren in Euro	0
Bewerbung	
Anmeldebeginn	laufend
Letzter Anmeldetag	Ende November
1. Hochschulabschluss erforderlich	ja, Uni oder FH
Zulassungstest	ja, Bearbeitung Fallstudie u. strukturiertes Interview
GMAT erforderlich	nein
TOEFL erforderlich	nein
Referenzen	ja, vom Arbeitgeber
Rahmenbedingungen	
Workloads ECTS	75
Jährlich zugelassene Studenten	45
Durchschnittliches Alter der Studenten	38
Internationale Studenten in %	40
Internationale Kooperationen	ja
Minimale Berufserfahrung in Jahren	5
Durchschnittliche Berufserfahrung in Jahren	12
Anteil Männer/Frauen in %	80/20
Fremdsprachenanteil in %	Englisch: 26–50
Studienblöcke (Anzahl)	9
Lehrmethode Case Study in %	30
Lehrmethode Vorlesung in %	40
Andere Lehrmethoden in %	30 (Gruppenarbeiten mit Präsentationen)
Abschlussarbeit erforderlich	ja
Erstmals angeboten	1998
Absolventen seit Beginn	530
Akkreditierung	
Akkreditiert laut Anbieter	AACSB, EFMD/EQUIS/EPAS

Universität St. Gallen – Executive M.B.L.-HSG

Anschrift: Dufourstraße 59, CH-9000 St. Gallen
Internet: www.mbl.unisg.ch
Kontakt: Katrin Lakner, Tel.: +41-71-2242610, E-Mail: katrin.lakner@unisg.ch
Sibylle Keller, Tel.: +41-71-2242610, E-Mail: sibylle.keller@unisg.ch

MBA-Programm

Name des Programms	**Executive M.B.L.-HSG**
Schwerpunkt	European-/International-/Globalmgt., regionenorientiert
Form des Programms	Executive
Start des Programms	19. Juni
Dauer des Programms in Monaten	18
Kosten	
Programmkosten in Euro	24.000
Einschreibegebühren in Euro	k. A.
Bewerbung	
Anmeldebeginn	laufend
Letzter Anmeldetag	31. Mai
1. Hochschulabschluss erforderlich	ja
Zulassungstest	nein
GMAT erforderlich	nein
TOEFL erforderlich	nein
Referenzen	nein
Rahmenbedingungen	
Workloads ECTS	60
Jährlich zugelassene Studenten	40
Durchschnittliches Alter der Studenten	35
Internationale Studenten in %	60
Internationale Kooperationen	ja
Minimale Berufserfahrung in Jahren	3
Durchschnittliche Berufserfahrung in Jahren	8
Anteil Männer/Frauen in %	75/25
Fremdsprachenanteil in %	Englisch: 51–100
Studienblöcke (Anzahl)	9
Lehrmethode Case Study in %	30
Lehrmethode Vorlesung in %	50
Andere Lehrmethoden in %	20
Abschlussarbeit erforderlich	ja
Erstmals angeboten	1996
Absolventen seit Beginn	507
Akkreditierung	
Akkreditiert laut Anbieter	AACSB, EFMD/EQUIS/EPAS

ZfU – International Business School – Zentrum für Unternehmensführung

Anschrift: Im Park 4, 8800 CH-Thalwil
Internet: www.zfu.ch/weiterbildung/masters/index.htm
Kontakt: Volker Stadlmüller, Leiter MBA Programme, Tel.: +41-44-7228550, E-Mail: volker.stadlmueller@zfu.ch
Annemarie Buser, Betreuung MBA Students, Tel.: +41-44-7228504, E-Mail: annemarie.buser@zfu.ch

MBA-Programm

Name des Programms	**Executive MBA**
Schwerpunkt	Management, Betriebswirtschaft
Form des Programms	Executive
Start des Programms	jederzeit, flexibel
Dauer des Programms in Monaten	48
Kosten	
Programmkosten in Euro	34.600
Einschreibegebühren in Euro	0
Bewerbung	
Anmeldebeginn	flexibel
Letzter Anmeldetag	flexibel
1. Hochschulabschluss erforderlich	nein, 5 Jahre Mgt.-Erfahrung
Zulassungstest	ja, Beratungsgespräch
GMAT erforderlich	nein
TOEFL erforderlich	nein, Englisch- und Deutschkenntnisse zwingend
Referenzen	ja, 2
Rahmenbedingungen	
Workloads ECTS	28
Jährlich zugelassene Studenten	k. A.
Durchschnittliches Alter der Studenten	41
Internationale Studenten in %	32
Internationale Kooperationen	ja
Minimale Berufserfahrung in Jahren	5
Durchschnittliche Berufserfahrung in Jahren	10
Anteil Männer/Frauen in %	85/15
Fremdsprachenanteil in %	Englisch: 1–25
Studienblöcke (Anzahl)	20
Lehrmethode Case Study in %	30
Lehrmethode Vorlesung in %	35
Andere Lehrmethoden in %	Workshops, Gruppenarbeiten, Simulationen
Abschlussarbeit erforderlich	ja
Erstmals angeboten	2001
Absolventen seit Beginn	312
Akkreditierung	
Akkreditiert laut Anbieter	EFMD/EQUIS/EPAS geplant

Eidgenössische Technische Hochschule Zürich

Profil der Hochschule

The ETH Zurich (Swiss Federal Institute of Technology, Zurich) is one of the leading universities of the world in natural sciences, engineering, architecture, and business economics. Each year about 2.400 students and 800 doctoral candidates receive their degree from the ETH Zurich.

According to the World University Rankings 2008 published by "U.S. News & World Report", the ETH Zurich achieved rank 7 of all European universities, and was the first-ranked non-British university. According to the Times Higher Education-QS World University Rankings 2009, the ETH Zurich was in position 20 of the top 200 world universities, and the first-ranked university on the European continent.

Besonderheiten des Studiengangs

The ETH Zurich offers only one MBA program: the Executive MBA program with focus on international supply chain management. It provides training in general management and leadership skills with a truly global perspective, and always in close contact to the business reality. Additionally, it offers in-depth studies in a subject of special interest: international supply chain management. The focus is on managing the process driven global enterprise. Key features:

- A unique combination of general management studies plus in-depth focus on international supply chain management
- Executive level instruction to prepare for future leadership roles
- A fully English-medium program – in the global business language
- Part-time attendance on-campus in Zurich enables executives to remain on the job for the duration of the 18-month program
- Core lectures are on-campus in Zurich, Switzerland, complemented by onsite study modules in Russia, the USA, and Asia
- Regular VIP speakers, usually European executives, provide dialogues on current topics in their industries
- A thesis project requires that learnings be applied to an actual problem in the student's own company.

Internationale Verbindungen

Study trips are made to Russia (5 days), the USA (7 days) and Asia (Japan and China; 11 days). Global economic developments are analyzed. Case studies are carried out at foreign companies. The Executive MBA faculty includes more than 20 professors and lecturers, not only from the ETH Zurich but also from other world renowned universities and schools. They are among the leading academic teachers in their fields.

The Partner Universities of the ETH Zurich for this Executive MBA program are: University of Washington (Seattle), Tongji University (Shanghai), Hosei University (Tokyo).

The classes comprise students from many parts of the world.

Finanzielle Unterstützung/Stipendien

Students can be helped to obtain study loans at favorable conditions. Scholarships are not available.

Adresse der Hochschule

Anschrift: Kreuzplatz 5, CH-8032 Zürich
Internet: www.mba-scm.org
Kontakt: Patricia Roth, Tel.: +41-43-4996080, E-Mail: admin@mba-scm.org

MBA-SCM
ETH Zurich

MBA-Programm

Name des Programms	**Executive MBA in international Supply Chain Mgm.**
Schwerpunkt	Engineering, Technologie, Luftverkehr, Energie, Logistics
Form des Programms	Executive
Start des Programms	August
Dauer des Programms in Monaten	18

Kosten

Programmkosten in Euro	42.000
Einschreibegebühren in Euro	k. A.

Bewerbung

Anmeldebeginn	laufend
Letzter Anmeldetag	April
1. Hochschulabschluss erforderlich	ja
Zulassungstest	ja, Assessment
GMAT erforderlich	nein
TOEFL erforderlich	nein
Referenzen	ja

Rahmenbedingungen

Workloads ECTS	62
Jährlich zugelassene Studenten	25
Durchschnittliches Alter der Studenten	39
Internationale Studenten in %	60
Internationale Kooperationen	ja
Minimale Berufserfahrung in Jahren	5
Durchschnittliche Berufserfahrung in Jahren	8
Anteil Männer/Frauen in %	80/20
Fremdsprachenanteil in %	Englisch: 51–100
Studienblöcke (Anzahl)	4
Lehrmethode Case Study in %	40
Lehrmethode Vorlesung in %	40
Andere Lehrmethoden in %	20 (Studienreisen)
Abschlussarbeit erforderlich	ja
Erstmals angeboten	2003
Absolventen seit Beginn	k. A.

Akkreditierung

Akkreditiert laut Anbieter	EPAS/EQUIS candidat

HWZ Hochschule für Wirtschaft Zürich

Anschrift: Lagerstraße 5, CH-8021 Zürich
Internet: www.fh-hwz.ch
Kontakt: Prof. Dr. Walter Kuhn, MBA International Business, Tel.: +41-43-322 26 88, E-Mail: mba@fhhwz.ch
Peter Statz, Executive MBA Gen. Mgt., Tel.: +41-43-322 26 88, E-Mail: master@fh-hwz.ch

MBA-Programme

Name des Programms	MBA in Int. Business	DBA	Executive MBA – General Mgt.	Executive MBA – Marketing
Schwerpunkt	Mgt., Betriebswirtsch., European-/International-/Globalmgt., regionenorientiert	Mgt., Betriebswirtsch., IT, Computer Science, E-Management	Mgt., Betriebswirtsch., Leadership, HR, Entrepreneur, Unternehmensführung	Mgt., Betriebswirtsch., Handel, Service Mgt., Consulting, PR, Medien, Kultur, Marketing
Form des Programms	Teilzeit	Teilzeit	Executive	Executive
Start des Programms	Nov./März	März	Oktober	März
Dauer des Programms in Monaten	24	36	18	15
Kosten				
Programmkosten in Euro	25.000	28.000	29.500	32.000
Einschreibegebühren in Euro	330	0	330	330
Bewerbung				
Anmeldebeginn	laufend	laufend	laufend	laufend
Letzter Anmeldetag	kein	15. Okt.	kein	kein
1. Hochschulabschluss erforderlich	ja o. 5 J. Führungserf.	ja	ja, Ausnahme auf Anfrage	
Zulassungstest	ja, Interview, ggf. TOEIC		ja, CV-Check, Interview	
GMAT erforderlich	nein	nein	nein	nein
TOEFL erforderlich	ja	ja	nein	nein
Referenzen	ja	ja	nein	nein
Rahmenbedingungen				
Workloads ECTS	60	k. A.	60	60
Jährlich zugelassene Studenten	30	3	24	k. A.
Durchschnittliches Alter der Studenten	35	38	38	38
Internationale Studenten in %	25	0	20	20
Internationale Kooperationen	ja	ja	ja	ja
Minimale Berufserfahrung in Jahren	2	2	8	3
Durchschn. Berufserfahrung in Jahren	8	8	10	5
Anteil Männer/Frauen in %	65/35	100/0	80/20	60/40
Fremdsprachenanteil in %	Englisch: 51–100	Englisch: 51–100	Englisch: 1–25	Englisch: 1–25
Studienblöcke (Anzahl)	12	0	60	70
Lehrmethode Case Study in %	33	33	30	30
Lehrmethode Vorlesung in %	33	33	40	40
Andere Lehrmethoden in %	33	33	30 (action-based-learning)	
Abschlussarbeit erforderlich	ja	ja	ja	ja
Erstmals angeboten	2003	2003	2008	2004
Absolventen seit Beginn	100	100	k. A.	140
Akkreditierung				
Akkreditiert laut Anbieter	k. A.	k. A.	–	–

Universität Zürich

Anschrift: Plattenstraße 14, CH-8032 Zürich
Internet: www.emba.uzh.ch
Kontakt: Mario Ramò, Tel.: +41-44-6342987, E-Mail: info@emba.uzh

MBA-Programm

Name des Programms	**Executive Master of Business Administration**
Schwerpunkt	Management, Betriebswirtschaft
Form des Programms	Executive
Start des Programms	August
Dauer des Programms in Monaten	18
Kosten	
Programmkosten in Euro	45.000
Einschreibegebühren in Euro	225
Bewerbung	
Anmeldebeginn	laufend
Letzter Anmeldetag	30. April
1. Hochschulabschluss erforderlich	ja
Zulassungstest	ja
GMAT erforderlich	nein
TOEFL erforderlich	nein
Referenzen	ja, vom Arbeitgeber
Rahmenbedingungen	
Workloads ECTS	90
Jährlich zugelassene Studenten	40
Durchschnittliches Alter der Studenten	38
Internationale Studenten in %	15
Internationale Kooperationen	ja
Minimale Berufserfahrung in Jahren	0
Durchschnittliche Berufserfahrung in Jahren	13
Anteil Männer/Frauen in %	85/15
Fremdsprachenanteil in %	Englisch: 26–50
Studienblöcke (Anzahl)	3
Lehrmethode Case Study in %	40
Lehrmethode Vorlesung in %	50
Andere Lehrmethoden in %	10
Abschlussarbeit erforderlich	ja
Erstmals angeboten	2001
Absolventen seit Beginn	k. A.
Akkreditierung	
Akkreditiert laut Anbieter	AACSB, EFMD/EQUIS/EPAS

Fernfachhochschule Schweiz

Teilschule der **SUPSI**

Profil der Hochschule

Die FFHS bietet seit dem Herbst 1998 nach der „Blended Learning"-Methodik Fachhochschullehrgänge für Berufstätige in
den Bereichen Wirtschaft, Informatik und Engineering an. Rund
80 Prozent der Ausbildung erfolgen im begleiteten Fernstudium,
etwa 20 Prozent der Studienzeit absolvieren die Studierenden in
einem der Regionalzentren in Zürich, Bern, Basel oder Brig. Die innovative Studienform – eine Kombination von verschiedenen Formen elektronischen Lernens mit traditionellen Aus- und Weiterbildungs-
methoden und direktem Praxisbezug – schließt eine Lücke im schweizerischen Bildungswesen: Die
FFHS bildet höher qualifizierte Berufsleute aus, ohne sie dem Arbeitsmarkt zu entziehen.

Besonderheiten des Studiengangs

Dieser Studiengang richtet sich in erster Linie an berufstätige Absolventen und Absolventinnen eines
nicht betriebswirtschaftlichen Hochschulstudiums, die umfassend für verantwortungsvolle Führungs-
funktionen in mittleren oder größeren Unternehmen und in der Verwaltung qualifiziert werden wollen.
Die praxisorientierten Lehrinhalte sind auf dem neuesten Stand der betriebswirtschaftlichen Forschung
und befähigen beispielsweise Natur- oder Geisteswissenschafter, Ingenieure, Juristen oder Theologen
vermehrt zu einem strategischen und unternehmerischen Handeln sowie zu einem interdisziplinären
Denken, das stets auf den Erkenntnissen ihres Erststudiums aufbauen soll. Nebst der Beherrschung
von betriebswirtschaftlichen Schlüsselkomponenten werden auch die Kommunikations-, die Team-
und die Führungsfähigkeiten gefördert. Zudem erhalten die Absolventen einen soliden Überblick über
die rechtlichen und ökonomischen Rahmenbedingungen des unternehmerischen Handelns.

Durch den Aufbau praxisrelevanter Kompetenzen sind die Absolventen befähigt, unter anderem folgende Aufgaben erfolgreich zu übernehmen:

- Unternehmensführung und -politik
- strategische Planung
- strategisches und operatives Controlling
- strategische Verkaufs- und Marketingplanung
- strategische Analyse und Innovationsmanagement
- Projektkoordination und Projektleitung
- integrierte betriebswirtschaftliche Stabsfunktionen

Internationale Verbindungen

Die FFHS ist als Verein organisiert und hat ihren Sitz in Brig. Sie ist in ein weitverzweigtes internationales Netzwerk von über 50 Fachhochschulen eingebunden und besitzt die Exklusivrechte in den Kooperationen mit diesen Instituten für die Schweiz. Die Fernfachhochschule ist eidgenössisch anerkannt,
bolognakonform und gehört zur Fachhochschulregion Tessin (SUPSI).

Anfang 2002 hat die FFHS einen Kooperationsvertrag mit der deutschen Steinbeis-Stiftung abgeschlossen. Damit erschließt sie für Schweizer KMU das internationale Netzwerk der Stiftung (4.000 Partner
weltweit) und leistet einen wichtigen Beitrag beim grenzüberschreitenden Know-how-Transfer. Seit
Januar 2007 beteiligt sie sich überdies am Projekt „Modell F". Dieses Projekt sieht vor, noch flexiblere
Bildungsgänge zu schaffen, bei denen das Studium im eigenen Lerntempo absolviert und auch mehrere Monate unterbrochen werden kann.

Adresse der Hochschule

Anschrift: Althardstraße 60, CH-8105 Zürich-Regensdorf
Internet: www.fernfachhochschule.ch
Kontakt: Dr. Ralph Zürcher, Tel.: +41-44-8421550,
E-Mail: rzuercher@fernfachhochschule.ch

Teilschule der **SUP**SI

MBA-Programm

Name des Programms	**Executive MBA**
Schwerpunkt	Management, Betriebswirtschaft
Form des Programms	Executive
Start des Programms	29. August
Dauer des Programms in Monaten	24
Kosten	
Programmkosten in Euro	17.300
Einschreibegebühren in Euro	100
Bewerbung	
Anmeldebeginn	laufend
Letzter Anmeldetag	15. August
1. Hochschulabschluss erforderlich	ja oder sur dossier
Zulassungstest	ja, Bewerbungsdossier
GMAT erforderlich	nein
TOEFL erforderlich	nein
Referenzen	nein
Rahmenbedingungen	
Workloads ECTS	60
Jährlich zugelassene Studenten	k. A.
Durchschnittliches Alter der Studenten	35
Internationale Studenten in %	25
Internationale Kooperationen	ja
Minimale Berufserfahrung in Jahren	2
Durchschnittliche Berufserfahrung in Jahren	10
Anteil Männer/Frauen in %	75/25
Fremdsprachenanteil in %	k. A.
Studienblöcke (Anzahl)	4
Lehrmethode Case Study in %	40
Lehrmethode Vorlesung in %	20
Andere Lehrmethoden in %	80 (Fernstudium)
Abschlussarbeit erforderlich	ja
Erstmals angeboten	1998
Absolventen seit Beginn	300
Akkreditierung	
Akkreditiert laut Anbieter	eidg. und internat. anerkannter Titel

University of Strathclyde Business School – Swiss Centre, Swiss Management Forum AG

Anschrift: Postbox 2503, CH-8060 Zurich-Airport
Internet: www.strathclyde-mba.ch
Kontakt: Dr. Claudia Schmid-Schönbein, Tel.: +41-43-8164470, E-Mail: info@strathclyde-mba.ch

MBA-Programm

Name des Programms	**Univ. of Strathclyde MBA**
Schwerpunkt	Management, Betriebswirtschaft
Form des Programms	Executive
Start des Programms	Ende April u. Okt.
Dauer des Programms in Monaten	24
Kosten	
Programmkosten in Euro	40.000
Einschreibegebühren in Euro	k. A.
Bewerbung	
Anmeldebeginn	laufend
Letzter Anmeldetag	4 Wochen vor Semesterbeginn
1. Hochschulabschluss erforderlich	ja oder Führungserfahrung
Zulassungstest	ja, eigener Test
GMAT erforderlich	nein, eigener Test
TOEFL erforderlich	nein, pers. Interview
Referenzen	ja, 2
Rahmenbedingungen	
Workloads ECTS	90
Jährlich zugelassene Studenten	40
Durchschnittliches Alter der Studenten	36
Internationale Studenten in %	80
Internationale Kooperationen	ja
Minimale Berufserfahrung in Jahren	5
Durchschnittliche Berufserfahrung in Jahren	10
Anteil Männer/Frauen in %	70/30
Fremdsprachenanteil in %	Englisch: 51–100
Studienblöcke (Anzahl)	20
Lehrmethode Case Study in %	40
Lehrmethode Vorlesung in %	50
Andere Lehrmethoden in %	10
Abschlussarbeit erforderlich	ja
Erstmals angeboten	1996
Absolventen seit Beginn	k. A.
Akkreditierung	
Akkreditiert laut Anbieter	AACSB, AMBA, EFMD/EQUIS/EPAS

Ashridge Business School

Anschrift: Berkhamsted, Hertfordshire HP4 1NS (UK)
Internet: www.ashridge.org.uk/mba
Kontakt: Amy Armstrong, Tel.: +44-1442-841143, E-Mail: Amy.armstrong@ashridge.org.uk

MBA-Programme

Name des Programms	**Executive MBA**	**MBA**
Schwerpunkt	Management, Betriebswirtschaft	Management, Betriebswirtschaft
Form des Programms	Teilzeit	Vollzeit
Start des Programms	20. September	18. Januar
Dauer des Programms in Monaten	27	12
Kosten		
Programmkosten in Euro	43.000	32.000
Einschreibegebühren in Euro	0	0
Bewerbung		
Anmeldebeginn	laufend	laufend
Letzter Anmeldetag	–	–
1. Hochschulabschluss erforderlich	erwünscht	erwünscht
Zulassungstest	ja	nein
GMAT erforderlich	nein	ja, 550 P.
TOEFL erforderlich	erwünscht	ja, 100 P.
Referenzen	ja, 2	ja, 2
Rahmenbedingungen		
Workloads ECTS	k. A.	k. A.
Jährlich zugelassene Studenten	35	35
Durchschnittliches Alter der Studenten	35	35
Internationale Studenten in %	40	73
Internationale Kooperationen	nein	nein
Minimale Berufserfahrung in Jahren	5	5
Durchschnittliche Berufserfahrung in Jahren	14	12
Anteil Männer/Frauen in %	79/21	60/40
Fremdsprachenanteil in %	Englisch: 51–100	Englisch: 51–100
Studienblöcke (Anzahl)	12	22
Lehrmethode Case Study in %	30	30
Lehrmethode Vorlesung in %	40	40
Andere Lehrmethoden in %	30	30
Abschlussarbeit erforderlich	ja	ja
Erstmals angeboten	1993	1988
Absolventen seit Beginn	858	858
Akkreditierung		
Akkreditiert laut Anbieter	AACSB, AMBA, EFMD/EQUIS/EPAS	AACSB, AMBA, EFMD/EQUIS/EPAS

University of Surrey, School of Management

Anschrift: Guilford, Surrey, GU2 7XH (UK)
Internet: http://www2.surrey.ac.uk/management/study/mba/
Kontakt: Dr. Sonia El Kahal MacLean, Tel.: +44-1483-686300, E-Mail: somadmissions@surrey.ac.uk

MBA-Programme

Name des Programms	Master of Business Administration	Master of Business Administration	Master of Business Administration
Schwerpunkt	Gesundheit, Healthcare, Life Science, Sport, Finance, Banking, Accounting, Audit, Versicherungen, Tax		
Form des Programms	Vollzeit	Teilzeit	Fernstudium
Start des Programms	Oktober	Oktober	Oktober
Dauer des Programms in Monaten	12	24	k. A.
Kosten			
Programmkosten in Euro	19.500	19.500	19.500
Einschreibegebühren in Euro	0	0	0
Bewerbung			
Anmeldebeginn	laufend	laufend	laufend
Letzter Anmeldetag	k. A.	k. A.	k. A.
1. Hochschulabschluss erforderlich	ja	ja	ja
Zulassungstest	ja, Interview	ja, Interview	ja, Interview
GMAT erforderlich	k.A.	k.A.	k.A.
TOEFL erforderlich	ja, TOEFL, IELTS 6,5	ja, TOEFL, IELTS 6,5	ja, TOEFL, IELTS 6,5
Referenzen	ja	ja	ja
Rahmenbedingungen			
Workloads ECTS	k. A.	k. A.	k. A.
Jährlich zugelassene Studenten	k. A.	k. A.	k. A.
Durchschnittliches Alter der Studenten	k. A.	k. A.	k. A.
Internationale Studenten in %	0	0	0
Internationale Kooperationen	k. A.	k. A.	k. A.
Minimale Berufserfahrung in Jahren	3	3	3
Durchschn. Berufserfahrung in Jahren	k. A.	k. A.	k. A.
Anteil Männer/Frauen in %	k. A.	k. A.	k. A.
Fremdsprachenanteil in %	k. A.	k. A.	k. A.
Studienblöcke (Anzahl)	0	0	0
Lehrmethode Case Study in %	0	0	0
Lehrmethode Vorlesung in %	0	0	0
Andere Lehrmethoden in %	k. A.	k. A.	k. A.
Abschlussarbeit erforderlich	k. A.	k. A.	k. A.
Erstmals angeboten	k. A.	k. A.	k. A.
Absolventen seit Beginn	k. A.	k. A.	k. A.
Akkreditierung			
Akkreditiert laut Anbieter	AACSB, AMBA	AACSB, AMBA	AACSB, AMBA

Hochschule Liechtenstein

Anschrift: Fürst-Franz-Josef-Straße, FL-9490 Vaduz
Internet: www.hochschule.li
Kontakt: Inst. f. Finanzdienstl., EMBA Wealth Mgm., Tel.: +423-265-1111, E-Mail: finanzdienstleistungen@hochschule.li
Inst. f. Entrepr.ship, EMBA Entrepren., MBA Int. Mgm., Tel.: +423-265-1111, E-Mail: entrepreneurship@hochschule.li

MBA-Programme

Name des Programms	EMBA Entre-preneurial Management	MBA International Management	Master in Int. Wealth Management	Master of Laws (LL.M.) in Int. Taxation
Schwerpunkt	Leadership, HR, Entrepreneur, Unter-nehmensführung	European-/Interna-tional-/Globalmgt., regionenorientiert	Finance, Banking, Accounting, Audit, Versicherungen, Tax	
Form des Programms	Executive	Teilzeit	Executive	Executive
Start des Programms	Februar	September	September	9. Sept.
Dauer des Programms in Monaten	30	30	16	18
Kosten				
Programmkosten in Euro	11.900	23.760	16.000	16.500
Einschreibegebühren in Euro	k. A.	k. A.	0	0
Bewerbung				
Anmeldebeginn	laufend	laufend	April	sofort
Letzter Anmeldetag	Mitte Dez.	Ende Juni	31. Aug.	31. Aug.
1. Hochschulabschluss erforderlich	nein, ISCED Level 5A, 5B	nein	ja, BWL, Finance, Recht	ja, s. Referenzen
Zulassungstest	ja, Interview	ja, Interview	ja, Interview	nein
GMAT erforderlich	nein	nein	nein	nein
TOEFL erforderlich	nein	nein	nein	nein
Referenzen	ja	k. A.	nein	ja, wenn kein HS-Abschl.
Rahmenbedingungen				
Workloads ECTS	90	90	60	60
Jährlich zugelassene Studenten	25	30	k. A.	25
Durchschnittliches Alter der Studenten	35	36	k. A.	k. A.
Internationale Studenten in %	65	50	65	0
Internationale Kooperationen	ja	ja	nein	k. A.
Minimale Berufserfahrung in Jahren	3	5	3	0
Durchschn. Berufserfahrung in Jahren	10	12	k. A.	0
Anteil Männer/Frauen in %	90/10	80/20	k. A.	k. A.
Fremdsprachenanteil in %	Englisch: 1–25	Englisch: 51–100	Englisch: 1–25	Englisch: 1–25
Studienblöcke (Anzahl)	2	4	8	8
Lehrmethode Case Study in %	30	30	20	50
Lehrmethode Vorlesung in %	70	70	60	50
Andere Lehrmethoden in %	k. A.	k. A.	20 (Worksh., Plansp., Studienreise)	k. A.
Abschlussarbeit erforderlich	ja	ja	ja	ja
Erstmals angeboten	2006	2002	2010	2010
Absolventen seit Beginn	22	100	k. A.	k. A.
Akkreditierung				
Akkreditiert laut Anbieter	in Vorbereitung	in Vorbereitung	FIBAA gepl., 2. Studienjahr	AACSB gepl., ACQUIN gepl., AHPGS gepl.,

MAS/MBA – International Management – FH Vorarlberg, Schloss Hofen

Anschrift: Fürst-Franz-Josef-Straße, FL-9490 Vaduz, Lochau, Dornbirn
Internet: www.mba-im.org
Kontakt: Mag. Sabine Reiner, Course Manager, Tel.: ++43-5574 4930-141, E-Mail: sabine.reiner@schlosshofen.at
Prof. Dr. Stefan Güldenberg, Chair Int. Mgt., Tel.: +423-265 12-80, E-Mail: stefan.gueldenberg@hochschule.li

MBA-Programm

Name des Programms	**MAS/MBA International Management**
Schwerpunkt	Management, Betriebswirtschaft
Form des Programms	Teilzeit
Start des Programms	März
Dauer des Programms in Monaten	24
Kosten	
Programmkosten in Euro	18.400
Einschreibegebühren in Euro	k. A.
Bewerbung	
Anmeldebeginn	ab sofort
Letzter Anmeldetag	Dezember
1. Hochschulabschluss erforderlich	nein
Zulassungstest	entsprechende Berufserfahrung erforderlich
GMAT erforderlich	k. A.
TOEFL erforderlich	nein, ausdrucksfähiges Englisch in Wort und Schrift
Referenzen	k. A.
Rahmenbedingungen	
Workloads ECTS	90
Jährlich zugelassene Studenten	25
Durchschnittliches Alter der Studenten	36
Internationale Studenten in %	0
Internationale Kooperationen	ja
Minimale Berufserfahrung in Jahren	3
Durchschnittliche Berufserfahrung in Jahren	6
Anteil Männer/Frauen in %	k. A.
Fremdsprachenanteil in %	0
Studienblöcke (Anzahl)	9
Lehrmethode Case Study in %	0
Lehrmethode Vorlesung in %	0
Andere Lehrmethoden in %	Assignments, Teamwork, Forum of Excellence
Abschlussarbeit erforderlich	ja
Erstmals angeboten	2002
Absolventen seit Beginn	120
Akkreditierung	
Akkreditiert laut Anbieter	k. A.

Nyenrode Business University – The Netherlands Business School

Anschrift: Straatweg 25, NL-3621 BG Breukelen
Internet: www.nyenrode.nl/imba
Kontakt: Maggie Alarie, International Master, Tel.: +31-346-291291, E-Mail: imba@nyenrode.nl
Dr. Pablo Collazzo, Executive MBA, Tel.: +31-346-291291, E-Mail: emba@nyenrode.nl

MBA-Programme

Name des Programms	International Master of Business Administration	Executive MBA
Schwerpunkt	Leadership, HR, Entrepreneur, Unternehmensführung	Management, Betriebswirtschaft
Form des Programms	Vollzeit	Executive
Start des Programms	Januar	April
Dauer des Programms in Monaten	12	21
Kosten		
Programmkosten in Euro	34.800	48.300
Einschreibegebühren in Euro	80	80
Bewerbung		
Anmeldebeginn	laufend	laufend
Letzter Anmeldetag	15. Aug./1. Okt.	18. Jan./15. März
1. Hochschulabschluss erforderlich	ja und Interview	ja und Interview
Zulassungstest	ja, 5 Essays	ja, 5 Essays
GMAT erforderlich	ja, 600 P.	ja, 600 P.
TOEFL erforderlich	ja, 600 P. paper based, 250 P. computer based, 100 P. internet based	
Referenzen	ja, 2 Empfehlungsschreiben	ja, 2 Empfehlungsschreiben
Rahmenbedingungen		
Workloads ECTS	91	91
Jährlich zugelassene Studenten	40	30
Durchschnittliches Alter der Studenten	29	34
Internationale Studenten in %	90	15
Internationale Kooperationen	ja	ja
Minimale Berufserfahrung in Jahren	3	4
Durchschnittliche Berufserfahrung in Jahren	6	8
Anteil Männer/Frauen in %	70/30	71/29
Fremdsprachenanteil in %	Englisch: 51–100	Englisch: 51–100
Studienblöcke (Anzahl)	8	6
Lehrmethode Case Study in %	20	20
Lehrmethode Vorlesung in %	35	20
Andere Lehrmethoden in %	45 (davon 25 Gruppenarbeit)	60 (davon 30 Gruppenarbeit)
Abschlussarbeit erforderlich	ja	ja
Erstmals angeboten	1982	1999
Absolventen seit Beginn	810	119
Akkreditierung		
Akkreditiert laut Anbieter	AMBA, EFMD/EQUIS/EPAS	AMBA, EFMD/EQUIS/EPAS

International Business School Groningen

Anschrift: Zernikeplein 7, NL-9747 Groningen
Internet: www.hanze.nl
Kontakt: Denise Brolsma-Baard, Tel.: +31-505-5573, E-Mail: d.s.baard@pl.hanze.nl

MBA-Programme

Name des Programms	MBA in International Business and Mgt.	Master of Business Administration	MBA in EurAsian Business and Management
Schwerpunkt	Management, Betriebswirtschaft	Management, Betriebswirtschaft	Management, Betriebswirtschaft
Form des Programms	Vollzeit	Vollzeit	Vollzeit
Start des Programms	September	September	September
Dauer des Programms in Monaten	14	14	16
Kosten			
Programmkosten in Euro	11.750	13.700	11.750
Einschreibegebühren in Euro	k. A.	k. A.	k. A.
Bewerbung			
Anmeldebeginn	k. A.	k. A.	k. A.
Letzter Anmeldetag	1. Juni	1. Juni	1. Juni
1. Hochschulabschluss erforderlich	ja	ja	ja
Zulassungstest	nein	nein	nein
GMAT erforderlich	nein	nein	nein
TOEFL erforderlich	ja, 575 P. o. IELTS 6.5	ja, 575 P. o. IELTS 6.5	ja, 575 P. o. IELTS 6.5
Referenzen	ja	ja	ja
Rahmenbedingungen			
Workloads ECTS	60	70	90
Jährlich zugelassene Studenten	k. A.	k. A.	k. A.
Durchschnittliches Alter der Studenten	k. A.	k. A.	k. A.
Internationale Studenten in %	0	0	0
Internationale Kooperationen	ja	ja	ja
Minimale Berufserfahrung in Jahren	2	3	0
Durchschn. Berufserfahrung in Jahren	k. A.	k. A.	k. A.
Anteil Männer/Frauen in %	k. A.	k. A.	k. A.
Fremdsprachenanteil in %	Englisch: 51–100	Englisch: 51–100	Englisch: 51–100
Studienblöcke (Anzahl)	3	3	3
Lehrmethode Case Study in %	0	0	0
Lehrmethode Vorlesung in %	0	0	0
Andere Lehrmethoden in %	k. A.	k. A.	k. A.
Abschlussarbeit erforderlich	ja	ja	ja
Erstmals angeboten	k. A.	k. A.	k. A.
Absolventen seit Beginn	k. A.	k. A.	k. A.
Akkreditierung			
Akkreditiert laut Anbieter	NVAO	NVAO	NVAO

Maastricht School of Management

Anschrift: Endepolsdomein 150, NL-6229 EP Maastricht
Internet: www.msm.nl
Kontakt: Ellen Narinx-Schrauwen, Maastricht Programs Department, Tel.: +31-43-3870880, E-Mail: narinx@msm.nl

MBA-Programme

Name des Programms	Fulltime MBA	Executive MBA
Schwerpunkt	Management, Betriebswirtschaft	Management, Betriebswirtschaft
Form des Programms	Vollzeit	Executive
Start des Programms	1. September	1. September
Dauer des Programms in Monaten	12	24
Kosten		
Programmkosten in Euro	12.900	24.500
Einschreibegebühren in Euro	75	120
Bewerbung		
Anmeldebeginn	1. Oktober	1. Oktober
Letzter Anmeldetag	1. Juni	1. Juni
1. Hochschulabschluss erforderlich	ja, Bachelor-Titel	ja, Bachelor-Titel
Zulassungstest	nein	nein
GMAT erforderlich	ja, nicht verbindlich, aber empfehlenswert	
TOEFL erforderlich	ja, TOEFL, IELTS	ja, TOEFL, IELTS
Referenzen	ja, > 3 Jahre Arbeitserfahrung	ja
Rahmenbedingungen		
Workloads ECTS	80	80
Jährlich zugelassene Studenten	k. A.	k. A.
Durchschnittliches Alter der Studenten	28	35
Internationale Studenten in %	95	50
Internationale Kooperationen	ja	ja
Minimale Berufserfahrung in Jahren	3	5
Durchschnittliche Berufserfahrung in Jahren	3	5
Anteil Männer/Frauen in %	50/50	60/40
Fremdsprachenanteil in %	Englisch: 51–100	Englisch: 51–100
Studienblöcke (Anzahl)	4	7
Lehrmethode Case Study in %	0	0
Lehrmethode Vorlesung in %	0	0
Andere Lehrmethoden in %	k. A.	k. A.
Abschlussarbeit erforderlich	ja	ja
Erstmals angeboten	1983	2007
Absolventen seit Beginn	k. A.	k. A.
Akkreditierung		
Akkreditiert laut Anbieter	AMBA, NVAO, ACBSP, IACBE	AMBA, NVAO, ACBSP, IABCE

Inserentenverzeichnis